可见的左翼

——夏衍与中国 1930 年代反法西斯文化研究文集

陈奇佳◎主编

中国戏剧出版社
CHINA THEATRE PRESS

本成果受到中国人民大学“统筹支持一流大学和一流学科建设”经费的支持

图书在版编目（CIP）数据

可见的左翼 ： 夏衍与中国1930年代反法西斯文化研究文集 / 陈奇佳主编.
-- 北京 ： 中国戏剧出版社，2015.12
ISBN 978-7-104-04325-6

Ⅰ. ①可… Ⅱ. ①陈… Ⅲ. ①夏衍（1900～1995）－
纪念文集 Ⅳ. ①K825.6-53

中国版本图书馆CIP数据核字(2015)第290758号

可见的左翼——夏衍与中国1930年代反法西斯文化研究文集

责任编辑：王松林
责任印制：冯志强
封面油画作者：殷雄

出版发行：中国戏剧出版社
出 版 人：樊国宾
社　　址：北京市西城区天宁寺前街2号国家音乐产业基地中唱园区L座
网　　址：www.theatrebook.cn
电　　话：010—58930238　58930237　58930221
58930239　58930240 58930241　（发行部）
传　　真：010—58930242（发行部）

印　　刷：北京鑫瑞兴印刷有限公司
开　　本：787mm×1092mm　1/16
印　　张：27
字　　数：310千字
版　　次：2015年12月　北京第1版第1次印刷
书　　号：ISBN 978-7-104-04325-6
定　　价：48.00元

Preface 前言

可见的左翼

——夏衍与中国1930年代反法西斯文化研究文集

70多年前，在中国现代化历程中最具重要意义的国际都市——上海，生活着这样一群人：他们禀赋逾常，抱负高远，虽然身处厄境却胸怀广大，以探求公平、正义、幸福之道为己任，以贫民、卑贱者的痛苦为自己的痛苦。他们奉献自我，乃至抱有牺牲的决心，真正在精神上达到了这样的高度：他们把其他人的解放当作了自我获得解放的前提。

正是基于这样的襟怀和认识，他们在法西斯主义刚刚露出狰狞嘴脸的时候— 在那个时候，国内国际还有很多所谓“睿智”、“高明”的人士梦想与虎谋皮，借力实现自己或小集团的利益，他们一眼即看出了法西斯主义反人类的本质。他们因此以最坚决的姿态抗击中华民族最凶恶的敌人——日本法西斯的入侵，他们也以最坚决的姿态批判德国法西斯、意大利法西斯瘟疫在世界的传播。他们借助兴起不久但已渐渐取得支配地位的现代传播工具——电影，热烈地传达这种认识与情怀，在中国大地上激起了广阔而深沉的回响。“起来，不愿做奴隶的人们”作为时代的最强音，唤醒了多少沉睡的心灵。

20世纪30年代中国的反法西斯电影，无愧为中国文化抗战最早也是最瑰丽的篇章之一。

构建这瑰丽篇章的前辈们，他们身处那个黑暗的时代，以身许国，并不知道这苦难结束的日子，也并不知道中国将迎来怎样的明天。他们只是默默奉献。在万分疲惫的时候，他们也需要自我慰藉、自我祝福，以此肯定自己的孩子们终将迎来一个美好的明天。他们中的一位重要代表人物——夏衍，曾经在一部剧作的开头写下了一段《献辞》，献给朋友，也献给自己：

献给一个人，
献给一群人，
献给支撑着的，
献给倒下了的；
我们歌，
我们哭，
我们“春秋”我们的贤者。
天快亮，
我们颂赞我们的英雄。
已经一大段路了。
疲惫了的圣·克里斯笃夫回头来望了
一眼背上的孩子，
啊，你这累人的
快要到来的明天！

他们如此热烈盼望的“明天”已成为了我们的今天。

享受着今天的幸福生活，今天的人们显然有必要对发生在昨天的事情，对于前辈的功业展开富有思想深度的总结。八十年前的事情看起来遥远，人类所遭受的境况却大有相同之处：无端的暴力威胁还在恐吓着贫民百姓；自鸣得意的“高明”人士还在搞祸水东引或者西引的平衡术；还有不少人理直气壮地在为被吊死的日本甲级战犯鸣冤招魂……套用一句老话：树欲静而风不止，世界并不太平。

部分志同道合的人们因此走到了一起，希望通过缅怀中国左翼电影光辉的反法西斯传统，赓续前辈精神，谛视当前的诸种现实问题。他们有学界前辈曹树钧、陈坚、孔海珠、沈旦华等，有主流学术重镇戴锦华、洪大用、刘小枫、汪朝光等，有学界中坚力量陈墨、陈奇佳、丁莉丽、范志忠、黄德泉、黄望莉、黄金城、李玥阳、沙丹、孙柏、王宇平、吴海勇、徐文明、杨菊、臧杰、曾耀农、张祖群等，还有学界新兴力量陈楚湘、李琳珊、李粲、苏岩、王侠等。本书即是他们相关思想工作的部分见证。

需要说明的是，本文集是由中国人民大学文学院电影学学科各同仁陈阳、陈奇佳、孙柏、苏涛、陈涛合力组稿、编纂完成的。孙丽负责了具体的编务工作，当致谢意。莫钰萃、刘梦婵、汪欣、肖悦扬、袁雪飞等同学也参加了文稿的校对工作，并致谢忱。

由于本文集收录的作品来源较广，为尊重作者个人的意愿，我们只作了必要的文字校订，其他行文格式如注引文格式等，未强求统一。编辑者也未必同意某些论文的具体观点，亦未作任何改动。

感谢上海油画雕塑院殷雄先生授权其画作用作本书封面。

本文集受到中国人民大学“统筹支持一流大学和一流学科建设”经费的支持，特此说明。

陈奇佳

2015年10月21日

Contents 目录

（注：文章以作者姓氏拼音首字母排序）

论夏衍名剧《上海屋檐下》的经典意义

曹树钧

内容提要

夏衍是上世纪30年代，左翼戏剧运动形成和深入发展阶段，中国剧坛上出现的一位别树一帜、创造了经典剧作的杰出剧作家。他的代表作《上海屋檐下》，标志着他创作观念的一次飞跃。《上》的诞生，源于夏衍对生活、对人物的烂熟于心，是他对抗战前夕中国社会生活长期观察、体验、分析、研究的结晶。其主要艺术成就表现在以下三个方面：（一）新颖、独特的艺术结构；（二）鲜明的性格描绘，细腻的心理刻画；（三）平凡而深远、素淡而隽永的独特戏剧风格。

关键词

夏衍　《上海屋檐下》　经典

夏衍，本名沈乃熙，字端先（端轩），1900年10月30日，生于浙江杭县，1995年2月6日，病逝于北京，享年96岁。

上世纪30年代，年青的夏衍在翻译、报告文学、电影、戏剧等多个领域均取得了卓越的成就。

在话剧创作方面，这一时期，夏衍先后创作了两个独幕剧《都会的一角》和《中秋月》，三个大戏：《赛金花》（七场，1936年）、三幕剧《秋瑾传》（即《自由魂》，1936年）和三幕话剧《上海屋檐下》（1937年）。

其中的《上海屋檐下》（以下简称《上》剧），堪称中国话剧百年史上的一部经典，值得人们深入地进行探讨和研究。

一、创作思想的飞跃

从《赛金花》（1936年）、《秋瑾传》（1936年）到1937年创作的《上海屋檐下》，夏衍在创作思想上产生了一个质的飞跃。

关于这一飞跃，夏衍自己有两次论述：一次是1956年11月5日，对中国青年艺术剧院排演《上海屋檐下》全体演员的一次谈话（谈话记录后在1957年4月《剧本》月刊上发表）。谈话一开始，夏衍就说："《上海屋檐下》这个戏是我写戏以来的第三个剧本，前面两个都是历史剧（《赛金花》和《秋瑾传》），《上海屋檐下》是在一九三七年写成的。时间过得真快，整整二十年了。我写了几个戏以后，自己颇有些感触，特别是看了曹禺同志的戏之后。我学写戏，完全是'票友性质'，主要是为了宣传和在那种政治环境下表达一点自己的对政治的看法。写《赛金花》，是为了骂国民党的媚外求和，写《秋瑾》，也不过是所谓'忧时愤世'，因此，我并没有认真地、用严谨的现实主义去写作，许多地方兴之所至，就不免有些'曲笔'和游戏之作。人物刻画当然不够。后来很有所感，认识到戏要感染人，要使演员和导演能有所发挥，必须写人物、性格、环境……只让人物在舞台上讲几句慷慨激昂的话是不能感人的。写《上海屋檐下》我才开始注意及此。"过了半年，1957年5月，在《上海屋檐下》由中国戏剧出版社出单行本时，在剧本后记中，夏衍又说："此剧作于一九三七年春，这是我写的第四个剧本。但也可以说这是我写的第一个剧本。因为，在这个剧本中，我开始了现实主义创作方法的摸索。在这以前，我很简单地把艺术看作宣传的手段。引起我这种写作方法和写作态度之转变的，是因为读了曹禺同志的《雷雨》和《原野》。"

这两段话，对读者理解《上海屋檐下》创作思想的飞跃十分重要。作者明确地指出，他从此剧开始才认真地、用严谨的现实主义创作方法从事戏剧创作，因此，从这个意义上，《上海屋檐下》也“可以说是我写的第一个剧本”。

这不是作者的过谦，而是作者发自内心的坦诚之言，是作者在创作思想上的深刻反省。此时作者已经认识到前两个大型话剧，主要是为了宣传，为了借戏言志，“在那种政治环境下表达一点自己对政治的看法”，在某些地方还近乎“戏说”（游戏之作）。

夏衍是一位襟怀坦白、虚心好学的前辈剧作家，尽管此时他在年龄上大曹禺十岁，他仍十分虚心地向后生小辈曹禺学习。

曹禺的四幕话剧《雷雨》1934年7月在《文学季刊》发表，此时曹禺才24岁，1935《雷雨》在日本公演，很快有了日译本、英译本。1936年底，《雷雨》已上演五六百场（大公报1937年1月讯）为全国剧本创作演出之最，1936年被称为“《雷雨》年”。1937年4月《原野》开始在《文丛》连载，此时，曹禺才27岁。夏衍先后两次讲到引起他创作思想飞跃的一个重要原因是曹禺剧作的启迪。第一次强调说：“特别是看了曹禺同志的戏之后”。第二次更明确具体地指出引起他写作方法和写作态度之转变的是因为读了曹禺同志的《雷雨》和《原野》。《雷雨》是我国上世纪三十年代严谨的现实主义创作方法的代表作，《原野》有表现主义创作的元素，但第一、二幕基本上还是现实主义的创作方法。有的学者认为《赛金花》“从作品的主题及主要人物塑造来看，《赛金花》应属于现实主义剧作的范畴。”①

这就涉及到什么是现实主义创作方法的含义。中外文学史告诉我们，现实主义作品反映生活构成形象的共同特点，是按照生活的本来面目再现生活，按照历史的真实面貌描写历史。现实主义创作方法要求作家偏重于描绘客观的现实生活的精确的图画，描写那些在生活中已经存在或按照生活规律可能存在的事物，而不能代之以作家自己的愿望、自己的爱憎。作者的社会理想、爱憎感情以及作品的政治倾向在现实主义作品中是通过对生活的真实

① 会林、绍武著：《夏衍传》，中国戏剧出版社1985年版，第103页。

的、具体的、历史的描绘，通过生活和形象本身的规律自然地流露出来的，它们并不能因此而改变生活的真实面貌。夏衍将自己的两部历史剧与曹禺的《雷雨》、《原野》一对照，便深切地感到自己的这两部作品不符合这一基本要求，认识到要向曹禺剧作学习，戏要真正感染人，必须写人物、性格、环境。

正是这一认识，使夏衍剧作迈上了通向精品之路，开始了真正运用现实主义创作方法从事戏剧创作之路，使他的《上海屋檐下》与《雷雨》、《原野》一起列入了能经得起历史考验的经典作品之林。

> 1962年2月17日，在北京紫光阁举行的在京话剧、歌剧、儿童剧作家座谈会上，周恩来曾经对这一重大问题作了这样精辟的论述："曹禺同志的《雷雨》写于'九一八'之后那个时代，国民党统治初期，民国时代，'五四'前后的历史背景，已经没有了辫子了。写的是封建买办的家庭，作品反映的合乎那个时代，这作品保留下来了。这样的戏现在站得住。将来也站得住。有人问：为什么鲁大海不领导工人革命？《日出》中为什么工人只在后面打夯？为什么不把小东西救出去？让他去说吧，这意见是很可笑的，因为当时工人只有那样的觉悟程度，作家只有那样的认识水平。这是合乎那个时代进步作家的认识水平的。那时还有左翼作家的更革命的作品，但带有宣传味道，成为艺术品的很少……我在重庆时对曹禺说过，我欣赏你的就是你的剧本是合乎你的思想水准的"①。

在这里，周恩来指出真正的艺术品一要真实，符合生活真实、历史真实；二要感染人（符合艺术真实），不是一般的宣传品。指出一些左翼作家的更革命的作品，尽管内容很革命，但宣传味道很浓，不是真正的艺术品，而且这样的作品还不少。曹禺的《雷雨》则是生活真实与艺术真实统一的作

① 《周恩来论文艺》第106页。

品，是真正的艺术品。

1937年夏衍创作《上海屋檐下》时，便深切地认识到这一点，他要创作的是一部真正的艺术品，真正认识到："只让人物在舞台上讲几句慷慨激昂的话是不能感人的。"悟到这一点十分重要。这是一般的宣传品与艺术品的分界线。

夏衍不仅在创作观念上认识到这一点，而且在艺术创作方法上找到了艺术的范本，其中突出的便是曹禺的《雷雨》和《原野》。

夏衍创作观念、创作方法上的这一飞跃，保证了他的《上海屋檐下》在夏衍戏剧创作史上具有了真正里程碑的意义。（尽管在这之前，曾有文艺理论家赞扬他的《赛金花》具有里程碑的意义，那是言过其实的"过誉"。在创作《赛金花》时，夏衍还没有真正认识到现实主义创作方法和一般游戏之作的根本区别。）

二、扎根于生活、扎根于人民的抗战前夕的现实题材

《上海屋檐下》的诞生，源于夏衍对生活、对人物的烂熟于心，来源于他长达十年的生活积累和感情积累，正如作者所说："剧中的故事是虚构的。这种生活我比较熟悉，我在这种屋檐下生活了十年，各种各样的小人物我都看到过，象黄家楣家里，父亲从乡下来看儿子，结果是大失所望而回，施小宝那样的人，也看到过，本性都是善良的，在那种社会里面，想挣脱出来，很困难，是可怜而值得同情的人，他们被时代的车轮所压倒。"①

《上海屋檐下》创作灵感的产生和作品迅速诞生具有两个特征：

（一）长期积累，偶然得之

列夫·托尔斯泰认为艺术灵感"是从他所经历过的生活中得来的果实"。②

形象性是艺术作品的基本要求，艺术灵感根据这一要求必须直接植根于

① 《夏衍论创作》，上海文艺出版社1982年版，第25页。
② 列夫·托尔斯泰：《艺术论》，第184页。

生活的土壤之中，广泛吸取形象化的生活信息。

夏衍有长达十年的上海生活积累、人物感情积累，但灵感的产生还必须要有偶然事件的触发。这一偶然事件便是出狱同志的故事。

夏衍在1957年回顾说："当时在上海的'业余实验剧团'要剧本，而且想要有一个'比较能够反映现实生活'的剧本。这时候正在'西安事变'之后，我听了许多出狱同志的故事，有所感触，引起了写作的冲动。"[①]在夏衍好友魏鹤龄许多的故事中，尤其引起夏衍感触的是夏衍"剧联"的好友、剧作家宋之的和著名演员魏鹤龄的故事，他们的故事引起了夏衍深沉的思索和要将它们用文字表达出来的强烈愿望，换言之他们的遭遇是剧中匡复、彩玉、林志成三人曲折故事的一个重要原型。

夏衍"剧联"的战友、著名演员王为一在《难忘的岁月》一书中这样说道："既然作者说，他听了许多出狱同志的故事，有所感触，引起了写作的冲动。那么剧中匡复、杨彩玉和林志成是否有具体的原型人物呢？'九·一八'事变后，北京左翼戏剧联盟有位剧作者宋之的，带了他的夫人刘莉影转移上海来工作。参加革命都是志愿的，要自己养活自己，宋靠写剧本以维生，生活清贫。不久宋之的突然遭逮捕，组织上营救无效，被押往苏州监狱，长期关押。刘莉影在剧联朋友魏鹤龄照顾下生活着，日子长了，就和老魏住在一起生活了。这就成了剧本中的匡复、杨彩玉和林志成的三个原型人物和故事的来源。可惜这个剧本因抗战而未演成。但一年后，终于在抗战陪都重庆舞台上公演了。导演改为应云卫，演员也作了调整，匡复仍旧是赵丹扮演，杨彩玉换了英茵扮演。林志成换了剧本中的原型人物魏鹤龄来扮演。自己演自己，引起圈内人一时的趣话，更为有趣的是夏衍写林志成这个人物时就是按照老魏的性格写的。因此老魏演林志成就是老魏自己演自己，正因为他有这段真实生活的体会，演来真是丝丝入扣，一点演戏的痕迹也没有，真是神啦!"[②]

魏鹤龄的妻子袁蓉生前曾对宋之的—刘莉影—魏鹤龄三人之间的这段

① 《夏衍论创作》第29页，上海文艺出版社1982年10月。

② 王为一：《王为一自传》，中国电影出版社，2006年版，第63页。

曲折经历也作过这样的记述：他和宋之的通过友人在饭店相遇介绍而结识，当时仅一面之交。以后宋被捕入狱，就失去联系，可是当宋获释回沪后，他却挽留于家，陪宋去医院治病，为之洗疮换药，成了莫逆之交。抗战时期，在重庆，多次合作演剧，互相交往，友情甚笃，这是他为人的一例。无私待人，有难必助，在戏剧圈里也是有口皆碑的。他和宋之的，还有过一段戏剧性的生活插曲。这在当时的戏剧界是算不了什么的“小节”，可对他来说，却是非常认真的，几乎酿成悲剧，毁了半生。而且得了健忘和瞌睡的后遗症，在以后的舞台生涯中闹过不少笑话。这一段插曲确也是社会所造成的人生舞台上的悲喜剧，很有戏剧色彩。据猜测，夏衍的名剧《上海屋檐下》中，匡复和林志成两个人物的情节，就是以这样“生活中的现实”为蓝本的。

宋之的原在中共北方局领导下工作，后来组织被破坏，同志被逮捕，他来到上海，投入了反文化“围剿”的斗争，继续以笔杆子作为武器，在报刊上发表评论文章。反动派当然不会放过他，不久就被捕。押解到苏州监狱“反省”。他的朋友找到鹤龄，说他被捕后，从北方同来的女友生活无着，陷于困境，他是东北流亡学生，在北京的电影培训班学习过，求鹤龄帮她找个工作谋生。他碍于自己也才来上海不久，不好求人，就把她介绍去湖州民教馆了。当时并不知道她和宋的真实关系，以为仅是“女友”而已。由于鹤龄常去湖州协助演出，两人有了爱情而结合，待知详情而受到朋友们“乘人之危”的指责时，他深感内疚，而陷于痛苦矛盾之中，当然责任在于女方的隐瞒和主动。不然，他绝不会做出对不起朋友的事。“爱情是人的本能和需要，而他又未得到过。他是个富有感情的人，当然也需要爱情，在学员年代，他也默默地爱慕过一位女同学。是旧道德的观念约束着他，也仅是爱慕而已，从不主动去追求女性而洁身自好，可是人总免不了有缺点，他也有优柔寡断的时候，而且时代和环境都有了变化，对他也就不无影响了。”①

不久，宋之的获释回来，他朋友也不说女友已和他人同居，只给地址，两个一面之交的朋友才恍然大悟了这种三角关系（现实与剧本不同之处，是

① 袁蓉：《冀海银燕—忆魏鹤龄》，载《天津东丽文史资料》（四）（内刊）。

女方不是“妻”，没有女儿，“第三者”不知情，但在当时未离婚而与人同居是不合法律的）。以后的情节就是《上海屋檐下》的场景了。所不同的是宋找到了住处，离开了，她也随之而去。“第三者”自恨，虽不是有意伤害了朋友，可也毕竟作了愧对朋友之事（留友食宿，为之治病，既是朋友间的道义，也是赎罪的心意）。虽然只有短短数月的同居生活，也毕竟是第一次的爱情结合而难以舍弃。想想这样做人太没意思，萌发了厌世之念，吞服了数十片安眠药自杀了。如果他当时能真正懂得人生的意义，革命的目标，应该有所奋发和进取，而不致寻此下策——毫无价值地毁掉自己，这就是他的局限性了。也是他命不该绝，正巧，她也不忘情意而来探望，急送医院抢救，才没有酿成悲剧。（不然戏剧史册里也就不必写他的篇章了）所以人的一念之错，往往造成遗憾终生而应该引以为训的。宋之的是个思想境界很高的革命者，他很爱惜鹤龄这个既有才华又真诚的朋友，因此决心离开上海去西北，成全了他们的结合。

当然，艺术不是照猫画虎，生活原型提供了剧作家创作的源泉，剧作家还必须通过想象、联想，对生活素材加以加工提练。但生活确实是艺术灵感爆发必不可少的前提。多见为智，多闻为神。灵感的降临固然令人神往，然而，正如周恩来同志所指出的：“作品的产生，可以是偶然得之，但是这种偶然得之是建筑在长期的生活和修养基础上的，这也是偶然性与必然性的辩证统一。”①

从剧作心理学角度来说，剧作家在社会生活中经过长期的观察、体验、分析、研究、感受，丰富的生活经验、感情积累、人物原型在他的大脑里储存起来，彼此间若隐若现、若即若离地联系着，好似一幢大楼的各个房间里已经安装了尚未接通电源的电灯。在进入艺术构思时，剧作家在创作激情的驱使下，开动形象思维的机器，长期的生活积累、感情积累纷纷调动起来，经过艺术联想、想象，使快要足月的胎儿处于不安的躁动之中。这时，一旦爆发一星思想火花，或者获得某种反映本质联系的偶然事件的触发，便像接

① 《周恩来论文艺》第70页。

上电源，打开总开关，整个线路突然贯通，整幢大楼各个房间的电灯顿时一齐大放光芒。剧作家头脑中原来模糊的印象清晰了，原来缺少联想的情节由一根红线贯穿了起来，原来找不到的语言突然跳到了面前，崭新的艺术构思、生动的艺术形象便会脱颖而出。这里有一个前提，原先各个房间要有电灯，即剧作家早已储存了的生活积累和感情积累，这也是艺术灵感产生的先决条件。《上海屋檐下》的创作构思过程，也完全符合这一精品诞生的客观创作规律。

（二）友谊的激励。具有艺术鉴赏水平和文学才能的朋友的激励，这是《上海屋檐下》灵感诞生的第二个重要特征

夏衍十分感谢他的两个具有艺术才华的好友陈鲤庭和赵慧深两人的激励。

《上海屋檐下》原定1937年初创作，但中间曲折颇多，实际写作时间只有两个月，夏衍在《上海屋檐下》自序中以十分感激的心情写道："开始写这剧本，是在今年的初春。但是三月间生了一场大病，四月初为着我们的成长而苦难了一生的母亲死了，这时期，又正是我们中国历史上所遭遇的一个最严重的时代，微力的我，也被情势逼着，处身在一个忙迫倥偬的环境里面，写下了'第一幕'这三个字之后，几个月来，简直没有连续地写作三个小时的时间。而流光如水，正月间和"业余实验剧团"预约了交稿的时期早已经过了，当陈鲤庭、赵慧深两位不惮烦地向我索稿的时候，几次三番地想请求他们把已经排印在上演节目单上的我的剧目抽掉，但是在他们那种热心的鼓励督促下终于每天三百字五百字地写下去了。"

为了督促作者写作，陈鲤庭、赵慧深两位甚至婉拒夏衍的请求，在《原野》的剧目演出单上，赫然用铅字印出以下字样：

业余实验剧团公演预告

不日献演《赛金花》 作者夏衍编剧

《上海屋檐下》 导演史东山

并且组成了被夏衍称之为“近于奢侈”的演出阵容：赵丹（匡复）、赵慧深（彩玉）、陶金（林志成）、王为一（赵振宇）、章曼苹（赵妻）、叶露茜（施小宝）、施超（小天津）。

演员表中的演员个个都是出色的名角，构成夏衍决心写好此剧灵感频频爆发的强大“内驱力”。

三、独特的艺术结构，隽永的艺术风格

《上海屋檐下》的主要艺术成就表现在以下三个方面：

（一）新颖、独特的艺术结构

《上海屋檐下》（以下简称《上》）的艺术结构是独具一格的，它不像田汉的《名优之死》，戏剧情节从头到尾原原本本地表现在舞台上，是一种“开放式”的结构，也不像曹禺的《雷雨》，在临近高潮的地方开始写戏，往事通过回顾的方式，随着剧情的发展，逐步交代出来，是一种回顾式或“锁闭式”式的结构。而无论开放式、锁闭式的结构，全剧均有一个中心事件。《上》剧则不同，全剧没有一个贯串全剧的中心事件，它描写的是抗战前夕上海东区社会一角的一个横断面，展示的是下层人民各种各样的生活风貌和性格特点，是一种“人像展览式”的结构类型，是当时十分罕见的结构方法。

作者在运用这一结构方法时，在艺术上有着崭新的创造。

1. 时间、地点选择上的巧思

在剧本创作中，时间、地点的选择是艺术构思的重要组成部分。作者受《雷雨》的启迪，在结构上借鉴了近似“三一律”的构思方法。精心设置全剧三幕：第一幕在上午八点以前，第二幕在当天下午，第三幕在当天晚上，全部剧情发生在一天之内。三幕戏发生在一个地点：上海东区习见的“弄堂房子”。夏衍对这样的环境可说是烂熟于心，整整十年，他朝夕生活在这样的环境里。

作者的构思十分奇特，他好比拿起一把社会解剖刀，将上海里弄的一幢

“石库门”楼房，从屋顶三层搁、晒台往下切，切开了二楼前厢房，后楼亭子间，直到底层客堂间和灶披间（上海弄堂房子的厨房间），一古脑儿全搬到了台上。大幕一拉开，观众情不自禁地惊叹：“哦，真像!”马上联想到上海典型的弄堂房子。这是一个充满地方色彩和生活气息的场景。

《上》剧时间选择在1937年4月，江南地区黄梅时节的一天。一个使剧中人郁闷得十分不舒服的时节。“从开幕到终场，细雨始终不曾停过。雨大的时候可以听到檐漏的“叮咚”的声音，但是说不定一分钟之后又会透出不爽朗的太阳。空气很重，这种低气压也就影响了这些住户们的心境。从他们的举动谈话里面，可以知道他们一样的都很忧郁、焦躁、性急……所以有一点很小的机会，就会爆发出必要以上的积愤。”这一场景设置为此剧营造了具有象征意义的整体氛围。

《上》剧中人物的生活状态与心境正像此时的天气一样烦闷、抑郁和焦躁不安。而这，也正是1937年7月抗日战争爆发前夕中国政治气候的写照。因为当时的中国，抗日民族统一战线尚在酝酿之中，国民党统治集团到底有无抗战的决心，全国性的抗战前途究竟如何，在人们的心中仍是一团疑云。剧中选中黄梅时节阴晴不定的自然气候，正巧妙地象征了当时变化莫测的政治气候。

2. 主线副线自然灵活的纵横交织

《上》没有从头到尾一贯到底的“中心事件”，但主要事件是有的。全剧有五条平行交错的情节线索，一条主线四条副线，纵横交织，既自然又灵活。

主线是客堂间女主人彩玉、后夫林志成与前夫匡复的重逢。（本剧又名《重逢》，由此可见此线的重要地位）

其他四条副线分别是：

三层搁：老报贩李陵碑。独子在“一·二八”战役中牺牲，但他以为儿子还健在，为此精神失常；

亭子间：失业的大学生黄家楣靠借债典当为生；

前楼：舞女施小宝为生活所迫，被流氓“小天津”强迫卖淫；

灶披间：小学教员赵振宇一家依靠微薄薪金艰难度日。

这四条副线与主线平行交错，彼此交织成网状，一组一组地按照人物的性格与生活的逻辑自然而又灵活地展开。

全剧在情节展开过程中，主线副线始终彼此交织成网状，并不围绕一个完整的故事，一对主要矛盾冲突层层展开，是一个典型的“人像展览式”结构方法。

在创作《上》剧时，夏衍已是一个著名的电影剧作家，他又在这一话剧创作中，将他所熟悉的电影蒙太奇手法巧妙运用于话剧艺术中，突破了话剧在同一舞台上通常只能表现一个场景的空间局限，运用电影镜头转移的方法，表现同一幢楼几个不同空间的故事内容，将五条平行发展的故事线索表现得有条不紊、杂而不乱，戏剧场面的转换、衔接，既自然又十分灵活，大大地开拓了舞台剧的表现空间。

3. 情节安排上，注意悲剧的因素与喜剧因素的交叉

《上》不是悲剧，但全剧充满了抗战前夕下层人民深重苦难的描写，无论是失业的大学生靠借债典当为生，舞女的被迫卖淫，还是孤老报贩为失子而精神失常，小学教员的艰难度日，都是民不聊生的人间惨状。至于主线中志成的朋友匡复十年前被捕入狱断了音讯，林和彩玉以为他已去世，同病相怜因而同居，不料十年后匡复出狱，寻上门来，三人均陷入了更是难以摆脱的内心矛盾与痛苦之中。作者在结构上借鉴了《雷雨》、《原野》悲喜因素交叉的手法，他不让戏剧情景和剧作人物总是处在压抑、焦躁、烦闷之中，而通过压抑场面和喜剧情景、喜剧性人物的穿插、喜剧性场面的交叉，造成有抑有扬的喜剧性对照，一方面是压抑中的松驰，使观众的感情获得喜剧性的抒解，同时又进一步地刻画了人物。最典型的是喜剧性人物赵振宇的刻画和有关他的喜剧性场面的穿插。

小学教员赵振宇，是一个让人破颜一笑的人物，他一出场就充满了笑料，舞台气氛为之一转。赵振宇本人身居斗室，住在一个实际上一个不能作住宿用的厨房间，但他却是一个“比上不足，比下有余”的“乐天派”。剧作家处处将这一个人物同他的妻子对照起来刻画：他的老婆赵师母，势利小气，视钱如命，由于没有机会爬上社会上层而怨天尤人。剧本通过这一对夫妇的争吵，以及两人对孩子的态度，生动地揭示了他们的性格。尤其是赵妻为算术题发牢骚的情节，真是神来之笔。作家让阿牛拿了教科书走到父亲身边问："某甲每月存银六十五元，三年八月后，共存银多少?"又让阿牛央求他母亲帮他演算习题，"姓王的一个月薪水三百五十元，姓李的一个月薪水两百八十元，三年后，共存银……"不等阿牛讲完，赵妻就怒气冲天。这道算术题对她丈夫月薪不到三十五元，节衣缩食还难以温饱的现状来说，简直是一种莫大的讽刺。由此引来哄堂大笑，随即发人深省，让人深感辛酸。赵妻尖锐地说：这种书"有钱的人才配来念!"赵振宇却自以为对天下大事所懂甚多，看不起见识短浅的老婆，但又无法否认这个社会的不合理，也无法说服她，只得无可奈何置之一笑。剧中赵振宇"乐天派"性格尤为集中地体现在这一段台词中——"人，反正是永远不会满意的，不满意就有牢骚，牢骚就要悲观，悲观就伤身体，你说，身体是咱们自己的，我为什么要跟自己的身体作对啊?所以，我就是这样想，有什么不满意的时候，我就把自己的生活和那些更不如我的人比一比，那心就平下去了。"乐天知命，自我安慰是赵振宇这一形象的特征，在此特征背后，潜藏着他对现实的不满，这在全剧中时有流露，作家除了写出他的世故、消极的一面外，同时又写了他关心国家大事，相信科学，童心萌发等另一方面。写出了变异复杂的人性。在赵振宇看来，阿牛和阿香在梅雨季节偶尔打架，也不失为一种运动，它非但无害，而且对身体有益，所以不同意赵妻去横加干涉。他以一种小学教员特有的口吻对阿香说："打胜了不要笑，打败了不要哭，哭就是脓包。"在讲这些话时，唯恐被赵妻听见，因而放低了声调，对战败者鼓气："明天再来过!"又如讲愚公移山的故事，混在儿童堆里放声高唱"我们都是勇敢的小娃娃"等等，将人物写活了，毫无雕琢之感，生动地刻画出一位受过旧民主主义思想熏陶的知识分子的精神面貌。

1963年上海戏剧学院表演系毕业公演，演出《上海屋檐下》，笔者亲眼看到河南籍演员陈裕德扮演赵振宇，第二幕赵振宇向耳背的黄家楣父亲认真地解释天上没有雷公，讲解打雷的科学道理：

赵振宇：（大声地）老先生!雷公的鼓没有破，还是很响的，你老先生的耳朵不便啦，所以听不见啊，哈哈哈……

黄父：什么，我说，不打雷，地上的春花就要……

赵振宇：（好容易制止了笑，对他妻子）你听见吗?他说变了民国，天就不打雷啦，哈哈哈……（又诚恳地对黄父）天上的雷，是电气，换了朝代也要响的……（又是远雷声）诺诺，又响了。

黄父：（摸不着头脑）什么?天上……

赵振宇：（大声）天上的雷，不是菩萨，是电气，（对他耳朵）电气……

黄父：（还是不懂）生气?我……我不生气。

赵振宇：（大声）电气，电灯的……

赵妻：酱油没有了，去买!

赵振宇：（大声地）天上的云里面，有一种电气，电……

赵妻：（将酱油瓶拿到他的鼻前）去买酱油!

赵振宇：（忘其所以，用更大的声音对他妻子）叫阿牛去买!

他妻子把酱油瓶塞在他手里，他一边拿着酱油瓶，一边还在认真地介绍"天上有一种电气……"引起全场哄堂大笑。未来喜剧表演家陈裕德（喜剧电影《咱们的牛百岁》主演）将夏衍此剧的喜剧因素发挥得淋漓尽致、栩栩如生，给观众留下了永远难忘的深刻印象，充分显示了此剧醇厚的艺术魅力。

（二）鲜明的性格描绘，细腻的心理刻画。

在《上》一剧中，夏衍开始了认真的现实主义创作方法的创作。在人物刻画上，传统的现实主义戏剧重视外部冲突的描写，尽量造成矛盾的激化，从而推动戏剧走向高潮。夏衍的《上》剧则不同，他很少表现人物之间正面的、外部的冲突，而往往将巨大的社会力量的冲突推到背景上，着重揭示人物的内心世界。如他自己所说："我只写一些出身不同、教养不同、性格不同，但是基本上都具有一颗善良的心的人物，被安置在一个突出的环境里面，他们如何蹉跌，如何创伤，如何爱憎，如何悔恨，乃至如何到达一个可能到达的结果。”在《上》一剧中，他始终关注的是林志成、彩玉、匡复三个主人公内心世界的揭示，他们各自怀着自己的苦恼与追求，但相互间的矛盾、摩擦并没有造成强烈的冲突。剧作家着重揭示的是人物隐忍、内省的性格，匡复和林志成面对现实矛盾各自退让、回避，而内心又痛苦万分，但全剧始终没有爆发直接冲突。例如第一幕结尾时，杨彩玉上场将要见到匡复，这应该是有“戏”的地方。恰恰戏在此时落下了大幕。激烈的戏剧冲突被剧作家有意的淡化了，夏衍追求的是人物内在的动作性。

剧作家着力刻画的是三个不同性格和层次的知识分子。夏衍通过这三个人物性格和感情纠葛的描写，让观众一起深入地思考的是特定时代知识分子的人生、事业和爱情。剧作家以高昂的理想之光，引导人们摆脱个人情感的困惑，投入更广阔的世界，从而揭示出生活的底蕴，激起人们对黑暗势力的憎恨，并谛听抗战即将爆发这一时代前进的历史脚步声。

十年后，林志成、匡复、彩玉的意外重逢，让他们三人都陷入极度的痛苦之中。夏衍着重描写的是他们各自细腻的内心世界，同时真实而又自然地揭示了他们性格的某些弱点。

林志成在这天上午打开房门突见他以为早已去世的好友匡复，顿时，“哑然如遭电击”，张皇失措，狼狈不堪，说不成一句完整的话，以至眼里露出恐怖的光；当匡复询问彩玉、葆珍下落时，他痛感无面目再见旧友而自我鞭挞：“我没有面目见你，我……我犯了罪，我对不住你……”在向匡复回述往事经过时，他神经质地倾诉着：“我也是男子汉，我也念过书，以前，你将我看作自己的兄弟一样，那么你在患难中的时候，我能做出对不起你的事吗?一两个月之后，我感到了危险，我几次三番地打定主意，我要离开，离开这种我平生不曾经历过的危险……”“命运遮住了我们的眼睛，愈挣扎，愈危险，终于——”；他内心剧烈痛楚地等候着匡复的裁决：“我犯了罪，就等着你的审判，不，在你来审判我之前，良心早已在拷问着我了。当我些微的感觉到一点幸福，感觉到一点家庭的温暖，这时候一种看不见的刑具就紧紧地压住了我的心。现在好啦，你来啦，我供认，我不抵赖……我在你面前服罪，我等着你的裁判!”在良心的谴责下，林志成敞开自己的内心，捧出自己的痛苦，使观众感受到一颗极剧矛盾的心。而最后，他决然出走但又依恋难舍，他对彩玉与匡复的祝愿，为自己得到宽恕而感到的安慰，他又不知自己走向何处的茫然这种复杂而又错综的心态都在一声“彩玉”中爆发出来了。

和林志成同居的杨彩玉见到久别的匡复，更是羞愧饮泣，三次无言。无声的语言表现出难言的隐痛、内心的翻腾。彩玉的内心十分矛盾。她爱匡复，忠实于匡复，匡复的到来，燃起对往昔幸福的希望；但她与志成毕竟共同生活了十年，岂能无情?彩玉尽管不愿正视，但当发觉志成要离家出走，又情不自禁忘情地阻拦，两个“不，不!”包容着彩玉汹涌的情感的波涛。最后，追赶离去的匡复不得，她才终于放声恸哭。她的辛酸与悲苦，她的跌宕起伏的内心世界，被夏衍揭示得曲折回荡，撼人肺腑。匡复，是三方矛盾的中心，是在这短短的一天中经历了最激烈、最复杂的感情变化的人物。夏衍把他放在戏剧冲突的进展中，充分地揭示着他心灵深处的震荡。作者精心地描绘了他获得自由后寻到亲人时的喜悦、害怕妻女出事的急切，起先匡复不理解林志成语无论次的话而吃惊：“志成，我一点也不懂，你说……你说……”；当他听到林志成与彩玉已同居，顿时混乱、无意识地重复着“同——居——了”；他面对突如其来的厄运，喃喃地重复着：“等一等，我……让我想一想。”①

在一些优秀剧作中，作者往往对两个主要人物，刻画得栩栩如生，而对一些次要人物往往不免粗疏。在《上》剧中，夏衍不仅对林志成、彩玉、匡复这三个主线人物作了细致、精腻的性格描绘和心理刻画，对四条副线中的次要人物，他们的性格和内心世界也都一一作了朴素而又凝炼的刻画，不仅显示了夏衍的艺术功力，而且体现了一个真正的经典之作艺术上的高度完整和无穷的艺术魅力。

在《上》剧中次要人物的描写中，又一次显示了夏衍善于运用简洁的

① 此处参阅黄会林《中国现代话剧文学史略》，安徽教育出版社1990年版。

“白描”方法，抓住人物一、两个典型细节刻画人物的高超本领。如第二幕从乡下来城里探亲的父亲获悉儿子在城里借债典当为生，在窗口脸色陡变，决定立即回乡下。黄家楣便责怪妻子桂芬一定在老人家面前说了什么，两人为此发生了一场口角。为了避开黄父，他们都压低了嗓门，而且是站在楼梯上说话。桂芬满腹委屈，却又爱怜丈夫的身体，黄家楣看到妻子哭出声来，赶紧掏出手帕替她擦泪，一个电影特写镜头式的表情变化……短短的几句对话，一个动作，给了演员丰富的创造余地，也让观众回味无穷。又如第三幕，黄父得知黄家楣穷困真相后故作糊涂，强作欢笑地回乡去了，临走时趁别人不见，将一个纸包往孩子怀里一塞，给小孙儿留下几块血汗钱。这里的语言很少，但偷偷“塞钱”的细节，则又像电影中的一个特写镜头，极富感染力。李陵碑孤独穷困，精神有点失常，邻里们甚至不知他的真名实姓，就因为他爱唱《李陵碑》中那句凄凉的京剧唱词：“盼娇儿，不由人，珠泪双流”。人们干脆称他为“李陵碑”。在第一幕他就只有这样一段“唱词”，但却给人留下深刻的印象，知道他是报贩，有一个强烈的愿望——等待儿子归来。他却不知儿子早已在“一·二八”战争中牺牲。剧作家用六句台词刻画了一个艺术形象。

（三）平凡而深远、素淡而隽永的独特戏剧风格

戏剧风格是剧作家在创作中所表现出来的艺术特色和创作个性。

戏剧风格是剧作家成熟的标志，它是诸种艺术因素在戏剧家身上融汇凝结以后体现出来的一种总的基调。

戏剧风格的基本因素是戏剧家的个人风格。法国人有一名言：“风格就是人本身”。黑格尔指出：“风格在这里一般指的是个别艺术家在表现方式和笔调曲折等方面完全见出他的人格的一些特点。”梅兰芳认为，一个戏剧家的个人风格就是“他自己的一种优良的定型”。一个民族一旦进入戏剧繁荣时期，就会涌现出一批风格各异的戏剧家和戏剧作品。如古希腊三大悲剧家同是悲剧作家，风格各异。埃斯库罗斯的作品庄严、雄浑、富于想象，索福克勒斯的作品绵密、紧凑、长于布局，欧里庇得斯的作品质朴、流畅、

精于心理刻画。元代杂剧作家，《太和正音谱》曾以一组比喻说明他们的不同风格，如，关汉卿作品“如琼筵醉客”，王实甫作品“如花间美人”，马致远作品“如朝阳鸣凤”。20世纪三十年代，与中国左翼话剧艺术的成熟几乎同步的中国的话剧作品也进入成熟的阶段，其标志是出现了一批别具艺术风格的剧作家。田汉的剧作单纯、朴素、自然、流畅，曹禺的剧作雄伟、厚实、浓烈。夏衍的剧作经过《赛金花》、《秋瑾传》、《都会的一角》等四个剧作的探索到《上》剧，已经形成了平凡而深远、素淡而隽永的风格。1936年曹禺曾经这样描述契可夫《三姐妹》剧作风格的特色：“这出伟大的戏里没有一点张牙舞爪的穿插，走进走出，是活人，有灵魂的人。不见一段惊心动魄的场面，结构很平淡，剧情人物也没有什么起伏生展，却那样抓牢了我的魂魄。我几乎停住了气息，一直沉醉在那悲哀的氛围里。”①

契可夫的剧作在艺术表现形式上明显不同于传统的现实主义戏剧，他摒弃戏剧情节的剑拔弩张，也不靠惊心动魄的紧张场面吸引观众，而是在平淡中展现深度，以接近日常生活的自然形态的方式反映生活，更加注重人物内心世界的揭示和开掘，更加追求作品内在的深度和力度。

契可夫剧作这一独特风格，不仅吸引了青年的曹禺，而且也深深地影响了《上》剧的创作。

在《上海屋檐下》中，夏衍通过朴素、平易的抒情笔触再现现实生活的真实风貌，一不靠复杂的矛盾纠葛构成情节，二不靠人物的强烈性格展开冲突，而是靠吸取现实生活中常见的，平凡的事物、情景，进行提炼剪裁，借以明确有力地表现主题，揭示人民的深重的苦难，反映中华民族神圣抗战爆发前夕时代前进的精神。夏衍还擅长气氛渲染，善于通过平凡的日常生活细节细致而又鲜明地描绘人物心理的特色，在《上海屋檐下》中这些都得到了集中的反映，形成了“平凡而深远，素淡而隽永”的鲜明风格特色。正是由于上述这些突出的思想艺术成就，使此剧成为我国话剧舞台上屡演不衰的优秀剧目之一。

---

① 曹禺：《〈日出〉跋》，四川人民出版社1985年版，第251页。

1940年7月，上海剧艺社在辣斐剧场公演《上》剧，导演吴江帆。次年5月，天风剧社在璇宫剧场以上海方言话剧形式演出，导演吴仞之，均广受观众欢迎。抗战期间此剧在重庆、延安等地广泛上演，新中国成立后又成为中国青年艺术剧院屡演不衰的保留剧目。不仅如此，此剧还改编成沪剧等地方戏曲演出。抗战期间，《上》剧就曾改编为沪剧上演，成为轰动一时的沪剧西装旗袍戏的代表剧目。2011年，《上》剧又一次改编为沪剧，由一级编剧薛允璜改编，著名导演张仲年执导，著名演员陈甦萍策划，吴梅影、李恩来、顾春荣主演。新沪剧演出本不仅编、导、演强强联手，在戏曲化方面也作出了新的努力，而且强化了家庭戏和感情戏，运用唱腔在人物内心情感上作了深入的开拓，时而刚柔相济，时而含蓄委婉，时而奔放有力，让观众更多地享受到沪剧唱腔感人肺腑的艺术魅力。演出获得观众热烈的欢迎，成为长宁沪剧团广受欢迎的保留剧目。20世纪80年代，此剧在上海还改编成上下两集电视连续剧，由著名演员秦怡、张伐、杨在葆等主演，产生了更广泛的影响，成为一部名符其实的艺术经典。

在人类戏剧史上，一部剧作的影响力，主要不靠外力（舆论、金钱或权力），归根结底要靠作品本身的艺术生命力。而作品艺术生命力的强和弱，则需要经过观众和时间（历史）双重的考验。尤其是历史的考验，这是十分严峻的。剧作生命力的强弱最终又取决于剧作本身的艺术质量。

夏衍的《上海屋檐下》，半个多世纪的历史已经证明，它是一部经得起历史考验的艺术精品。

登高壮观天地宽，大江茫茫去不还。岁月如流，滔滔历史的长河，自然会将艺术上粗劣的作品荡涤，而让夏衍的《上海屋檐下》这样的艺术精品永远焕发出璀璨的光芒。

（曹树钧：中国曹禺研究学会副会长、上海戏剧学院教授）

空间的俘虏

——试析《上海屋檐下》中的空间构设

陈楚湘

内容提要

《上海屋檐下》作为夏衍的代表作之一，在大时代背景下写小人物的悲喜，从生活的层面反映时代的潜流。除去学界常论及的现实主义风格，剧本所采用的空间构设也值得我们注意。本文借用一定的空间理论，从空间设定、空间与人物生存状态、对20世纪30年代中国电影及国外戏剧的借鉴三个方面进行分析，试图从空间的角度来重新审视这部戏剧。

关键词

《上海屋檐下》　空间　石库门

《上海屋檐下》创作于1937年，是夏衍的代表作之一，描述的是1934年上海弄堂里五户人家一天的生活，以二房东林志成一家为主线，辅以其他四个家庭的日常生活描写，勾勒出在“西安事变”之后，国内政治形势大变动下普通小市民的生活状态。

学界对于《上海屋檐下》的研究大多从戏剧的内容与主题上展开，普遍将该剧看做是夏衍现实主义剧作的起点，论述也集中在对剧作的现实主义风格的讨论之中，但对于该剧的空间设置鲜有论述。众所周知，空间是一切生物赖以生存和发展的条件，人口的激增，人口密度的增长与城市土地的不足导致人们占有空间的有限性，为了生存而居住在被迫压缩的生存空间中，成了许多城市底层市民的困境。因此，本文将着重分析《上海屋檐下》的空间设定及生活于其中的人物生存状态，并讨论夏衍创作此剧的艺术来源。

一、《上海屋檐下》的空间设定

戏剧不同于小说，小说提供给读者一种想象的可能，而戏剧在想象之外，需要提供一种还原，更准确地说是再现的可能。三一律作为古典主义戏剧的规范，深刻影响了戏剧这门艺术，而单纯地遵循三一律，已使得戏剧家和观众感到疲惫。接触戏剧（国人似乎更喜欢称之为“话剧”以同传统戏剧进行区分）未久的中国人却仍在标准的三一律中进行着创作。一般来看，夏衍的《上海屋檐下》，仍是一部遵守三一律的戏剧：“一天之内”——时间设置在“一九三七年四月，黄梅时节的一日间”①；“一个地点”——“三幕同一场所（上海东区习见的‘弄堂房子’②）”；“一个情节”——“入狱8年的匡复回归，面对妻子杨彩玉与好友林志成结合的事实，最后留言出走”围绕这一主线讲述上海石库门里的家庭故事。情节似乎是多线的，但是却能在一个空间内穿梭往返，这得益于剧本巧妙的空间设置——上海的一个弄堂中，这一空间的特殊性利于开展生活的戏剧，使得三一律中的“一个地点”有所突破。

夏衍曾提到该剧的创作意图——“反映一下上海这个畸形社会中的一群小人物，反映一下他们的喜怒哀乐，从小人物的生活中反映出一个即将来临的伟大的时代，让当时的观众听到一个将到来的时代的脚步声音。”③诚然，

① 夏衍著，刘厚生、陈坚编：《夏衍全集》第1卷，浙江文艺出版社2005年版，第168页。
② 夏衍著，刘厚生、陈坚编：《夏衍全集》第1卷，浙江文艺出版社2005年版，第168页。
③ 会林、陈坚、绍武编：《中国文学史资料全编·现代卷：夏衍研究资料》，知识产权出版社2010年版，第145页。

该剧的题目《上海屋檐下》道出剧本的独特地域性，而故事的发生地——“弄堂房子”更值得关注。

何为“弄堂房子”？这里需要先厘清何为“弄堂”。弄堂是上海特有的民居形式，由连排的老房子（大多为石库门）构成。关于石库门的名字来历，有说法是汉语中把围束的圈叫做“箍”，如“金箍棒”，“箍桶”“袖箍”（即袖标）。这种用石条围束门的建筑被叫做“石箍门”，宁波人发“箍”字音发的是“库”，以后上海的“石箍门”就讹作“石库门”了。对此至今学界没有明确的说法，但不容置疑的是，石库门是上海独有的一种建筑。有关资料显示[①]，上海里弄住宅建筑起源于19世纪中叶，是在中国江南传统住宅建筑的基础上，受到西方城市联列式住宅布局的影响而发展起来的。里弄住宅先后经历了木板房和砖木结构立帖式的老式石库门、新式石库门里弄住宅、广式里弄和新式里弄住宅这几种形态。经过资料的检索与夏衍的居住经历的比对，推测剧中的“弄堂房子”应该就是新式石库门里弄住宅。[②]因此，下文凡是涉及到剧中建筑，统一采用“石库门”这一名称。

在20世纪30年代的上海，居住在石库门里的普通百姓，大多是一人承租整栋房屋，再召客分租，这分租的人即为二房东。[③]经济上的优势使二房东在整个住户中形成了一定的话语权。《上海屋檐下》中，林志成是工厂的管理人员，有固定的收入报酬，作为二房东，在剧作中，明显高于其他住户。虽然整个戏剧里各家的故事是平行发展的，但是仍可以看出其中所围绕的林志成、杨彩玉、匡复三人的纠葛所展开。

---

① 参考上海市地方志办公室网站：《上海住宅建设志》第一章旧有住宅，第二章里弄住宅，http://www.shtong.gov.cn/node2/node2245/node75091/node75095/node75114/index.html

② 查阅上海市地方志办公室网站及弄堂论坛中的相关讨论，“亭子间”大致可以作为区分新式与老式石库门的标志，而新式里弄与新式石库门里弄的区分较为模糊，布局基本一致，这里将《上海屋檐下》中的“弄堂房子”所在弄堂归为“新式石库门里弄”仅属于一种猜想，将在今后的研究中进一步考证。

③ 民国时期，上海80%以上的房屋为私人拥有，大多数市民租房居住。房客和房东确立租赁关系后，房客除交租金外，尚须交押租及小租等。押租为入租前预先缴租金若干月作押，若房客欠租，房东从押租中扣除，房客迁居，即可退还，不计息。小租为租屋时交1～3个月租金，有购买使用权的含义，停租一般不退还。房客若得到补偿，需找到下一房客顶租，索取类似小租的费用，是为顶费。住宅一般整幢出租，便于收租管理。有人整幢顶租后再分租其他房客，收取超过原租的顶费和租金，是为二房东。

石库门的空间示意如图所示。石库门被分割进行出租，主要分为客堂间、前楼、亭子间、灶披间、阁楼。楼梯口的左侧是客堂间，右侧是灶披间。从空间的自身设置来看，客堂间作为对外的场所，其性质是趋向于公共的。而灶披间，生活起居的所在，是家庭内在的核心，向内的属性决定了其更多的作为私人的空间。在剧本的提示里也强调了二者的差异：“陈设比较整齐，从一张写字台和现在已经改作衣橱用了的一口玻璃书橱看来，可以知道林志成过去也许还是个‘动笔头’的知识阶级。”[①]然而对于灶披间的描述，却是“可以看见和窗口成直角地搭着一张铁床，窗口是一张八仙桌，桌子对面是一架小行军床，门内立方的壁上是壁橱、筷笼等等，进门处是碎砖垫高了的煤炉、锅子、食具……”[②]客堂间的齐整与灶披间的混乱形成了鲜明的对比。而这一外一内的场所，分别承担着情节主线与副线的发生场域之功用。二房东林志成一家居住在客堂间，故事的展开围绕着林、匡、杨三人的纠葛展开。赵振宇一家栖于灶披间，正如灶披间之于石库门的地位——以炊烟串联起整个家庭，赵妻之于五个家庭亦是如此——将她所感悟的生活细碎传达给他人，建立起共通交流的线路，使得生活戏剧的发展平淡而自然。

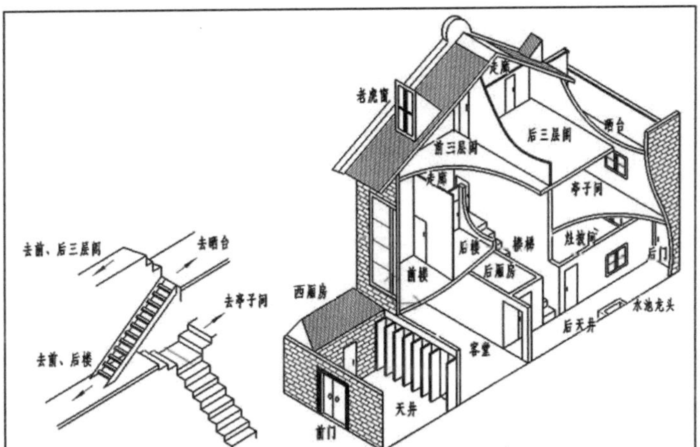

（弄堂房子示意图）[③]

---

① 夏衍著，刘厚生、陈坚编：《夏衍全集》第 1 卷，浙江文艺出版社 2005 年版，第 169 页。
② 同上书，第 168 页。
③ 夏雨：《石库门散记》，弄堂论坛，http://www.longdang.org/bbs/thread—40182—1—1.html。

至于因近现代众多的“亭子间文人”以及鲁迅颇带自嘲意味的《且介亭杂文》[①]而为人所熟知的“亭子间”，是整个石库门中位置除去阁楼后最差的房间。它处在灶披间之上，晒台之下，采光最差，阴暗又窄小，原本是仅作为储藏间使用的。人口的密集加之收入限制，这一偏僻的处所成为许多底层人争相租住的地方。有趣的是，夏衍把不得志的知识分子黄家楣一家安排在这里，似乎是对同时期的亭子间文人的一种回应。

而前楼位置较好，宽敞明亮，原本作为主卧室，它的位置仅次于客堂间。施小宝，有一个船员丈夫，加之其“暗娼”的身份，经济条件较其他住户优越，居住空间的设定也显得较为妥帖。

最后是阁楼，也可称为“三层阁”。三层阁是旧上海特有的建筑。它是附加在石库门住宅之上的一处小阁楼，再往上就是屋顶。三层阁中间部分尚有约一人高，人在其中勉强能直立，而随着屋顶的坡度，两边高度逐渐变低，只能供人躺卧。三层阁实在是建筑物的一段“阑尾”。但对于大多数老上海市民来说，这个“阑尾”建筑是他们的梦魇空间。阁楼的房客李陵碑（其实是一个年老的报贩，只因常年唱着《李陵碑》，所以大家以此为其名），精神略微失常，处于半疯癫的状态，终日沉浸在儿子阿清成为司令荣归故里的迷梦中。

观剧时，看得清全部的是客堂和前楼，只露出门窗的是灶披间和亭子间，被舞台上部挡住的是阁楼。这样的环境在之前的剧作中常常是分散使用的，但在这里，观众面对的是一个多层次的立体空间，是一个信息量极大的横截面。观众可以同时看到几个房间内同时进行的动作，即使是楼道和一楼的走道也是有戏的，而且把相互之间关系不密切的五家人的生活统一、集中了起来，比之现代派以灯光切割舞台，在同一画面中表现几个距离遥远的空间形式要贤德自然、真实许多。因而，这一舞台空间结构所带来的“假定性”在某种程度上是非常接近于现实的，难怪有评论说：“《上海屋檐下》演出时获得空前的成功，优点在形象化，有风趣，熟习人情，但主要的还在

① 注：“租”与“界”各取一半，是为“且”、“介”，“亭”则代表他当时在上海居住的亭子间。

表现上海生活，使上海人感到亲切。”[①]

二、空间的限定与人物的生存状态

前述提到的空间是戏剧表演所使用的空间，是一种物质性的存在，是人们感知的对象，在列斐伏尔那里这类空间被称为“空间实践”（spatial practice）。人类的社会生产将空间以一种物质的形式制造出来，空间既是社会生产活动的场所，也是这一活动的结果。美国当代、后现代地理学家爱德华·索亚在此基础上，将这类具体化的、社会生产的、经验性的直接可感的空间形式界定为“第一空间”。[②]

《上海屋檐下》特殊的空间结构，使得五家住户的情节线索能有条不紊地交错进行。因了这在上海人生命里常见的、在戏台里陌生的石库门，原本毫不相关的五家住户联系在了一起，在同质的小市民生活里撞击出异质的火花。

在三幕剧之中，第一幕通过“屋檐下”这一特殊结构将各家的生活状态呈现了出来。基于住房本身的结构，大致可分为楼上与楼下两块。楼下尤以灶披间为主，因灶披间连着后门，住户们进出大多是从后门走，因而灶披间也就成了流言与躁动的聚集地。唐弢在评论《上海屋檐下》时说：“这里一共住了五户人家，各各都有一段不可告人的故事……”但这段段不可告人的故事都被一个人挖掘了——赵妻，这是夏衍着力刻画的一个窥视者。我们看到，关于杨彩玉与林志成的事情，从赵振宇之子阿牛的口中渐露端倪：“那我也叫！叫你阿拖，拖油……”[③]，而黄父的进城则是从赵妻与桂芬在水斗边的交谈而为观众所知。至于施小宝的“暗娼”身份，同样是由站在灶披间门口的赵妻与其斗嘴而渐渐为人所熟知。赵妻是好奇的，对于林志成、匡复、杨彩玉的三角关系，她更是两次直接采取偷窥的方式，让人哭笑不得。拥挤的环境，人的尊严被践踏，偷窥之于赵妻不过是灰暗生活的调剂，从他人的

① 万殊：《一年来我所认识之戏剧》，1941 年 1 月 1 日《正言报》。

② 爱德华·索亚：《第三空间——去洛杉矶和其他真实和想象的地方旅行》，陆扬等译，上海：上海教育出版社 2005 版，第 85 页。

③ 夏衍著，刘厚生、陈坚编：《夏衍全集》第 1 卷，杭州：浙江文艺出版社 2005 年版，第 171 页。

苦难里，得到些许的安慰。她憎恨赵振宇的比下主义，然而她自己在潜意识里又何尝没有这种心态？可见，灶披间门口的走道与之相连，成为公共空间，接续着私人空间的种种，并通过赵妻之口成为众人的谈资。

在第一幕中，注意到有这样一段描写——“亭子楼上黄家楣猛烈地咳嗽着，从窗口扑出上半身来。苍白瘦削而带忧郁表情，用手挥着下面冲上去的煤烟，把窗关上。小孩哭声。”[①]而此时又是赵家夫妇的争吵。这边消停之后，又因“买方糕”的事情，赵妻与施小宝再次拌嘴。所有人都处在这样一种逼仄的氛围之中。正如剧本所说的，所有人都郁积着一种情绪。黄梅雨的天气加重了阴郁的气氛。夏衍在第一幕的提示里写道：“有一定很小的机会，就会爆发出必要以上的积愤。”[②]我们看到，剧中的几处争执常常采取一种“爆发”似的态度了事。以黄家楣和桂芬的争吵为例，黄家楣得知父亲临时决定回乡下后，当即认为是妻子有意无意向父亲透露家庭的财政情况，使父亲明理回家。这样的推理固然是有道理的，翁媳之间的亲疏比不得父子，且黄家楣刚刚当掉了桂芬唯一的一件“出客”衣服，桂芬定是有怨言的。然而只有观众知道是源于这失却了私人空间的住所，使得秘密有了被父亲窥见的可能（黄父在阳台上看到了夫妻俩因当衣服而起口角）。作者却不解决这一问题，也不在剧的末尾安排一出“真相大白”，只是简单地以桂芬爆发一般地啜泣结束。三角关系里的两两对话进行到无解时，两个男主人公都“爆发”一般地抱住彩玉，无声胜有声。生活对这些小人物是何其的残酷！

但夏衍并没有放弃对这些在空间里挣扎的小人物的拯救，他在剧本的后记里说：

> 在抗战中，这些小人物都还活着，而且在一个不很短的时期之内，他们都还要照着他们自己的方式活下去，一种压榨到快要失去弹性的古老的意识，已经在他们心里抬起头来，这就是他们的民族感情，但是从他们祖先时代就束缚了他们的生活样式，思想方法，

① 夏衍著，刘厚生、陈坚编：《夏衍全集》第1卷，杭州：浙江文艺出版社2005年版，第176页。
② 同上书，第169页。

> 是如何的难以摆脱啊，我不想凭藉着自己的主观和过切的愿望去强要他们的生活，我把他们放在一个可能改变，必须改变，但是一定要从苦难的现实生活里才能改变的环境里面。我想残酷的压抑他们，鞭挞他们，甚至于碰伤他们，而使他们转弯抹角地经过各种样式的路，而达到他们必须达到的境地。抗战中需要新的英雄，需要奇峰突起，需要进步得一日千里的人物。但是我想，这样的人物还不可能是大多数，进步迂缓而又偏偏具有成见的人，我想也还是应该争取的对象，而且是可以争取的。单单责骂和嘲笑是不中用的。这里需要同情，而我终于怜悯了他们。①

夏衍不只是怜悯他们了他们，更赋予了他们抵抗私人与公共空间交叠下呐喊的权利。“环境在某种意义上物质性地反映了人物的生活，人物就沉浸在这样的环境之中，然而与此同时，环境在他们的生活中起到至关重要的作用——空间真实的物质性约束，对某种特定类型的确定地貌的意识。”②私人空间的被压缩，个人意识、精神空间处于被压迫下，在这个各家都没了隐私，各色人等在分割的空间里，通过日常生活的实践表达着自我对现实的抵抗。杨彩玉带着葆珍“投靠”了林志成，用女性的欲望来抵抗道义上的谴责。然而施小宝一类人物亦是抵抗的么？她消极怠惰，做着“见不得人”之事，然而也是消极抵抗的一种。赵妻是最为典型的小市民，买菜时贪小便宜，甚至因阿牛的数学题中的工资数目而发怒，此外，其言语中诸多的“狠狠地”：“狠狠地”对丈夫，“狠狠地”对孩子，“狠狠地”对施小宝，说她急躁，毋宁说是从言语里表达对现实的不满与抵抗。李陵碑自是不用多说，一个精神失常的人，每日靠着哼唱戏曲，假想儿子功成名就来表达自身的抵抗，以及黄家楣与林志成因“不迁就”的两种失业。似乎只有赵振宇一人是达观而又安于天命的——他常给孩子们讲1814年拿破仑失败后被反法联

① 会林、陈坚、绍武编：《中国文学史资料全编·现代卷：夏衍研究资料》，北京：知识产权出版社2010年版，第125页。

② （英）雷蒙德·威廉斯：《政治与文学》，樊柯、王卫芬译，开封：河南大学出版社2010年版，第196页。

军流放到爱尔伐岛的故事，经常说不要失败，不要沮丧，对妻子没有专制家长的架子，对邻里友好相待，连听不清话的黄家楣的父亲也能成为他的聊天对象，对于施小宝同样给予了深切的同情与怜悯。赵振宇坚信“总有一天会放晴的”，这一对生活的喜剧性态度本身就是对庸常与乏味的对抗。此外，在这一系列的反抗中，我们也可以依稀看见一明一暗的对比，也即生活的常态与极端化的表现。杨彩玉，若无林志成的协助，也有可能遭遇施小宝的命运。而黄家楣与李陵碑也构成了一组对比，亭子间里的黄家楣，失业无收入，生活一筹莫展，身心俱疲，难以想象当最后一根稻草被压垮的时候，他也会同李陵碑一样陷入暗无天日的悲剧生活里。

“（这就是）日常生活的力量，其持续性，植根于土壤的生活的永恒性，身体、时间、空间和欲望的适应性……女性的力量，虽然是被历史和社会压垮、征服的‘客体’，但不可避免地也是‘主体’和基石；源自重复性的感官经验世界的创造力；需求与满足以及不常出现的愉悦之间的巧合；工作与艺术作品；日常是在与日常空间意义上的创造能力——生产某些对个人、社群和阶级来说具有永恒性的东西；基本关系的再生产……两性、代际、社群、意识形态争斗的战场……在日常生活显明的平庸表象和琐细性下面，隐藏着某种力量和深度，亦即平凡性背后的不平凡性。”①

精神空间上的压抑与愤懑潜流在日常生活之中，剧本中不时出现的太阳，所有人齐声歌唱，表明他们的生活抵抗实践并不是狭隘地指向着自身与命运的哀叹，而是将矛头指向了更加强大的进行空间分配的隐蔽力量。

“无论是从传播方式还是从接收和反应的方式来看，戏剧明显是在某种社会背景中运作的，这似乎就是为什么戏剧的社会历史在许多方面都比其他艺术的社会历史更容易理解的原因所在。”②全篇一字不提政治，但空间中却充满了政治意蕴。首先，匡复的入狱，虽然夏衍并未提及原因，但从剧本的设置我们不难推测是因其地下共产党员的身份与当时国民党对共产党员的步

① Henri Lefebvre: *Everyday life in the modern world*, *translated by Sacha Rabinovitch*, *New Brunswick: Transaction Publishers*, *1968*, *pp. 35—36*, *37.*

② （英）雷蒙德·威廉斯：《漫长的革命》，倪伟译，上海：上海人民出版社2013年版，第271页。

步紧逼所致。杨彩玉在坠入家庭生活的漩涡之前，也是一个觉醒的革命者，而其命运的改变，难以抛开时代对她的“恩赐”，使她为了生计，不得不与匡复的好友林志成同居，因而陷入了伦理的困境。同样的，林志成也受到了这一困境的包围，他身上围绕着一股忧郁气，与其所在的工厂闹工潮，显然是有极大的关系的。剧中，赵振宇作为小市民家庭的代表，反映着当时不少民众对于灰色生活的乐观心态与喜剧化的生活态度。黄家楣无疑是当时失业大军与凋敝农村的代表。施小宝则勾连着上海的黑社会与海员，李陵碑则是残酷抗日战争下众多家庭的悲剧缩影。最后所有人齐声歌唱，有一股冲破隐蔽力量乌云，迈向光明前景的号角。

一群小人物，聚集在既普遍而又有代表的屋檐下，将十年压缩在一天之内，在必要的条件下爆发出积愤，将在分割空间下小市民的生活哀乐勾连起来，呈现出本身空间分割所带来的力量分配不均所引发的不同的生存状况，描摹出上海小市民的常态。

三、《上海屋檐下》的借鉴

借鉴对于艺术创作来说是无可避免的，而话剧艺术在我国起步较晚，因此借鉴其他艺术表现形式或外国剧作的影子自然不足为奇。

之前也有一些影片以弄堂房子作为背景，如1936年程步高导演的《新旧上海》，讲述了蛰居在上海“顺德里”的六户人家：汽车夫唐根泰和太太住在二楼后房；小学教员、自诩为作家的陈先生煎熬在灵感枯竭的亭子间里；两间宽敞的前堂间则分别由新近遭解雇的丝厂白领袁瑞三和舞女孙如梅、俞连珠租占；弄堂房子的二房东吕老太和儿子合住一楼后客堂间，而隔壁则住着现代木器家具公司销售范思全和重病的妻子。①《上海屋檐下》的租客布局与此有些相似，反映出当时的上海弄堂建筑与住户之间的搭配规律。在《新旧上海》中，二房东吕老太的窥视构成了镜头移动的动因，观众跟随着吕老太的视线窥见各家住户的内情，可以说是“摄影机与吕老太的窥视不仅联结

① 孙绍谊：《想象的城市——文学、电影和视觉上海（1927—1937）》，上海：复旦大学出版社2009年版，第14页。

了两层里弄房子中的六户人家而且也联结或“缝合”了摄影机、银幕影像和观众之间不同的实现”[①]，《上海屋檐下》的赵妻一角也担当了相似的作用，她的好奇与市井气串联起了五家住户的故事。

在夏衍创作《上海屋檐下》的同一年（1937年），左翼电影经典《马路天使》上映，这部电影讲述的同样是市井生活：破旧的上海弄堂里住着吹鼓手陈少平，他的隔壁屋住着被人拐骗到上海的小云和小红，因陈少平与小红常来往，久而久之渐生感情，但不久歌女小红被当地流氓古成龙缠上，对方欲强霸她为妾，为了拯救她，陈少平吹响了小号，找来了弄堂朋友，一起谋划拯救小红。这部电影的故事背景同样是上海的弄堂，主人公在弄堂里成功地解救了弱女子。“号声能够瞬间集结穷人力量的事实，至少显示了弄堂空间可以被普通人有效地利用、并将其转化成某一新领域的可能”。[②]弄堂空间对于市井生活的还原与再现起到了良好的作用。电影用弄堂作为故事发生场所自然比戏剧容易许多，电影镜头的剪辑与组接可以轻易地进行转换。也许夏衍充分意识到弄堂之于上海民众的紧密联系，因此作出了这番大胆的尝试。

此外，我们注意到中国现代的剧作家多是在对外国戏剧的摹仿与学习中逐步确立自己的剧作风格。夏衍早年留学日本，虽然他学的是工科，但是求学期间对图书的广泛涉猎，对他后来的文学创作产生了重大的影响。而夏衍的文学创作道路更是从译介之路开始，在对日本文学的译介中，有一部由日本左翼作家藤森成吉写就的戏剧《光明与黑暗》值得注意，该剧作于1929年3月发表在《战旗》杂志上，同年4月夏衍便译出，附在北新书局出版的《牺牲》后面。《光明与黑暗》讲述的是底层的故事：夏子在母亲阿富的逼迫下成为妓女并与她姐妹相称，在鸨母与母亲的双重压迫中勉强生存，与工人青井结识并相爱，在青井与好友冈的启发下，逐渐觉醒，认识到造成自己命运的原因，勇敢脱离母亲与鸨母的掌控，与青井一道投入到工人阶级的运动当

① 孙绍谊：《想象的城市——文学、电影和视觉上海（1927—1937）》，上海：复旦大学出版社2009年版，第15页。

② 同上书，第25页。

中去，参加反抗斗争。在剧作诞生前几年，日本工会运动方兴未艾，工人的罢工运动此起彼伏，日益高涨。据统计：日本工人罢工参加坚持斗争到11天以上的工人数和争加斗争全部人数的比率，1926年为36%，1927 年为52%，1928年为41%。可见，剧作的诞生与当时日本国内渐次兴起的左翼运动不无关系。

该剧第一幕和第二幕的舞台是“上下复合而成的舞台（表示楼下楼上），不必要时，可将一方的照明消去”即一座楼房的直切面，包括上下两层收进一家娼妓的真实色相。第三幕最后以儿童的鼓舞的歌唱收尾，《上海屋檐下》的空间构设及结构与其类似。但这是创作中的潜移默化的良善作用，而且整个剧作的内容全都表现着上海市民最为真实的生活，这只是创作过程中一种成功的借鉴。

之前，也有不少人谈到夏衍与契诃夫剧作气质上的相似性，剧本手法中的“停顿”、小人物的悲喜，以及“含泪的笑”，但鉴于本文主要从空间设置的方面来谈论《上海屋檐下》，所以并不展开论述。

此外，我们注意到夏衍曾协助沈西苓将奥凯西的《朱诺与孔雀》改编成《醉生梦死》，在这一改编活动中，想必奥凯西的戏剧对于夏衍也有着潜移默化的作用。细读《朱诺与孔雀》这一文本，里边的空间设置与《上海屋檐下》还是有着不少异曲同工之处的，尽管夏衍自己并没有提过《上海屋檐下》与《朱诺与孔雀》的关联，但很难说夏衍在创作时没有受到它的影响。

奥凯西于1924年发表《朱诺与孔雀》，该剧的设定的背景时间是1922年。这并非一个普通的年份，当年6月，爱尔兰爆发内战，起因是《英爱条约》的签订。因此，“爱尔兰共和军本身却陷入分裂（以纳入原爱尔兰共和军部分成员组成的自由邦军队为一方，以脱离共和军但仍然保持武装和组织、通常还占据原英军军营的武装力量为另一方），超过一半的成员认为《条约》是一种背叛之举”，[①] “《条约》将爱尔兰统一问题变为并不具有

① （英）罗伯特·基著，潘兴明译：《爱尔兰史》，上海：东方出版中心2010年版，第226页。

迫切性的另一个方面就是对英国国王宣誓的问题[①]。这个问题在许多爱尔兰民族主义者看来仍然是更重要的问题。”[②] 剧作的大背景是混乱的，而剧作中所呈现出来的空间的交叠与声音的介入与交错无形中描画。

《朱诺与孔雀》中的空间设置在“都柏林一家公寓里租下的两间住房中的起坐间”，同样是一处普通的居民处所，除却戏剧动作的主场所——客厅，左边房间是一个值得玩味的空间。人物借助这一房间，可以从容地隐退与进入剧中。姜尼大多栖身在左边的房间里，处于逃逸状态下的他（观众并未知情），时刻处于不安之中，左边的房子充当了“家宅”，正如巴什拉所说的“家宅让我们在安详中做梦”[③]。姜尼的病其实不是生理所致，而是心理上的畏惧，害怕因出卖队友而终将到来的审判。他是共和军一派，在剧中他说到“只获得一半自由的爱尔兰，只要她还有一个能扳动枪击的儿女，也就决不肯罢休的”[④]，姜尼苦痛又有抱负，却只能囿于里屋，也是当时共和军所面临的困境。当他从房间里走出，失却了庇护，其实也就暗示着他最终走向了被捕的命运。《上海屋檐下》中的李陵碑，孤苦伶仃，将之安置在看不见的阁楼里，除却这一空间本身在住房分割中的最次地位，其用意也是利用阁楼的不可见，对这一可怜的局中人形成保护层，显示着夏衍对剧中小人物所给予的充分的同情与悲悯。

“窗子”成为打通空间内外的桥梁，浪荡鬼角色身份的特殊性（朱诺把他看成波伊尔堕落的诱因），为了避免与朱诺的相见，浪荡鬼选择从窗子退出。《上海屋檐下》中的后门颇似“窗子”，人物的进退大多集中在“后门”，成为勾连内外的入口。但这也是考虑到现实生活中，石库门的后门的确是住户进出的主要空间所致。

拥挤的室内空间常常有必要的爆发：杰瑞与玛丽在客厅里争吵，而里屋

---

① “《条约》第四条规定爱尔兰自由邦议会的议员所立誓言如下：‘根据法律和对爱尔兰自由邦宪法的真诚效忠，我庄严地宣誓……基于爱尔兰与大不列颠的共同公民身份和她坚持留在由一些国家组成的英联邦之内的状况，我将忠于国王乔治五世陛下和他的法定继位者。’”详见（英）罗伯特·基著，潘兴明译：《爱尔兰史》，上海：东方出版中心2010年版，第226页。

② （英）罗伯特·基著，潘兴明译：《爱尔兰史》，上海：东方出版中心2010年版，第225—226页。

③ （法）加斯东·巴什拉：《空间的诗学》，张逸婧译，上海：上海译文出版社2009年版，第4页。

④ 同上书，第30页。

的姜尼与波伊尔又嚷嚷着吵了起来。[1]在班逊先生前来做客时，里屋再一次爆发争吵，姜尼嫌父亲吵闹，波伊尔称是因为他在脱他的鼠皮裤子，两人当即吵了起来，波伊尔太太无奈向班逊说波伊尔常常将家里弄得乱七八糟。[2]以小见大，积蓄着的爆发正影射着当时的爱尔兰人心惶惶的大环境——一般爱尔兰民众对《英爱条约》的反应是一种解脱和感激，感到最近两年半的恐惧生活终于结束了，而且爱尔兰的大部分地区在多个世纪之后终于摆脱了英国政府的统治，但是共和军的分裂让整个爱尔兰再一次陷入了乱糟糟的环境里。波伊尔太太，即朱诺，是全剧里活得最累的人，为丈夫的不争气，儿子的病弱、女儿爱情的不幸而苦恼与焦虑，她为亲人的焦虑而活，丝毫没有自我的影子。朱诺的苦恼与焦虑正是当时爱尔兰不能够完全独立，北方六郡又分离开来的焦虑，她的形象代表着被撕扯得奄奄一息的爱尔兰。

有趣的是，《上海屋檐下》也许借鉴了《朱诺与孔雀》中的场外声音介入，通过声音的干扰来传达社会空间的混乱状态，而“介入”对人物对话的干扰，则加重了人物精神空间中的不确定性。我们看到《上海屋檐下》中在匡复与杨彩玉的对话进入高潮时，前门的敲门声（林志成工厂的工人来询问他的下落）打断了对话，延缓了“爆发”的来临。卖方糕与收废品的声音则为处于舞台空间的人们去除了孤立的状态，甚至是由此引入小矛盾，增加了剧作的生活性，少了“戏作”的成分。而在《朱诺与孔雀》中卖缝纫机与卖煤人的声音以及“忽然传来打雷一般的敲门声”[3]，是作为波伊尔与浪荡鬼之间对话的中止者，让人在看剧时心情随之起伏，最后响起的混乱枪声，毫无疑问就是当时爱尔兰民族运动局面的呈现。

可见，夏衍对电影和戏剧剧本的细致研读以及丰富的戏剧演出实践中积累的大量经验，使之更加明确了自己的戏剧创作道路，可以说是一种“夏衍化”的实践。

---

① 见奥凯西：《奥凯西戏剧选》，黄雨石、林疑今译，北京：人民文学出版社1982年版，第19页。
② 同上书，第29页。
③ 同上书，第21页。

四、结语

将空间与个体的思想情感、心理感知、生命存在等精神要素联系起来进行辩证思考的不仅仅是列斐伏尔、巴什拉、雷蒙德·威廉斯等空间理论家，剧作家同样也会通过作品来进行这一方面的思考，尽管夏衍在它的创作感言中并未提及，但在他的剧本中，却再现了特定空间对人物心灵的影响以及二者之间的互动关系。

《上海屋檐下》中的小人物们，在有限的生活空间里挣扎着，在逼仄的居所里，人人都有无法言说的忧郁。弄堂里的女性与外界的交流很有限：主妇如赵妻囿于柴米油盐，杨彩玉的革命理想被生活的漩涡吞噬，施小宝则是一步步走向自己的囚牢。男性与外界的交流也并不顺畅，工作与自身也是若即若离的关系，外部空间的巨大压力迫使他们向内寻求庇护，赵振宇掐点上班，林志成的不得志，以及黄家楣的失业，实质上都是在自我封闭中求得暂时的安全感。但是，内部空间却并不完全是私人空间，公共空间凌驾于其上，每个人都赤裸裸地活在他人的阴影下。剧中难得出现的几次阳光也终被黄梅时节的霏霏淫雨所夺走。尽管如此，夏衍并没有走向完全的悲观，该剧作为一部悲喜剧，剧中几次有趣的生活场景（诸如阿牛做算术题，葆珍做小先生等）适时地冲淡了悲剧色彩，而且全剧在“……大家联合起来救国家！救国家！”[①]歌声中落幕为人们昭示着希望，也是期冀着未来外部空间能给弄堂里的人们带来转机，改善生存现状，完满精神空间。

诚然，《上海屋檐下》有其自身的特殊性，上海的弄堂房子是这一城市的特色，因而为夏衍的情境设置与情节结构的安排提供了一种别样的可能。夏衍虽然坦言自己胡乱将这一建筑搬上戏剧舞台有些唐突，但对于三一律变通的实践，相信对于后世的剧作家在创作时，关于人物设置与空间的安排，必定是有一定的启发作用的。如1958年诞生的滑稽戏《七十二家房客》同样是以上海的石库门房子为背景，描述上海底层市民的艰苦生活，该剧一出反

① 夏衍著，刘厚生、陈坚编：《夏衍全集》第一卷，杭州：浙江文艺出版社2005年版，第224页。

响强烈，后来两度被改编为电影，本世纪还将背景移到广东，重写40年代的广州小市民之事。如此般的空间构设，使得剧作在虚实之间，找到了抒写现实，还原历史现场的立足点。

（陈楚湘：中国人民大学学生）

探寻夏衍创作形态的内在缘由与成因

——关于夏衍研究视角的再思考

陈 坚

这些年来，随着意识形态逐渐淡化，左翼文艺越来越淡出人们的视线。在研究生面试时，对田汉、夏衍等多数考生都很生疏，而对孟京辉、赖声川却知晓不少。对于这类现象，我们不应责怪年轻人，我们更应该对左翼文艺踏踏实实地进行深入细致的研究工作。正因为如此，对这次纪念夏衍逝世二十周年暨三十年代反法西斯电影研讨会，我觉的很有意义，也很期待。

毋庸置疑，意识形态是任何艺术都难以避免的，那么其具体作用的过程和产生的结果是怎样的？这是非常有中国特色的。夏衍以及整个左翼文艺运动是一个异常复杂的历史现象，我们很难一下子对其作出准确全面的历史性判断。但是就夏衍来说，它有自己特定的内涵和形态，有自己独特的营造策略，有自己的美学特征。它为什么曾经吸引了那么多读者和观众，这当然有时代和历史的因素，也不乏他个人深层的心理原因，这是很值得研究和探讨的。

契诃夫一再提醒人们："作者的独创性不仅在于风格，而且也在于思维方式、信念及其他。"[①]显而易见，对艺术家创作的表层研究远不能解释他们

① 转引自赫拉普钦科：《作家的创作个性与文学的发展》，上海译文出版社1977年版，第71页。

创作的动因及其成就。同样，对夏衍戏剧创作的研究已不在于外在特征的归纳，而是有待于由表及里地发现其内在缘由和成因。这里，我想从研究视角切入谈一点个人的想法。

一

面对特定的研究对象，我们首先想到的角度总离不开政治文化。

政治文化不同于一般的文化，也不同于政治纲领和政治决策与运作，而表现为一种心理和价值取向，它深层次地规范着人们的政治评价和政治行为。对文艺创作来说，“政治是以政治文化的方式对文学施加影响的，即民族、国家、阶级或集团等政治实体构造的政治规范和权力批判，是通过营造的某种深刻的政治心理、政治态度、政治信仰和政治情感来影响文学创作的，而文学创作其作用于政治也主要是通过这些政治文化方面来间接实施的。”[①]发生于上世纪30—40年代的左翼文艺运动，代表了当时时代文化发展的主流，有其1927年后特殊的历史背景，也具有特定的文化内涵。在当时整体的政治文化环境中，夏衍把文艺看作是组织和动员穷苦大众并使之走上解放战线的有力武器，因而文艺成为他参与革命实践的主要途径。他在1930年初发表的《文学运动的几个重要问题》一文中即明确地说：“为着遂行对于大众的直接性的“agitation”（鼓动），——就是，为着利用艺术形态，而使大众走向一定的社会的行动，那么问题不该拘泥在文学范围之内，应该动员一切艺术，譬如漫画、戏剧、木人戏、电影等等，来帮助这种适应特殊性的任务。”[②]他就是按这一认知，广泛地涉足于文学、戏剧、电影乃至新闻等多个公共领域，利用、推广大众能够接受的话语形态，以唤醒民众的民族意识和阶级意识，促进民众的政治参与，推动时代的变革。

《包身工》是最早反映中国产业工人苦难生活的作品，也是我国报告

① 朱晓进等：《非文学的世纪————20世纪中国文学与政治文化关系史论》，南京大学出版社2004版，第7页。

② 夏衍：《文学运动的几个重要问题》，《拓荒者》1930年第1卷第3期。

文学的鼻祖。早在1929年夏衍就开始了解上海包身工的非人生活和这种残酷的制度，后来通过深入东洋纱厂实地调查，依据第一手材料，他以铁的事实揭开侵略者和剥削者压榨和凌辱劳动者惨绝人寰的黑幕，让人看清了殖民主义者特别是日本资本家凶残狰狞的嘴脸，为生活于社会最底层的穷苦大众发出了自己的声音和呐喊，对殖民主义文化、封建专制和奴隶主义文化给予了无情鞭挞和批判。90年代夏衍临终前曾表白在他所有作品里，能够保存下来的唯有《包身工》。一位评价家认为，夏衍对自己苛刻的评价，实质上是把《包身工》视为自己无可替代的代表作，表示“对这个苦涩的女儿分外的钟爱”，“应该看作是战士对自己挚爱的遗戟的最后一次擦拭……为了崭新铮亮地交到后人手里，在现实和未来可能发生的战斗里使用。”①对照历史和当下现实，我以为这个解读恺切而精当。

广播剧是夏衍继洪深之后的又一个创造。1937年7月夏衍发表了广播剧《七二八的那一天》。那是卢沟桥事变之后与“八一三”抗战全面爆发之前这段最紧张的时间。剧本以我29军在丰台与日本侵略军的战斗为背景，写一纸烟店老板从旁观者到积极支援抗日。夏衍利用广播剧这个新颖而又有宣传鼓动作用的艺术形式，淋漓尽致地反映广大市民同仇敌忾、奋起抗战的期望和热忱，同时也通过电台广播员对战况的失实报道揭露了政府当局制造谣言愚弄人民的恶行。据于伶回忆，“这是我国早期仅有的少数广播剧中较符合播音条件的剧本，调动各种有效的手段为广播剧服务，收到了很好的播音效果。”②

众所周知，夏衍在话剧界现身，是他发起并创立了上海艺术剧社。大革命失败特别是“九一八”事变后，人们民族意识普遍觉醒，广大民众尤其是青年头脑中郁积了浓厚的政治焦虑，艺术剧社正式切近了民众的政治文化心理和诉求。如夏衍后来所说，“推动整个话剧界转变的，终于还是当时弥漫在广大知识分子中间那种不满现状、要求革命的时代精神。大家痛感到在那个苦难的时代，群众要求于话剧的已经不是曲折的故事，巧妙的对话，精湛

① 曾镇南：《重读<包身工>随感》，《夏衍论》中国电影出版社2000年版，第166页。
② 于伶：《广播剧运动的“前哨战”》，《文汇报》1981年1月11日。

的技巧，而是能反映人民群众的现实生活的斗争的戏剧了。”①

《上海屋檐下》是夏衍话剧最优秀的作品，也是中国话剧史的传世之作。剧本写于抗战爆发前夕，国内白色恐怖严重，革命力量屡屡受挫，而异族侵略又迫在眼前，内忧外患，中华民族处于风雨飘摇之中。剧本选取一幢石库门楼里五户人家的日常生活，用不事张扬的现实主义笔触，勾勒出一幅在人间存在的非人间的景象。小学教员生活困顿无望，失业的大学毕业生借钱度日，海员的妻子沦落风尘，工厂管理员成了老板任意使唤的走狗，革命者出狱后为家庭变故而身心俱疲，他的妻子则愧悔交集痛苦万分。夏衍从举目可见极为平凡的生活现象，概括隐伏在社会深处的重大矛盾，激发人们对旧制度的憎恨，并把个人情感、家庭幸福与民族命运国家前途紧密联结，突显了生命的价值和意义。随着全面抗战帷幕的拉开，夏衍的戏剧创作进入新的爆发期，《一年间》由于刻画了动乱年代普通人的心灵嬗变，而被誉为“抗战一年间血的记录”；《心防》表现在与汉奸意识的“心防”战线上针锋相对的背景上塑造出“在荆棘里潜行，在泥泞里苦战”的斗士形象；《愁城记》、《水乡吟》、《法西斯细菌》、《芳草天涯》等剧本侧重表现在抗战洪流中个人从小天地中震惊、清醒而投身抗战的精神蜕变过程。从戏剧背景、人物、场面、情节发展和结局中洋溢出强烈的时代感和鲜明的政治倾向，给人以希望和鼓舞。夏衍尤其擅长从恋爱和家庭的角度展现大时代知识分子心灵的一隅，构成抗战时代无数知识分子命运的一幅幅剪影。他们都正直、善良、爱国却有着复杂的心灵上的弱点，在巨大的时代痛苦的重压下，这些与时代分不开的人物按照他们的内心活动在思想，按照他们独特的性格在行动，他们真实地坦露自己的苦恼和忧愁，自觉不自觉地与命运抗争着。这不仅是剧中人的命运，也正是当时许多善良的知识分子的遭遇，恋爱悲剧和家庭悲剧归根结底是社会悲剧，也就是时代悲剧，但是，作者没有仅仅给人以悲怨，而是跳出了爱情和家庭悲剧的窠臼，结合时代以及知识分子的弱点提出了一系列的社会问题。在此，作者时有“眼泪”，也不忘“谴责”。

① 夏衍：《难忘的1930年》，《夏衍杂文随笔集》，三联书店1980年版，第519页。

也许是作者执意坚持，知识者个体要摆脱各种枷锁，走上一条生活的坦途，并不是轻而易举的事，他们需要援助的手和理解的心。

30年代初人们政治意识的觉醒不只推动了话剧的转向，电影作为更具群众性普及性的艺术形式，受到了夏衍高度的关注，由他倡导发起了一场与国民党统治者主导意识形态相对抗的电影文化运动。“夏衍等人对当时电影界的不满不在于通俗剧这一表现形式的流行，而在于影界艺术上的落后，他们的目的就是将五四政治意识注入这一形式中去。他们毫无保留地接受了这一表现手法，相信大众化、商业化的文化形式一样可以表达进步的政治意识。”[①]夏衍的政治目的性十分明确，就是利用资本家的资金和技术来暴露黑暗的社会现实，对民众进行政治启蒙，推动民族救亡。夏衍的第一部电影剧作《狂流》问世。《狂流》是明星公司摄制的第一部左翼电影，也是20世纪30年代中国电影转变方向的开山之作，被誉为“中国电影新路线的开始”。《狂流》之所以被认为是中国电影新时代开始的标志，是因其在整体基调与创作方法上，呈现出前所未有的鲜明色彩。影片通过一次水灾过程的真实描写，深刻指出水灾酿成的根本原因是地主阶级与反动政府相互勾结对农民残酷压迫剥削这一“人祸”，要消除灾难，既不能寄希望于上层人物良心发现，也不能求助于上苍恩赐，必须依靠自己力量起来与统治者作坚决抗争。20世纪20年代在商业化的摧折下曾一度走上末路的中国电影，从此开辟了新生面。作为现实主义创作方法在电影中体现的突出之作，影片关注现实生活，社会的阶级压迫、生活的污浊状况呈现在银幕上，令人触目惊心，以活生生的银幕形象揭示出现实的阶级对抗、贫富对立，中国电影从此开始展示更加广阔的时代风云，表现炽热的政治信仰和高远的社会理想，对现实的表现深度大大增强，给人们以耳目一新之感。

出身于浙江农村的夏衍在活跃于都市的同时，将目光移向另一个被遮蔽的空间：乡村中国。《狂流》之后他又将茅盾的小说《春蚕》改编成电影。三十年代初中国农村经历着前所未有的挑战，“外资侵入与连年战乱中

---

① 毕克伟：《通俗剧、五四传统与中国戏剧》，《文化批评与华语电影》，广西师范大学出版社2003年版，第27页。

挣扎的农村哀话”，在影片里得到真实生动的表达。夏衍从老通宝等蚕农丰收成灾的惨局，特别是体恤他们内心的无望和孤独，抵达了江南工商业急遽破产和广大农村沉沦凋败的严峻现实。剧作家的“农村经验”很大程度上保证了“乡村叙述”的实现。自然，夏衍这段时期创作的十余部电影剧本，主要还是以城市生活为题材。无论是写童工受伤不治的《上海二十四小时》，商场女店员为养家不得不忍受小老板性骚扰的《胭脂市场》，女艺人难以获得职业保障的《前程》，还是年轻智识者人生历程和思想转变的《时代的儿女》、《风云儿女》、《自由神》等，反映阶级压迫和抵御入侵是这些剧作的基本框架，千疮百孔的社会问题代替了神异鬼怪荒诞不经的感官刺激，社会积弊民生疾苦得到正面展示。在夏衍的带动下，现实主义成为了中国电影的主潮。如费正清在《中华民国史》所说：三十年代中共领导制作的影片中，“弥漫着一种不可抗拒的人道主义，它不仅深深地感动了观众，而且促使他们汲取政治信息，在一个为不平现象所折磨而没有正义的社会中，残余人性的内核，没有例外的总是体现在下层人民身上”，这样的电影“在传播革命必要性方面所做的工作多于其他任何体裁电影。作为能接触最多城市观众的普及媒体，证明了它是有效力的。”[①]

现在我们处于一个意识形态日益淡化的时代，不少人以为戏剧、电影的启蒙功能已经过时，唯有娱乐性才是他们的“本性”。在摆脱传统意识形态束缚之后，剩下的就只是个人情欲的纠缠，剧影生态价值观念的错乱。这是遗忘了戏剧、电影等文艺作品从来就是关注人们生存状态、关注人类命运、关心人的经验、价值追求这一历史现实和传统。我们研究包括夏衍在内的左翼文艺，也就是让我们能达到一种共识，即文艺创作离不开时代和社会人群，作家不能没有社会使命感，应该自觉承担时代发展和文明进步的责任，切不可为了强调文艺的某一属性某一功能，而割裂了其他属性和功能，这对于文艺事业的发展势必形成一种扭曲。

① 费正清：《剑桥中华民国史》（下），中国社会科学出版社 1993 年版，第 560 页。

二

研究夏衍创作的功利性与审美性、政治倾向性与艺术个性之间的矛盾和平衡，是一个很有意思而不应忽略的话题。不错，夏衍是由革命而走向文学，为了革命斗争而从事文学活动的，正如他在回忆中说："中国进步电影是三十年代'左'倾路线时期成长起来的……由于对电影这种复杂的新兴艺术的特性缺乏了解，加以当时年少气盛，急功近利，不能从实际出发，多考虑一点当时的特定环境，因此往往授敌人以柄，同时在政治与艺术的关系问题，以及寓教育于娱乐等问题上，总的说来还存在着'左'的倾向。"①这"总的来说"，我以为是就左翼文艺运动总体而言，而作为个体的夏衍，应该作更为具体细致的辨析。

就在《文学运动的几个重要问题》一文中，即可看出他的文艺思想是矛盾的，一方面他倡导普罗文学"要抓住流动的现实世界，适应各种特殊情况，将资本主义的魔鬼，为何在背后活跃的事实，具体而真实地描写出来"，甚至说"我们期待的是这种观念形态的一百percent的解消（百分之百）"，这足以证明他对于艺术创作本身的规律有了一定认识，在自觉意识里，试图将艺术品与非艺术的宣传品作一个区分，但这种自觉意识一开头，就被其接受的，代表了集体无意识的政治话语所淹没了。在电影领域，经过艰苦的摸索和实践，夏衍逐渐感悟到电影最本质的审美属性是视觉的形象性。他在《一个电影学徒的手记》中说："电影艺术的基础既然是视觉的形象的语言，那么电影艺术家当然应该用绘画的表象的方法，来表现和传达一切的感情和思想。"②以往电影界往往从戏剧的角度去理解电影，夏衍则将中国电影从戏剧的包围中分离出来，重视电影的视觉造型，强调用镜头去刻划人物形象；而在叙事方面，夏衍更明确认为电影在文体上与其说接近戏剧，倒不如说它更靠拢小说，因为电影打破戏剧以场次为单位组接剧情的局

① 《〈中国新文学大系（1927—1937）电影卷〉序》，《夏衍全集》第7卷《电影评论卷》，浙江文艺出版社2006年版，第336页。
② 《夏衍全集》第6卷《电影评论卷》（上），浙江文艺出版社2006年版，第8页。

限，从而获得了更大的表现自由。他的电影剧作即解构了初期电影“以时间为函数发展故事的叙述法”，不再围绕一个中心事件渐次展开矛盾冲突的戏剧式情节结构，而采取散文化的叙事方式，以扩大电影结构的容量和张力。《春蚕》以老通宝一家育蚕养蚕收茧卖茧为中心，全景式地再现了蚕农紧张的劳作过程，逼真地呈现了蚕农生活的艰辛和内心的苦痛。剧本没有编造一个贯穿始终的曲折故事以抓人眼球，很少夸张的冲突，只在序曲中用一组活动镜头和图表，勾勒出外资入侵、人造丝堆积如山，丝厂关门民族丝绸业一派凄凉景象正是悲剧必然发生的根源，是人们所有梦想和努力都难逃破灭的渊薮。影片正是用纪实电影的方式以现实生活本身的逻辑力量震撼观众的心灵。《上海二十四小时》虽然有一个救治受伤童工的情节，但只是以它为引子，将买办家庭穷奢极侈与底层工友的饥饿死亡，造成鲜明的对比。《女儿经》由八个小故事构成，以现在时与过去时两条线索交错展开，让许多女性形形色色的遭遇和故事互相映衬，反映下层妇女的不幸和上层妇女的堕落。《压岁钱》也没有设置首尾贯穿的矛盾冲突，只以一枚银元相串联，对各式人等的日常生活作散点透视，构成一幅五光十色的都市社会风情画。夏衍电影剧作散文化、纪实性的结构特点，使影坛跳出了当时较为常见的单一化创作的窠臼，对新形式的探索成就了他自己的电影世界。

电影是直接诉诸视觉的造型艺术，夏衍不仅注意情节结构的安排和场景转换的自然，而且强调动作的细节化和视觉化，刻画人物性格和心理注重生活现实的逼真展示，所有的心灵对抗、斗争、现实生活的压抑，都被有意安排到平静生活细节的背后，让观众体贴入微地窥探到许多隐藏在心灵深处的奥秘。如《春蚕》在不同场合出现的大蒜头这个道具，活脱脱呈现了老通宝内心的恐惧、紧张、焦虑、希冀，以及他那根深蒂固的保守观念。原著中阿多与荷花的关系在电影里幻化成生动的画面，村头的打水仗，夜窃蚕宝宝，特别是结束时阿多在溪边与荷花夫妻无声地邂逅，将人物内心的尴尬无奈展露无遗，留给观众不尽的回味和联想。再如《上海二十四小时》中的电话机，《同仇》女主角手上的绣刀，《时代的儿女》中的相片，最后淑娟饮酒时的淫笑，秀琳婚礼上满足的笑容，赵士铭在转动的机器旁挥汗微笑，像这类动作、表情充分发挥了电影语言刻画人物固有的优势。从视觉心理和情绪节奏来设计镜头语言是处于电影起步时期夏衍的创造之举。这些剧作展示的生活化场景和情绪性节奏，与后来西方电影新现实主义、生活流等可谓不谋而合，也初步形成了夏衍电影剧本清隽冷静的个人风格。

诚然，夏衍早期电影尚未臻于成熟，在表达电影文化内涵时，还常有过于直露的弊端，如他后来所说，“无论是自己编写剧本还是帮助别人修改剧本，都要千方百计地将进步爱国思想掺进去，在他们的艺术片中加进一些革命的对白，在无声片里加上这种内容的字幕。”[①]

如果说他早期电影中更偏重于思想表达，那么，在话剧创作这种更侧重于个人生命体验的艺术形式，夏衍则更充分地展示出他自己独特的艺术风采，展现了他艺术家的个人原创力。

夏衍多次谈到在写出了历史讽谕剧《赛金花》和英雄悲剧《秋瑾传》之后，在写作上作了痛切的反省。在时代大潮推动下，他写赛金花谴责国民党媚外求和，而为了忧时愤世又写了秋瑾，这两部作品饱含的是一种情感激荡和宣泄，读了曹禺的《雷雨》、《原野》深有触动，才认识到政治与艺术上定位的偏颇。艺术的宣传与一般宣传是不能混同的，艺术作品能提供的是“一些新的、创造性的，别人未曾接触过的东西”，只有这样才能打动读者和观众，引起感情的共鸣。于是夏衍较为决绝地抛弃了为政治而创作的原有思维，进入更为真切和丰富的创造天地。

唐弢将夏衍的话剧称作“沁人心脾的政治抒情诗”是很恰切的。夏衍竭力为鲜明的政治意识探寻优美的艺术表现，质朴、恬淡，注重写实，夸张幻想的成分较少，更倾向于严谨的现实主义。他的创作取材对象是平凡的生活，从普通的司空见惯的日常生活入手，多写生活小事，儿女之情，贴近生活原貌，从中发掘出深刻的内涵。他不依仗曲折离奇的情节、传奇式的人物和剧情发展中突发的惊奇、悬念，而是平静、朴实地再现生活的本来面目，展示形形色色的社会相。风土人情扑面照眼，生活气息浓郁。他在《上海屋

---

① 夏衍：《在中国电影工作者协会第三次代表大会上的讲话》，《夏衍电影文集（二）》中国电影出版社2000年版，第131页。

檐下》中把五家弄堂住户生活描绘得酣畅淋漓。他规避表现抗日战争的宏伟场面，不大在惊涛骇浪中塑造人物形象。他选取时代画卷的一个侧面，通过琐屑的日常生活题材，表现时代激流在人们心灵上激荡起的涟漪，透过平凡的日常状态获得对于生活本质的时代性发现。

夏衍将剧中人安置在整个社会大背景中，以社会环境、某种社会势力与剧中人之间的矛盾构成戏剧的基本冲突。“我只写了一些出身不同、教养不同、性格不同，但是基本上却同具有着一颗善良的心的人物，被放置在一个特定的环境里面，他们如何蹉跌，如何创伤，如何爱憎，如何悔恨，乃至如何到达了一个可能到达的结果。”[①]他的剧中人都怀着各自的苦恼和追求，但相互之间的矛盾并没有构成主要戏剧冲突。匡复、杨彩玉、林志成之间颇具有传奇色彩的三人关系最易构成激烈的戏剧冲突，但剧作始终巧妙地避开三人间的直接交锋，他们之间的冲突在他们共同与社会的冲突面前被淡化了。在同一个悲剧中，三个人品尝着自己酿造的苦果，最后匡复黯然离去，一切复归于平静。这并不是悲剧，没有呼风唤雨的英雄壮士，也没有血和泪的场景。在透不过气的梅雨天里不时闪出几丝晴光，让灰色的生活调上了黑色的幽默。《芳草天涯》中孟小云与石咏芬之间的冲突也是如此。另一方面，即使是剧中的主要冲突，也往往采取淡化的写法。例如，同俞实夫的科学理想、事业心形成巨大对立的是法西斯势力，但是《法西斯细菌》一剧并没有正面展开双方的冲突，日本法西斯势力的不断猖獗被推到幕后，作者致力于刻画在这背景上冲突的另一方的心灵历程。

与戏剧冲突的特征相一致，夏衍以洗练含蓄的手法着力描绘人物的内心世界。他反对应该是内心世界的东西，统统从嘴里讲出来了，应该是“意会”的，统统“言传”了。他把剧中人复杂的情感、心理变化、凝练在简朴的几句台词中，而将丰富的潜台词留给演员去创造，让观众去体味。《上海屋檐下》的黄家楣夫妇，为了安慰老父，掩盖失业的贫困，互相埋怨、抢白，又相濡以沫。黄父知晓真情后独自承受着精神重压。这种复杂难言的心

① 夏衍：《改编〈复活〉后记》，《夏衍全集》第1卷，浙江文艺出版社2006年版，第7页。

情，作者只是通过人物简单的对话、黄家楣无言地抚摸妻子肩膀的动作、桂芬的央求口吻、黄父的强颜欢笑与他临走时悄悄留给孙儿最后的几块血汗钱等，就表现得十分传神。杨彩玉从底子上说是柔弱文静的典型的中国妇女，但她又是坚强的，有时也颇辛辣。当匡复向她表白自己反悔不该来时，她毫不留情地说，“复生，这是你的真心话么？以前你是从来不说谎的！”复生沉默不语，她又“含着怒意”地斥责：“那么，你太自私，你欺骗我！从你和我结婚的那时候起。”瞧这快嘴有多厉害！要么含忍不语，如果心底的火山爆发，也不知容量是有多大。对后来匡复终于离开，杨彩玉又“大声地恸哭起来”，林志成在一旁劝说她，匡复并非消极逃避，但她作为女人，有她自己独特的感情世界。作者选择富有特征与能唤起观众想象力的细节，深入刻画人物心灵。《芳草天涯》第二幕“拜寿”一场写孟小云十分精彩。小云与叔叔的一场争论促使她决定离开这个“文化人的圈子”，这对她来说是一个痛苦的抉择。然而在众人面前，她的表现来了“一种激变”，在酒席上谈笑自如。这种“激变“所带来的兴高采烈的语言，正表现了她内心的痛苦慌乱。最后她“用演说的调子”说：“各位，让我们干杯，庆祝这一家子月圆花好，尚太太长寿。”一句平常的生日祝词，却使你不得不感到它的沉重的分量。它似乎可以使我们感到女主人公的一种感情的压抑，也有一种理性的自豪。夏衍戏剧洗练含蓄的心理描写风格，在《法西斯细菌》的静子形象上又一次得到典型体现。这位温柔娴静的女性面临一个她所无法理解的、令人吃惊的世界，但是她的性格限制她，使她不善于倾吐感情。剧作家描写她往往只是片言只语，通过超越常态的克制来透视她的内心。

夏衍作为中国现代戏剧史上的重要作家，他在解放前的一系列剧本中的优秀之作，如《上海屋檐下》、《芳草天涯》，可以说是中国现代有数的好剧本。我们以往的评论，往往只从先进思想上体现社会现实的分析，对于作家为什么能在艺术上取得成功或有所缺失，换句话说，作为创作主体的创作心理及文艺创作的整体规律相符或相背都缺乏必要的分析，就艺术经验的总结来说显然是不够的。文艺创作主体各自的特殊性，其最显著特征是以情感为主导的心灵的流动。在《于伶小论》中夏衍表白说：“在我们同时代的知识分子，在我们善良恬淡的‘读书人’，由于理智的诱导而未成熟地走向了人生残酷之战场的文艺工作者，理与情的未能浑然合致，也许正是一个普遍存在而不很自觉的现象。”[①]作家创作过程中在反映客观生活对象时，不能仅仅从一般功利的理性需要出发，而必须在提炼生活素材时，依据自己的生活和审美经验加以整合、升华，并内化为作家的一种心理结构，正是审美情感规范和制约着主题的艺术想象，创作的目的性、自觉性才真正得到表达和实现。那么，在夏衍的创作实践中，情与理是否达到高度的和谐和统一呢?

说夏衍的剧本中对知识分子有一种偏爱，这是并不过分的，我们说一位作家的创作，他的创作心理往往受社会时代的背景和历史文化因素的影响，当将这种动机转化为文本时，作为载体的材料往往是由作家本人的身份、经历和审美情趣等潜意识层的元素决定的。期间主人公对象的选择这是至关重要的，夏衍从跨入青年时代开始就在杭州甲种工业学校读书时就卷入了政治运动——五四运动，从此他就和那一代仁人志士一起去披荆斩棘寻找民族的出路。在日本留学期间，受进步思潮的推动，又赋予了作家内在的一种理想主义精神，而另一方面始终对社会斗争的积极介入和具体的革命工作，又在作家潜意识的层次添上一层现实主义的亮色，因此在描写知识者形象包括他们在角色转换中的心理演变中，如《上海屋檐下》的匡复，《法西斯戏剧》的俞实夫，《芳草天涯》中的尚志恢，作家都让他们从或软弱或迂腐或沮丧的精神状态下走出来，而投身到时代洪流中去，特别是一旦遇到婚姻家庭纠葛时，总是理智地为了他人为了事业而牺牲自己。《水乡吟》中俞颂平说“你把恋爱看得太大，把生活看得太小，恋爱之外还有更大更大的人生，还有更深更深的欢喜。”这个“之外”意味着什么，不言而喻。这种自我牺牲的奉献精神，自然是值得赞美的，但这种重复呈现的处理方式往往使行为显得生硬，形象的性格内容较为贫弱，情与理的交割过于简单，人物形象在美学意义上缺乏厚度。显而易见，剧作家把这些人物形象的情感和理智的斗争过程过于简单化了。夏衍五十年代的秘书李子云在《夏衍七十年文选》的后

---

① 夏衍：《于伶小论》，《夏衍全集》第3卷《戏剧评论卷》，浙江文艺出版社2006年版，第124页。

记中说，他最受左翼营垒称赞的剧本《法西斯细菌》，“尽管他有在日本生活的经验，他本人也关注科技，并有科学家的朋友，就他所描写的范围来说，他还是比较熟悉的，然而，由于他预设的主题比较单一：批判战争时期不愿过问政治的所谓‘白专’科学家，‘你不过问政治，政治也会找到你’，也就是在非常时期，科技也必然从属于政治，未免有说教的倾向，加之过于急切的直奔主题，似乎更加重了直露的毛病。”[①]这段评价说得是十分中肯的。

政治功利色彩一定程度限制了大多数作家对自己独特艺术本质的追求和主体个性的充分发挥，造成艺术个性的消融，如何使艺术保持其审美禀赋，达到现实主义的诗化形态，在政治倾向与艺术之间取得美学平衡，这是一个微妙和不无痛苦的过程，事实表明，要突破艺术社会学的观念模式的束缚，真正自由地伸展作家的创作个性，即使像夏衍这样优秀的现实主义作家也是不能一蹴而就的。

三

在夏衍研究中，人道主义是一个不能绕开的话题。他像一大批左翼作家那样，把自己的政治信仰带入了艺术世界之中，当在解读文本的内在肌理时，却不难发现其间充盈着真挚的人道主义情感，深厚的人文关怀。这一点使他的作品疏离了左翼革命叙事的主调，获得了较长远的生命力。

人道主义思潮最核心的含义是以人为思想展开的核心，它既关注现实的具体的人的生活处境，又关注人的意义和价值，追求人的自由和全面发展，是人道主义追求的最终目标。这一思想不只限于西方国家，而具有全人类的普世价值。在世界反法西斯战争进入反攻阶段时，夏衍写道：“《人权宣言》无疑受了美国独立运动的影响。但它的意义，却远在《独立宣言》之上，美国独立表示了一个新的国家的诞生，《人权宣言》却跨过一切限制，

① 夏衍：《夏衍七十年文选》，上海文艺出版社1996年版，第1001页。

向全世界人类申诉，而在人类的历史上创造了一个新的时代。它鼓励的个人的思想自由，鼓励了人民结合起来向一切藐视人权的势力斗争，它申诉的对象是‘人’，不单是法国的第三阶级……而在长期压抑下的全人类心中增进了新鲜热烈的灵感，从这时候起，人才发现自己是个有人权的人。”[①]夏衍的这一观点曾受到党内的批评，但今天来看，正体现了他敏锐的历史洞察力，是经得住时间洗涤的圭臬。

“五四”以来西方人道主义思想随着民主、自由和科学的口号进入国人的精神世界。在广大作家的创作实践中，尽管由于主观客观的原因，表现形式和程度有所不同，有时甚至出现迂回曲折，以致遭到误解和排斥，但始终是个有影响和值得注意的文化现象。夏衍在关于戏剧电影的论著中，多次肯定人道主义出发点是难能可贵的，在《于伶小论》中，他以为，这应是作家“灵魂的本体”，强调作家必须“更深的思考，更广的感受，更真挚的关心全人类的运命”。他认为“只有具备着全副心肠的深且广的人道主义知识分子作家才能不沉溺于自己狭义的情操，才能使自己眼、心、脑看到感到和想到更广泛的地方，才能成为一个真实的社会人和世界人，而全心全力地为着受难者群的遭际而歌哭，而争斗”[②]在夏衍的创作实践中，由于他总是紧贴着社会和政治，于是就造成了创作具有很强的政治性的特征。其实，就他思想的深层次而言，政治性往往只流于表层，甚至连夏衍本人也没有清楚地意识到这点，他甚至明确表白自己否定了人道主义，而尽力将自己的思想与马列主义相契合，如在《旧家的火葬》中说：“我屡次感到在我意识深底的一种要将我拖留在前一阶段的力量，我挣扎，我残忍地斫伐过我自己的过去，廉洁的人道主义，犬儒式的洁癖，对于残酷的斗争的忌避，这都是使我回想到那旧家又要使我恼怒于自己的事情，而现在，一把火把象征着我意识底层之潜在力量的东西完全的火葬了。”[③]夏衍在此极力规避自己人道主义的同时，又恰恰认同了人道主义思想确实一直处于自己思想灵魂的深处。夏衍许多话

---

① 夏衍：《祝福！人类抬头的日子》，《夏衍杂文随笔集》，三联书店1980年版，第358页。
② 夏衍：《夏衍全集》第3卷《戏剧评论卷》，浙江文艺出版社2006年版，第124页。
③ 夏衍：《夏衍杂文随笔集》，三联书店1980年版，第32页。

语的政治倾向性和敏感性，遮蔽了他作品骨子里的人道、自由的因子，而造成了对其作品的误读。我以为人道主义才是他全部创作的中心主题，也是他人生经历的主旋律。

从最初《都会的一角》到解放前最后的《芳草天涯》，夏衍所最关注的始终是普通人的生活命运，人格的尊严，尤其是那些生活在大都会屋檐下的小人物，对于他们在社会的动荡离乱中的悲惨遭遇寄寓了深厚的悲悯和同情。在谈《上海屋檐下》的创作时说，“这一批人物的生活我比较熟悉，我在这种屋檐下生活了十多年，各种各样的小人物我都看过，像黄家楣、施小宝，我觉得这些人都是善良的人，但在那种社会里，他们都对现状不满，都想挣脱出来，但是他们找不到正确的出路，他们是可悯而值得同情的人物。他们是被作践被伤害了的人，只要能换一个环境，他们是能走上正路对社会做出贡献的。”[①]以黄家楣为例，他从一个大学毕业的银行职员被抛到失业大军的行业，生活没有了着落，又身罹重病，其困苦难以言表。乡下的老父到上海看他了，他强作欢笑，以典物借款掩饰窘状，结果老父洞察一切，留下自己的血汗钱，又回到了乡下。这是一个血泪斑斑的故事，字里行间充满了忧郁的情调，这正是由于夏衍对下层知识分子深深同情引起的。夏衍曾说过，“我谴责自己，我谴责同时代的知识分子，但是亲爱的读者，在叙述这些人生的愚蠢和悲愁时，我是带着眼泪的。”[②]夏衍的人道同情还着重体现在剧中一批善良的女性身上，剧作家毫不吝惜地将怜爱与同情奉献给了这些卑微如泥的女主人公。以简洁的笔墨勾勒出许多动人的女性形象，其中有温婉柔顺、为丈夫而全心全意献出自己一切的静子（《法西斯细菌》）、桂芬（《上海屋檐下》）、铭芳（《心防》）；有受尽侮辱和损害逃不脱悲惨命运的阿香（《一年间》）；幻想宁静幸福的小家庭生活而不可得终于跳出小圈子的赵婉（《愁城记》）；还有喜欢打扮善于交际，险些陷于汉奸之手而又决然奔向前线的女演员施小琳（《心防》）；此外还有矛盾痛苦而无限哀

① 夏衍：《谈〈上海屋檐下〉的创作.》，《上海屋檐下》，中国戏剧出版社1963年10月版。
② 夏衍：《〈芳草天涯〉前记》，《夏衍全集》第2卷《戏剧剧本卷》，浙江文艺出版社2006年版，第236页。

愁的石咏芬（《芳草天涯》），这些女性虽年龄悬殊，身世性格不同，志趣与追求各自具有独特的印迹，然而她们同有着一颗善良的心，她们在黑暗的现实中苦苦挣扎，或为争取光明的前途而奋斗，作者倾注了同情之心，描写她们的命运，引发人们对旧制度下妇女独立解放问题的思考和探索。从这个意义上说，夏衍左翼作家的定位不能遮蔽他对人性对妇女问题以及对底层百姓的深刻把握和思考，而这或许才是夏衍创作永不褪色的精华所在。

与女性描写密切相关，夏衍在道德伦理恋爱观上的人道主义倾向也是令人瞩目的，萧乾说过："人文主义除了理性之外还要运用伦理的想象。这伦理的想象乃是透视人生的一种直觉。伦理的基本原则是节制。自然律完全是物质的，人文主义异于宗教，因为人文主义没有禁欲的趋势，也没有形式的神学。但有一点又同于宗教，因为他反对自我的扩张，而主张普遍的理性。"①这在他的《芳草天涯》中表现最为突出。剧中通过孟文秀之口，提出了"踏过旁人的痛苦而走向自己的幸福这是犯罪行为"的伦理道德观，在这一观点下，孟小云与尚志恢割弃了自己的恋情，采取克制容忍的态度而解决了婚姻危机，何其芳对剧本的批评是夏衍从人道主义立场出发，没有表达出鲜明的阶级立场，政治倾向不突出，剧本提出的尊重别人的爱情和幸福，不惜牺牲自己，其实质是宣传个人爱情高于一切的资产阶级爱情观。诚然，西方文学确有一些作品宣传在恋爱上尊重别人，而这种尊重是符合人性人情的，无产阶级既然被看做是人类的先进阶级，便应该更能够体现人类的情操、追求才是，夏衍在作品中安排男主人公和妻子重归于好，这是夏衍人道主义思想在婚恋观上的体现，男女主人公做出宽容的抉择恰恰正是人物精神境界的一种升华。

对人的命运的关注，尊重人的人格和权利，这是夏衍人道理想的一个方面，其人道理想的另一方面则表现在他对人的信任和信心上。尽管现实一片黑暗，但他"相信人类是在进步，人与人的关系是会改变的"②。夏衍有这样一种信念，一般人的本性是善良的，由于现实生活的逼迫，他们也会有自私

① 萧乾、文洁若：《书评、书缘、书话》，浙江大学出版社2010年版，第66页。
② 夏衍：《〈芳草天涯〉前记》，《夏衍全集》第2卷，浙江文艺出版社2006年版，第236页。

伪善的一面，但这并非他们的本性，相反，这是不正常的社会使正常人人格分裂人性异化的结果，他们是被迫的，随着社会的进步，当人获得了作为人的生活时，人的正直善良的本质就会显现出来。正因为对人本身的信赖和信心，夏衍对未来的人类生活抱着乐观态度，充满积极向上的信念。因此他的剧本虽则多是悲剧，基调沉郁悲凉，却绝不悲观。他的每个剧本都试图给人一种希望（哪怕这希望是渺茫的），都要给作品增添一些亮色（有时甚至是人为添加的），如《秋瑾传》以“天快亮了”结尾，《上海屋檐下》以“大家联合起来救国家”的歌声中收场，《法西斯戏剧》以俞实夫要“为我们的国家为人类尽一点力量”的誓言中结束，《芳草天涯》在尚志恢“相信我，文秀，我会坚强起来的”决心声中落幕。这亮色是黑暗王国的一线光明，也是夏衍人道理想的折光吧！

这里要再提及《复活》的改编中夏衍很注意提升人物善良的一面，如涅赫留朵夫不是生而邪恶，在他身上淡化了贵族子弟飞扬跋扈的气焰，而多了一种感伤谦和；对于女主人公则竭力表达喀秋莎受罪的“迷途羊羔”般的纯真、苦痛和绝望，在复活过程中忍受来自世俗社会的白眼，承受自己内心另一个自己的怀疑和惰性，终于从一个自轻自贱的妓女成为一个自尊自爱的正直女性。夏衍在改编后说：“我常常觉得再今天这种现状之下，从事艺术的追求很像一棵企图从瓦砾中萌长的弱草，生根的不是沃土，瓦砾是那样地无情，可是执策而临的人们却又是那样的对瓦砾宽容、对弱草苛厉！滋兰于賫菉之中，在沙漠和废墟上点缀一些绿彩，使枯渴的人群已经隐约的感到在底下还有一些盎然的生气，那不仅可以宽恕，而且值得哀悯了吧？”①

人道主义是人类优秀的传统思想，也是人类伟大的思想，古往今来社会更替不断，人道主义思想却一直在继续和发展，今天已成为全人类的共识，否定天赋人权的普世价值观念，是对马克思主义的曲解。有鉴于此，西方马克思主义代表人物布洛赫重申，天赋人权、人道主义和马克思主义三者是固结在一起的，自由平等博爱的口号不止是资产阶级革命口号，也是社会乌托

① 夏衍：《改编〈复活〉后记》，《夏衍全集》第2卷，浙江文艺出版社2006年版，第73页。

邦的主题，社会主义理应发扬光大的遗产，近年有学者在对马克思主义经典著作研究后指出："人道主义原则是马克思主义人学思想的来源之一。马克思的人学思想注重从价值层面上继承人道主义的基本原则、一般本质、思维方式和价值功能。"[①]今天中国社会主义改革事业需要弘扬人道主义精神，重建新文化需要人道主义的魂魄。中共十六大以来，"以人为本"的思想已上升为党的施政纲领，而以人为本，就是人道主义思想的核心内涵。夏衍作为革命作家，追寻着文艺复兴时期的人道主义脚步，又结合特定时期的中国社会的历史情结，作了个人化的理解和表达，其艺术实践体现出以人为本位的人道主义思想。笔者以为，对此作系统认真的梳理，建构一个新的分析框架，夏衍研究的学术思路当带入新的精神境界。

（陈坚：浙江大学人文学院中文系教授、博士生导师）

① 韩庆祥：《从人道主义到马克思人学》，《学习与探索》2005年第6期。

夏衍故事：1959年

陈 墨

内容提要

1959年，夏衍照例繁忙。作为文化部主管电影的副部长，为完成建国十周年献礼片重任，他亲临制片厂、改剧本、谈选题、策划新作、审查样片、主持研讨会；为纠正“大跃进”以来的“左”倾影响，他在当年7月份全国故事片厂厂长会议上，发表了著名的“离经叛道论”，倡导文雅含蓄而精致多样的艺术功利追求，反对急切粗浅而单调乏味的功利形态，致力于提升影片质量，拓展电影题材，促进创作水平，优化创作环境，繁荣电影文化。随后风云突变，形势陡转，全党开展反右倾运动，他成了文化部第一个被批评的对象，险些成为“右倾机会主义分子”。夏衍的选择，是必须检讨时就检讨，能够坚持的时候就坚持。他是“五四”精神之子，同时也是一个真正的共产党人。

关键词

1959年　献礼片　离经叛道　艺术功利主义　反右倾运动　五四之子　共产党人

1955年至1964年，夏衍担任文化部主管电影的副部长，为新中国电影建功立业，值得专题讨论。北影老厂长汪洋说：“回想起来，这十年，是我干电影工作以来最值得我怀念的十年，是我学习掌握电影艺术创作规律、组织生产和管理工作收获最大、工作最顺心、心情最舒畅的十年！”[①] 这是说，因为有夏衍。

那十年，夏衍本人是否工作最顺心、心情最舒畅？恐怕未必。他曾说过：电影家是兼祧几房的孩子[②]，固然娇贵荣宠，却也动辄得咎。多年后感叹：“说实话，要是没有恩来和陈毅同志，我是逃不过五七、五九、六四年这些关卡的。”[③] 有意思的是，文革前“十七年”中国电影几起几落，与夏衍所说的那几道“关卡”似乎颇为合拍。其中因果与真相，需有人作专门探究。

本文篇幅有限，只能聚焦于1959年，讨论夏衍在这一年里曾做过什么、说过什么、结果如何，以及夏衍是怎样一个人。

一

1959年，59岁的夏衍照例繁忙。首先是他出版了多部著作。3月，随笔集《杂文与政论》由北京出版社出版；4月，《写电影剧本的几个问题》由中国电影出版社出版；9月，《夏衍选集》（两卷本）由人民文学出版社出版；12月，《五四以来电影剧本选》（上下册）由中国电影出版社出版，其中收入夏衍电影剧本《狂流》、《春蚕》、《上海24小时》。即便考虑到巧合的因素，也能说明一些问题：其一，他是一个有文化的文化部长，是电影剧作家、电影评论家和剧作理论家，是真正的内行；其二，这四本著作外加三个剧本，纵是旧作新编，也还是要花时间审稿、整理、修订、写后记，即便是

① 汪洋：《风流儒雅是吾师——向夏衍同志学习的几点体会》，《论夏衍》，北京：中国电影出版社1989年版，第337页。

② 张骏祥在《从“电影的老保姆”说起》一文中说：“说到保姆，我今天倒又想起夏衍的一句话来。他说：电影家是兼祧几房的孩子，不免各房有各房的意见，大房说穿多了，二房说穿少了，三房说该吃这，四房说该吃那，当保姆的听了这房的就听不了那房的。首先是领导同志的意见并非全是作为中央一致意见下达的，而是有时候只是某位领导看片后的意见。此外，还有各部门领导、各地区领导的意见，往往各不相同。还有观众的不同意见。”《论夏衍》，第291页。张骏祥当过电影局长，深谙其中复杂滋味。

③ 夏衍：《懒寻旧梦录》，《自序》，北京三联书店1985年版，第5页。

“大跃进”非常时节，能做这些事，足见作者时间管理的精细程度；其三，这些作品不仅包括电影剧作、电影批评和理论，还包括杂文与政论，说明作者的知识结构和文化视野，确实与众不同。

1959年是新中国十周年大庆之年。1958年11月1—7日，文化部电影局召开制片厂会议，讨论为迎接国庆十周年大放艺术片“卫星”问题。在第一天的会议上，夏衍就作了报告，指出“明年国庆十周年，党中央要我们拍七部思想性艺术性很强的影片，作为向国庆献礼……在这个大家一齐动手来放电影卫星的情况下，今后电影局要每周抓，要像中央抓钢铁一样，一定要抓的很紧，每周都了解各厂生产进度。”[①]抓献礼片是当年电影局及各大电影制片厂的头号任务，自然也是夏衍当年工作的重中之重。作为副部长，当然有许多日常工作，如4月8—16日，主持文化部召开150人参加的全国电影工作会议，着重讨论全国各省电影制片厂的方针、布局和电影发行体制下放，以及改进新闻纪录电影工作等问题，并作了总结报告等。当年的工作内容，还是多与献礼片相关，具体如下：

其一，亲自去电影制片厂督促、动员、讨论。当年3月份，先到长春电影制片厂视察工作，部署献礼片节目。他在讲话中说：1959年影片生产任务可以减少，而要保证质量；要改进领导方法，尊重导演的创作，不能再用突击硬拼的方法完成任务，要劳逸结合；要提倡影片题材多样化，要大谈特谈艺术技巧。3月12日，到上海电影制片厂观看献礼片候选剧本与影片。5月9日，又到八一电影制片厂审看《江山多娇》、《海鹰》和《大理风光》的部分样片，与部队创作人员会面，提出创作题材要多样化，要两条腿走路，再拍些愉快轻松的电影。

其二，亲自审阅电影剧本，并对剧本和样片提出具体修改意见。[②]当年1

① 夏衍：《在讨论艺术片放卫星座谈会上的报告》（1958年11月1日），载吴迪编：《中国电影研究资料1949—1979》中卷，北京：文化艺术出版社2006年版，第214页。

② 夏衍当年审看过的电影剧本，远不止年表中所列，例如“夏公对长影导演苏里拍摄的《我们村里的年轻人》也是自始至终给予关心和指导。他对《我们村里的年轻人》分镜头剧本进行了仔细的审阅，对每个镜头、每句台词作了认真的推敲，对不适当的地方提出意见。”苏云：《永远的思念》，《忆夏公》，北京：文化艺术出版社1996年版，第255页。

月，审阅《风暴》分镜头剧本，并亲自对剧本作修改。3月8日，审阅了《革命家庭》分镜头剧本，并适当的作了批改。4月20日，与陈荒煤一起同《革命家庭》主创人员谈对剧本的意见。8月17日，与陈荒煤、齐燕铭一起陪同陈毅到北京电影制片厂审查《青春之歌》样片。11月24日，再次审看《革命家庭》样片，并对影片旁白和长沙部分提出修改意见。

其三，亲自参与剧本创作。具体为《林家铺子》（根据茅盾同名小说改编，发表于《电影剧本》1959年3月号）和《革命家庭》（根据陶承回忆录《我的一家》改编，发表于《中国电影》1959年第4期）。[①] 在这两部影片的创作中，他是全程关注。有关《革命家庭》事，上文已经说及，在《林家铺子》的拍摄过程中，他曾专门写信给谢添，分析《林家铺子》中林老板的性格，提示表演分寸，《给谢添同志的一封信》由4月份出版的《电影创作》发表。

其四，亲自策划电影创作。当年3月，夏衍到长春电影制片厂时，除上述工作，还专门与长影厂领导协商一部电影策划提案，即后来的《五朵金花》。4月，导演王家乙和摄影师王春泉来京听取具体指示，他说："国庆十周年，大部头、有份量的影片较多，但是轻松愉快、政治思想不外露、能在更多国家发行的影片很少。因此，中宣部、文化部希望你们厂搞一部这样的影片。"[②] 在策划《五朵金花》前后，他还为北京电影制片厂策划并指导了影片《水上春秋》。[③]

---

① 《林家铺子》是1958年改编的，夏衍曾多次主动请缨，对电影厂长们说"茅盾的《林家铺子》，谁敢拍，你们给我请一个月假，我交给你一个剧本。"详情见汪洋：《风流儒雅是吾师——向夏衍同志学习的几点体会》，《论夏衍》，第338—341页。《革命家庭》剧本则是在水华的剧本基础上重写的，所以对这个剧本有两种不同的说法，一是汪洋所说"《革命家庭》的本子，是夏公亲手改写了一遍的，但他始终不肯挂名。水华同志再三要求，夏公后来非要水华同时挂名。"见《论夏衍》第344页。水华则说："剧本完全是夏衍一个人写的，但在编剧署名上，却用了他和我的名字，我再三请免，但他始终坚持不变，甚至对这部剧本的初版和再版稿酬，都分了我一半，我再三谢绝，夏衍仍坚持并派人给我送来。"水华：《美好的回忆》，载王蒙、袁鹰主编：《忆夏公》第175页。

② 王家乙：《夏公指导我拍〈五朵金花〉》，王蒙、袁鹰主编：《忆夏公》，第238页。同一页中，王家乙还引述夏衍所说，这部影片的最初设想，是中宣部长陆定一首先提出，并指示云南省委组织作家写作剧本。

③ 岳野说："1959年初，鉴于建国十周年献礼影片的题材有些狭窄，在北影抓了《水上春秋》（岳野、谢添编剧，谢添导演），在长影抓了反映人民生活的欢乐幸福的《五朵金花》（季康编剧、王家乙导演），在这两部影片中，夏衍同志一再指示编导者不要标语口号，不喊万岁，不提共产党，不叫毛主席……总之，不要有什么露骨的政治气味。其结果，这些影片都收到了更大的政治效果，那就是打入当时许多和我们尚未建交的国家放映，宣传了中国人民解放后的新生活。"岳野：《学习夏衍同志》，《论夏衍》，第376—377页。

其五，亲自安排并主持电影新作研讨会，推介国产新片。9月2日，中国影联艺研部和《电影艺术》以夏衍、阳翰笙名义在北京中国文联大楼文艺茶座召开电影《林则徐》座谈会（夏衍临时因事缺席）。10月30日，主持中国影联艺研部、《电影艺术》联合举行电影《风暴》座谈会。此外，在《文艺报》第18期《庆祝建国十周年专号》上，发表署名文章《电影艺术的丰收》。①

二

作为主管电影的副部长，夏衍的工作目标，是要对中国电影作全局性规划和指导。1959年1月，文化部检查1958年文化工作中某些“左”的影响，夏衍在中共文化部党组扩大会议上说：“1958年电影题材都是大题目，缺少轻松愉快的影片；歌颂毛泽东、总路线、大跃进、人民公社三面红旗的节目太多了，影片质量不高。”2月，在中宣部召开的宣传工作会议上，文化部党组检查了1958年的工作，检查了影片宣传上的浮夸风及电影事业发展上头脑发热、不切实际的情况。

当年4月，为拍摄出一部轻松愉快、能在更多国家发行、反映我国社会主义好的影片，夏衍对奉命到京接受任务的王家乙导演提出具体要求：“是否可以考虑影片里一不出现政治标语口号；二不要提共产党、毛主席、共青团、人民公社；三不要出现政治性语言。”② 王家乙努力照办，《五朵金花》大获成功。③

“1959年夏衍故事”的关键段落，是当年7月20—28日，文化部在北京

① 本文中提及夏衍的工作日程，除专门注释的出处之外，主要参考了：1、沈芸：《夏衍年表》，载《夏衍全集》第16卷，第423—455页，杭州，浙江文艺出版社，2005年；2、陈播主编：《中国电影编年纪事·总纲卷》上册，第451—464页；3、《长春电影制片厂编年纪事》、《北京电影制片厂编年纪事》、《上海电影制片厂编年纪事》、《八一电影制片厂编年纪事》，分别见陈播主编：《中国电影编年纪事·制片卷》第39—42页、107—108页、166—169页、297—299页；4、《中国电影家协会编年纪事》，陈播主编《中国电影编年纪事·综合卷》上册，北京：中央文献出版社2005年版，第21—25页。

② 王家乙：《夏公指导我拍〈五朵金花〉》，王蒙、袁鹰主编：《忆夏公》，第239页。

③ 《五朵金花》从1959年起，先后输出至46个国家放映，创造了中国电影在国外发行拷贝的记录，且在1960年第二届亚非电影节上获得最佳女演员银鹰奖、最佳导演银鹰奖。陈荒煤主编：《当代中国电影》上册，北京：中国社会科学出版社1989年版，第208页。

召开的全国故事片厂厂长会议，夏衍于20日、21日、24日，三次发表谈话。所谈要点包括：一，去年（1958）有许多影片之所以不受欢迎，是娱乐性太少了，给人们的娱乐享受太少了。二，去年的大跃进，量多了，但片子的质较差，好的片子太少。三，题材还是不广泛，样式还是不多样化。四，吹牛、浮夸，以及违反国际主义精神对我们有什么害处我们自己是了解得很深刻的。浮夸的东西危害很大。五，艺术工作者一定要看书，要多看书，多看外国影片，使见识广些，现在利用资料馆的资料片很不够。六，现在是背后话很多，真正展开讨论却很少。在那三次谈话中，最著名的一段是7月21日所说："我们现在的影片是老一套的'革命经'、'战争道'，离开这一'经'一'道'就没有东西，这样是搞不出新品种来的。我今天的发言就是离'经'叛'道'之言。要大家解放思想，要贯彻'百花齐放'，要有意识地增加新品种。"[①] 如今看来，这些话不过是如是观察，如实言说；在当年却是振聋发聩，甚至石破天惊。无论是要了解和理解夏衍其人，还是要了解和理解新中国电影，上述谈话都具有重要的参考价值。

首先，夏衍的三次谈话，并非真要离经叛道。在谈话开头，他照套路复述了反右的主流观点。[②] 当然不会反对"革命经"和"战争道"，而是希望，一，以更好的方法和形式表现革命和战争的内容，提高影片质量；二，在革命战争题材之外，努力拓展更多的题材，更多样式，百花齐放，让人民大众喜闻乐见。在文艺为政治服务这一新中国根本性大政方针上，夏衍并不离经叛道，只是在如何更好地为政治服务的问题上，有自己的思路和表述。例如，他让王家乙创作一部没有标语口号，不提共产党、毛主席及有关政治性语言的电影，是因为"作为艺术作品的电影，区别于其它意识形态的根本

---

① 夏衍：《在全国故事片厂厂长会议上的讲话》（1959年7月20、21、24日），陈播主编：《中国电影编年纪事（总纲卷）》上册，中央文献出版社2005年版，第456—458页。上述谈话要点，是引者总结整理的。

② 《关于提高艺术质量的报告（节录）——1959年7月电影局召开故事片厂长会议材料之一》中记载："1957年……由于国内外修正主义思潮的影响，右派猖狂进攻，出现了反党、反社会主义的作品（如毒草《未完成的喜剧》），也出现了一些资产阶级思想严重的影片（如《谁是被抛弃的人》、《不夜城》、《球场风波》等），产生了十余部不好的影片。"吴迪编：《中国电影研究资料1949—1979》中卷，第271页。

特征，就在于它通过鲜明形象来反映生活，反映生活的本质，它是通过审美作用来完成教育作用的。你在电影里塑造了一批有鲜明个性的新人，展示了这些新人的思想感情和高尚情操，展示了在这个社会里人与人之间的新的美好关系，使人看了感到生活在这个社会里真幸福，太值得羡慕了，而这个社会就是新中国。那么，新中国是谁领导的？谁都知道是共产党、毛主席。这样，你虽没有直接提毛主席、共产党，不是也间接地宣传了毛主席、共产党和社会主义好吗？”[①] 由此可见，夏衍对电影的宣传教育作用十分重视，并不反对艺术功利主义，只不过，他有自己的艺术标准和理想追求，即要用含蓄文雅、技艺精致的功利主义，取代急切粗浅、单调乏味的功利主义。

其次，夏衍在谈话中强调艺术工作者一定要看书，要多看书、多看外国影片，这话似老生常谈，了无新意，这样说的原因，是他对中国电影人艺术水平的严重忧虑。“我们现在能工作的60多位导演中，能有把握保证质量的导演只有10个人左右，这是很严重的问题。而编剧、摄影、录音等各方面干部也都还有问题。”[②]这段话还有另一版本，是“我们现在每年能写出一定水平的剧本的编剧不足10人，导演能独立工作保持一定水平者有60余人。”[③] 两个版本有共同之处，即高水平电影创作人才短缺。更深的背景是，从新中国建国伊始，夏衍对文化部门干部素质就忧心忡忡，并不断发出警示。早在1949年，夏衍担任上海市委宣传部长兼文化局长，在工作中察觉到宣传、文化系统的干部知识水平太低，常识不足，谈话时许多事情讲不通，于是决定1952年在全系统进行一次常识测验，结果让他十分震惊：60分以下的竟占70%！更让他意外的是，后来华东局整风，居然有人慷慨陈词，说此次搞测验是“长知识分子的志气，灭工农干部的威风”！[④] 这就不仅知识贫乏，而

① 王家乙：《夏公指导我拍〈五朵金花〉》，王蒙、袁鹰主编：《忆夏公》，第239页。

② 陈播主编：《中国电影编年纪事·总纲卷》上册，第458页。

③ 《关于提高艺术质量的报告（节录）——1959年7月电影局召开故事片厂长会议材料之一》，吴迪编：《中国电影研究资料1949———1979》中卷，第271页。

④ 夏衍：《懒寻旧梦录》，第617—619页。关于那次测验，夏衍在《我的一些经验教训》（1985年12月23日在“夏衍电影创作与理论讨论会”闭幕式上的讲话）中也曾说及：“我发现许多干部连信都写不通。跟他们谈话，他们对许多名称都不明白，我便搞了个常识测验。那笑话可多了，三百多人，及格的只有两三个。”《论夏衍》，第442页。

且蒙昧固执。文化干部素质问题，从此成为夏衍的严重心结。1954年，夏衍担任华东局宣传部副部长兼华东局文艺工作委员会书记时，又主持了华东及上海文艺干部的第二次文化考试！[①] 知情人说："夏衍同志在另一次同少数同志的谈话中，还提出'先天不足，后天失调'的问题，这句话，是对我们上影厂电影队伍中，有一些干部和主要创作干部缺乏必要的素养而言的。"[②] 1956年3月，他还在全国青年作家进修班上作了一次题为《知识就是力量》的讲话。[③] 了解上述背景，就能理解，1959年他强调文艺干部要多读书、多看片，是他对文化干部素质的忧虑再次溢于言表。实际上，夏衍的后半生，始终都在忧虑干部素质、国民素质的问题。[④] 在他看来，这不仅是知识问题、业务能力问题，同时也是社会问题、政治问题——他说："我一直认为愚昧无知是不民主和专断的根源。"[⑤] 在解放初期，极少有人意识到，工农兵当家作主并成为理所当然的时代英雄，专业文化人及大小知识分子大多成为改造对象，有其巨大的副作用，即使得"无知者最光荣"成为价值观念，甚而成为社会时尚，乃至成为整个社会的集体无意识，知识分子的思想勇气和"认知复杂度"大大降低，[⑥] 已酿成当时中国社会及文化发展的最大痼疾。在当年，谈电影、论文艺、说阶级斗争，总是非黑即白，动辄"五子登

---

① 丁景唐：《参加夏衍主持两次文化考试的回忆》，《忆夏公》第 556———562 页。徐桑楚在《夏衍同志关心电影队伍的建设——从测验上影厂部分编导人员谈起》一文中说"1954 年，夏衍同志亲自出题测验上影厂部分编导人员一事，曾在上影厂引起了震动。"《论夏衍》，第 346 页。不知徐桑楚所说的测试与丁景唐所说的"第二次测试"是不是同一件事？待考。

② 徐桑楚：《夏衍同志关心电影队伍的建设》，《论夏衍》第 347 页。

③ 夏衍：《我的一些经验教训》，《论夏衍》，第 442 页。

④ 例如，第五次全国文代会前夕（1988 年），《瞭望》杂志向他约稿，他"不谈文艺"，而是向约稿人说"我给你谈谈提高国民的文化素质问题吧！这可是当前的一个大问题噢！"不久写出《纵论全民文化素质》一文在《瞭望》杂志上发表，读者反映强烈。见金娣：《夏衍与〈瞭望〉的文字缘》，《忆夏公》，第 529 页。袁鹰也说："老人一再痛切陈词：我最担心的是全民文化素质问题，特别是从领导干部到基层干部文化素质的提高，是提高全民文化素质的关键所在。"袁鹰：《肯把壮怀销了，做个闲人？》，《忆夏公》，第 115 页。

⑤ 夏衍：《懒寻旧梦录》，第 637 页。

⑥ 认知复杂度，"指的是人们在认知过程中使用建构系统的数量、它们的抽象程度，以及它们对塑造感知有多大程度的影响。我们的认知系统的复杂度影响着我们对人和人际交往情境的感知的丰富性和错综复杂程度。认知复杂度较高的人往往也能用更加灵活和更得体的方式与不同的人交流，这可能是因为他们有能力认识到人与人的差异，从而有针对性地与人沟通。"见[美]朱莉娅·伍德：《生活中的传播》（第四版），董璐译，北京：北京大学出版社 2009 年版，第 57—58 页。

科”，[①] 乃至于后来的“文化大革命”，无不是“文化素质问题”的必然恶果。甚至，至今也不是所有人都明白，当年的“极左”思潮不仅来自康生、柯庆施、江青、张春桥及最高层，也来自知识贫乏而头脑简单的社会公众、没啥文化的文化干部和不够专业的专业人员。

再次，他说“现在是背后话很多，真正展开讨论却很少”，倘只听这孤零零的一句话，肯定有些不知所云。当年夏衍在文学界另有一次谈话，更为直接透彻：“我曾经讲过，不仅是我们文艺界，而且在社会上，我们也还缺乏一种民主空气……所谓民主就是要尊重自己，也要尊重别人，在真理面前大家平等。可是这种态度，在中国的社会中还不是人人都有的，一般人对此还没有养成习惯。我们还有不尊重别人劳动的思想作风，也没有养成科学的态度来辨明是非的实事求是的习惯（也可说是‘风俗’吧）。我认为武断、权威感、不尊重‘小人物’等都和民主空气不浓有关，这种思想行为，也是整个社会现象的反映。”[②] 这一话题比干部文化素质话题更加重要，也更加尖锐、更加切中社会文化弊端要害。无知的人不懂得尊重别人，自然不懂得民主的价值，也不可能养成民主的作风和习惯，而没有民主的风气、习惯和环境，不可能培养人们尊重自己、勇敢地使用自己的理性、养成科学态度来明辨是非，只能让武断、权威和不尊重“小人物”的社会风气更加浓厚，从而导致更多的蒙昧无知。夏衍这段话的重要性，不言而喻。

最后，还有一个问题：夏衍为什么要在1959年7月下旬发表这三次谈话？此时，建国十周年献礼片的创作规划已经实施，大部分影片都已基本成型——1958年11月的《放卫星座谈会》上，已经明确了献礼片的大致期限是1959年6月底，因为“六月底片子如果出不来，在全世界上演就有困难”。[③] 此时6月已过，为什么夏衍还要发表这样的谈话？稍加思索就不难明白，此次

---

① “五子登科”是周恩来在1961年6月与文艺界、电影界领导人和创作人员谈话时，严厉批评了文艺工作中流行的一来“就给套框子、抓辫子、挖根子、戴帽子、打棍子”的“五子登科”的不良风气。见陈荒煤主编：《当代中国电影》上册，第223页。

② 夏衍：《1959年在华东作家协会理事会扩大会议上的发言》，《批判夏衍参考资料》第6页，转引自陈坚、陈抗：《夏衍传》，北京十月文艺出版社1998年版，第529—530页。

③ 夏衍：《在讨论艺术片放卫星座谈会上的报告》（1958年11月1日），载吴迪编：《中国电影研究资料1949—1979》中卷，第214页。

谈话不只是针对当年的献礼片，而是着眼未来，针对整个中国电影的发展前景及发展路径而言。提升影片的艺术和技术质量，适当重视影片的可看性或娱乐性，创造出让人民大众喜闻乐见的民族风格的作品，[④]尽可能拓展电影题材，探索电影样式的丰富性，其根本路径，是提升电影创作人员的专业知识和技能水平，创造民主的创作环境并养成民主的工作作风，活跃和繁荣的电影文化生态。可以说，这些话不仅是1959年的工作指示，而是此后中国电影长期发展的大政方针。在某种意义上说，这算得上是夏衍作为中国电影最高主管的一份施政纲领。不难想象，假如能够按照夏衍提出的这一施政纲领去做，中国电影艺术和电影文化的发展，将会是怎样的一番持续繁荣和不断进化的景象。只可惜，夏衍只是编剧，而非导演，国家电影事业及他本人的命运前程，都不是由他说了算。

三

在三次讲话后几天，7月底，夏衍率中国出版代表团赴东德参加莱比锡国际书籍艺术展览会。8月3日，又率中国电影代表团赴苏联，参加第一届莫斯科国际电影节。他还不知道，当时国内政治风云突变，8月2—16日的中共中央八届八中全会，通过了《为保卫党的总路线、反对右倾机会主义而斗争》及《关于以彭德怀同志为首的反党集团的错误的决议》，随即中共中央发出了《关于反对右倾思想的指示》，要在全党范围内开展反右倾运动。

文化部没有立即开展反右倾运动。原因可能是：当年9月25日至10月24日，文化部举办“国产新片展览月”展映活动。展出故事片《林则徐》、《老兵新传》、《聂耳》、《红孩子》、《绿洲凯歌》、《春满人间》、《钢铁世家》、《宝莲灯》、《我们村里的年轻人》（上集）、《五朵金花》、《冰上姐妹》、《风从东方来》、《青春之歌》、《风暴》、《林家

④ 他指出：“任何一件事，都得先从六亿人口出发，先要考虑一下我们这样做的时候中国人能不能理解，会不会喜欢。”进而说：“这个问题不是一个技术问题，而是一个政治性的问题，一个电影为什么人服务的问题。”夏衍：《写电影剧本的几个问题》，北京：中国电影出版社 1959 年版，第 89、91 页。

铺子》、《万水千山》、《海鹰》、《回民支队》等18部，纪录片7部，科教片7部和美术片4部。此次展览极为成功，短短24天，观众达到1.2亿人次，全年观众突破40亿人次。1959年被公认为新中国电影的第一个高峰[①]，电影工作者称之为“难忘的1959年”。[②]

10月，文化部机关反右倾运动开始了。主持电影工作并为新中国电影第一个高峰立下汗马功劳的夏衍，成了文化部第一个“重点帮助对象”：“从1956年3月给全国青年文学作者作的题为《知识就是力量》的报告开始清算起，到同时期的杂文《废名论质疑》等等，再到后来支持拍所谓‘三无’电影（即指电影中一不出现政治标语口号；二不要提共产党、毛主席、共青团、人民公社；三不要出现政治性语言）《五朵金花》，到大发‘离经叛道’之言、‘题材广阔论’，各式各样的批判集中指向夏衍。”[③] 1959年10月至1960年1月间，夏衍作检查两次。知情者说，“在当时，他没有被戴上反党反社会主义的帽子，真是大幸。”[④] 此后很长一段时间，除了11月2日出席文化部、中国电影工作者联谊会在北京饭店举行的“国产新片展览月”大型招待会外，夏衍的工作日程，再无其他可记之事。夏衍后来说，如果没有周恩来和陈毅就难过这一关卡，显然并非虚言。

按照正常的逻辑思路，或许很难理解，夏衍为中国电影事业如此辛勤劳作，赤诚奉献，怎么还会挨批？这需了解1959年的严酷史实：开国元勋彭德怀向党的领袖尽忠进言，却被打成反党集团头目。王家乙导演说，当年“我听了夏衍同志这个要求后，简直倒抽了一口凉气。这不是我反对他的观点，而是我处的时代。1959年春天正是1957年反右派、1958年整党以后，一切必须服从政治的年代，也是我由于与所谓右派关系密切而被留党察看的时期，现在要我搞一部连毛主席、共产党、青年团都不提的片子，这不是把我往地狱里送？！”当导演向厂里汇报设想的时候，“当时的厂长听后，立刻明确

① 孟犁野：《新中国电影艺术史（1949—1965）》，北京：中国电影出版社2011年版，第267页。
② 文化部电影事业管理局：《35年来的中国电影》，载《中华人民共和国电影事业35年》，北京：中国电影出版社1985年版，第4页。
③ 陈坚、陈抗：《夏衍传》，第533—534页。
④ 汪洋：《风流儒雅是吾师——向夏衍同志学习的几点体会》，《论夏衍》，第343页。

表示：这个任务是文化部下达的，是夏衍同志亲自主持的，我们对这部影片的内容不过问，不负责，今后你一切请示夏衍同志。”[①] 必须理解，王导演心有余悸，厂长则心有“预”悸，是当年的普遍性社会心理症候。否则，“不求艺术有功，但求政治无过”，何以成了电影人明哲保身的信条？在当年那种政治环境下，连位高权重的国务院总理周恩来也非事事如意：“1959年5月3日，我在紫光阁讲了一次话，谈了文艺工作两条腿走路的10个问题。那次我也是被戴了帽子的。有些党委就不准传达我的讲话。”[②]

这就证明：夏衍当年勇敢反“左”，大胆纠偏，公然宣称“离经叛道”，确实难能可贵。更加难能可贵的是，在被批评、作检讨之后，他没有应时而变，而是初衷不改。如论者所言：“尽管他为人谨慎，但是每当需要他站出来说话时，他总是义不容辞，将个人利害置于度外，实事求是地说出自己的看法。他的观点尖锐、新颖、切中要害，发人深省，但常常给自己带来‘麻烦’。”[③] 从1959年10月开始，检讨、过关、靠边站，[④] 被冷落一年多之后，前度刘郎今又来，在1961年6月全国故事片创作会议（新侨会议）期间，夏衍对“大跃进”以来的故事片创作中存在的“直、露、多、粗”的通病，照旧提出了尖锐批评。他还多次重申，必须重视“电影的特性、艺术规律问题”，强调“在艺术问题上，领导固然可以提意见，最后决定还是要尊重艺术创作人员，由创作人员决定。”[⑤] 由此可见，夏衍作风依旧：必须检讨时他会检讨，能够坚持的时候他又会坚持。[⑥]

---

① 王家乙：《夏公指导我拍〈五朵金花〉》，《忆夏公》，第 239、241 页。

② 这话是 1962 年 2 月 17 日周恩来在紫光阁对在京的话剧、歌剧、儿童剧作家的讲话中说的，见陈播主编：《中国电影编年纪事》总纲卷，上册，第 455 页。

③ 胡克：《夏衍论政治与电影艺术》，《论夏衍》，第 228 页。

④ 陈坚、陈抗的《夏衍传》中说：“夏衍作了检讨，表了态，也就算过关了。但以后有一段时间，夏衍实际上是靠边站了。1960 年一整年，他只是参与了一些外事活动……”。《夏衍传》，第 534 页。

⑤ 见陈荒煤主编：《当代中国电影》上册，第 225 页。“直、露、多、粗”分别指平铺直叙（直）、露骨、不含蓄（露）、人物多、对话多、场景多、镜头多（多），粗糙、加工不细（粗）。

⑥ 1974 年，夏衍在狱中曾改编过一首前人的打油诗：“闻道人须整，而今尽整人，有人尽可整，不整不成人。整自由他整，人还是我人，请看整人者，人亦整其人。”其中“整自由他整，人还是我人”一联，颇能说明夏衍的性格和心理特点。夏衍：《致宋振庭》，转引自陈坚、陈抗：《夏衍传》，第 592 页。

四

要透彻理解1959年的夏衍，必须深入研讨：他是怎样的一个人？

首先，他是书生、文人、知识分子、文学艺术家——是我国革命文艺运动老一代的著名理论家、翻译家、报告文学作家、杂文作家、话剧作家、电影批评家和电影文学剧作家。根本上说，他是“五四之子”，在其艺术气质、书生本色和文人作风之中，有“五四”新文化精神遗存。说起“五四”精神，人们首先想到的是 “赛先生”和“德先生”即科学与民主，亦即以消除蒙昧和反抗专制为目标的社会革命精神。这当然不错。但不可忽略的是，“五四”精神之首要，其实是启蒙精神，即康德所谓“要有勇气使用你自己的理性！”[①]亦即自我觉醒、思想解放、人格独立、坚持独立思考。这样说的逻辑是：没有启蒙精神和独立思考的勇气，就不可能有科学精神，也不可能有民主基础。夏衍是“五四之子”，他亲历了“五四”爱国运动，并在新文化运动风潮中受到熏陶洗礼，长成新人。[②]在他一生的创作思想及其工作、言行中——包括1959年发表“离经叛道”的发言——始终渗透了“五四”启蒙、科学、民主精神。更直接的证据是，暮年回首往事，他自己说得明明白白：“反思是痛苦的，我们这些受过‘五四’洗礼的人，竟随波逐流，逐渐成了‘驯服的工具’，而丧失了独立思考的勇气。”[③]

这是因为，他也是一个共产党人。论者说“他以自己的一生写下了一个真正的共产党员的历史”。[④]这不是套话，更非笑谈。夏衍一生从事过多种工作，搞过统战、外事、新闻、文艺，无不是服从党的安排，党叫干啥就干啥，如他所说：“我是个打杂的，我本来不搞文艺，党要我去搞左联，我便去搞左联工作。”[⑤]早年如此，新中国建立之后更是如此：开国大典前夕，

---

① [德]伊曼努尔·康德：《什么是启蒙》，载《道德形而上学基础》（英汉对照）第169页，孙少伟译、鹿林译校，北京：九州出版社，2007年。

② 夏衍在五四运动中的经历，见陈坚、陈抗《夏衍传》，第25—35页。

③ 夏衍：《懒寻旧梦录》，第642页。

④ 罗艺军：《知识就是力量——向“活到老、学到老”的夏衍同志学习》，《论夏衍》第364页。

⑤ 夏衍：《我的一些经验教训》，《论夏衍》，第442—443页。

他对周恩来说，在大学里学的是电工，解放后想回本行，周恩来说还是搞文化、新闻和统战工作为好，他无条件服从了，进而，他被任命为新中国外交部第一任亚洲司司长，陈毅说上海还有许多事情要你做，现在还不是撂挑子的时候，他就一直没有上任。[①] 无论是做文学创作和艺术批评，或从事文化、电影事业领导工作，他始终把党对文艺的要求放在首位。有学者将他与契诃夫相比，他说“你讲得也有道理，可是不要忘记，契诃夫没有参加共产党啊！”[②] 他说自己一生“久经折磨而未改初衷，这是因为我对祖国，对人民，对全人类的解放还抱着坚定的信心”[③] 绝非虚言。

夏衍其人，正是五四之子与共产党员的统一体。这两种身份既和谐统一、也有矛盾冲突。早期中国共产党人，大多是沐浴“五四”浪潮的新文化精英，自觉自愿地加入中国共产党，自觉自愿地为民族解放及共产主义理想奋斗牺牲，“五四”启蒙、科学、民主精神，曾是共产党人的理想目标及心理动力。只是在长期的革命斗争中，革命功利需要与“五四”精神时常出现诸多必然性矛盾和冲突，尤其是在新中国建立之后，由于苏联模式、历史传统、社会基础和领袖决策等多种因素的综合影响，某些方针政策，与启蒙、科学和民主精神并不合拍，甚至背道而驰。由是，夏衍的人格及其后半生故事，就体现为五四之子与共产党员这两种身份之间的紧张关系。夏衍人生的瑰丽与坎坷、成就与局限，正是由他在不同的压力下所做出的不同选择所决定。是守护人格良知还是随波逐流？是独立思考还是盲信盲从？是坚持科学与民主信条还是服从组织规约和现实要求？如此人生社会难题，解决方案不能非此即彼，只能是程度不同的妥协调和。夏衍并非孤胆英雄。1959年勇敢反“左”、大胆纠偏、鼓励“离经叛道”，是在文艺为政治服务的框架内，同时在全党反思“大跃进”盲目冒进的氛围中，酌情言行。

夏衍是忠诚的共产党员，确曾随波逐流，也曾驯服检讨，但在骨子里，他无法放弃独立思考的习惯，且不时有表达其独立思考的勇气；他从未放松

① 夏衍：《懒寻旧梦录》，第 588—589、640 页。
② 陈坚：《革命家的睿智和情怀》，《忆夏公》，第 604 页。
③ 夏衍：《懒寻旧梦录》，第 641 页。

过对科学知识的学习，及对蒙昧无知的警惕；甚至也没放弃过对创作自由和社会民主的向往和追求。1959年7月20、21、24日的三次谈话，足以为凭。今人看来，夏衍那三次谈话中，有关启蒙、科学、民主的主题并未谈深，更未谈透，甚至有些话题并未说清道明，究其原因，或是压力过大而勇气不足，或是问题艰深而力所不逮，更可能是他作为共产党员，需要适应和服从时代语境，不能突破规定的言论边界。正因如此，到老回顾一生时，才会发出关于“随波逐流”的沉重慨叹——他肯定希望有心的后来人，能够听到，且能听懂。

（陈墨：中国电影艺术研究中心研究员）

夏衍与中共隐蔽战线关系述考

陈奇佳

内容提要

夏衍在中共隐蔽战线的活动，未有专文作全面的评述。本文通过五个部分试图对他这方面的工作做一个粗略的勾勒。一、夏衍与周恩来、潘汉年的关系。夏衍1946年底赴香港工作即是周恩来提前数年布下的一着用意深远的棋子，并确实在1948年底发挥了巨大作用（与民主人士沟通并将他们运送至解放区）。二、夏衍与远东情报局的关系。他应当不是远东情报局的成员，但确和远东情报局有着不一般的联系。三、夏衍个人在隐蔽战线建立的最大的功勋是策反韩练成。四、夏衍在中共隐蔽战线还建立过一些重大功勋，最重要的工作是策反钱昌照与丁贵堂。另外，他还参与了“两航起义”、输送电影人才归国等事件。五、关于潘汉年冤案的话题。潘汉年案还有一些关键点模糊难明。对于潘案的发生，笔者提出了七点质疑。

本文涉及人事关系多且复杂，在此仅为暂定稿，容后增补。论文的主体部分曾发表在《新文学史料》2015年第3期，特此说明。

关键词

夏衍　隐蔽战线　潘汉年案

夏衍的一生堪称传奇。他涉猎方面极多，在戏剧、电影、文学、新闻、翻译、统战、外交、出版、收藏乃至隐蔽战线等领域都有很大成就。学界对他的贡献，已多有深入的研究。不过，比较而言，他在中共隐蔽战线的活动，到目前而言似乎还未有专文作全面的评述，因此，本文就试图对他这一方面的工作做一个粗略的勾勒。由于资料有限，某些判断不免出于笔者个人的推断，敬请各位方家批评教正。

本文的写作，意在考镜源流，补阙前贤，夏衍或前辈研究者们已较多论述之处，本文则通常指明出处，略作概说而已。文中故时有详略不一之处，敬祈海涵。

一

谈论夏衍与中共隐蔽战线的关系，首先要谈到的人物很可能就是周恩来。他在《杨度同志二三事》中这样说过："周恩来同志离开上海后，组织上决定由我和他单线联系。"[①]根据这一口气，夏衍充当中共早期秘密党员杨度的单线联系人，似乎与周恩来有一种直接的关系。根据常理推断，这一点并非全无可能：杨度是个密级很高的秘密党员，原来很可能就是由周恩来、潘汉年直接掌握的，周恩来将这一联络关系转出后，以他的细密很可能会指定接手工作的具体人员；而按照后来夏衍与周恩来交往的密切程度，周很可能向他提起过这一工作交接的前因后果。不过，相关的文献证明材料实在太少，我们对此就不能作太多推测引申了。

不过，溯源他和中国隐蔽战线的关系，恐怕还要从潘汉年说起。潘是夏衍接触中共隐蔽战线的直接领导人和引路人。事实上，潘汉年还是周恩来与夏衍之间发生工作关系主要的介绍人。

1920年早期，也就是潘汉年还是"创造社小伙计"之一的时候，夏衍与

① 夏衍：《杨度同志二三事》，《夏衍全集》编辑委员会：《夏衍全集》第9卷《文学（下）》，杭州：浙江文艺出版社2005年版，第450页。以下如引用《夏衍全集》，均简称"夏全"，只标注卷数名称，不再标注其他出版信息。所引夏衍各文，标注的均为文章发表时所用笔名。

潘汉年可能就已相互结识，但两人有较深的交往则应当在筹备组建“左联”期间。可能正是由于这段时间的交往，潘汉年感到夏衍的冷静、谨慎、周全的性格及知识分子气质比较适合从事某一方面的工作。经过一段时间的考察，1930年9月，[①]潘汉年直接带夏衍到杨度家中，将与杨度单线联系的工

① 夏衍何时第一次见到了杨度，实际上就是他最初触及隐蔽战线的时间点。因此，这个“初始”的问题值得加以辨析。

这个时间点，现在大致有以下几种说法。

一是夏衍自己最初的说法，也就是他在《杨度同志二三事》的说法：“周恩来同志离开上海后，组织上决定由我和他单线联系。”（夏衍：《杨度同志二三事》，“夏全”第9卷《文学（下）》，第450页。）

二是他在《纪念潘汉年同志》中的说法。《人民日报》的原文如此：“1931年党的六届四中全会之后不久，他在当时“文总”的机关……向“文委”所属各联的党员作了全会决议的传达报告。这之后……我有半年多没有和他见面。大约在这一年深秋的一个晚上，他通过良友图书公司找我，见面之后，他就要了一辆出租汽车，开到法租界的薛华立路的一家小洋房里，把我介绍给一位五十岁出头一点的绅士。”（夏衍：《纪念潘汉年同志》，“夏全”第9卷《文学（下）》，第527页。）就是说他第一次见到杨度是在1931年深秋的一个晚上。

这是夏衍初见杨度比较流行的、可谓是“官方”的一个说法。

三是刘客的说法，认为当是1931年5、6月间。（刘客：《周恩来是何时决定由夏衍作为与杨度的单线联系人的？——〈周恩来年谱〉一则史实之我见》，《上海党史研究》1998年第2期，第31页。）

四是沈芸的说法。沈芸《夏衍年表》记载：“（1930年）9月，经潘汉年介绍，结识杨度（皙子），做其中共秘密党员身份的联络人。”（沈芸：《夏衍年表》，“夏全”第16卷《书信日记》，第428页。）

五是杨度的女儿杨云慧晚年的一个说法。她回忆说：“1928年到1931年，夏公是我家里的常客。那时我还是中学生，夏公一来，总是在父亲亲房里关上门谈话，匆匆而来，匆匆而去。我很少和他讲话，也从不关心这位瘦瘦的、戴眼镜的、三十岁左右的沈先生到我家来干什么。”（杨云慧：《夏伯和我们杨度一家》，《忆夏公》编辑委员会：《忆夏公》，北京：文化艺术出版社1996年版，第541页。）

以上几种说法，最不可靠的是第二种说法，也就是一般流行的“官方”的说法。因为杨度已于1931年9月17日去世（杨云慧：《从保皇党到秘密党员——回忆我的父亲杨度》上海：上海文化出版社1987年版，第122页），夏衍无论如何不可能在这一年深秋再见到杨度了。时隔半个世纪回忆往事，夏公很可能是将日期记混了。

刘客的说法有一定价值，但也不可靠。因为夏衍说过是大约来往了半年之后，他才知道自己联系的对象是杨度。夏衍还说自己每月跟他联系一次。如是1931年春夏之后夏衍才结识杨度，估计不容易在记忆中留下一种从容往来的印象。

杨云慧的记忆亦不可靠。她在较早的一个回忆文章中提及：因演剧活动，她早就认识夏衍，“可是，我一点也不知道我父亲和他的关系。”——对夏衍1930年代初时常登门的事情她似乎完全没有印象了。1944年在周恩来处她遇见夏衍，夏开玩笑说：“你不认得我，我可早就认得你，你应该叫我老伯呢！”杨云慧还不理解：“我不明白他这是什么意思，也不便多问。只当是他和我说着玩的。”（杨云慧：《从保皇党到秘密党员——回忆我的父亲杨度》上海：上海文化出版社1987年版，第136—137页。）并且，夏衍在为杨云慧回忆录作序时明确写道：“我和杨度同志单线联系的时间不长”。（夏衍：《夏衍序》，杨云慧：《从保皇党到秘密党员——回忆我的父亲杨度》上海：上海文化出版社1987年版，第5页。）如是1928年到1931年的工作关系，时间不可谓不长。

相对而言，夏公孙女沈芸的说法最合乎情理。如果夏衍在1930年9月第一次见到杨度，与现有的各种资料所提及的时间节点都比较吻合。1987年，夏衍亲手编订的《夏衍选集》中，《纪念潘汉年同志》一文与《人民日报》原作有一处重要的异文。该文在说道他和杨度见面时间时这样表述：“我有半年多没有和他见面。在前一年的九月，他通过良友图书公司找我……（以下同——引者注）”（夏衍：《纪念潘汉年同志》，《夏衍选集》第四卷，成都：四川文艺出版社1988年版，第431页。）这个说法可作为沈芸说的重要旁证。

作交给了夏衍。当时，潘汉年未透漏杨度的身份，但告诫夏衍“绝对不能对他怠慢”，并说这房子是杜月笙的，夏“在紧急危险的时候可以到这儿来避难”。[①]

夏衍与杨度每月联系一次，夏衍的主要工作是把党内刊物和“禁书”交给他，他则“把他亲笔写的国民党内部情况，装在用火漆封印的大信封中”，由夏衍转给上级组织。[②]作单线联络人半年后，夏衍才知道了杨度的身份，不免大吃一惊。

夏衍承担此项工作的时间并“不长”。1931年6月，杨度为杜月笙操持杜氏家祠事后，身体已感不豫，后又因饮食不当引起胃病发作，于1931年9月17日去世。

杨度是由周恩来直接介绍入党的，身份无比重要。不过，就隐蔽战线具体的作用来说，估计他主要起的是战略判断之类的作用。这从夏衍一个月才与他联系一次的安排就可以看出。杨度女儿杨云慧曾回忆说：“又一次，父亲获得了一个紧急文件，急于送给党组织，一时又找不到送的人。我生母便和二妹云碧假装出去购物，辗转地把那个文件交给了地下党组织。”[③]——这一事件不一定发生在夏衍担任联络员的时期，但杨度在组织内所发挥作用的性质可以推想：“紧急文件”的搜集不是他的职责，因此像上述的情况只能是特例处理。

本文因此采用沈芸说。

不过，此事的确切时间点仍未足以做最后定论。第一，1992年出版的夏衍散文集《天南海北谈》（广州：花城出版社1992年版）同样收入了《纪念潘汉年同志》一文（易名为《纪念潘汉年》），其表述夏衍、杨度会面时间却和《人民日报》发表时原文一样。我们不知道这是夏公有意为之还是无心之失。——笔者曾就此事询问沈芸。沈芸认为编辑该书时夏公精力已弱，对这类细节问题恐怕无力作深入考究了。但于《夏衍选集》中的异文问题，她则表示难以作答，因为“他总是不断地在改自己的文章”。（陈奇佳：采访沈芸手记，2015年5月19日）。第二，夏衍最初提到“周恩来同志离开上海后，组织上决定由我和他单线联系”一点，恐怕不能完全置之不理。以夏衍与周恩来的密切关系以及他对周恩来尊重的程度，他的这一说法当有所本。但检校《周恩来年谱》，如果“周恩来同志离开上海”指的是1931年12月因顾顺章事件逼迫周恩来最终撤离上海一事，夏衍的回忆是有问题的。如果该说指的是类似周1928年4月至11月间长期离开上海的情况，则该说尚有一定可推敲的余地，但具体时间点就非常含混了，现已不可确考。笔者倾向于这一说法或出于周恩来本人的误记。

① 夏衍：《纪念潘汉年同志》，“夏全”第9卷《文学（下）》，第528页。

② 夏衍：《杨度同志二三事》，“夏全”第9卷《文学（下）》，第450页。

③ 杨云慧：《从保皇党到秘密党员——回忆我的父亲杨度》，上海：上海文化出版社1987年版，第118页。

由此，我们也可以知道夏衍在隐蔽战线所发挥的作用就是较为单纯的信息传送渠道的作用，他本人并未真正介入情报的收集处理、人员的调配工作等。

1931年秋后，夏衍与潘汉年阔别了五年多。这期间，夏衍留在上海从事地下斗争，潘则随中共中央领导阶层撤离了上海（主要是因为顾顺章叛变的影响），并逐渐成为中共隐蔽战线的主要领导人之一。夏衍再与潘见面，已是抗战前夕了。抗战爆发后，夏衍与潘汉年的工作有了更多的交集，这在他的自传《懒寻旧梦录》、《纪念潘汉年同志》等文中已有详细的介绍，在此不赘述。本文所要指出的是，在上海、香港这些城市相继沦陷后，夏衍还陪伴潘汉年参与了一些留守作家的安置任务。这其中至少包括陶晶孙、叶灵凤等人。

1980年代后，夏衍曾数次对陶晶孙的亲人陶赢孙透露如下内情："陶晶孙和潘汉年的关系一直很密切"。"抗日战争爆发，上海沦陷后，陶晶孙和他的夫人陶弥丽，留在上海。1937年12月，我和潘汉年同志同船离沪南下香港。潘曾告诉我，他们的人都作了安排，陶晶孙留下来，因为晶孙长期留学日本，与日本文艺界有广泛的交往，他的夫人又是日本人，让晶孙隐蔽下来，为我们做些工作。由于这是党的秘密，所以外界都不知道。有人随便说他是'汉奸'，使他蒙受了不白之冤。事实上，他和左翼女诗人关露一样，他的行动是受潘汉年领导的"。①

至于叶灵凤，抗战结束后曾有他附逆的传言，这时夏衍立即出来为他辩诬。他说："叶灵凤先生也是香港文协分会理事，他也是当时香港反对汪逆'和运'的健将，香港沦陷后，本报（指《建国日报》——引者注）同人之一曾和叶氏在防空洞中相遇，约其同行离港，叶答以'有事'不能遽离。后来叶一度被捕后，即接触敌伪出版刊物，内地就有叶附逆之说，但在1942年，叶又被捕，备受酷刑，本报社长曾接在渝叶氏亲属来信，谓叶自沦陷后

① 夏衍：《〈陶晶孙选集〉序言》，丁景唐：《陶晶孙选集》，人民文学出版社1995年版，第1—2页。另可参见高建国：《反战间谍作家陶晶孙》，苏志良：《左尔格在中国的秘密使命》，上海：上海社会科学出版社2014年版，第343—345页。《左尔格在中国的秘密使命》一书以下简称"左书"。

负有使命留港，被发觉后生命危险等语，此事亦经中央负责方面证明属实，所以叶氏经过详情，恐怕要等他脱险后自己来说明了，我们希望暂时不作过早的结论。”[①]数十年后，夏衍更加明确了叶灵凤承担秘密使命的说法。他在致姜德明的信中说：“在防空洞里遇到他的是我，他说‘有事’，则是一九三九年潘汉年交给他的‘事’，后来（解放前的四七、四八年）潘说过：要他保持超然态度，不直接介入政治，留待将来‘为我们帮忙’。这些事，潘案以前不让说，潘案后更不能说了也。”[②]

较有意味的一个现象是：晚年在述及潘汉年在隐蔽战线功绩的时候，夏衍从来不说及自己的作用。很多时候，他自己竟像一个静静陪同在潘汉年身边的旁观者似的。这种情形显然是不可能的，按照共产党的情报工作原则，像陶晶孙这样密级的情报人员，都应当是与潘汉年单线联系并由潘汉年或专人掌握情况的，潘汉年却把陶留在上海、叶留在香港的原委告诉了夏衍，这其中透露出的隐微信息足以让后人颇多回味了。他应当深度地参与了某些事件。

据说，作家出身的潘汉年，偏好使用理想主义色彩浓郁的知识分子当情报干部。他认为，这种人要么不干，要干就会不惜以生命为代价，深入虎穴，忍受折磨，坚持始终；并能在远离领导与组织的特殊环境，保持应有品质，恪守应有原则。[③]著名的潘汉年系统包括的作家（艺术家）就有恽逸群、袁殊、关露、陶晶孙、叶灵凤、史东山[④]、范纪曼[⑤]、汪馥泉[⑥]等人。而在这

① 编者：《关于戴望舒及其他》，“夏全”第9卷《文学（下）》，第225页。

② 夏衍：1988年8月12日致姜德明信，“夏全”第16卷《书信日记》第150页。

③ 高建国：《反战间谍作家陶晶孙》，“左书”，第344页。

④ 据说，这位著名的左翼导演也在潘汉年系统中担负了一定工作使命。1955年初他弃世也许与此有关：有关方面试图在他身上“潘扬”的突破点，他愤然以死抗争。（2015年10月28日与刘间文俊谈话记录。）

⑤ 可参见沈鹏年《唐弢：怎么能这样写“书话”——为被<晦庵书话>长期诬陷的范纪曼同志辩诬》（《山西文学》2007年第10期）。

⑥ 根据汪新泉《寻找关于我的父亲汪馥泉》，汪氏与潘汉年系统未必没有交集，他在1958年被打成“右派”也可能与此有关。——他与袁殊有特殊的关系则基本可以确定。此外，如果汪新泉文的介绍属实，夏衍在回忆录中对汪馥泉的评价也许应当做些修正。夏对抗战时期汪馥泉形象的勾勒主要是“没有什么坚定的政治见解”、在广州大轰炸后“仓皇逃往香港”等等【见“夏全”第15卷《懒寻旧梦录》，第212页、219页】，偏于负面，这些说法可能过于苛责了，我们后人对这位参与主办《浙江新潮》的《救亡日报》创刊元老理应抱有更大的敬意。

份名单中，或有必要加上夏衍、李一氓[①]等几个边缘人的名字。他们应当是自成一军、独当一面的人物，但他们的行动和潘汉年系统又有较深的交集。

在此需要对夏衍与特科的关系略加辨析。由于夏衍和潘汉年的特殊关系，由于在革命年代他和特科一些的人、事发生了直接而深入的交集（他在《懒寻旧梦录》中并未讳言这一点，如与蔡叔厚、袁殊的往来；被“怪西人案”牵连等），也由于他和一些老特科成员保持了长期而密切的交往，[②]人们不加细察，容易自然地将他误作为特科的一份子。但事实上，夏衍从未加入过特科，晚年他对亲人多次谈及此事。[③]这是一个需要特别加以说明的历史细节问题。

在1937年至1946年之间，夏衍与潘汉年时而相聚、时而分离，夏衍主要从事文化战线方面的工作，而潘汉年则已完全转向了隐蔽战线。两人之间工作联系是否涉及隐蔽战线的工作，现已不可详考。[④]

---

① 在中共隐蔽战线系统中，李一氓和夏衍有着相当多的共同点，地位则更高。他们都受潘汉年的节制，彼此之间的工作甚至有可能有所交集。不过李一氓较夏衍更加惜墨如金，他在隐蔽战线的工作事迹也就更加隐晦难明。但根据胡立教《缅怀一位德高望重的老共产党人——纪念李一氓同志逝世十周年》、王廷芳《李一氓与郭沫若——为李一氓同志九十诞辰作》、王元化《怀一氓老》、吴泰昌《难忘一氓老》等文（中华书局编辑部：《李一氓纪念文集》，北京：中华书局2002年版），李与潘汉年系统的密切关系已可略窥点滴。这其中，王元化的回忆文章尤其披露了一些重要的事件线索，只可惜在今天已不可能据文而考索了。

冯雪峰也是一个与潘汉年系统大有关系的人物。不过，在一个相当长的时间阶段里，他是一个方面的领导人物，地位与潘相仿，并不受潘的节制，因此就不便将他纳入到潘汉年系统中来。冯在“文革”期间写的不少外调材料强烈地透露出了这方面的讯息【可参见冯烈等：《冯雪峰外调材料》（《新文学史料》2013年第1、2期）】。

② 夏公之女沈宁回忆说，直到1980年代，原来的特科成员还经常前往沈府聚会、拜年（陈奇佳：采访沈宁手记，2015年8月19日）。

③ 沈宁、夏公之子沈旦华、沈芸均对笔者指出过这一点。

④ 一个有据可考的事例是：抗战期间夏衍在桂林办报，其最重要的助手翁从六却忽然被紧急调走了。夏衍在自传中未说明原因。根据现在逐渐披露的资料，翁从六原来是被调到上海去支援潘汉年情报系统在岩井公馆的工作了。在潘汉年的指挥下，袁殊在岩井公馆的渗透是如此的成功，以致于在日本人的情报系统中为共产党发展出了一支30多人的队伍，翁从六就是调过去为这支队伍主管财务的。【详可参见鲁南《中共地下党主持日特机关“岩井公馆”始末》（《春秋》2011年第5期）等文。】袁殊早年在上海办报时，翁从六即是他主管财务的经理。袁殊则回忆说：“几年中（指他1941年至1945年在汪伪政权工作期间——引者按）我供给潘大量经费（由翁从六经手），我对妻子说：‘老年要用钱，从你那里拿。’我一次就给翁廿五万元老法币，作《救亡日报》购买印刷器材的费用，当时桂林八路军办事处主任李克农深知内幕。”（袁殊：《放眼亭畔话往事——忆打入汪伪的四年》。）袁殊回忆可能与史实小有出入：他任汪伪政权教育厅长是1941年10月后的事情，而《救亡日报》则在皖南事变不久后就停办了。但他通过秘密渠道支援《救亡日报》的事情则应当是真实可信的。

从类似的隐微的线索看，抗战期间两人在隐蔽战线方面可能仍有一定的交集。不过遗憾的是，此类事情只能少有信史的记录，后人大抵只能由推测而想象了。

夏衍与潘汉年最后一次史可确考的在隐蔽战线的共事关系，是1946年末至1949年初这一段时间。发生在1948年末至1949年初的“民主人士大营送”是两人此次合作共事的最高成就。

1945年至1946年，夏衍在上海开展过一段时间文化战线的统战工作。国共和谈不成，内战形势渐趋明朗后，夏衍曾向周恩来提出去延安的申请。周恩来同意了，答应在代表团撤离南京时，带他一起走。但1946年9月，全面内战爆发后，周恩来以他惊人的战略预判能力认定：香港、南洋一带的统战工作将可能成为一个新的区域工作重心。考虑到潘汉年、夏衍对现代都市生活比较熟悉，对香港的情况也比较了解，于是便又派遣他和潘汉年一起参加香港分局的领导工作。夏衍毫不犹豫地领受了这个新的任务。

1946年10月30日，夏衍与潘汉年董慧夫妇一起，飞往香港。其任务是“加强在香港的情报活动；对民主党派在香港的上层人士进行统一战线工作；参加香港地方党派的有关工作方针、政策研讨会议和情报汇报工作。”[①]夏衍的工作职务是中共香港工作委员会成员、南方分局（中共中央香港分局，1949年2月改为中共中央华南分局）成员、香港文委书记。[②]潘似乎没有具体的职务。他的任职情况好像一直是这样：比如其1946年的公开身份仅是中共与“联总”、“行总”的联络代表而已。[③]1947年和1948年，潘汉年在香港以中共上海局和香港工委代表的身份做工作，主要是团结和联系上层民主人士。[④]只有真正的圈内人才知道他的“代表”身份包含的巨大意义：1948年国民党政权总崩溃前夜，香港的各方势力都要求见共产党驻港代表，“给他们看‘文件’不行，一定要见人，见人，则最好是见潘汉年”。[⑤]

夏衍到香港后，先受命去南洋开展工作。但由于南洋的特殊历史情况，他工作的展开不算顺利，1947年8月[⑥]被英殖民当局“礼送”出境，回到香

① 转引自王朝柱《功臣与罪人》，深圳：海天出版社1993年版，第316页。

② 沈芸：《夏衍年表》，“夏全”第16卷《书信日记》第437页。

③ 中共中央文献研究室：《周恩来年谱（一八九八——一九四九）》（修订版），北京：中央文献出版社1998年版，第700页。

④ 尹骐：《潘汉年传略》，《新文学史料》1992年第4期，第148页。

⑤ 夏衍：《纪念潘汉年同志》，“夏全”第9卷《文学（下）》，第531页。

⑥ 夏衍：《我的家史》（1975年8月所写），手稿，第19页。

港，主要是主持文化方面的领导、统战工作。而自1948年8月开始，他主要的工作就是协助潘汉年展开“民主人士大营送”的工作。

周恩来很可能在离开南京、上海的时候就已经在思考这个问题：如何将国统区的民主人士安全运抵解放区，并以此为基础，在解放区召开一个团结了全国最广泛政治力量的政治协商会议（亦即新中国的立法会议）。1947年3月撤离延安前，他已开始着手这一工作安排，并且，他已决定将香港作为唯一的中转站。1947年3月8日他和任弼时在听取钱之光等的汇报时说：现在香港成为唯一可以公开活动的地方，已去了党的干部，民主人士也将陆续去。要钱带人到解放区沿海口岸设法和香港建立联系。①此后，钱之光即受命考察烟台、青岛、大连等地，实地检测运送方案的可能性和安全性。②1948年8月1日后，此项工作正式启动。此日，毛泽东电复香港各民主党派和民主人士，对它们积极响应中共“五一”口号表示“极为钦佩”，并就召开新的政治协商会议的时机、地点、召集人、参加会议者的范围以及会议应讨论的问题等，征询他们的意见。③

1948年8月2日，周恩来致电钱之光：以解放区救济总署特派员名义前往香港，会同方方、章汉夫、潘汉年、连贯、夏衍等，接送在港民主人士进入解放区参加筹备新政协。④1948年8月12日，周恩来为早日在解放区筹备召

---

① 中共中央文献研究室：《周恩来年谱（一八九八——一九四九）》（修订版），北京：中央文献出版社1998年版，第741页。

② 1947年9月10日，周恩来就钱之光六日来电报告在烟台的工作由于形势紧张，与外面联系中断，要求转入香港或其他口岸一事，起草和任弼时联名致董必武电：“如交通尚便无特别危险，可否同意钱去港主持海外及内地经营，并筹划今后蒋管区党费接济。”九月，钱之光转移到大连。【中共中央文献研究室：《周恩来年谱（一八九八——一九四九）》（修订版），北京：中央文献出版社1998年版，第767页。】

③ 中共中央文献研究室：《周恩来年谱（一八九八——一九四九）》（修订版），北京：中央文献出版社1998年版，第801页。

同日，周恩来为中共中央起草致香港分局及潘汉年电，批评其在七月中旬才将各民主党派响应中共“五一”口号的五月五日通电全文报告中央，同时要他们收到毛泽东本日的电文后即送各民主党派征询意见，并将征询推广到上海、南洋的民主人士中。

在前一日，亦即1948年7月31日，周恩来致电杨立三：港、沪将有一批党员干部和民主人士经大连来华北，已指定钱之光负责大连的接头、招待事宜，由大连到俚岛及由俚岛到石家庄，拟由后勤部负责。【中共中央文献研究室：《周恩来年谱（一八九八——一九四九）》（修订版），北京：中央文献出版社1998年版，第800页。】

④ 中共中央文献研究室：《周恩来年谱（一八九八——一九四九）》（修订版），北京：中央文献出版社1998年版，第801页。

开新政协，起草中共中央致方方并香港分局电，其中指出："为邀请与欢迎港、沪及南洋民主人士及文化界朋友来解放区，并为他们筹划安全的道路，望指定汉年、夏衍、连贯负责计划，并协商一个名单电告。"①

随后，方方、潘汉年等和赶到香港的钱之光研究并着手进行了秘密接送民主人士前往解放区的工作。中共香港分局的运送民主人士的"专门小组"应当即成立于此时。该小组的负责人是潘汉年、许涤新、饶彰风和夏衍。潘、许负责经费——主要是租船，夏衍分管与各民主党派的头面人物联系，饶彰风则带领杨奇、杜宣、赵讽、陈紫秋等人负责具体事宜。②

在港民主人士大规模北上是在1948年11月后（辽沈战役后，中共在军事上已获得绝对优势，所有的人都清楚蒋政权的垮台只是一个时间问题了），但在此前，中共已多次分批将部分民主人士运往北方，这条通道的隐蔽性、安全性得到了考验。《周恩来年谱》记载：

> 8月30日起草和任弼时、李维汉联名的致钱之光电：同意组织一批民主人士乘所租的苏联货船开往朝鲜，但"须注意绝对秘密"。九月七日，在获知冯玉祥乘船由美返国途中于九月一日遇难的消息后，即刻为中共中央起草致潘汉年并香港分局电：民主人士乘苏轮北上事，望慎重处理。"第一，如该轮确无船行保证，以不乘该轮为妥"；"第二，如该轮有保证，而民主人士表示有顾虑，亦可不乘该轮"；"第三，如该轮有保证，而民主人士也愿意北上，亦不宜乘一轮，应改为分批前来，此次愈少愈好"。此后。方方、潘汉年、钱之光等拟定并开始执行分批秘密接送民主人士北上的计划。在符定一、吴晗、刘清扬、周建人、胡愈之、韩兆鹗等陆续到达中共中央城工部所在地平山县李家庄后，周恩来多次前去看望，听取

① 中共中央文献研究室：《周恩来年谱（一八九八—一九四九）》（修订版），北京：中央文献出版社1998年版，第803页。

② 夏衍：1982年4月5日致杨奇信，"夏全"第16卷《书信日记》第437页。

他们对筹备召开新政协的意见。[①]

1948年11月至1949年3月，民主人士北上高峰期间的情形的记载较多，夏衍在《纪念潘汉年同志》、《懒寻旧梦录》等文中已有较详细的记载，他说：

> 单就送民主人士去华北这一件事，历时一年多（从1948年到1949年3月）。据不完全的估计，路经香港坐船到解放区的知名人士——如沈钧儒、黄炎培、马寅初、郭沫若、马叙伦、沈雁冰、叶圣陶，还有许多作家、演员，一位起义的国民党军长、一位西北军的代表，[②]最少也有三百五十人以上。当时东北和华北一部分已经解放，所以我们可以租用外籍轮船开往东北，运出大豆、人参、药材、土产……在港澳市场卖出，然后买进解放区急需的西药、纸张、五金运回东北，也就趁此机会，让民主人士搭船北上。[③]

由于他们这一杰出的工作，国统区的数百位民主人士得以安全抵达解放区，为中华人民共和国第一次政治协商会议充分、全面、合法的举行奠定了重要基础。

在港期间，夏衍与潘汉年在隐蔽战线上的共事关系还有很多（如策动钱昌照起义、“两航”起义、龙云起义等），不过，其中最重要和最富有传奇色彩的事件、也是两人合作最紧密的事件，当属此次“民主人士大营运”。夏衍此前的回忆中，一般都将主要贡献归之于潘汉年，言下之意，他不过只是适逢其会帮一点“小忙”而已。而我们通过此番考证试图说明：在周恩来的布局中，协助潘汉年展开隐蔽战线方面的工作，甚至直接、深度地介入其

---

① 中共中央文献研究室：《周恩来年谱（一八九八—一九四九）》（修订版），北京：中央文献出版社 1998 年版，第 804 页。

② 这群知名人士中还有何香凝、李济深、邓初民等。“一位起义的国民党军长”当指韩练成，“一位西北军的代表”当指周士观。

③ 夏衍：《纪念潘汉年同志》，“夏全”第 9 卷《文学（下）》，第 530 页。

中，本就是他赴港工作的一个重要使命。

二

夏衍与共产国际远东情报局的关系是一个值得思考的问题。

共产国际远东情报局由左尔格1930年初来中国所建立。左尔格后来由于受“牛兰事件”牵连，为掩饰身份撤离了中国——他后来又赴日本，并在日本建立了世界谍报史上最有名的一个间谍组织“左尔格小组”。这个小组的多位核心成员如尾崎秀实、中西功等即是他在上海发展起来的。左尔格离开后，远东情报局继续开展工作并在组织上有所扩大。由于当时中国共产党与共产国际特殊的组织关系，中共党员很可能同时参与中共特科与远东情报局工作。

由潘汉年引荐，夏衍部分参与特科工作后，对某些关系亲密人士的这种工作状态是有所了解的。他后来在自传中以相当轻描淡写的口吻提到：在当时他就既“知道”袁殊是特科成员，也知道蔡叔厚“已从中国党的‘特科’转到了第三国际远东情报局，但他的组织关系还在中国党的‘特科’（吴克坚）”等等情况。[①]而由于与蔡叔厚的特殊关系，他还可能与共产国际远东情报局发生过一定的工作联系。

蔡叔厚，浙江诸暨人，1918年毕业于浙江甲种工业学校，是夏衍的学长。夏衍去日本后，他也在日本电机专业学校念书，二人都是浙江同乡，往来较多。回国后他办起了绍敦电机公司。夏衍1927年回国后衣食无着，曾借住在绍敦电机公司，并在这里一住就是两年多。

和夏衍一样，蔡叔厚也是在中国共产党最危难的时刻，加入到了革命运动的阵营中。与此同时，他还和共产国际远东情报局发生了直接的组织联系。学者指出：“到1929年夏，中共的第一个电波便从大西路（今延安西路）福康里9号蔡叔厚寓所传出。周恩来闻讯后决定，将第一台无线电设备送

① 夏衍：《懒寻旧梦录》，“夏全15”第147—148页。

往江西根据地，从此沟通了上海党中央和苏区的无线电通信联系，以后蔡叔厚与李强又制作数台收发报机，送往洪湖贺龙、鄂豫皖徐向前领导的红军根据地。1932年，蔡叔厚被左尔格看中，也成为一名红色国际特工。我们所知道的，蔡叔厚除了完成通讯方面的本行，还根据左尔格的指示，利用各种社会关系，为小组购买武器。”①

蔡叔厚为中共和共产国际隐蔽战线做出了杰出的功勋。共产国际远东情报局负责人曾说他应当得到列宁勋章。②

此外，根据陈修良与陆久之的回忆，1932年陆久之在东京受命筹建中央特科东京情报站时，夏衍曾秘密前往为陆久之提供工作上的指导——陆久之曾是绍敦电机公司的技工。

据说，夏衍到了东京找到陆久之，首先便告诉他：我是替叔厚打前站的。他太忙，一时过不来，大概要二三个月后才能来吧。交待了一些工作上的问题后，夏衍不客气地指出：老陆，你的房子太小了，房子要租大一点，四周不要有什么邻居。租房子的费用，组织上一定会想办法解决的。

夏衍在为陆久之布置工作的时候，一天他还遇到了陈修良。陈修良与她的丈夫沙文汉（化名“张登”）当时也在东京，与陆久之保持有工作上的联系，突然来找陆久之，本也不是什么稀奇的事。但夏衍这时并不知道陈修良的身份，一看有外人进来，便收起了谈笑风生的谈吐，一副冷漠的样子。陈修良那时也年轻气盛，只觉得陆久之这位穿西装的客人既矜持又傲慢，心中有气，坐不多久便走了。过了许久，她才在陆久之那儿了解到夏衍的身份，当然也就理解他多重身份的苦衷了。1935年，受到中共上海中央局书记盛忠亮叛变的牵连，东京情报组织撤回国内，沙文汉、陈修良一时失去了组织关系，第一个想到的便是夏衍，想请他帮忙与中央接上关系。无奈这时上海党团组织已被彻底破坏了，夏衍只能明确地告诉他们：他自己也已经失去了党

① 苏智良：《左尔格在上海（1930—1932》，苏志良：《左尔格在中国的秘密使命》，上海：上海社会科学出版社2014年版，第13页。《左尔格在中国的秘密使命》一书以下简称“左书”。

② 夏衍：《我与“茶圣”》（“夏全9”第620页）。列宁勋章为苏联的最高勋章，授予在社会主义建设和国防中建立特殊功勋的个人、集体、机关、社会团体和部队。

的关系，不能转达外地来的关系给任何组织。[①]

而就在与陈、沙夫妇见面后不久，夏衍就被深深卷入了“怪西人”案中，遭遇到其地下工作生涯中一次最大的危险。

1935年5月，共产国际远东情报局接替左尔格的华尔顿（真名劳伦斯，或译作“罗伦斯”），由于陆海防、陆独步兄弟的出卖，在上海不幸被捕。但华尔顿斗争经验十分丰富，无论国民党特务机关怎么审问，他始终一言不发，这样，国民党连他的国籍、姓名、住址、职业都问不出名堂，就更谈不上情报、间谍组织方面的问题了（上海各新闻媒体对他无以名之，只得称之为“怪西人”）。华尔顿的助手们十分机警，见他久久不归，估计出了事，便破门而入，将室内有关文件、记录、名单等全部转移，待国民党特务寻踪追至，已经无法捞到更多的东西了。

在这场喧闹一时的“怪西人事件”中，共产国际的情报组织及与它有工作往来的中共情报部门，其实并未受到太大的打击，只是损失了一些外围的工作人员。但在这些被捕的人员中，袁殊却给夏衍带来了很大的麻烦。

袁殊，本名曾达斋，湖北蕲春县人，曾经留学日本。在“左联”成立前后，他归国与妻子马景星一起主办了《文艺新闻》，并在“左联”活动很困难的时候，刊登了不少有利于左翼文运的消息。“左联”五烈士事件国内最早的消息即刊发在《文艺新闻》上。袁殊为人聪明能干，夏衍一度非常赏识他。他曾加入中共特科工作，其散失组织联系后，夏衍又把他介绍给了蔡叔厚。袁由此加入了共产国际远东情报局。

五月的某一天，夏衍接到电影演员王莹转来的袁殊的信，约他到北四川路虬江路新雅茶室见面。夏衍认得是袁殊的笔迹，心下便无怀疑，按时去赴

---

① 陆久之个人情况较复杂，较多争议。我们在此综合了陈修良的《旧梦依稀哭夏公》（陈修良：《陈修良文集》，上海：上海社会科学院出版社1999年版）、郑笛《中共隐蔽战线的党外人士——记离休干部、九五老人陆久之》（《世纪》1998年第1期）、陆久之、王岚《隐于都市的神秘人物：陆久之》（《党史文苑》2005年第4期）等文的说法。但除了陈修良的回忆，其他有关陆久之的文章在史料运用上均有问题。吴腾凰《陆久之究竟是什么样的人——访陆立之先生实录》（《江淮文史》2001年第3期）一文彻底否定陆久之亦属不当。陆久之的回忆可能有夸大自己贡献的成分，但笔者相信他的活动与中共特科、共产国际远东情报局当有交集之处。陈修良的回忆就是一个有力的证据（吴文丝毫不提陈文是不恰当的）。

约了。夏衍这时对“怪西人”事件还一无所知。所谓“怪西人”事件是较晚时间后，国民党特务机关认为已无情报价值，才让新闻机关报道的。

夏衍坐有轨电车，已到了“海宁路”，快到目的地的时候，忽然记起：虬江路是“越界筑路”地区，这个地方由租界工部局和国民党市政府共管，特务们随时可以捕人。这地方不安全啊！前年楼适夷就是在北四川路的越界筑路的地方被捕，然后被押解到老北门警察总局的。他直觉地感到某种危险，即刻在下一站下了车。

此后发生的一系列事情表明：这次约会极可能是一个诱饵。夏衍没有赴会后，袁殊竟直接打电话给夏衍的熟人，询问起他的行踪来——在当时这是严重违反组织纪律的事情，出现这类情况往往就意味着出现了最坏情况（电影《烈火中永生》甫志高出卖江姐的一段故事即真实再现了这种情形）。夏衍在自传《懒寻旧梦录》中《“怪西人”事件》一节于此有较详细的描述，在此不赘。

但夏衍自传中关于这次事件解决过程的回忆是值得讨论的。根据夏衍的说法，他脱险后找到蔡叔厚，把袁殊的情况跟他说了。蔡叔厚有些紧张，因为袁殊知道他的身份。蔡设计了一个较为曲折的计谋，利用袁殊有名的“亲日派”身份向国民党当局施压，给予袁殊一定的保护，方便他尽早脱身（也使得他不至于死心塌地地招供出所有秘密）。夏衍后来回忆说：蔡的“计谋果然起了作用”，风声没多久就渐渐平息了。[①]

根据现在已经公布的材料，袁殊事件的来龙去脉颇有几点值得分说一二。

第一是袁殊的身份问题。

根据现在某些公布的材料，袁殊很可能是一位多面间谍，甚至有人说他是“五面间谍”：最多的时候，他可能同时为中国共产党、共产国际、国民党、日军和汪伪政权服务。但他的核心身份是中国共产党秘密情报战线的工作人员，则不该受到怀疑。抗战时期，他是潘汉年华中情报网的重要成员，

① 夏衍：《懒寻旧梦录》，“夏全”第15卷，第149页。

研究者指出：

> 潘汉年指导部下袁殊（日本外务省在沪情报机关负责人岩井英一的“助手”），在“岩井公馆”内部建点，并帮助延安派来的刘人寿（潘的代表），直接打入“岩井公馆”任机要秘书，设立秘密电台。潘还指导袁殊，既在上海为岩井办《新中国报》，让恽逸群、鲁风（原名刘祖澄）等中共干部成为该报负责人（鲁风曾“荣赴”东京，出席“大东亚文学者大会”）；又兼任汪伪中宣部副部长、清乡委员会政工团团长，去打开南京新局面。而从香港迁来的“老太爷”张唯一，则是潘汉年身边协管上海摊子，并联系香港与海外的枢纽。①

这个情报网为中共提供了大量极其珍贵的情报信息。目前有关潘汉年、袁殊这条情报线索所立功勋的介绍已多，在此不赘。

第二，袁殊究竟出于什么样的目的参与了诱捕夏衍的行动？

根据现有的材料，袁殊那封信应被视作一个诱饵。不过他出于什么样的目的供出了夏衍，却不无讨论的余地。他是想借朋友的人头来染红自己的顶子呢，还是有什么其他目的？根据袁殊日后的表现以及组织在建国后对于袁殊的认可程度，②他抛出夏衍很可能是基于“丢卒保帅”、“打草惊蛇”等多重目的。他很可能已经判断出夏衍虽然与远东情报局的人员有所往来，却不是什么重要的情报人员。这和他供出王莹的缘由是一样的。在此事件中，蔡叔厚丝毫未被触动可以作为这个揣测的一个旁证。

这对于夏衍来说当然是极不公正的，从人情来说也让人难以接受。不过在那个岁月，斗争的复杂性和残酷性是生活在和平年代的人士所完全无法想象的。夏衍、袁殊、王莹、蔡叔厚等都早已远离人世，我们已经不可能来

① 高建国：《反战间谍作家陶晶孙》，“左书”第348页。

② 建国后袁殊曾被任命为华东局联络部第一工作委员会主任，定为旅级，后又转到李克农的情报部门，专任日美动向的调研工作。

追溯这个事件的真相。不过，在今天来看，袁殊对这一事件处理虽然不当，但未必就成了真正的叛徒。笔者早年在《夏衍传》的写作中称他被捕后“变节”并说了一些严厉谴责的话语，是不够公道的。[①]他们这一代早已为他们的信仰接受了严苛的、甚至是过于严苛的考验，我们评论他们的所作所为不应该脱离历史实际而发。

第三，根据现有的材料，是日本在华间谍机关的领导人之一岩井英一出面保下了袁殊，袁殊才在入狱后不久即被释放。[②]袁殊事件最后的不了了之是否真是蔡的计谋所起的“作用”，或有可商榷的余地。

根据上述讨论，夏衍与共产国际远东情报局的关系或可作如下的基本判断。

首先，根据夏衍自己的陈述，他应当不是远东情报局的成员（甚至连外围人员也不是）。最明确的证据就是组织上从来没认为他有这方面的关系，建国后他也从来没有因为这方面的问题受过审查。[③]“文革”时期专案组甚至曾经玄想夏衍或许是“日本特务”，[④]却从来没有人追查他和远东情报局（苏修）有什么关系。

其次，夏衍确和远东情报局有着不一般的联系。

除了前已提到的蔡叔厚（他当是夏衍与远东情报局产生一些工作关系的枢纽性人物），陆久之、袁殊等，他的多位朋友乃至密友都是远东情报局的重要成员，如潘汉年、陈翰笙（及其夫人）、王学文（及其夫人）、陶晶孙等。而夏衍所熟稔的那些国际友人，如尾崎秀实、史沫特莱、西里龙夫等都

① 陈坚、陈抗：《夏衍传》，北京十月文艺出版社 1998 年版，第 207 页。

② 袁殊被释放的细节，详可参考尹骐《袁殊谍海风雨 16 年》（《炎黄春秋》2002 年第 12 期）、冯晓蔽《一个与狼共舞 14 年蒙冤 20 年的谍海健将袁殊》（《档案天地》2013 年第 2 期）。

③ 笔者所见资料中，只有陈修良认为夏衍是共产国际情报人员，《旧梦依稀哭夏公》中说：“原来蔡老板即是为了掩护中央电台工作在上海开了一家电气公司的蔡叔厚。夏衍、陆久之、蔡叔厚都是留日学生，又是同为苏联远东红军总参谋部作日本的情报工作……”（陈修良：《陈修良文集》，上海：上海社会科学院出版社 1999 年版，第 535 页。）但陈修良这番言论问题较多：蔡叔厚开电机公司在前，入党在后；陆久之是加入特科后去的日本等等。因此，陈修良的说法不一定有切实根据，当是个人的猜测之言。

④ 可参见夏衍《文革日记》1967 年 11 月 7 日、1967 年 11 月 12 日、1968 年 2 月 6 日等日记载（“夏全”第 16 卷《书信日记》）。

直接参与了左尔格的情报工作。[①]

尾崎秀实对夏衍具有特殊的革命友情。据他的弟弟尾崎秀树，则在《三十年代上海》一书中分析，尾崎秀实在日本事败被捕后，在狱中供述提及中国“左联”时，“故意把时间与人物岔开来了。这里，跟他关系密切的夏衍和陶晶孙等人的名字，被避开了”。[②]

史沫特莱的身份更加难以捉摸些。有学者指出：“美国联邦调查局自1946年开始怀疑史沫特莱是苏联间谍网的成员并对此进行了秘密调查，1948—1949年的美国舆论不断指责她为共产党的情报系统服务，但始终未能公布非常确凿的证据。史沫特莱究竟有否正式加入过共产国际或是苏联的情报系统，至今似乎仍是个有待解开的谜，但她相当程度参与了相关的活动应该是事实。”[③]这是一种较为温和的说法。也有学者直接认为史沫特莱是“美国共产党秘密党员”或共产国际情报人员。[④]

笔者认为史沫特莱是很可能直接参加过远东情报局工作的。她与“左尔格小组”的两位核心人物左尔格、尾崎秀实都有超乎寻常的友谊关系。当她战后偶然得知尾崎秀实牺牲的消息时，几近崩溃，情不自禁地向友人坦承：“那个人是我的……我非常重要的人、我的丈夫……是的，以前是我的丈夫。”[⑤]左尔格则通过史沫特莱结识了尾崎秀实。他在上海一遇到史沫特莱，就“立即明白，我可以依靠史沫特莱……我在组建上海小组时，特别是物色中国合作人时，就请她协助。只要是她的一些中国年轻朋友，我都设法认识

---

① 夏衍在自传《懒寻旧梦录》及其他回忆文章中，多次忆及与尾崎秀实、史沫特莱等人的往来，可参见其自传第四章第3节“筹备组织‘左联’”、第5节“五烈士事件”等。西里龙夫为“左联”会议提供过会场。【参见高建国《反战间谍作家陶晶孙》（“左书”第346页）。】

② 转引自高建国《反战间谍作家陶晶孙》，“左书”第351页。

③ 徐静波：《上海和东京：尾崎秀实情报活动的起点与终点》，“左书”第164页。

据说夏衍曾经对人说起：他始终不明白，为什么史沫特莱回美国后否认为第三国际工作过。（钱辛波：《七访夏公——〈白头记者忆当年〉写作前后》，《忆夏公》编辑委员会：《忆夏公》，北京：文化艺术出版社1996年版，第517—518页。）笔者怀疑钱先生是否有可能误听或漏记了夏衍的某些讲话内容？史沫特莱回美国后否认为第三国际工作过是很正常的事情，不然她就可能有牢狱之灾。夏衍对麦卡锡主义以及美国情报部门迫害共产党人的情况有了解，不当有此疑问。不过，知情人的这一记载倒从侧面证明：夏衍与史沫特莱对对方的政治身份一早都是心知肚明的。

④ 可参见白井久也：《艾格尼丝·史沫特莱：20世纪30年代在上海的情报工作》，“左书”第179页。

⑤ 转引自白井久也《艾格尼丝·史沫特莱：20世纪30年代在上海的情报工作》，“左书”第193页。

他们。特别是设法结交那些自愿合作的人，结交自愿为左翼事业与外国人共事的朋友。”[①]

史沫特莱还参与了远东情报局在中国布点的工作，尤其是华南站的建设。“1930年5月9日，左尔格带史沫特莱前往广州，在这个南方的重要城市的公共租界里也建立了情报组织。左尔格小组在广州的中国助手以中共党员方文为首，他租赁一幢小楼，左尔格住在一楼，史沫特莱住在二楼。左尔格要求方文平时不参加任何公开的革命活动，以避免暴露。张文秋曾扮成阔太太到香港活动。成员还有董秋斯和蔡步虚夫妇等，他们与方文同学，均是翻译家。这年夏天，史沫特莱曾被广州市警察局逮捕。”[②]

因此，在特殊历史情境中，夏衍被某些略知内情的有心人看作是远东情报局的“相关人士”却也是颇为自然的。袁殊事件对夏衍来说的确属于池鱼之灾，但在那个年代，则是从事革命工作的理想人士必须接受的代价。——事实上，夏衍后来也基本原谅了袁殊，1980年代，《袁殊文集》出版时，书名即是由夏衍题签的。夏衍只为很少的五六个人题签过书名（不过，夏衍这个题签似未落款）。

三

在隐蔽战线，夏衍个人建立的最大的功勋是策反韩练成。

近年来，韩练成将军为中国革命立下的不朽功勋已渐渐为人所知晓。他尤其在1947年3月的华东战场上为中共立下了奇功，帮助华东野战军在三昼夜中歼敌五万六千余人，彻底粉碎了国民党当局的“鲁南会战计划”。开国上将陈士渠在其回忆录中很公允地指出，韩练成的工作是莱芜战役获胜的一个重要因素。他指出：“在这次战役中，四十六军军长韩练成与我军敌工部门配合得很出色，很有成效，对战役的胜利起了重要作用。”[③]不过，直到今

① 杨国光：《周恩来密会左尔格》，“左书”第44页。

② 苏智良：《左尔格在上海（1930—1932）》，“左书”第18—19页。

③ 陈士渠：《天翻地覆三年间——解放战争回忆录》，北京：中中央党校出版社1995年版，第103—104页。

天，人们对韩练成生平的了解，一般都集中在莱芜战役之后，也就是他明确身份、站到中共阵营之后。而这之前他的行迹，尤其是怎样与中共接上关系这关键性的一点，却是含混不清的。韩将军的哲嗣韩兢[①]以及当前几位隐蔽战线研究者如郝在今、夏继诚等有关的叙述都是错误的，甚至陈士渠将军于此可能也有些语焉不详之处。

韩练成与中共最初发生交集是因为刘志丹的关系。时隔十余年后，他与中共方面正式接上线索，并由此一步步彻底倒向中共阵营，其中的关键动因却是因为与夏衍的交往。这一点应当是无可争议的。

“文革”期间，夏衍蒙受了不白之冤，照例被安上了“叛徒、内奸、特务”之类的帽子。这本属无稽之谈，连造反派们对之都不很当真，但到了1977年“极左”思潮仍然继续的年代，一些别有用心的人士却于此含混其词，想要拖延他的问题彻底解决的时间。试图给夏衍扣上一个随时可以拿捏的“紧箍咒”。夏衍愤而上书邓小平。信中他仅举了三个反例证明他绝无可能是“叛徒、内奸、特务”。这第一例就是策反韩练成：“从一九三九年到四六年，我在周总理和李克农同志的指示下，对国民党四十六军军长韩练成进行策反工作，结果在莱芜战役中这个国民党美械军被我方全歼。”[②]

夏衍写信当时韩练成还健在，夏衍在致最高领导人的申诉信中绝不会随便说到这种关乎自己政治生命的事情。

他初步结识韩练成可能是在《一年间》的义演期间。1939年，夏衍任主编的《救亡日报》在桂林陷入财政危机。经过反复磋商，夏衍等决定为《救亡日报》举行一次较大规模的筹募基金义演，选定的剧本便是夏衍的新作《一年间》。

义演的售票很有讲究。一种是一般的票价，一种是“荣誉券”，5元一

① 韩兢：《隐形将军》，北京：群众出版社2008年版，第60页。

② 夏衍：1977年8月5日致邓小平信，“夏全”第16卷《书信日记》，第11页。

沈宁回忆说，夏衍基本不和子女谈论自己在隐蔽战线工作的事情，只有两个例外。一是韩练成。夏曾多次提及韩练成。二是偶尔某一次提及他与国民党上海海关关长丁贵堂起义有关。沈宁还说：“文革”期间，“专案组”为了坐实夏衍“特务、叛徒”罪名，还曾经找韩练成落实外调材料——他们当然是无功而返了（陈奇佳：采访沈宁手记，2015年8月19日）。这些外调材料不知现在现在落在何处（或者已经销毁），如有公布的机会，当能澄清很多史实。

张，主要是靠“荣誉券”来募集资金。广西军政要人李宗仁、白崇禧、梁寒操、程思远与苏联顾问都前来捧场，“荣誉券”往往一买就是十多张。共演出九场，观众万余人。[①]义演筹得款项有一万多元，极大地缓解了《救亡日报》的财务危机。不过夏衍在这次义演中最大的收获可能还不在此。他可能就是在这次义演中结识了时任国民革命军第十六集团军一七0师副师长兼五0八旅旅长的韩练成。1975年8月，夏衍出狱后不久，手写了一份《我的家史》。在所附“历程”部分中记录：1939年的大事之一是“认识韩练成，订‘君子协定’”[②]。

李克农的儿子李力在回忆夏衍与韩练成的交往经过时说：当时韩练成买了几十张“荣誉券”分送友人，此后还与夏衍成了朋友，经常一个人带着酒、花生、叉烧肉到救亡日报社，与夏衍边喝边聊。[③]这种说法是有一定可信度的。夏衍虽然是公开身份的共产党员，但也是一个知名的文化人。韩练成观剧后以艺术爱好者的身份与他交流，很自然，不会引起人们的特别关注。夏衍虽从不喝酒，但也不反感陪人喝酒，[④]正好听韩练成“酒后吐真言”。当然，韩练成可能也正有意这么做，经过一段时间的交往，彼此有充分的信任了，才可能有所谓的“君子协定”。

自然，夏衍与韩练成的交往必定要向同在桂林的李克农以及远在重庆的周恩来汇报，但在一个较长的时间阶段里，韩练成未必与李克农、周恩来有直接的交往、联系。这是因为：第一，李克农在桂林的身份是公开的，时有特务监视（详情可参看夏衍的《克农同志二三事》[⑤]），韩练成直接与之交往很不安全。而夏衍虽是公开身份的共产党员，但毕竟是个文人，交往的人物三教九流都有，韩练成与之接触反而不醒目。第二，韩练成是国民党军中有

---

① 可参见左莱主编《中国话剧史大事记》（北京：中国艺术研究院话剧研究所1994年版）第103页，《〈救亡日报〉风雨岁月》（北京：新华出版社1987年版）第278页。

② 夏衍：《我的家史》，1975年8月，手稿，第17页。

③ 李力：《从秘密战线走出来的开国上将——怀念家父李克农》，北京：人民出版社2008年版，第127—128页。

④ 夏衍的两位至交好友田汉、洪深都是“酒豪”，他则“滴酒不沾，喝一小杯绍兴酒就会头昏眼花”（夏衍：《懒寻旧梦录》，“夏全”第15卷，第248页）。

⑤ 夏衍《克农同志二三事》见“夏全”第9卷《文学（下）》。

相当身份地位的人士，他靠向中共的意图是什么，中共需要经过一个时间的考察。第三，韩练成由敬重共产党到完全倒向共产党，恐怕也有一个历史的发展的过程。这个时间也许不短。

夏衍在致邓小平信中说，他负责联系韩练成的时间是“从一九三九年到四六年”。这是一个很长的时间段，由此可以引出的一个推断是：根据中共隐蔽战线的一般通则，在韩练成这个秘密关系启用之前，他很可能就是韩练成的单线联系人。夏衍可能直接向周恩来、董必武负责，至多经过潘汉年的转折。[①]1945年上海光复后，夏衍在上海逗留过一段时间。他与韩练成的关系也许就是在这一段时间正式交接给上级有关领导的。陈士渠将军在其回忆录中有一段关于韩练成与董必武在上海接头情形的精彩回忆，[②]必有所本，或即是夏衍交接其过渡形态工作，中共敌工部门正式策动韩练成起义时情况。韩是密级非常高的潜伏人员，很可能由周恩来直接控制启用时间。[③]

由此我们不难推测夏衍从事隐蔽战线的工作非一时的客串，周恩来对他具有高度的信任。

夏衍交接了韩练成的关系后，两人即再无工作上的联系。不过，在“民主人士大营送”期间，命运还是让两人又有了一个短暂的交集。莱芜战役后，根据韩练成自己的要求，他重新回到南京从事策反、起义工作。但他的活动终于引起了国民党方面的深刻怀疑，继续潜伏国民党内部已极不安全。1948年底他也脱身来到香港，还是单线联系了夏衍。潘汉年、夏衍极隐秘地安排他和郭沫若等同船离港，未引起任何人的注意。[④]夏衍回忆文章中提及的“一位起义的国民党军长”（见前引），当指韩练成。

此后，夏衍、韩练成同在革命阵营，却似乎没有任何的来往了。双方甚

① 策反韩练成大概是潘汉年系统的工作，李克农当有了解，但没有参与具体事务。李力、开诚两部重要的李克农传记都未谈及李克农与韩练成之间有何工作关系。

② 陈士渠：《天翻地覆三年间——解放战争回忆录》，中共中央党校出版社1995年版，第104页。

③ 韩1946年在海南领军“剿共”，由于未到合适的启用时间，周未便告知海南中共组织这一核心机密，结果韩差一点丧命于冯白驹的琼崖支队之手。在莱芜战役时，周恩来也是在战役打响前不久才向华东情报部门通报了韩练成的身份消息。这个情报甚至绕过了华东军区政委饶漱石【可参见夏继诚《华东战场秘密战》（北京：中共党史出版社2010年版）第300页前后】。

④ 夏衍：《我的家史》（1975年8月所写），手稿，第19页。

至都很谨慎地不提及对方，可谓惜墨如金。这是中共隐蔽战线特有的纪律？还是别有不能公开的情形（比如夏、韩交往中还有第三者仍在国民党阵营中）？个中情形后人已难以揣度了。

不过在一些极其零碎的史料中我们还是能够发现两位革命战友彼此牵挂的些许消息。

胡绳的一段回忆可以当作夏衍与韩练成关系的重要旁证。1948年，胡绳在由香港前往河北平山的路途上，邂逅了一位“老张”。较为熟悉之后，胡绳得知这位“老张”即韩练成：

> 韩练成和我在谈话中还提起他认识的文化界几个人的名字，其中有夏衍和几位进步的电影界人士。我说：“你的故事，可能会引起电影界一些人的兴趣。”韩练成木然地望着对面酒铺的高墙，他显然在想念着留在南京的夫人和子女，在大时代的激浪中，他的家庭安危如何呢？会不会成为一个悲剧呢？[①]

胡绳猜想韩练成在想念自己的家庭，不过根据这段对话的上下文，韩练成所想，或许还有其他的事情。

而在歌唱革命事业凯歌行进的时候，夏衍不经意间也流露了对韩练成特别的关注。1949年9月8日，他在《新民晚报》上撰文赞颂程潜、陈明仁、唐生智起义的时候，忽然将时任“兰州军管会副主任”的韩练成与他们并称。[②]1985年，他又在文中写道：“在爱国救亡的号召下，……即使是国民党嫡系的高级将领，他们的思想行动，也不是永远凝固不变的，傅作义、卫立煌、韩练成，都是明显的例子。”[③]

夏衍撰文的当年，在一般民间的舆论中，韩练成的名声以及表面的贡献，似乎都不大显赫，显然无法与程潜、陈明仁、唐生智、傅作义、卫立煌

---

① 胡绳：《忆韩练成将军——并记一次不寻常的旅行》，《百年潮》1997年第2期，第31页。
② 范文：《门还开着》，“夏全”第11卷《新闻时评（下）》，第282页。
③ 夏衍：《〈战地萍踪〉代序》，“夏全”第9卷《文学（下）》，第578页。

这些人相提并论。但夏衍的写作自有他的用意。他知道韩练成起义是在没有任何外界逼迫情况下自觉地作出的个人抉择。这种为了真理追求置个人安危、荣辱（更遑论物质享受）而不顾的侠胆豪情给予怎么高的评论都不过分。

韩于1950年加入中国共产党，1955年被授予中将军衔（在淮海战役中立下过奇功的张克侠、何基沣，不过授少将衔），曾任兰州军区副司令员等职——起义将领中极少有人能够担任实职大军区副职的。

最后我们要就韩将军的哲嗣韩兢先生的《隐形将军》的某些叙述略加辨析。

韩兢先生的著作当然是研究韩将军经历最权威的参考文献，但他关于韩练成与中共发生接触的时间、途径的记述恐怕都有问题。韩先生认为韩练成是在1942年，通过马鸿逵的第十七集团军驻重庆办事处主任周士观的女婿于伶的关系与周恩来直接接上了头。“于伶是周士观女儿伯理的丈夫，时年35岁，是‘国防戏剧’的大手笔。……韩练成虽然没看过他的戏，但常常看他和夏衍等左翼作家的文学作品，因此断定他是共产党人。韩认为，启用这一条可靠的朋友、翁婿渠道，比任何一条现有的、公开的途径都不留痕迹。历史证明他的判断是正确的。多年来，几乎没有人说得准他是通过什么渠道、在什么时候、什么地点秘密和周恩来会面，并确定同志关系的。”[①]

我们所要辨析的关键是韩练成在什么时候、有无可能与周恩来在重庆见面。

推敲起来，从逻辑上说，韩先生这段记述想当然的成分太多。一，不符合共产党秘密情报工作的基本原则。韩练成如果这样冒失地去寻求与共产党的联系，是很容易送掉性命的。[②]二，在没有取得基本信任的前提下，周恩来

① 韩兢：《隐形将军》，群众出版社2008年版，第60页。

② 1940年3月，韩练成作为第十六集团军副参谋长参加在重庆召开的全国参谋长会议时，曾与第十八集团军参谋长叶剑英座位相连，交谈甚欢，但韩未表露自己的政治倾向。（韩兢：《隐形将军》，北京：群众出版社2008年版，第53页。）连在叶剑英的面前也口风只字不露，这说明韩是非常谨慎的。这也可以进一步说明：如果不预作充分铺垫，韩不大可能直接找周恩来作什么沟通、联系工作。

薛正昌《隐形将军韩练成——从“侍从室参谋”到“共和国中将”》（商务印书馆2015年版）的相关介绍、分析基本依托韩兢先生之书，多不确。

直接密会韩练成是不可能的事情。并且在重庆周的目标太大。三，以于伶在党内的地位，有无权力将此信息直接送达至周恩来，甚可怀疑。[①]

韩先生可能太低估国民特务机关的侦查能力和共产党隐蔽战线处理相关事件时的谨慎程度了。

周恩来如在重庆会见韩练成，当是对他有相当深入的了解之后。但时间不容易确定。

韩先生说“周、韩见面是在1942年6月上旬”[②]，这没有什么可能性的，也证明韩先生的推断大抵是出于个人想象。1942年5月底，6月初，周恩来得知南委在江西的组织被破坏殆尽，廖承志被捕。接下来一段时间他全力应对这一重大危机（事情结束后他还大病了一场）。坦率地说，这是周恩来毕生在隐蔽战线斗争史上所遭遇的一场重大失败。[③]很难想象在这段时间他还有余暇来与韩练成发展一段很可能完全没有结果（甚至可能是陷阱）的合作关系。夏继诚说韩练成是共产国际解散后与周恩来接上的头，还和“王若飞、李克农见面多次”，[④]更错。共产国际1943年5月22日宣布解散，周恩来6月初即准备返回延安（1943年6月28日他和林彪、邓颖超一行100多人动身离开重庆）。这段期间周不大可能亲自冒险去发展一个新的关系。韩也不大可能在共产国际解散后见到李克农。因为李克农在皖南事变后不久就离开桂林回到

---

① 孔海珠先生在《于伶传论》中提到：抗战期间，潘汉年曾经启用于伶作为“信使”传送各种秘信。“潘给了于伶密件，只说往上交。”（孔海珠：《于伶传论》，上海人民出版社 2014 年版，第 401 页。）笔者推测，在潘汉年系统这一阶段的活动中，于伶所承担的使命大体与夏衍刚刚加入隐蔽战线时（如帮助杨度转送情报）的工作性质相仿。

于伶的岳父周士观诚然在参与策反韩练成的工作中发挥过重要作用。周是宁马驻重庆的代表，却成了韩与共产党方面接头的重要联络人。——此种情形确是中国近代情报战独有的一种景观。周何以能够承担此种使命，周作为“于伶的岳父”这一身份恐怕不会发生太大作用。韩、周在西北军内曾受到刘志丹的影响可能是最初的动因，而之后的详情现已难以确考了。笔者认为，如无其他新发现材料，关于策反韩练成事件，夏衍的自述及李力的旁证仍是最可征信的文献资料。

孔先生著作多参考了韩兢先生的说法。其著作第 400—402 页述及于伶的隐蔽战线工作时，偶有不确。

② 韩兢：《隐形将军》，群众出版社 2008 年版，第 60 页。

③ 国民党情报部门领导人徐恩曾对此曾得意地说：“这是我和共产党在抗战期间战斗中的唯一胜利，也是我的全部战斗记录中经过时间最长，技术上最为成功的胜利。”转引自郝在今《中国秘密战——中共情报、保卫工作纪实》（金城出版社 2010 年版）第 183 页。

另可参见童小鹏《风雨四十年（第一部）》（中央文献出版社 1994 年版）第 248—253 页；中共中央文献研究室：《周恩来传（二）》，中央文献出版社 1998 年版，第 626—631 页。

④ 夏继诚：《华东战场秘密战》，中共党史出版社 2010 年版，第 271 页。

了延安，这时大概正和康生一起“抢救失足者”。

韩也不大可能在1942年4月前见到周恩来。1942年4月初夏衍到重庆时，周恩来接见夏衍，表扬他在广州、桂林、香港等地统战工作开展得好，“结识了一些国民党军政方面的人物，如过去反共的林庚白、国民党师长韩练成，都成了好朋友”[①]。根据这种说法，周恩来似乎还未与韩练成发展出直接的、更为深入的关系。

因此，如果韩练成和周恩来有直接的会面，较大的可能性是在1942年7月底（周恩来病愈后恢复工作）至1943年5月中旬（共产国际解散前）之间。另有一种可能是在1942年4月初至1942年5月底。1942年4月，夏衍从桂林赴重庆前与韩练成有所约定，韩在夏走后即寻机前往重庆，并通过某种事先已有沟通的方式和周直接发生了联系（借用周士观住处即在此时）。不过这种推测似乎过于戏剧性了，并且好像高估了夏衍在中共隐蔽战线的重要性与活跃程度。

当然还有一种可能性，即周、韩并未在重庆见过面，即便有所会面，也是在社交场合公事一般的会晤，未必涉及敏感问题。笔者揣测，陈士渠将军在其回忆录中提及的韩练成与董必武在上海接头的情形，就像是他与中共高层的第一次正式见面。如双方已有充分的了解与互信，韩练成不必摆出那么大的阵势，又利用白崇禧的公馆，又重兵警戒，才得以与董必武会谈。这种布置虽有一时之效，但不无后患——确有后患：国民党特务后来果然对韩练成这次行动产生了怀疑。

四

夏衍在中共隐蔽战线还建立过一些重大功勋，这其中，最重要的工作当然是策反钱昌照与丁贵堂。夏衍1977年致邓小平的信中明确提到：“四八年我在香港策动国民党资源委员会主任钱昌照起义，结果留下了资源委员会的

① 童小鹏：《风雨四十年（第一部）》，中央文献出版社1994年版，第304页。

全部资材、工程技术人员；四九年我策动上海关关长丁贵堂起义，结果保存了上海关的全部档案和财产。现在韩练成、钱昌照都在北京，可以调查。”[①]此外，他在参与策动“两航”起义和输送电影人才归国方面也发挥了一定作用。

第一，策动钱昌照起义。

夏衍长期对自己参与策动钱昌照与丁贵堂起义的过程中所发挥的作用都缄口不言。直到晚年他才在《上海解放前夕的一些回忆——答〈上海滩〉记者问》一文中有了一个简略的介绍。

根据夏衍的说法，是1948年8、9月间，经张骏祥的引见，他结识了国民党大陆资源委员会的钱昌照。经过接触，他发觉钱昌照有起义的意愿，向潘汉年汇报后，由潘向中央作了报告和请示。周恩来不到一星期即回电，要夏衍等劝钱昌照及资源委员会的工程技术人员都能留在大陆。[②]最终，钱昌照与资委会主任孙越畸一起，为资委会的起义做出了很大的贡献。资委会所属的煤炭、钢铁、石油、有色金属、机械、化工、电力、水泥、造纸等一大批大型企业，所属八十余万职工，三万余各种管理人才，几乎全部留在了大陆。对于百废待兴的新中国，这是一笔难以估量的财富。毛泽东、刘少奇等领导人表扬潘、夏等人的工作时说，他们等于策反了一个重工业部。

张骏祥的弟弟张驭祥这时正在上海的资委会任职。他后来回忆说：“大学毕业后学校保送我到资源委员会上海石油公司工作。上海解放前夕资源委员会下令职工陆续迁往台湾，我也正在整装待发，但突然间调迁人员的事‘刹车’，已调去的人又回来了。这一措施挽救了资源委员会下属多少人员免受海峡两岸几十年分离之苦，也使大批专业人才留在大陆为解放后的国家建设做出贡献。”[③]

不过，钱昌照起义前后，今人的回忆在细节上有一些模糊不清之处，在此需要略加辨析。

---

① “夏全16”第11页。

② 夏衍：《上海解放前夕的一些回忆——答〈上海滩〉记者问》，“夏全”第11卷《新闻时评（下）》，第560—561页。

③ 张驭祥：《手足情深》，《文汇报》1996年11月25日。

钱昌照回忆说："1949年3月底，我飞到香港，因避人耳目，只住了一天旅馆。就迁住资源委员会国外贸易事务所所民郭子勋家。我见到了中共驻香港代表乔冠华。我又在文艺界朋友张骏祥处见到了夏衍。我告诉夏，资源委员会已由南京迁到上海办公（名义上迁到广州，并把招牌挂在那里作为掩护，实标上人员迁到上海办公），中共地下工作人员如需和资委会接洽，可找孙越崎、吴兆洪。"[①]按照这种说法，他似乎是在1949年3月才第一次见到夏衍。但他在别处却又提到，"1948年8月，我同孙拯、丁忱二人一同出国。到了西贡，我和丁忱下船飞香港，孙拯则径去马赛。李济深此时正在香港，我和他关系比较深。"[②]他还说："1948年我已倾向中共，曾跟孙秘密谈过，他很同情我。我出国在香港途中，曾与夏衍商定，请他回到上海后与孙越崎、吴兆洪两人联系，请他们照常工作，稳定人心。到一定时机，可以投奔光明时，所有负责人集中到一个矿山、等解放军部队一到就去欢迎。那时还没有商定具体办法，我的设想也不免天真，没有料到形势发展那么快。"[③]他的这些记忆，在时间节点上则和夏衍发表在《上海滩》的回忆文章较为吻合。

但夏衍自己还有另一番回忆："钱昌照先生1949年3月在香港和我谈到他当时保管的国民党政府一部分物资和财产，希望上海解放后，去他隐藏的地方接收这批物资，我立即建议潘汉年等同志用秘密电台向党中央报告，潘也很快报告了周恩来同志。谁知我在1949年4月辗转到北京时，在街上碰见了钱昌照，据说是党中央很快派专人把他接到解放区，说明当时为安全起见，中央调用了另一条秘密通道，并未使用我们原先的联络点和电台。"[④]夏衍这个回忆，似是同意钱昌照的"1949年3月"见面说。但他说在1949年4月在北京见到钱昌照却是不可能的。钱昌照在该年5月底到天津，6月1日到北京。由于钱的回京受到过毛泽东、周恩来、刘少奇、朱德、陈云、黄敬等人的接见或

① 钱昌照：《钱昌照回忆录》，中国文史出版社1998年版，第103页。
② 钱昌照：《钱昌照回忆录》，中国文史出版社1998年版，第102页。
③ 钱昌照：《钱昌照回忆录》，中国文史出版社1998年版，第163页。
④ 夏衍：《〈大江东去—沈祖安人物论集〉序》，"夏全"第3卷《戏剧评论》，第477页。

接待，[①]其自述行迹当然是更为可靠的。

笔者对夏钱关系的推测是：1948年8或9月，通过张骏祥，夏钱第一次接触，并通过潘汉年直接向周恩来汇报；周恩来接到潘汉年报告后，启动了不止一条关系与钱昌照接触；1949年3月，钱昌照决心起义，在香港再次与夏衍接触；此后资源委员会整体进入起义的节奏；4、5月周恩来与夏衍谈及钱昌照，是要乔冠华做工作，让钱昌照赶快归国。这就是钱昌照回忆录中说到的“乔冠华告诉我，中共方面希望我到北平来”的由来。[②]

夏、钱有关资源委员会起义过程大关节目的回忆大体都是可以相互印证的，是可信的，其细微的些许扞格，则可互相参看。

第二，策动“丁贵堂起义”。

夏衍回忆说，上海海关关长丁贵堂的起义，说来似乎有一点偶然性。丁的外甥陈琼瓒在抗战期间曾参加“海关长征团”，用歌咏、话剧、活报剧等等宣传团结抗战，由此结识了夏衍。1948年冬，他忽然从上海秘密到香港，找到夏衍，讨论丁贵堂起义的事宜。陈说：上海海关有悠久的历史，现在还完整地保存着一百多年的档案，一笔可观的库存，和许许多多爱国的、有经验的职工干部，国民党方面正在强迫他们去台湾，所以争取丁贵堂起义是十分必要的。夏衍立即向潘汉年作了报告，他喜出望外，说这是一笔“意外之财”，于是当天就向中共中央请示，并很快得到了周恩来很明确的指示，就是只要把全部档案和物资保留下来，上海解放后仍由丁贵堂任关长，起义的干部职工原职原薪不变，这样，事情很快就解决了。知道这事的只有潘汉年、许涤新和夏衍三个人。[③]

第三，参与“两航起义”。

关于1949年11月香港的“两航起义”，夏衍晚年曾多次表态：策反“两航”是潘汉年的功劳，他与此事无关。但在实际上，事情并不完全如夏衍所说的那样。吕吉是桂林广西艺术馆的女演员，后来嫁给了中航公司飞行员周

---

① 钱昌照：《钱昌照回忆录》，中国文史出版社 1998 年版，第 103—104 页。

② 钱昌照：《钱昌照回忆录》，中国文史出版社 1998 年版，第 102 页。

③ 夏衍：《上海解放前夕的一些回忆——答〈上海滩〉记者问》，“夏全”第 11 卷《新闻时评（下）》，第 562—563 页。

文骏。周、吕夫妇很尊重夏衍，结婚的时候曾请他当证婚人，后来双方也一直保持密切的联系。关于“两航起义”，吕吉回忆说：

> 1948年12月，文骏又被中航公司调去香港。我们在香港与夏公重逢。夏公说：“嗳，周文骏，飞一架民航飞机回大陆去如何？如今大陆还没有民航客机。”夏公经常动员周文骏起义，我也就积极劝周文骏起义，将飞机飞回大陆。在夏公的教育下，1949年11月9日，周文骏冒着生命危险，毅然参加了香港的“两航起义”，回归祖国。[①]

可见夏衍与“两航起义”并非全无关系。

第四，输送电影人才归国。

在“民主人士大营送”期间，夏衍另外还承担了一个任务，即是要组织更多的电影人北上加入人民阵线。1948年11月21日，周恩来和陆定一一起致电夏衍：望从港、沪调集电影人才前来，在上海的有蔡楚生、司徒慧敏、郑君里、史东山、陈白尘、孙坚白、耿震、王为一、徐韬（以上编导演员）、辛汉文（化装）、舒模、盛家伦（以上音乐）；在香港的有章泯、瞿白音、王逸（以上导演）、特伟、丁聪（以上美术）、伍华（摄影）。其他未提名者及摄影、布景、录音、拷贝、洗片、剪接与机器制造人员，能来者亦望约来。[②]从上述各人在建国后的活动情况来看，夏衍很好地完成了上级交给的任务。

夏衍参与中共隐蔽战线的活动必然不止于上述的这些事情。但由于他一贯秉循潘汉年所谓“吹捧自己的人顶着底”的训导，[③]他的这方面工作的历史面相很难查考。随着当事人一一故去，其传奇生涯中这最具传奇色彩的一页

① 吕吉：《在夏公关怀下演戏》，《忆夏公》编辑委员会：《忆夏公》，文化艺术出版社1996年版，第401页。

② 中共中央文献研究室：《周恩来年谱（一八九八—一九四九）》（修订版），中央文献出版社1998年版，第819页。

③ “着底”是上海话下流的意思。夏衍很偏爱潘汉年这句名言，在不同场合多次引用过这句话。

或将最终归于沉寂，成为共和国立国过程中最沉默无言、最无名无色的一块基石。

五

最后我们要来谈一点与潘汉年冤案相关的话题。这不仅是夏衍与隐蔽战线“终”的问题，并且实际上导致了此后数十年间夏衍必须对其这方面工作噤口不言。待到潘案昭雪，时过境迁，物非人亦非，许多事情就只能永远湮没在历史长河中了。

1955年4月3日晚，潘汉年被公安部长罗瑞卿亲自带人在北京饭店逮捕。多年后（1963年），最高人民法院作出终审判决，认定潘汉年是“长期隐蔽在中国共产党和国家机关内部的内奸分子”，判处有期徒刑15年，剥夺政治权利终身——在“文革”时又被改判为无期徒刑。这就是著名的“潘汉年案件”，今天也有不少人称之为“共和国第一冤案”。

1982年8月23日，中共中央正式发出《关于为潘汉年同志平反昭雪恢复名誉的通知》，郑重向全党宣布：“把潘汉年定为‘内奸’，并将其逮捕、判刑、开除党籍，都是错误的……”不过，早在1977年4月，潘汉年已在湖南长沙去世。1979年2月，他的爱妻董慧也在湖南洣江茶场医院逝世了。他们都没有等到平反昭雪的那一天。

潘汉年入罪后，他领导的“潘汉年系统”以及和他交往密切的人士，遭到了很大的牵连。仅上海一地，受株连而被逮捕的就有800多人，受处理的有100多人。此外，还有一些名义上未因潘案立案，实际上却因潘汉年被错误定性而受到不公正待遇的领导干部和知名人士，如王尧山、于伶、蔡叔厚等。潘汉年的亲属们自然是在劫难逃。[①]北京、广东、香港等地也有不少人受到牵连。夏衍的老熟人们，如刘人寿、恽逸群、袁殊、关露等，均因此背负骂名并入狱多年。陶晶孙、叶灵凤等就只能滞留海外而不归了。

① 文光：《潘汉年冤案前前后后》，《上海党史研究》1995年第12期，第38—39页。

潘汉年入罪的几个最主要理由现在人所共知的了：1943年春，未经中央批准私自会晤汪精卫，事后又长期隐瞒不报；建国初期反用“敌情”，可能控制不严，造成了上海市的一些损失。但问题在于：这些罪名确实是潘汉年定罪的真实理由吗?

罗青长曾经指出潘汉年的定罪的决定性因素：

> 当时党内政治气氛很紧张。在这个背景下，潘汉年向华东组组长陈毅谈了1943年被李士群、胡均鹤挟持去见汪精卫的经过，并且将写好的材料托陈毅转交中央。陈毅感到这个问题确实很重要，就直接将材料转送毛主席，毛主席大笔一挥，批示“此人从此不能信用”。另一方面，当时在审查饶漱石时，发现上海市公安局在开展对敌斗争中存在一些问题，不仅同饶漱石直接有关，而且同潘汉年有牵连。而此时，我们国家内部肃反工作刚刚开始，由于潘汉年过去长期从事对敌隐蔽斗争，经历复杂，又是党的高级干部。这两件事就成了被怀疑为“内奸”的起因。在这样的历史背景下，潘汉年就被逮捕，由政法机关审理。
>
> 这并不是哪个人的事情。有的人不了解情况，怀疑与江青、康生等人有关，其实并不是那样。当时江青根本没那个地位。至于康生，他当时并不在中央，是山东分局书记，1957年才调回中央。江、康插手潘案也是以后的事。所以发生潘案的直接原因还是那个特定的历史背景。……主要是当时对阶级斗争形势的错误估计造成了这个冤案。①

罗文道出，“潘案”的形成有两个关键原因，一是毛泽东的个人原因（他对潘汉年似深恶痛绝），二是饶漱石案的背景，潘与他有较深的关系牵连大概是可以肯定的。笔者认为，就大而论，罗文已经平实而可信地介绍了

① 罗青长：《潘汉年冤案的历史教训》，《上海党史研究》1996年第2期，第24页。

这个冤案发生的缘起、经过等重大关节性事件。后人如无可靠的资料，当无必要去质疑这位曾任中共中央调查部部长的历史见证者和当事人提供的信息。他在“潘汉年案”案发当年就向组织提供了为潘汉年辩护的材料！[①]

不过，罗文尽管提供了一些最重要的框架信息。但仔细推敲起来，罗文及研究界目前所公布的关于潘汉年案形成与发展的解释，尚有若干重大细节问题在逻辑上还模糊难明。这几个问题很少见到研究者触及，现提出向各位方家献疑：

一、潘汉年的自白材料，为什么会极大地触怒毛泽东？

现在一般的说法都认为是因为他隐瞒了私见汪精卫的事情。

照理说，潘汉年长期在秘密战线奋斗，有些事情只能机断处理。因此他被挟持去见汪精卫不是什么难以想象的事情。更何况，他策反李士群已获得很大成绩，进一步将工作做向汪伪政权的更高阶层，似不是什么不可想象的事情。

他向组织隐瞒这件事情诚然是一个大错。但基于对人性弱点的考虑，毛不至于完全不能想象这一事情之可能性。因此，他的震怒或有其他的原因？

二、毛的震怒为什么能够导致潘的被捕？

可以发现，潘的被捕带有某种特事特办的意味。现在人们一般都把它归结为共产党缺乏民主制约以及毛的个人专断作风所致。但这种判断恐怕并不一定能够完全成立。因为此时还是1955年，毛对于组织程序的超越还受到相当限制。另外，毛的震怒并不一定会导致潘被捕的结果。这其中是否还需考虑有别的因素加入的可能？

需要指出的是：对于像潘汉年这样级别高干的处理，中共在组织上的处理一向是非常慎重的。甚至可以这样说，因为领袖的“震怒”，这样级别的高干就被立即逮捕，而其他所有的领导人都噤若寒蝉，不发一声，则似乎潘汉年案之外，在中共建国后找不出第二例。即使在“文革”不正常的岁月里，这种情形也很少见（领袖“震怒”的消息传出，导致老干部惨遭“红卫

① 刘人寿、尹骐、文光、武在平等先生的回忆或研究也很有价值。

兵小将”们的残酷迫害那是另一种性质的事情）！

新近出版的《毛泽东年谱（一九四九——一九七六）》从1955年4月2日至4月4日有如下记载：

> 4月2日 下午六时半，同陈毅、谭震林、罗瑞卿谈话。
>
> 同日 晚九时，在中南海菊香书屋主持召开中共中央处扩大会议，刘少奇、周恩来、朱德、陈云、彭真、邓小平、陈毅、谭震林、罗瑞卿出席。
>
> 4月3日 下午，同陈毅、谭启龙、江华谈话。晚上，同罗瑞卿谈话，后又请刘少奇参加。
>
> 4月4日 晨，同邓小平、谭震林谈话。
>
> 同日 中午十二时半，在中南海菊香书屋主持召开中共中央书记处会议，刘少奇、周恩来、朱德、陈云、彭真出席，邓小平列席。下午三时，主持召开中央政治局会议。[①]

直到今天，毛对于陈毅所转交的潘汉年材料的反应似乎还是讳莫如深。该书接下来关于毛处理胡风集团的过程，叙述则极详细。但结合历史事实，我们知道他这几天密集召集中央最高领导以及华东区领导开会，所讨论者应当不仅仅是在4月4日提交中央全会的《关于高岗、饶漱石反党联盟的决议》等文件而已。这几场会议可能都涉及如何处理潘汉年的问题。尽管我们不能知晓中共领导人们当时具体的讨论内容，但潘汉年被批捕显然不是毛一句“此人从此不能信用”就随便决定了的。

三、何以毛泽东对潘汉年抱有如此强烈的厌恶之情？

毛后来多次提到过潘汉年，几乎每一次都把他当成是最可厌恶的阶级敌人。1962年他在八届十中全会提到潘汉年时是这样说的：“杀戒不可开，许多反革命都没有杀。潘汉年是一个反革命嘛，胡风、饶漱石也是反革命嘛，

① 中共中央文献研究室：《毛泽东年谱（一九四九——一九七六）》第2卷，人民出版社2013年版，第362页。

我们都没有杀嘛。宣统皇帝是不是反革命？还有王耀武、康泽、杜聿明、杨广等战犯，也有一大批没杀。多少人改正了错误就赦免他们嘛，我们也没有杀。”“现在已经组成两个专案审查委员会，把问题搞清楚。潘汉年是一个反革命嘛！胡风、饶漱石也是反革命嘛，我们也没有杀嘛。”[①]在这里，潘汉年简直成了反革命的第一代表人物，其罪恶还超过了胡风、宣统皇帝等人。毛泽东厌恶胡风是完全可以理解的（胡风被打成反党集团头目当然又是一个冤案），但潘汉年的“罪恶”到底大到了怎样的地步，则不容易想象。

四、周恩来、陈毅作为潘汉年的老领导，在这一案件中起了怎样的作用呢？

我们现在不容易找到这两人关于潘案表态的话语。某些文献中的有关描写，似无出处，可信度不高。

杨尚昆曾回忆说：

> 据我所知，早在1955年4月，潘被作为“内奸”遭到逮捕时，周恩来同志曾交代罗青长（时任中央军委联络部副部长兼总理办公室副主任）转告解放军副总参谋长兼中央军委总情报部部长李克农组织个小组，细查解放前潘汉年与党中央文电往还的有关档案，整理出一份实事求是的审查报告上报。这个小组以罗青长为组长，总理办公室的许明和公安部十二局局长狄飞为组员。他们经过查档核实：解放前，潘汉年打入日伪内部，利用李士群等情节，中央都知道，而且中央也有过指示，并非潘自行其是。中央对潘那时的工作是肯定的。于是，由李克农出面，于1955年4月29日，向中央政治局和中央书记处呈送正式报告，列出潘的七个疑点，建议中央作进一步审查（其实，这不过是“陪衬”，因为既是审查，当然不能不提疑点，后来这些疑点被逐一澄清）。他的结论是：潘汉年虽有疑点，但根据大量档案反映的事实，请党中央予以重视，慎重考虑潘

① 毛泽东：《在八届十中全会上的讲话》（1962 年 9 月 24 日，怀仁堂），《毛泽东思想万岁》（1961.1—1968.5），第 36 页。

> 的问题，并针对“内奸”说，提出五大反证。20多年以后，在中纪委复查潘汉年案的时候，它才发挥出很大的作用，成了为潘汉年同志平反昭雪、恢复名誉的重要依据。[①]

从杨尚昆的回忆来看，周恩来采取过一定的挽救措施。但李克农的提出的“疑点”及“反证”之所以很轻易就驳回，中央政治局和中央书记处中负责“澄清”疑点的力量一定非常强大。这一支力量一定搜罗了许多在技术标准上看起来十分可信、足以判定潘汉年为内奸的材料。这一力量也许长期追踪潘汉年，搜罗广泛（从潘汉年参与共产国际情报工作开始搜集资料，以证明他对中国共产党的不忠诚），以至于不跳出这一种有罪推定的思维模式，在就事论事的情况下使人很难为潘申辩。

不过，即使在当时，周恩来也公开说过：“我和潘汉年交往的历史最长，关系最深。”[②]这种姿态想必能够保护廖承志、胡立教、夏衍、李一氓这些与潘汉年有较深工作关系的人士。

我们似乎可以为当年潘汉年案的处理模式、控制范围做一个推断：（1）“潘汉年系统”中参与情报工作的人士，基本都难以幸免；（2）夏衍、李一氓等边缘人士接受组织审查后，一般能够得到解脱；（3）边缘人士由于所处地域不同，后来的境遇差别较大。上海可能是重灾区，如王尧山、于伶、蔡叔厚等，虽然名义上未因潘案立案，实际上却因此被错误定性而长时间受到了不公正的待遇。

五、杨帆案件与潘汉年到底是怎么样的关系？

潘汉年受难与杨帆案件的牵连有直接关系。但这是一种怎样的关系呢：是由于杨帆案件牵连到潘还是由潘而牵连杨帆？抑或是饶漱石事件牵连了两人？还是有别的什么样的因素？由于材料不足，人们于此颇难下定论。

这其中有一个问题值得讨论：江青对杨帆的恶意是否影响到了潘汉年案的发生？笔者基本同意罗青长的判断，就是江青至少和潘汉年案的发生没有

---

① 杨尚昆：《回忆高饶事件（续）》，《党的文献》2011年第3期，第22页。
② 彭树华：《潘汉年案审判前后》，中国青年出版社2010年版，第47页。

特别直接的关联。当时她并无这种权力。并且在建国初，江青似乎还不是十分顾忌当年上海滩的故友。夏衍就回忆说她曾请夏衍、赵丹、蔡楚生、郑君里等人吃饭。[①]这些人在“文革”时期都遭到了残酷迫害，不过至少就夏衍而言，他在“文革”中受难并不是因为其熟知江青在30年代的绯闻事迹的关系——另外一位和江青有过短暂婚史的导演在“文革”中似乎也没有遭到特别严重的迫害。笔者反对将一切冤案都与江青关联起来的议论。[②]

不过根据当前史学界所披露的一些材料，笔者倾向于认为：党内对江青的态度、议论或许可能潜在地影响了“潘扬案”的发生。

我们知道，党内一直有一种力量，即利用江青30年代的绯闻攻击江青直至攻击毛、江婚姻。项英当年即据此坚决反对毛、江结婚。江青知道杨帆曾参与此事后对杨帆衔恨不已。直到1954年初，仍有党内高级干部写匿名信攻击江青，以她在上海的绯闻做文章。江青当时是在杭州疗养，这封匿名信由上海直接寄到了疗养地。显然，一般人不可能知道江青的行踪。这个案件多年后才告破。因此在当时，江青，甚至毛泽东高度估计这个匿名信包含的政治含义并非完全是捕风捉影了。如果杨帆的受难确有受当年反对毛、江结婚事情牵连的因素，[③]是否是因为毛泽东被匿名信一类做法激怒而产生了误会（或迁怒）？潘汉年又因为某种原因被牵连了进来？

六、潘汉年案与饶漱石案有何关联？

饶漱石是1955年4月1日被正式逮捕的，而就在这一天潘汉年写下了那份让毛“震怒”的信件。潘案与饶案必然有着一种非常密切的关系，尽管这种关系的实质我们今天已经不容易考索。长期以来，学界受既定的“高饶联盟”判断的影响，介绍潘汉年工作时一般都强调他和陈毅的渊源而突出他“厌恶”、“疏远”饶漱石的一面，但此种叙事可能有着不小的问题。如果

---

① 夏衍：《懒寻旧梦录》，“夏全”第15卷，第187页。

② 在历史上，江青诚然是一位负面人物，但这不意味着她在所有的人生阶段都是一个全然负面的人物，更不意味着后人有权力将个人猜测的罪名以权威的语调加之于她的头上。这种做法和江青在“文革”时的行径又有什么不同呢？

③ 可参见尹骐《江青复仇和杨帆蒙冤》（《炎黄春秋》2002年第1期）、尹曙生《江青对公安机关怨恨的由来》（《炎黄春秋》2015年第1期）等文。需要指出，尹曙生一文在史料上虽不无可取之处，但笔者完全不能同意其价值判断立场。

不带着有色眼镜看饶漱石，或许潘汉年案所潜隐着的一些历史真相反而能够得到阐明。

七、龚育之先生多次指出，杨帆案也许和广东的“二陈冤案”有一种逻辑上关联性。[①]

如果这一推断能够成立，则潘汉年冤案的形成当有一个更长的历史发展过程。或许还有一位或数位安保系统的强力领导需要为潘扬案负责。就是说，来自于不同解放区、不同“山头”——自然，也有着迥异工作风格的侦查、保卫系统，统一并入公安部系统后，恐怕不免有一个内部整合的问题。而在当时的历史条件下，这种整合亦即“思想”、“作风”的统一有时是按照“疾风骤雨”般阶级斗争的方式来展开的。而这些责任现在不经意间都一并推脱到毛的“震怒”上了。

潘汉年被逮捕后，他的朋友们即使侥幸脱身，在当时的历史情境中，也不可避免地要对他的问题“表态”。而在后来的岁月动荡中，他又作为活的“证据”要为他曾经的战友们写各种“外调材料”。我们在此就略略勾勒一下潘汉年与他的朋友们在这种不正常岁月中的往来关系以作为本文的终结。

在各类冤案中，人们都能感受到人性被摧残的一面。不过在“潘案”中，我们则意外地还能看到个别人性闪光的因素。这里有几个人的事迹尤其值得一说。

其一是李克农。潘汉年下狱后，李克农顶着巨大压力置疑潘汉年“内奸、叛徒”罪名成立的可能性，并提出了五条反证。这五条反证为日后平反“潘案”起到了巨大作用。罗青长的《潘汉年冤案的历史教训》、刘人寿的《一代英才——陈云、李克农等领导人与潘汉年平反》（《人才开发》1998年第1期）等于此有详述，不赘述。另外值得一提的是，《永不消逝的电波》中人物原型李白实际是潘汉年系统中的情报人员。该片的拍摄恰是1955年。李克农顶着压力支持文艺界将这个作品完成了。[②]

---

① 可参见其《党史札记》（龚育之著，人民出版社2014年版）“二编”第197页、“末编”第86页。

② 陈邦本：《侯德华在“潘汉年系统”》，《世纪》2004年第3期，第25页。

其二是韩练成。韩练成与潘汉年似乎没有太多交集，但他在内心中大概从来没有相信过那些强加在潘汉年头上的罪名。1970年2月他写过一首《怀友人》的诗作：“十年生死两茫茫，谁知‘小开’在何方。如此‘特务’堪罕见，犹记当年过香港。”[①]在“文革”高潮之际，韩练成却写下了这样意思非常直露的诗篇，其胆魄令人尊敬。

其三是李一氓。1978年，李一氓即写下《无题》诗一首：“电闪雷鸣五十年，空弹瑶瑟韵难成。湘灵已自无消息，何处相寻倩女魂。”这诗他让吴泰昌拿去公开发表了。发表时自然不便说明诗歌所怀念的对象，但他私下却告诉吴泰昌：这诗即是为纪念潘汉年从事革命工作（1926—1977年）而作的，兼怀董慧。[②]在当时的政治氛围中，这是需要很大勇气的。而据此不难推想，他大概在很早的时候，至迟在林彪事件后，可能已对“潘案”的可靠程度有了彻底的怀疑。——陈云[③]、廖承志、胡立教等人可能也在较早的时候就怀疑“潘案”的可靠性，并在艰难的岁月里未作人云亦云的自我保全的表态。可惜这方面的文献资料难以考索，在此就不便展开。

其四是曾任上海市委秘书长的王尧山。他始终拒绝表态认同潘的“内奸”、“特务”的罪名。受此牵连，1959年他自己也被开除了党籍。他也拒绝签字，并严正提出：“签字违反我对党忠诚的意志，我不同意市委的决议。”[④]

其五是冯雪峰。他于1957年2月曾写下过文字材料，对潘汉年1936年由莫斯科到香港，再由香港经上海而至陕北的一段经历说得非常清楚。有关部分

---

① 韩兢：《隐形将军》，《群众出版社》2008 年版，第 138 页。

② 吴泰昌：《难忘一氓老》。中华书局编辑部：《李一氓纪念文集》，北京：中华书局 2002 年版，第 160 页。另可参见李一氓《日月不淹 春秋代序——怀念潘汉年同志》，《解放日报》1982 年 12 月 3 日。

③ 陈云在“潘案”解决过程中所起到的至关重要的作用，学界已有共识。但邓小平在其中或也曾发挥过重要的积极作用。《陈云年谱》1979 年 2 月 11 日载：“收阅邓小平批送的黄克诚关于杨帆问题的来信和杨帆致邓小平、黄克诚的信。邓小平在批示中请中央办公厅请示陈云同志后，上海市委处理。”（中央文献研究室：《陈云年谱（修订本）》下卷，北京：中央文献出版社 2015 年版，第 264 页。）

《陈云传》记载：“中共十一届三中全会后，陈云立即向中央建议复查潘汉年的案件。”（中央文献研究室：《陈云传》，北京：中央文献出版社 2005 年版，第 1529 页）但具体时间不详。据《陈云年谱》的这条记述，陈云向中共中央提出建议的时间不当晚于 1979 年 2 月。

④ 武在平：《潘汉年全传》，天津：天津人民出版社 2015 年版，第 283 页。

审查潘汉年时，认为潘这段时间行迹不清，因此很可能进行了叛卖组织的活动（当然，进而就“合逻辑地断定”了潘肯定借此进行了叛卖活动），是给潘定罪的一个重要罪证。冯的材料在当时被有意“忽略”了。[①]尽管如此，在那种历史条件下能秉公直书，冯的人格令人尊重。

其六即是夏衍与潘汉年的关系了。潘汉年被加上“内奸”、“反革命”罪名后，有研究者指出：“按照统一部署，在党内外发动了一个揭发批判的热潮。上海更是重点，在潘被捕后的几个月内，各种所谓检举、揭发和交代的材料数以百计地转到了专案机构。但这里面竟没有见到过去和潘汉年的关系最久最深的夏衍所写的揭发和交代文字。”在潘汉年被捕后的20多年中，夏衍保持了一种有尊严的缄默的态度。而这位据说看过潘汉年入狱后全部档案文字的研究者还指出，“文革”中因为潘汉年特殊的地位，找他的专案组特别多：

> 其中，夏衍专案组的人员当然更清楚潘汉年和夏衍之间的长期交往，过从甚密的历史。他们几次以中央专案办的名义提审潘汉年，要潘交代和揭发夏衍的“罪行”。潘汉年不得不一次又一次地回忆他和夏衍的交往经过以及他所知道夏衍的全部情况。为应付专案人员的外调与追逼。潘汉年用了一整段时间写了一份长达数万字的关于夏衍情况的材料。由于这份材料的重要，有关部门还特地打印出来归档长期保存。20年之后，笔者读到这份材料时，深感这份材料是能够经得起历史检验的。除了在当时的政治背景下不可能没有的一些空词的政治帽子和流行的行文习惯用语外，就事实本身而言，可以说是没有任何虚构杜撰以及捕风捉影、蓄意夸大成分的。这既反映了潘汉年的政治品质，又反映了他对老战友夏衍的一片真诚负责态度。[②]

---

① 武在平：《潘汉年全传》，天津人民出版社 2015 年版，第 286 页。
② 尹骐：《夏衍与潘汉年的挚友情》，《炎黄春秋》1995 年第 6 期，第 45 页。

见惯了“文革”和各种政治斗争中的叛卖甚至夫妻、父子、兄弟间的相互揭发，我们不能不对这种经受了最严酷人性考验的人间真情表示最大的敬意。潘、夏都是十分正统的中国共产党党员，他们这种实际上的“拒绝揭发”的姿态，当然不是因为什么朋友义气，而是在心灵深处对于对方的信任感情。这种具有巨大厚度的信任之情，使友情经住了艰难时世的考验，也让人们在最绝望的时候对于人性中善良、温柔的一面有所希望。

（陈奇佳：中国人民大学文学院教授、博士生导师）

《夏衍全集》编辑工作商榷

陈奇佳

内容提要

2005年《夏衍全集》的出版是夏衍研究领域的一件大事。但如将之视作夏衍作品的标准版本，全集的的编辑校订工作似乎还存在一些可以商榷的细节问题。其一，就编辑体例而言，《夏衍全集》未按照全集编辑的通例来编辑夏衍作品，引发了一些不必要的问题，不但查询不便，还导致夏衍若干名作漏收。其二，作为“全集”，应当对被删除的信息就应当有必要的说明或存目，或在被删除的文字的位置上出现提示信息等。其三，全集的编辑工作还有一些粗疏之处，如版本核校不够细致、作品年代考订偶有不周、注释偶有错误、重复收文等。

关键词

《夏衍全集》　编辑体例　按年代排序　漏收

2005年《夏衍全集》（以下简称“夏全”）的出版是夏衍研究领域的一件大事。这套由浙江文艺出版社牵头编辑、出版发行的大书基本解决了以往夏衍研究中异常困难的资料收集问题。它收集的许多资料，如夏衍解放前的译文、与人合写的剧本、建国后的各种讲话以及书信和日记，在过去有不少是仅闻其名而难觅其踪影的。就更不用说“夏全”的编辑者们精选夏衍文章的版本，加以比堪校订，使夏衍创作文本得以最善的版本形式出现。这些工作为研究者、爱好者全面信实地进入夏衍的精神世界提供了一个基础平台。

在相当程度上，“夏全”已可视作当前夏衍研究的标准版本。

不过，既然以“标准版本”来作要求，这“夏全”的整个编辑校订工作似乎还存在着一些可以商榷的细节问题。尽管这些局部的问题并不足以动摇全集整体的编辑质量，不过，如能有所改正，自然更有助于夏衍精神思想的传播。作为夏衍研究的业余爱好者，笔者不揣学识谫陋，现将阅读“夏全”时所得一些粗略的感想陈述于下，以就教于各方家。

一

首先是编辑体例的问题。

《夏衍全集》共分16卷，第1卷为“《戏剧剧本》（上）”，第2卷为“《戏剧剧本》（下）”，第3卷为“《戏剧评论》”，第4卷为“《电影剧本》（上）”，第5卷为“《电影剧本》（下）”，第6卷为“《电影评论》（上）”，第7卷为“《电影评论》（下）”，第8卷为“《文学》（上）”，第9卷为“《文学》（下）”，第10卷为“《新闻时评》（上）”，第11卷为“《新闻时评》（下）”，第12卷为“《译著》（上）”，第13卷为“《译著》（中）”，第14卷“《译著》（下）”，第15卷为夏衍自传《懒寻旧梦录》，第16卷为书信、日记、年表。为节约篇幅起见，以下第1卷《戏剧剧本》（上）卷简称“夏全1”，以此类推，至第16卷简称“夏全16”。

这其中，戏剧剧本、电影剧本、译著、自传以及书信日记的编辑体例不会有大的争议，关键在戏剧评论、电影评论、新闻时评与文学这7卷的文体分类问题。我们都知道，在学术研究中，文体分类从来是一个极其复杂的问题，这是因为平常所讨论的文类体裁，它的划分标准在学术逻辑上从来没有一个统一的标准。所谓文体，有时是根据其形式特征而言（如诗歌、小说等的分类），有时根据某些约定俗成的称谓而来（许多地方曲艺与传统文类的称谓即由此而来，如越剧的原初形态“的笃腔”即来自惯例的称谓），有时根据其具体使用过程中的功能作用而言（如记叙文、说明文等的分类），有时根据它和人类不同精神活动的关系方式而来（如文学创作、科研论文等的分类），有时它有时代属性（如“文革”时期的大批判、揭发材料等，似也可单独当作一种文体，而这种文体离开当时的特殊语境即自行消亡了），有时还和创作者个人风格、趣味及其他一些元素有关（大作家往往能够带动某一种特殊文体的形成、发展，如拉伯雷、陀思妥耶夫斯基之于“狂欢体”，鲁迅之于杂文等都是有名的案例），如此等等，不一而足。当然，不少文体还有历史发展的变迁过程。简言之，在批评实践的过程中，大多数情况下文体的辨析虽然都是常规性的，就是说人们根据某一种特定的逻辑不难对文本的文体性质作出区分，但在相当多的情况下，不少文本也有多种文体属性。这时研究者就只能根据自己的研究立场或需要对文本进行分类。

夏衍的写作就经常存在多种文体特征复杂交织的情况。这和他一生行迹的复杂性有密切关系。他交游广阔，涉猎方面极多，在戏剧、电影、文学、新闻、翻译、统战、外交、出版、收藏乃至隐蔽战线等领域都有很大成就。因此，他的许多文章就同时兼有横跨多门类的特点。这里可以很随意的抽取一篇《庄严的使命》为例来略作分析。这篇文章是他1985年2月在日本九州工业大学创立75周年庆祝会上的讲话。这篇文章首先是一篇忆旧性散文，但它即是庆祝会上的讲话，当然又有一般意义上同类公文的功能作用。由于夏衍特殊的身份（中国的文化名人、九州工大的毕业生），由于中日特殊的关系（日本侵略中国的历史背景，1980年代中日两国间较为友好的关系），因此这份讲话同时自然也包含着强烈的外交和统战上的作用。按照不同的文体分类标准，该文的归属门类是不同的。夏衍的许多创作，如报告、讲话、书信等，都有这个特点。夏衍自己早就说过，他的不少作品是多文体“之间的文章”，编起文集来，“很难排在适当的地位”。[①]如果做个案研究，这不是一

① 夏衍：《〈夏衍杂文随笔集〉代序》，“夏全9”第488页。

个问题，但在全集的编纂中，这却将成为一个大问题。

“夏全”试图将夏衍剧作、自传、译著、书信日记之外的写作的文体分类明确化、单一化，以戏剧评论、电影评论、新闻时评与文学四大板块来统约这些文本。但由于我们前述的文体分类本体论意义上不可避免的含混特性，因此也就不免在全集的编纂实践中形成了一些疏失。这些疏失主要表现在以下几个方面：

其一，全集的文体划分不够统一。

我们可以举几个实例为证。

“夏全9”在编辑体例中说，“50年代后，尤其是十年动乱后，夏衍写了许多怀念故人往事、文情并茂的散文，一并收入此卷。”[①]但事实却未必完全如此。严格地说，本卷收入的忆旧类散文只是较少包含戏剧、电影界的忆旧作品而已。虽然这一卷也包含了《悼金山同志》、《忆孟超》、《不能忘却的纪念》等纪念电影、戏剧界人士的文章，但这类文章的主体，则在“夏全3”与“夏全7”中。对瞿白音、应云卫、宋之的、欧阳予倩、于伶、李健吾、万氏兄弟、郑君里、蔡楚生等人的怀念（或思念）均在这两卷中。

又比如按照“夏全8”的编辑体例（“收入本卷的文学评论，一部分是在文学艺术团体代表大会或专业性会议上的讲话”），夏衍1986年在杭州大学作的题为“适应时代 面向未来”的讲话理应收入本卷，却实则收入了“夏全9”中。而编入“夏全9”的《移山与取经的精神——〈仙宫宝石〉给我们的启示》、《给〈新观察〉的信》[②]、《〈憩园〉后记》等却更宜编在“夏全7”中，因为这正是他对电影的“评点”[③]。又比如，同为谈论体育问题的文章，《给郎平的一封信》收在“夏全9”中，《从世界杯谈到中国足球》却收在“夏全11”中，此种差异不知根据何在。

再比如，被当做散文而收入“夏全9”的《祝福！人类抬头的日子》、

---

① 参见“夏全9”之《本卷说明》。

② 《给〈新观察〉的信》一文从题目看不易辨别，但其内容完全在谈纪录片与名人传记片拍摄的事情。于此恰成对照的是，《美国影片与可口可乐》（“夏全6”第218页）题目中虽有“影片”两字，其实是一篇时评，与电影的关系不大。

③ 参见“夏全7”之《本卷说明》。

《光从北方来》等，是否就一定不能被看作新闻时评，似乎也难以有定论。——此类情况甚夥，在此不一一枚举。

其二，“夏全”个别文章的分类，可能与学界通行的标准差距过大。

“夏全8”“报告文学与小说”板块的编辑可能是较有代表性的一个案例。

该板块共计收录了《泰兴染坊的调查》、《劳勃生路——日商内外棉纱厂“壁报第十号”号外》、《包身工》（另有三篇附录）、《泡》、《黑夜行尸》、《长途》、《上海谈奇录》、《上海见闻别记》、《春寒》、《关于〈春寒〉答读者五问》、《香港沦陷前后》、《走险记》几篇文章。这其中，《包身工》（另有三篇附录）小说《泡》、《黑夜行尸》、《春寒》都没有问题。但为什么把《泰兴染坊的调查》收入其中呢？学术界从来没有把调查报告当作报告文学的文体分类说法，并且夏衍此篇调查的确和文学性描写毫无干系。

当然，人们或许可以解释说：根据夏衍生前自己编订的《夏衍选集》（四川文艺出版社1988年版）第3卷的编辑体例，《泰兴染坊的调查》一文就收在“报告文学”这个板块中。但夏衍自己的编辑方式是否就无可争议实在还是一个可争议的问题。此外，如果编辑者如此尊重夏衍的意见，那么他们就应该把同在《夏衍选集》第3卷中的《广州在轰炸中》、《广州最后之日》、《粤北的春天》、《广州湾通讯》几篇文章收入“报告文学与小说”板块中，但事实是这几篇却收在了“夏全6”——也就是他“1919至1947年的政论、时评、新闻通讯、时事杂感”的集子中。

还需要指出，按照夏衍自己的编辑体例，他显然是用一个较为泛义上的“报告文学”概念，也就是把通讯、速写、特写之类都当作“报告文学”[①]。按照这种逻辑，两卷“新闻时评”中的大量文字都应归入到这个板块中，但“夏全”却又没这么做。如果是担心将这部分文字编入其中导致“报告文学与小说”板块过于胀大，编辑者当另加说明。

---

① 《现代汉语大词典》（阮智富，郭忠新主编，上海辞书出版社2009年版）、《辞海》（辞海编辑委员会主编，上海辞书出版社2010年版）、《现代汉语词典》（中国社会科学院语言研究所词典编辑室主编，商务印书馆2005年版）等对“报告文学”的文体释义基本都是相同的。而各种应用文写作的教材对“调查报告”的释义也基本相同，容有出入，与“报告文学”均无关涉。

这个板块还有一个明显的小错误是《关于〈春寒〉答读者五问》一文。它显然既非小说也非报告文学，应按照《包身工》的编辑体例，将它当作《春寒》的附录收入。顺便说一句，夏衍写于1948年的《写“方生”重于写“未死”——答石牌H.F.先生》一文，也是关于《春寒》的回应文章，现收在“夏全8”的“文艺评论、文艺杂谈”板块，似亦当按照《包身工》的编辑体例收入“报告文学与小说”板块。

其三，全集中不少文章的重复收录与漏收可能都是由于文体分类的含混所造成。

夏衍有些很有名的文章，如时评《从原子弹想起的》、《悼念田汉》、《广州最后之日》、《悲剧中的悲剧》等，“夏全”却漏收了。像《从原子弹想起的》一文，夏衍多次在回忆文章中提及，并在自传中作了浓彩重墨的征引与评价，说该文“至少在重庆是惟一的一篇从全人类立场发表的文章”[①]（确实世界范围内也很罕见），编辑者不可能不知道这篇文章。所以漏收，很可能就是该文比较重要，在多个板块均可收入，协调工作不够细密，反而遗漏了。

而重复收录的问题，如《庄严的历史使命》（见“夏全8”、“夏全9”），《在剧本创作座谈会上的讲话》（见“夏全7”、“夏全3”），[②]《〈义勇军进行曲〉的来历》（见“夏全7”、“夏全9”）[③]等文的重复，大概是因为文章重要而各板块协调不善引起。

在各种名人全集的编纂过程中，上述的编辑体例的疏失其实都是在所难免的。也没有哪一种编辑方式可称为“最善”，使所有读者都满意。不过，按照当前国际上的名人全集编纂观念，编辑者在编辑过程中尽量保持客观、保持文献的原有样态，尽量不加入自己的主观判断是一种通行的做法。因此，在全集编纂中，以时序、年代作为名人杂类文章的结集判断根据是较为流行的做法。这种做法，较能避免文体分类上争议，不会重复收录，也较能

---

① “夏全15”第277页。

② 该文谈论的是电影剧本的问题，当收入“夏全7”，但“夏全3”所做题注有参考价值。

③ “夏全7”收录时作“《关于〈义勇军进行曲〉的来历——致〈北京晚报〉编辑部》，“夏全9”收录时作“《〈义勇军进行曲〉的来历》”，内容完全一样。

避免应主观判断而引起的漏收的情况。此外，根据这种方法，读者对阅读对象思想的变化发展会有一个比较直观的印象。当然，对于初学者来说，这种方式可能过于学术化，过于繁琐，但鱼与熊掌兼得有时确实是困难的事情，

至少，就夏衍来说，他的作品的年代绝大部分均可考信，因此以时序、年代来编排其剧作、自传、书信日记之外的文章，是完全可能的。在此基础上，或可以在每个考信的年份中将发表在同一专栏（或其他明显可以并作一类）的文章进行归类处理。——当然，需要指出，“夏全”的编辑并非不强调时序的重要性，在全集的出版说明中便有这样的说法：“文章以发表时间为序排列，个别卷目亦有先分类后时间的排列。”[①]只可惜它是按“戏剧评论”、“电影评论”、“新闻时评”与“文学”几个板块分类后再按照时序排列，不免事倍功半。

二

既然是“夏衍全集”，我们就不能不对其收集夏衍作品是否“完全”做一番评论。其中的一些意见难免是求全责备的，不过，这也是一切被称为“全集”的文献编纂难以逃避的宿命。

“夏全”的出版说明有这样的说法：“《夏衍全集》在编辑中，既考虑主要创作门类力争收全，也注意尊重著者意愿，不主张有文必录；不回避特定的历史时期的一些错误的表态性文章，实事求是地表现思想的过程、历史的曲折……”[②]

一般地说来，笔者也同意全集的编纂不是有文必录，一些过于琐细的、重复性的或过于敏感的、隐私性的文字，经版权所有人的同意，编辑者可以作适当的删剪。但笔者同样认为，既然是全集，对这些被删除的信息就应当有必要的说明：或存目，或在被删除的文字的位置上出现提示信息等。不有文必录不应该给人造成一种印象：全集未收之文字即是不存在的。从这个角

① 浙江文艺出版社：《〈夏衍全集〉出版说明》，“夏全1”第2页。
② 浙江文艺出版社：《〈夏衍全集〉出版说明》，“夏全1”第1页。

度说，笔者对出版说明中“尊重著者意愿”而不收录某些文字的说法持有很大的保留意见。因为如果按照夏衍的个人意愿，“夏全”中的日记还有相当部分的书信、解放前后的批判性的文章，恐怕都未必主张收录的。如果“不回避特定的历史时期的一些错误的表态性文章”以让读者实事求是地看到夏衍思想的发展“过程、历史的曲折”，那么，哪些“错误的表态性文章”是全集编辑委员会认为应当收录而哪些则要“尊重著者意愿”不予收录，应予必要的说明。

这其中最有代表性的一个例子就是夏衍1957年8月14日在中国作家协会党组扩大会议上的发言要不要收的问题。这个被称为“爆炸性发言”的讲话，按照全集的编辑体例没有不收的道理。时间已过去将近50年，考虑这个发言的某些内容可能还有些过于敏感，笔者认为用加“编者按”的形式、或加说明作一些技术上删节，都是可行的。至少应该存目。但现在的全集却于此只字不提。事实上，中国作协1957年9月的打印稿《对丁、陈反党集团的批判——中国作家协会党组扩大会议上的发言》流传甚广，“夏全”的编委会（或其“出版工作指导委员会”）对之不应刻意回避。

夏衍生前还接受了许多报纸、期刊、个人的采访。这些访谈是否应当收入全集呢?

“夏全”的出版说明这样说道：“未经作者确认的讲话、访谈，暂不入集。”① “夏全11”的编辑说明也有这样的说法：“本卷最后有几篇晚年应报刊的邀约而作的访谈录，体现他晚年的思维和心境，可以帮助读者和后人从侧面了解这位世纪老人的心声。类似的访谈录还有一些，但未经夏衍本人过目同意，故未收。”② “夏全11”根据这个标准，收录了《天南海北谈——答〈瞭望〉记者问》、当《前中国文艺界的“热点”》、《续〈天南海北谈〉——答〈瞭望〉记者问》、《纵谈全民文化素质》、《上海解放前夕的一此回忆——答〈上海滩〉记者问》、《一个过来人的回忆与反思——五四运动七十周年答〈求是〉记者问》共六篇访谈。

---

① 浙江文艺出版社：《〈夏衍全集〉出版说明》，“夏全1”第2页。
② 参见“夏全11”之《本卷说明》。

按照这种编辑说明，似乎除了已零散编入电影评论与文学各卷的访谈，夏衍其他的访谈均已收入该卷的“访谈”板块，除此之外，除个别因信息渠道不畅而漏收的，各种坊间流传的夏衍访谈录都属于“未经夏衍本人过目同意”而不录的了。

但这种说法是否是客观的呢？

这中间恐怕有不小的商榷余地。举一个例子就可以说明问题。程季华主编的《夏衍电影文集》（北京：中国电影出版社2000年版）第4卷中收录的访谈录22篇就基本不见于“夏全”各卷。如果说这些访谈全是未经夏衍过目或夏衍生前不能表示同意的，恐怕难以令人置信。这些访谈有发表于1979年《南方日报》的，有发表于1981年《电影通讯》的，有发表于1982年《戏剧电影报》的，还有发表于1994年《文汇电影时报》的，等等……如果说夏衍在这么一个漫长的时间段对打着自己名义的访谈录都是充耳不闻的，未免于理不合。特别1993年李文斌还将其与夏衍的访谈录结集成书，题为《夏衍访谈录》（中国电影出版社1993年版）公开出版，如此事果然违背夏衍的意愿，他事先不知道、事后不追究似乎是不可能的。

“夏全”未能收录这些访谈是否可能是因为版权问题？即因版权问题，“夏全”未能收录著作者不是夏衍的访谈录？但即便是这样，事情仍有值得商榷之处。第一，对于这种情况，全集应予必要的说明。第二，这些访谈最好有一个存目表。第三，《我们万众一心，前进！——夏衍谈〈义勇军进行曲〉》（原载《文汇报》12月5日）只是一篇报道，夏衍明显不是著作权人，却也收入了“夏全7”。而署名夏衍的访谈《续天南海北谈》①却也未见收录。故而未选《夏衍电影文集》第4卷中的各种访谈录也不一定是因为版权的关系。笔者于此就很难想象其具体的理由了。

“夏全11”的编辑说明说得好，各种访谈录体现了夏衍“晚年的思维和心境，可以帮助读者和后人从侧面了解这位世纪老人的心声”。因此，未经严谨而有说服力的说明（而不是笼统的说明）即拒收大量访谈录，是不够妥

① 与前一篇《续〈天南海北谈〉——答〈瞭望〉记者问》不同。前篇发表在1987年第52期，本篇发表在1992年第35期，且无副标题。

当的（至少应有相关信息提示）。以上较多的列举了电影方面的访谈，其实夏衍还有很多时事、文学史方面的访谈“夏全”也未收。笔者不大能理解为什么“夏全”未收周健强的《夏衍谈“左联”后期》（《新文学史料》1991年第4期）。这篇文章虽然有个别知识性的错误，但能够反映夏衍对冯雪峰问题的晚年定论，他算是自己给著名的“冯夏之争”做了一个结论（尽管这个结论可能让很多人不快）。这是真正意义上夏衍的“晚年的思维和心境”的一个充分表现，但不知道“夏全”出于何种理由未收此文。

另外，全集在修葺过程中，是否能够尽可能地收集一些非常规的文献？这些文献也许可能在更深层次上反映了时代与个人的精神面相。有论者指出，为促进拨乱反正、平反冤案以及落实政策，夏衍在80年代初期写过的各种旁证材料总在200—300份以上，按每份300字、共200份记，此类材料的字数也不会下于6万字。编辑《夏衍全集》应当注意这类材料的搜集，“这恐怕是当代史家以及文体家所感兴趣的事”①。这是一个很有创意的见解。

再有，夏衍在“文革”期间曾根据专案组的要求写过各种材料（包括自己的以及所谓“外调材料”）。根据邵燕祥、黄宗英等的回忆，“文革”时期个人的交代材料有关部分似也发还给了本人。至少部分人士如此。夏衍在“文革”时写的各种交代材料不知下落如何。如有可能，这些材料是否能够做部分的选录？比如他写的关于潘汉年的材料具体内容怎样？潘汉年被加上“内奸”、“反革命”罪名后，尹骐指出：“按照统一部署，在党内外发动了一个揭发批判的热潮。上海更是重点，在潘被捕后的几个月内，各种所谓检举、揭发和交代的材料数以百计地转到了专案机构。但这里面竟没有见到过去和潘汉年的关系最久最深的夏衍所写的揭发和交代文字。”在潘汉年被捕后的20多年中，夏衍保持了一种有尊严的缄默的态度。而这位据说看过潘汉年入狱后全部档案文字的研究者还指出，“文革”中因为潘汉年特殊的地位，找他的专案组特别多：

---

① 高汾：《有关夏公“写作”的几件事》，《忆夏公》编辑委员会：《忆夏公》，北京：文化艺术出版社1996年版，第505页。

> 其中，夏衍专案组的人员当然更清楚潘汉年和夏衍之间的长期交往，过从甚密的历史。他们几次以中央专案办的名义提审潘汉年，要潘交代和揭发夏衍的“罪行”。潘汉年不得不一次又一次地回忆他和夏衍的交往经过以及他所知道夏衍的全部情况。为应付专案人员的外调与追逼，潘汉年用了一整段时间写了一份长达数万字的关于夏衍情况的材料。由于这份材料的重要，有关部门还特地打印出来归档长期保存。20年之后，笔者读到这份材料时，深感这份材料是能够经得起历史检验的。除了在当时的政治背景下不可能没有的一些空词的政治帽子和流行的行文习惯用语外，就事实本身而言，可以说是没有任何虚构杜撰以及捕风捉影、蓄意夸大成分的。这既反映了潘汉年的政治品质，又反映了他对老战友夏衍的一片真诚负责态度。①

从现已公开的材料来看，夏衍对老战友潘汉年同样保持了“一片真诚负责态度”，但很可惜缺乏必要的细节。在全集中，夏衍类此的“交代”材料如能有所体现，当是人性在最残酷条件中仍能焕发温情真心的珍稀史料了。

三

如果以夏衍作品的标准版来作要求，“夏全”的编辑还有一些细节问题值得注意。

一、关于夏衍作品版本的核校，“夏全”还有改进余地。

全集出版说明有这样的说法：“入选文章以第一次发表为首选，著作以作者认定的最后版本为准。”对这个原则，笔者基本表示同意，但校读“夏全”之后，认为还有两个小问题值得注意。

---

① 尹骐：《夏衍与潘汉年的挚友情》，《炎黄春秋》1995年第6期，第45页。

其一，编者应当确保入选文章是第一次发表的版本。比如收在“夏全11”中的《续〈天南海北谈〉——答《瞭望》周刊记者问》一文，几乎将原文中的“赵紫阳”名字全部删掉。这种差异核对一下发表在《瞭望》1987年第52期的原文一望即知。但事实上“夏全”并不十分回避赵紫阳的名字，“夏全11”中紧接着此文排印的《纵谈全民文化素质》一文，却又直接出现“赵紫阳总理”①的说法。笔者怀疑，《续〈天南海北谈〉——答《瞭望》周刊记者问》选入“夏全”时，编者采用的《天南海北谈》（花城出版社1992年版）中的版本。同样的情况也出现在《忆江南》一文中。该文有言道：“我也居然常常以草泽英雄作为我故乡的夸耀了。”②而在《夏衍选集》第四卷中，该句作：“我也居然常常以王八妹之类的草泽英雄作为我故乡的夸耀了。”③《夏衍选集》所用才是原作的版本。因为王八妹后来成为敌人，跑去了台湾，夏衍解放后的一些选集删掉了原作“王八妹”的字样。“夏全”此处估计采用的是某一文集的版本。

笔者还怀疑如《童心颂赞》（见“夏全9”）等的文本也未必根据初版。由于核对建国前文献工作量太大，现仅献疑于此。

其二，“入选文章以第一次发表为首选”作为一个原则大体是正确的，不过某些重要的异文是否尽可能出注，也有讨论的必要。比如夏衍在《纪念潘汉年同志》一文中提到了他做杨度单线联络人的时间。《人民日报》的原文是这样的：“1931年党的六届四中全会之后不久，他在当时“文总”的机关……向“文委”所属各联的党员作了全会决议的传达报告。这之后……我有半年多没有和他见面。大约在这一年深秋的一个晚上，他通过良友图书公司找我，见面之后，他就要了一辆出租汽车，开到法租界的薛华立路的一家小洋房里，把我介绍给一位五十岁出头一点的绅士。”④而在《夏衍选集》

① “夏全11”第555页。

② 夏衍：《忆江南》，“夏全1”第546页。

③ 夏衍：《忆江南》，《夏衍选集》第四卷，成都：四川文艺出版社1988年版，第507页。夏衍在致友人信件中，明确不赞成删去“王八妹”：“原文还是照旧为好，必要时可以加个注释。”（陈坚：《时捧尺牍寄长怀——怀夏公（上）》（《大公报》2015年2月1日。）

④ 夏衍：《纪念潘汉年同志》，“夏全9”第527页。

中，相关的表述有一个重要不同："我有半年多没有和他见面。在前一年的九月，他通过良友图书公司找我……"根据这种说法，他见杨度的时间几乎提前了一年。这后一种说法才是较合乎情理的。因为杨度逝世的时期是在1931年9月。

又比如夏衍曾致信陈白尘，谈论电影《鲁迅传》编剧、摄制问题。信中写道：

> 白尘同志：
>
> 手书敬悉，所述那个差使，当然还是抓住为好，特别有些人跃跃欲试，企图篡改历史的时候。关于我和翰老赴苏州之事，因翰老近来身体不好，连中岛健藏的夫人来访，他也把宴请的任务推给了我，所以我看他四月间是不可能成行的，我对此事也想谈谈我的看法，但独木不成林，是否能把时间推迟一点，等翰老身体健复后再谈呢?乞便告。
>
> 问尊夫人好。
>
> 夏衍
>
> （一九八四）三·二七[①]

"夏全16"第80页收录了这封通信，却无"所述那个差使，当然还是抓住为好，特别有些人跃跃欲试，企图篡改历史的时候"一句，以至于"我对此事也想谈谈我的看法，但独木不成林"变成像是为"中岛健藏的夫人来访，他也把宴请的任务推给了我"而发了。这样夏衍这封信所谈问题就完全变了。

像这类情况，"夏全"在做修订时都应对异文情况予以说明。

① 夏衍：《纪念潘汉年同志》，《夏衍选集》第四卷，成都：四川文艺出版社1988年版，第431页。

二、“夏全”对夏衍作品的搜集当更为齐备。

我们前文已经指出了在某些情况中“夏全”存在着漏收夏衍作品的现象。这里我们还可以列举一些“夏全”漏收作品名录。

夏衍1958年11月1日的《在讨论艺术片放卫星座谈会上报告》漏收。该文在吴迪主编《中国电影研究资料1949—1979（中卷）》（北京：文化艺术出版社2006年版）中可见。从该文中我们可较清晰看到夏衍后来自评的“有时清醒，有时糊涂”交织的特殊精神状态，因而该文还是具有较高史料价值的。

夏衍还有一些重要的书序可能漏收。他的《〈陶晶孙选集〉序言》（丁景唐：《陶晶孙选集》，北京：人民文学出版社1995年版）较详细地谈到了陶晶孙与潘汉年在隐蔽战线上的工作联系，非常珍贵。在该文中，他可能是以惟一残存的历史见证者的身份来洗刷长期以来加诸在陶晶孙身上的不实之词了。他为杨云慧《从保皇派到秘密党员——回忆我的父亲杨度》（上海：上海文化出版社1987年版）所写的序言也有收录的价值。该文虽然大体来自《纪念潘汉年同志》、《回忆杨度同志二三事》两文，但该文提到“我和杨度同志单线联系的时间不长”一言甚为重要。据此我们基本可以判定他首次见杨度的时间当在1930年9月前后。

还有某些重要信件可以根据其他人物的书信集去寻找下落，此外还有某些重要的来信，尽管夏衍不一定有回信也当收录。

如胡乔木与夏衍之间的一封通信就是如此。此事首先涉及夏衍主编《救亡日报》时期的一件公案。

1938年3月26日，《救亡日报》发表该报记者“洛基”的采访录《张闻天论当前抗战诸问题》，其中提到张闻天的职务为“总书记”。但这是一个明显的不恰当的说法。为了纠正这个明显错误，4月9日张闻天致电汉口的王明、周恩来、博古、凯丰，要求针对《救亡日报》发表的这个采访录刊登一个声明：“中共中央有几个书记，向无所谓总书记。”应张闻天的要求，4月12日武汉《新华日报》刊登了《张闻天（洛甫）启示》，其中提到：“中共中央设有由数位同志组织之书记处，但并无所谓总书记。”[①]

夏衍在1980年10月四千人讨论《关于建国以来若干历史问题的决议（讨论稿）》时，曾在小组会上对这个问题提出疑议：张在什么时候、在哪一次会议上、经过什么程序，被撤销了“总书记”职务？会后他致信邓颖超询问该事。受邓颖超的委托，胡乔木回信称：“‘一九三一七年一十一月，王明从莫斯科回到延安，带回了共产国际的意见，中央书记处于十二月进行了改组，中央不再设总书记，而由数同志组织之书记处领导全党工作，张闻天同志仍然是书记处书记，毛泽东同志在党内的职务也是书记处书记。’这与闻天同志声明内容相同。”“我问了陈云同志，他也说这一段时间没有明确的总书记职务和名义。一九四一年对张批评后，张不再召集会议，而不是到那时才不任总书记，特告。”[②]

根据这封通信，中国共产党自遵义会议至1940年代初领导层架构的基本情况、张闻天在党内的地位等党史重要问题都在一定程度上得到了说明。其重要程度是可以想见的，“夏全”有必要找到夏衍原致邓颖超的这封信。

另外，陈云为潘汉年平反事曾于1982年11月9日“致信夏衍，请他写一篇纪念潘汉年的文章”[③]。这封信是重要的，即是夏衍《纪念潘汉年同志》这篇名作的缘起，也可能涉及潘案平凡的某些关节，“夏全”亦当收入。如编入“夏全16”体例不合，是否作为《纪念潘汉年同志》的附录编入“夏全9”？

三、夏衍部分书信和少数文章写作年代不明（或含混），经较为细密的考证，有些能够有更好的结论。

《我观中国的“根”》（见“夏全”9）一文写作时间不明。“夏全”断其写作时间为1990年代初，不知何据。该文提到了“不久前”的费景汉的《企业与社会发展》。文中还提到“最近一位青年作家为了反传统、反封建而竟发展出‘人种’问题，认为中国的人种也不如别人”等。文中“青年作

---

① 转引自许建辉：《与夏衍修改〈鲁迅传〉事有关的一封信》，《文艺报》2012年10月17日。

② 夏衍：《实事求是地编好电影党史》，“夏全7”第342页。

③ 李方祥：《遵义会议确立毛泽东领导地位的历史真相不容动摇》，李慎明、李捷：《还历史的本原》，中国社会科学出版社2014年版，第73—74页。

家”似指刘晓波，所谈论的事情则似乎是指刘晓波1988年接受香港《解放月报》提出“人种”说一事（刘在这个采访中说“中国的所有悲剧”都“可能与人种有关”；他还说中国如要实现一个真正的历史变革，需要做“三百年殖民地”云云）。这篇报道发表在《解放月报》1988年12月号上。如这个推测成立，该文写作时间当在1989年初。

“夏全15”中收有两篇附录《新的跋涉》与《〈武训传〉事件始末》。《〈武训传〉事件始末》文后附有写作时间“1991年秋”，《新的跋涉》未注写作时间。该文当与《〈武训传〉事件始末》写在同时。夏衍1991年12月25日在致李子云信中说：“回忆录刚写了一万多字，又搁下了，这些回忆都是现在不能发表的，既骂人也骂自己，但能写还是写下来好，留个证据。”据此而推论，《新的跋涉》、《〈武训传〉事件始末》两节可能是连续写成的。

夏衍与潘汉年的通信现存6通。这其中有3封信与夏衍访问印度的事情相关，因此，这几封信的写作时间与他访问印度的时间可以得到一种互证。夏衍此次访印的时间有多种说法。沈芸《夏衍年表》判断夏衍赴印度的时间是1954年1月[①]，林缦判断的时间是1954年4月[②]等，恐均不确。夏衍在一封写给潘汉年的信提到了他近日就将出国的事情。该信日期标为“11月24日”。在1949至1955年之前，夏衍这一时间段出访的年份只能是1953年（1955年4月潘汉年被捕后，两人间自然就没有通信的事情了）。这一判定和他在《赞颂我的“老大姐”》[③]一文的说法也是吻合的。因此，夏衍访印的时间可推定为1953年12月初至1954年2月初。[④]据此，夏衍与潘汉年另一封谈到出国事情的

① 胡乔木：1981年1月5日致夏衍，胡乔木：《胡乔木书信集》，人民出版社2002年版，第311—312页。

② 中共中央文献研究室：《陈云年谱》（下），中央文献出版社2000年版，第310页。

③ 遍查台湾《天下》期刊1987年至1992年诸卷，并无费景汉《企业与社会发展》一文。《天下》似亦未发表过与此同名的文章。另搜索台湾“国家图书馆”期刊文献资讯网，费景汉并无与此同名的文章，惟其与余英时合作的一篇文章内容近似【費景汉、余英時：Economic Development and Traditional Chinese Cultural Values.Sino—American Relations. 第12卷第4期.（1986年冬）】。笔者推测可能他人在文中提及该文内容，夏衍转引之而已。《我观中国的“根”》本为夏衍未完成之作，全集编者收录本文时未作核校，致有此失误。

④ “夏全16”第65页。

信件（该信日期标为“11月26日”）也是写于1953年的。“夏全”编者断这封信的写作时间是“1954年”不妥当。顺便指出，“夏全16”断夏衍一封标为“6月19日”写给潘汉年的信写作年份为“1951年”也不妥当。因为这封信谈到了“昨天”欢送宋平的事情，而1951年6月19日夏衍正在东德访问。这封信的写作日期可能是1954年（因为它提到了姚溱负责夏衍“走后”工作的事情）[①]。

夏衍不少信件未标明年（或月）份。“夏全16”的编者已作出大量辛勤、有成效的劳动。但根据书信内容来作考订，个别工作还是能够做得更精确一些。除了上述致潘汉年的几封信，这里可以再举一例。他一封致友人李灏的信只标注了写作的日期“23日”。[②]不过联系该信谈到的体育馆七千人批乔冠华大会，判断该信写作的年、月份还是有明确线索的。当然，需要承认，这份工作需要查索大量的当时的报刊，事情繁琐而收获不大，

四、夏衍原作个别的疏失应当尽量出注。

夏衍原作个别的疏失之处，“夏全”的编辑者已做了很好的校订，“夏全15”的编辑者对夏衍自传中个别误记的校订即是很好的例证，不过也还略有改进的余地。

夏衍在自传中说，德清“最后一个状元是俞樾（曲园）——就是俞平伯先生的曾祖父”。此当为夏衍的误记。俞樾在道光三十年（1850）庚戌科，中进士第十九名。在朝考中（清代跟进士考试有关的，有会试、复试、殿试、朝考四种，殿试一等前三名即所谓的状元、榜眼、探花直接入翰林院为官，不参加朝考），以一句“花落春仍在，天时尚艳阳”破题，得主考官之一、礼部侍郎曾国藩激赏，授朝考一等第一名，非殿试第一名“状元”。[③]

再如，何其芳曾就夏衍的剧作《芳草天涯》发表过评论，夏衍在回忆录中将其写作的日期误作“1959年”，全集的编辑者指出该文实发表于“1945

① “夏全 16”第 441 页。
② 《当代中国文化名人传记画册·夏衍大事年表》，浙江摄影出版社 1993 年版，第 189 页。
③ 该文提到：“记得 1953 年我和她一起……访问印度。”（“夏全 9”第 510 页。）

年”， 这无疑是正确的。不过，按照全集的编辑体例，如果能指出何其芳的这篇《评〈芳草天涯〉》首次发表在“重庆《联合特刊》1945年11月第1期”上，则就更加妥帖了。

夏衍的原作偶然还有一些其他的疏失。如奥凯西的名作Juno And The Paychock，夏衍将之译为“《六月与孔雀》”。“夏全3”编者指出该剧名“也有译为《朱诺与孔雀》”[①]的。这种说法似乎过于委婉了。因为剧中女主角即名Juno Boyle。剧名中的“Juno”即指她的名字，又喻指她性格的坚强和掌控家庭全面事务的能力，如神后朱诺。“Paychock”即喻指他的丈夫“船长”Boyle，浮华花俏、夸夸其谈，却没有实际的用处和能力。因此该剧名就当译作“《朱诺与孔雀》”。

夏衍在《勇敢的战术》[②]和《中国人的办法》中，两次将庄子的名言“为之斗斛以量之，则并与斗斛而窃之”误作老子的话，应当说明。“夏全3”的《勇敢的战术》一文还将“窃”误排作“窍”。

又如，夏衍在《实事求是地编好电影党史》文中曾说“我看到朱可夫回忆录，当时他是驻重庆大使馆的武官”云云。此处“朱可夫”当为“崔可夫”。

五、夏衍个别文章有重复发表，编辑全集时自当只选其一，但在题注中应当尽量说明，或在正文中存目处理。

“夏全3”的编辑说明中提到：“也有部分文章标题不同，但经核校，发现其内容基本相同，因而仅选其一，在注解中加以说明”[③]。这是一种非常好的做法。不过略有点可惜的是在编辑过程中“夏全2”未彻底地执行这一个合理的做法。如《〈夏衍剧作选〉代序》（“夏全2”）的题注已说明它和《〈夏衍选集〉代序》内容基本一样，则“夏全9”就无需重复收入《〈夏衍选集〉代序》（并且从内容上，这一篇也当归入“夏全3”）。又，“夏

① 他回国的时间可在他致潘汉年的另一封信中可以判定，见“夏全16”第188页。
② “夏全16”189页。
③ “夏全16”第18—19页。

全11”说《当前文艺界的“热点”》“原载《电影通讯》1986年第12期”。这个说法本来不错，却没有说明该文曾以《夏衍谈当前中国文艺界的几个热点》之名在《瞭望》1986年第41期上发表过，类似的情况还有一些。

六、某些因粗心而造成的编辑错误应当尽量避免。

“夏全”中还有些纯属粗心而造成的编辑错误，寄期望于在修订版中能有所改正。

按照全集的编辑体例，除了内部报告、讲话，夏衍的文章一般都注明第一次发表时所用的笔名，如果发表时即未署名，也予以相应说明。但事实上，全集中有不少文章却未遵循这一编辑体例，如《劳勃生路——日商内外棉纱厂“壁报第十号”号外》（见“夏全8”）、《上海谈奇录》（见“夏全8”）、《哭杨潮》（见“夏全9”）、《归来琐记》（见“夏全9”）、《送绥靖公之辞》（见“夏全10”）等既无首发时的笔名，也无情况说明。此种情形在全集中不在少数，不再一一枚举。

全集的题注问题也有一些问题。

“夏全9”在题注说《纪念潘汉年同志》“原载《浙江日报》1982年11月23日”[①]。经核查，该文原载《人民日报》1982年11月23日，《浙江日报》当日并无登载此文。

“夏全”的题注类此的疏忽并不少。如《续〈天南海北谈〉——答〈瞭望〉记者问》的题注说该文“原载《瞭望》海外版”[②]云云，但《瞭望》海外版面向海外发行，而该文实则刊载在国内发行的《瞭望》1987年第52期上。《纵谈全民文化素质》题注说该文“原载《瞭望》半月刊”[③]，但《瞭望》实是周刊。

又，《吴作人画册序》一文的题注仅有序号而无内容，《在全国话剧文学学术讨论会闭幕式上的讲话》说“1936年瞿秋白领导左联时”定有排版时

① “夏全15”第11页。
② 可参见商衍鎏《清代科举考试述录》，三联书店1958年版。
③ “夏全15”第279页。

的误植，此类错误，都应在修订时尽量剔除。

最后还必须说明的一点是，《夏衍全集》编纂筚路蓝缕，在各方面已经做出了重大的贡献。在此基础上，本文才可能做一些求全责备的挑剔批评。本文的各种意见，与其说是批评，不如说是对未来的期望。笔者期望自己这份较为业余的工作能对未来《夏衍全集》的修订略有助益，也希望它能成为纪念夏衍逝世20周年一份微薄的祭奠。

（陈奇佳：中国人民大学文学院教授、博士生导师）

叩问历史与坐标今天①

戴锦华

谢谢主办机构给我这一荣幸。必须坦白的是，我之所以获得这个角色，是因为我没能及时提交论文。但这一场次，我尤其没有资格来做总结发言。因为发言者都是这一领域的权威：夏衍先生的传记作者、他的家人和电影史权威、专家们。

接受这一邀请，是认为会议的主题是左翼电影，这个题目我还有话可说，做过一些功课。但关于夏公，我则是资格全无。唯一的资历，是我平生出席的第一场电影学术研讨会、发表的第一篇学术论文，是《论夏公写电影剧本的几个问题》，论文是在夏公面前宣读的，只记得当时小腿肚一直转筋，但夏公一直很专注、很慈祥地听会，后来给了一句评语："新词儿太多了，我回去读过再告诉你意见。"那应该是我最早的演练结构主义理论、或者电影叙事学的一篇论文。日后有朋友告知，夏公用好几种颜色的笔标画过这篇论文，但我再没机会听到他的批评。这大约是我关于夏衍研究的唯一"资历"了，所以我不做总结，只想在前面各位讨论的基础上，粗陋地对我们在今天、此地召开这一次会议的一些泛泛的想法。

这个关于左翼电影的研讨会在人民大学举行，题目是"可见的左翼——纪念夏衍逝世20年暨30年代反法西斯电影"。有趣的是，会议的三组主题或者说三个关键词，事实上构成了一组相关的坐标，标识出了一个交汇点，由此，可以引申出许多面向和议题。这些问题不仅关于电影史、关于电影的创

① 据戴锦华教授在"可见的左翼：纪念夏衍逝世二十周年暨1930年代反法西斯电影研讨会"开幕式发言录音整理，经戴锦华教授审定。——编者注

作与批评，也是一次与当下中国电影——这一伴随中国崛起，以绝无先例的规模与速率扩张的中国电影现实——间的对话。或者说，是我们一厢情愿地发起的对话尝试。因为巨额资本恐怕并不留意在大学的某处的发出的对话邀请。左翼电影与夏衍、与反法西斯战争，命题自身已然形成了具有丰富现实意味的历史、电影史画卷与参数。

从中国知识界关于中国社会性质大讨论到此后知识界的向左转，从左翼文化运动到左翼电影，从夏衍先生主导的左翼电影五人领导小组，到左翼电影在市场意义上造成了国片的全面勃兴；这是电影史上第一次，国片在市场意义上显示了优势；也是第一次，国片创造了自己的电影艺术篇章。而后，左翼电影转向为国防电影，而国防电影动员、集聚的电影人在抗战爆发之际组成抗敌演出队深入中国城乡，造成左翼思想的全国传播，也是对中国之为现代国家的认同召唤。这段极为独特而珍贵的历史，其自身拥有极为丰富的讲述角度与可能。

今天，我们反观这段历史，重读中国电影史上关于左翼电影朝向国防电影转向，亦即阶级命题如何转换为民族主轴的论述，已不难看出这是一个全球、国际语境中的中国命题。不仅阶级是一个超越民族国家的概念——考虑到夏衍、左翼文化运动、中国共产党与共产国际的关系便更是如此；而民族坐标则更是以现代世界体系为前提；在此，是在抗日、反法西斯战争的具体历史规定之中。因此，左翼—国防电影，是一个国家、民族电影史的议题；但这里每一个脉络、每一个章节，都与国际政治文化紧密连接、高度互动。

当年，在我的确非常年轻、初涉中国电影史之时，我们事实上倾向于将中国电影史，也几乎是全部中国社会、文化命题的讨论限定在中国之为现代国家的疆界内部；自觉不自觉地，我们的先在设定是中国的隔绝与特殊。今天，尤其是当中国崛起赋予我们不一样的视野和底气时，我们已不该忽略，甚至在断代意义上单“现代”发生之前，中国早已置身在一个全球互动的世界格局之中。从左翼电影到国防电影，或者如前面各位对夏衍先生的生平路径的描述：在日本学习德文，在那里遭遇共产主义，而后在中国共产党人遭到国民政府大屠杀的时刻加入中国共产党；或者如陈山先生的切入：全球大萧条与中国左翼电影的兴起，那原本是一幅幅丰富的国际画卷，而不只是中国画卷。

其次，今天，当我们把夏衍的名字再一次写在横幅上，将他和左翼电影作为中国电影史的重要参数，我们不只是在纪念一个中国文化史、电影史、尤其是新中国电影史上举足轻重的人物，不只是呼唤大圣归来，而且是重新地明确了政治之为电影史研究的参数，再次凸显了政治对30年代及50到70年代的中国电影的主要作用和意义。当然，也许需要赘言，这里所说的政治不等于宣教、不等于政党、更不等于“宫斗”。政治，在20世纪特定的历史语境和纷纭现实中，是一种具有高度参与性的社会实践，一种高度自觉的、对中国命运——中国在特定的全球结构之下的历史命运的抉择，以及我们为这个抉择所付出的一切。因此，政治与电影，从来不是简单的外部与内部、权力与艺术（的关系），而是有机的历史辩证。藉此，我们才能重新叩访左翼电影，更为清晰地、更为细致地认知和揭示左翼电影的丰富性。

最后，还是用一则小小的个人经历来结束我的发言。20世纪80年代，当重写历史、重写文学史的潮流可谓席卷中国，我初到电影学院，在立场和实践层面都高度认同于这一潮流，于是也曾狂言重写电影史，其对象当然是程季华、李少白诸先生的《中国电影发展史》。结果不言自明：图谋伊始便遭到挫败。原因直接而简单：在那个年代，我们已极不情愿地意识到：在1905—1949年的中国电影史上，左翼电影固然是政治介入、融合于电影的第一个高潮期，但那也是中国电影艺术的真正开端；是左翼电影创造了中国电影艺术的第一个高峰。这一事实，远不是写史者采取不同的叙述观点与策略——诸如以纯粹艺术标准取代政治标准，便可能改写的。可见的左翼，也是可见的中国电影新纪元。

适才的诸多发言者讲到了夏衍先生的人道精神，讲到了他的情怀——不仅是家国情怀也是阶级情怀。我想补充的是，左翼文化不仅是中国电影艺术的第一个高峰期，取得了难以企及的、独特的艺术成就；也是通过左翼电影，我们到今天仍分享着一种情感结构，一种内在价值或者道德的意识，即，对苦难的同情、对社会的关注、对劳动者/弱势者的认同。尽管这种情感结构、伦理价值正遭瓦解，或有人试图将其连根拔起，但是至少对于我和我以上的几代人来说，正是这份情感与伦理，高度内在地构成了我们的生命，构成了我们所经历的历史，渗透在我们参与创造的历史之中。我相信，这也是刚刚开始的会议的内在主题。谢谢大家！

（戴锦华：北京大学电影与文化研究中心教授、博士生导师）

“神女”是如何炼成的?

——论《神女》、《金陵十三钗》的不同生产路径和价值取向

丁莉丽

内容提要

《神女》和《金陵十三钗》都着意于讲述“妓女”演变为“神女”的故事，但两者在叙事逻辑、视觉呈现以及商业化开掘上完全不同。《神女》通过突显“妓女”的母亲身份，展现三十年代一位底层女性的悲剧人生，由此避开了对于妓女题材的低俗化开掘，整体风格朴素内敛，体现了左翼知识分子的社会关怀和对大众的精神引领意识，由此铸就了影片的经典地位；而《金陵十三钗》讲述的“妓女”成长为“烈女”的故事，透出了鲜明的“妓女”原罪意识，影片中妓女的身体成为一种欲望化的呈现，影片在视觉形象和营销手段的低俗化建构使得历史的创伤记忆成为一种娱乐化消费。

关键词

妓女题材　人性救赎　视觉效果　营销手段

吴永刚于1934年导演的《神女》是中国电影史上一部非常著名的经典电

影，也被视为左翼电影著名的代表作。影片塑造了一位高贵的妓女形象，而影片也直接以“神女”作为片名。2011年由张艺谋导演的《金陵十三钗》，同样以妓女为表现对象，同时化用了“金陵十二钗”这个称号，表达了对片中十二位妓女(第十三位是男扮女装)的最高礼赞。两部影片异曲同工地给片中的妓女贴上了“神女”的标签，但是，在具体的剧情处理和主题表达中，两者又是如何将“妓女”这个最低贱的称呼和最神圣的“神女”称号合二为一呢？作为著名的左翼电影和抗战电影，两者又是如何利用妓女题材的商业效应并使之为影片的主题表达服务的呢？这正是笔者想要探究的问题，因为影像背后所呈现的女性现实，不但体现着主创者不同的意图和旨趣，更是电影所处时代的一种文化症候；而探究两部影片关于“神女”的不同生产路径以及背后所呈现出来的价值选择，也会给当前的电影创作提供更多的反思和启示。

一、“妓女”如何成为“神女”

《神女》中“神女”的生产路径，本质上而言是一个还原的过程。影片揭开贴在阮嫂头上的“妓女”标签之后，让我们看到了一位圣洁的母亲形象：夜晚，她是穿戴整齐地游荡在街头巷尾招徕嫖客的妓女；白天，她是一位挣扎在贫困线上的单身母亲。在一个经济萧条、民不聊生的破败社会中，“私娼”可能是阮嫂作为单身母亲唯一能够选择的职业，但妓女的名头非但无损于她的圣洁和美丽，更为她增添了无尽的崇高和伟大。因此，我们在《神女》中，看到的不是“妓女”烟花生活的放浪与奢靡，而是生存的沉重与艰难。阮嫂的接客生活，除了忍受他人的指指点点以及内心的煎熬，更要忍受地痞流氓的迫害。而这一切，却又是为了她的孩子。影片细腻地展现了几年来社会世俗加诸于阮嫂的种种不幸，以及她面对命运挣扎抗争的过程。因为阮嫂的妓女身份，邻居们不许自己的孩子和她儿子交往，同学家长甚至联合向校方施压驱逐她的儿子，这也是千百年来中国传统文化对于“妓女”的放逐和压制。一旦女人被贴上“妓女”标签，就注定了主流社会对她的排斥。但是，有着一定教育背景的阮嫂，绝不是祥林嫂似的盲从，而是有着独立的思考和认识。她坚定地认为：生命是平等的，每一个人都有受教育的权利。这种反抗世俗、反抗宿命的刚性和母性的温柔，使得阮嫂呈现出“神女”一般的光辉。当然，从某种程度上来说，阮嫂这个近乎神化的形象，也寄托着导演对于“新女性”的认知，是和左翼电影所追求的女性的自由和解放是一脉相承的。“30年代知识分子经常以为底层说话为己任，在这个维度上，女性问题作为隐喻、作为群体受压迫的证据，是与民族问题、阶级问题、劳工问题、城乡问题等同等重要的社会问题联系在一起的，而女性解放被视为社会解放的标志。”[①]影片通过对伟大母性的强调，使阮嫂所有的遭遇都蒙上了神圣色彩与悲剧意味，阮嫂的人格越完美、现实遭遇越不幸，就更加显出这个社会的残缺和不公，“神女”正是在这样一种逻辑路径中生成的。

张艺谋的《金陵十三钗》则讲述了一群妓女在抗战中成长为“烈女”的故事。与《神女》不同，《金陵十三钗》中妓女的原初形象是风骚放荡、自私蛮横的，不但抢占女学生们躲藏的地窖，还诱惑米勒。但是，经历了战争的洗礼，她们内心的善良、深明大义被最大程度地激发出来，从而主动代替女学生去赴死。影片的最后，曾经风骚艳俗的妓女们被装扮成清纯的女学生模样，然后胸怀利器，义无反顾地奔向日本人的宴会场所。用影片中玉墨的话来说，她们要做一件顶天立地的事情，从而一洗千百年来“商女不知亡国恨”的骂名。但是，影片对妓女们“以身殉国”高尚情操的礼赞并没有获得观众一致的回应和感动，而是引发了巨大的非议。诚然，也有不少拥护者认为影片感人地塑造了一群“战争之花”，“那些妓女始终叽叽喳喳，但她们在最后所展现的绝对的崇高却超越了一切使得她们最终升华为使徒。死亡让她们得以超越，她们的死救赎了女学生，也开启了生命的路。”[②]；但更多的反对者则认为，这一出风尘女子的救世神话，是一个“国家有难，妓女承担”[③]的故事，妓女们的英雄行为不是人性的自然升华，而是导演的一厢情

① 杨弋枢：《新女性与影像中的性别无意识——以〈神女〉和〈新女性〉为个案的考察》，《文艺研究》，2010年第4期，第110页。

② 张颐武：《〈金陵十三钗〉：民族的新生与救赎》，《当代电影》2012年第2期，第30页。

③ 许子东：《国家人民有难 性工作者承当？》，http://blog.sina.com.cn/s/blog_7adbbab50100w43b.html。

愿。导演刻意地给妓女们贴上“烈女”标签，在银幕上留下她们流光溢彩的倩影，只不过是沿袭了将妓女奉上祭坛来摆脱“污名化”的俗套而已，其实最终仍将这一批不幸的女人们再次牢牢钉在了耻辱柱上。

据《金陵十三钗》小说原作者严歌苓介绍，这部虚构的小说，源于她曾看到魏特琳——当时金陵女子学院教务长的日记：“当时日本兵来到学校说要带走100多个女孩子，她当时实在没有办法就说，你们中间是不是有专门干这种职业的？如果有，就不要让日本人伤害那些良家女孩了。最后，当时逃难的20多个风尘女子站出来了。使那些女生们没有遭到噩运。”[①]严歌苓说这事使她感到很震撼，这也可以说是《金陵十三钗》最初的创作动因。但是据许子东的考察，这里面有着太多的误会和暧昧。无论是魏特琳的日记，还是拉贝日记，“所以我们也不确定，到底是风尘女子们‘挺身而出’，还是无知被骗或被日军强迫挑中。不过，如果教务长当时真的有意让风尘女子代替女学生，她事后或许一直良心受煎熬。同样是受迫害者，为什么‘妓女’要先受难？魏女士回美一年后自杀，墓碑刻‘金陵永生’”。[②]我比较认同许子东先生的看法，一方面，人性的救赎这一说法本身就经不住推敲。因为妓女的性不洁不是原罪，只能说明她们身上承载着更多的不幸，既然没有原罪，又何来救赎一说？另一方面，历史真实的暧昧恰恰点出了人性的真实。在生命面前，任何人都是平等的，任何人对生命的留恋都值得尊重和同情。正如影片中极力促成妓女去代替女学生赴死的米勒，曾经充满怀疑地质问自己：“我这样做对了吗？”但这种轻微的怀疑却被影片强烈的象征色彩以及对妓女们深明大义的赞赏所淹没。李军官如此嘱咐陈乔治，“一定要保护好这群女学生，不然兄弟们就白死了”。日本兵看中了教堂里纯洁的处女，而这些处女们也成为了国家的象征，而那些失节的妓女们则被排除在保护之外，也不具备代表国家的资格。于是，作为教堂——处女们安身之处的“闯入者”，妓女们去赴死求生，守护女学生的贞洁，也成为她们洗刷自己罪恶的途径。无独有偶，《拯救大兵瑞恩》上映之后也曾有这样的争议：为什么

---

① 陈相乐：《对张艺谋的不满只是传闻》，http://www.chinatimes.cc/pages/moreInfo1.htm?id=27760。
② 许子东：《国家人民有难性工作者承当？》，http://blog.sina.com.cn/s/blog_7adbbab50100w43b.html。

要让更多的生命去拯救一个生命？但在我看来，《拯救大兵瑞恩》的逻辑非常清晰，体现的正是国家对于一个普通民众的责任；而导演要让妓女们去拯救处女，却是为了妓女们升华自己的内心，体现的是导演内心的处女情结，最终落入的是男权文化的窠臼。因此，《金陵十三钗》表层虽然讲述了“妓女”如何成长为“烈女”的故事，但是，在逻辑上，却反向逆行，最终还原出了一个被男权社会肆意践踏万劫不复的妓女的终极宿命，撕开编导极力想要塑造的“烈女”标签之后，呈现出来的正是对符号化妓女原型的固守和沿袭。

二、妓女/神女如何得以呈现

同为妓女题材，在终极指向上都体现了对于“神女”的赞美，而在银幕上，两者又是如何得到呈现呢？就《神女》而言，影片通过阮嫂白天、夜晚的分裂行为来展现其不同身份，同时，关于阮嫂的前尘往事，影片没有交代。正是这种前史的缺席，体现出影片的一个立场：“妓女原罪”意识的淡漠或不存在。当然，鉴于阮嫂的身份，影片免不了出现她在街上揽客或者接客的场景，但是，影片从头到尾没有出现刻意以此为噱头大张旗鼓展现激情场景的片段，更没有刻意去呈现阮嫂的风流和放荡。尤其是表现阮嫂在街上揽客的场景，导演全然摈弃了各类招揽性的刺激镜头，而是用了三次街头接客的场面调度来加以体现：第一次，阮嫂在街头踯躅，一男子从后面跟上，她转过头来暗示回应；第二次是针对阮嫂的双脚进行特写，先是用一只脚轻轻点击地面，然后，慢慢地从画面右侧走进一双男人的脚，之后是两双脚向同一方向走去；第三次则用了一个俯视镜头，展现的是路灯下阮嫂同一个男子并行而去的场景。三组画面，场面调度朴实简洁，镜头内敛含蓄，却淋漓尽致地展现出一位风尘女子的卖笑生涯。影片以这些朴素、克制的镜头表现，避开了对于妓女题材的低俗化开掘和身体的欲望化展示，也在一定程度上放弃了将女性“物化”的视点。此外，导演还突破了传统苦情戏常见的煽情化手法，在银幕上展现常态化的生活场景，诸如饭后与孩子一起学习、接孩子放学等尽显母子情深的场景，但是这种幸福朴素的生活背后却是朝不保夕的屈辱人生，因此，影片虽然没有刻意进行煽情，但这种两极化的生活状态却使得影片形成一种内在的张力，进而在审美上呈现出一种悲怆的“现实主义风格”。

妓女/神女的悲剧化呈现，正是源于编导对以阮嫂为代表的下层女性的深切同情，而且，这一同情是过滤了世俗社会对于妓女的鄙视眼光之后的深刻同情。在《神女》中，阮嫂面对的生活困境是双重的，一方面是面对生存压力的突围，阮嫂无以为业，只好以出卖自己的身体谋生，其中不但要遭受警察的追捕，还有地痞流氓的欺压；另一方面是身份突围的困境，阮嫂因为孩子被称为“贱种”而下决心把孩子送进学校，孩子却因为自己“妓女”的身份而被学校劝退，被剥夺了读书的权利。面临困境的阮嫂没有屈服，准备拿着仅有的积蓄带着儿子奔赴另一个容身之处，却发现积蓄已经被流氓挥霍一空。悲愤的阮嫂面对流氓举起了酒瓶，也把自己送进了监狱。这正是一个被侮辱和迫害的下层女性的悲剧所在。她无路可走，奋起反抗，最终却又以失败而告终，这既是那个腐败社会下层百姓的必然下场，也是一个被贴上了“妓女”标签的女性在世俗社会的必然宿命。

这一幕悲剧，正来自于一位有着良知和情怀的知识分子的视角，在影片中，对应着校长这一角色。校长在接到很多家长关于阮嫂职业的投诉之后，亲自走访了这一个家庭，与阮嫂一番交谈之后，他心底里唤起了对这位伟大母亲深深的敬佩和同情，于是，他决定顶住压力留住孩子。但是，最终他却无法阻止董事会作出辞退学生的决定，为此，他愤而辞职。这位老校长对于阮嫂的同情以及面对现实的无力感，正深刻地传达了编导对于困顿悲苦的现实生活以及女性所处世俗环境的深切体悟。值得一提的是，后来扮演阮嫂的阮玲玉悲愤自杀，正是由于娱乐小报对于其绯闻和官司的炒作，导致她深感“人言可畏”，在开庭前一天愤而自杀。阮玲玉的悲剧，从某种程度上也为这个女性所面对的积重难返的世俗世界作了注解。因此，从这一角度来说，影片在女性形象的塑造、审美追求及对现实的悲剧化认识是统一的，而影片的结尾，老校长在阮嫂面前表态将会承担起教养孩子的责任，也体现了左翼知识分子对于现实的关怀和希冀，因此，《神女》被誉为“灵魂的现实主义”佳作也是名至实归。

影片《金陵十三钗》从形象特征而言，前半部主要突显妓女们的风骚和放荡，集中表现在她们衣着暴露、行为放荡、品格自私等等特征。在影片中，这些妓女不分场合、不分地点地展现其风骚本性，诸如在日军将要屠城之际衣着艳丽地穿行在枪声炮火中，甚至在教堂的地下室里，也袒胸露乳、放纵度日。但是，这种情节设置显然和整体情境是不和谐的，也不符合人性面临生死存亡时的真实表现。因此，在我看来，银幕上这些丰满扭动的身体以及搔首弄姿的表情，表明这些妓女已经完全沦为了导演“手中的泥”。确切地说，在“南京大屠杀”这一背景中呈现出来的妓女是“失声”的，她们只是为了满足想象中的男性观众视野而生产出来的一堆肉欲符号，这也正是这一群女性在影片中最本质、最重要的价值所在。在影片中，妓女们曾经是美国入殓师米勒的欲望对象，她们妖娆的外形和风骚的表情，尤其是玉墨一次次欲擒故纵的表现，充分地调动着米勒的欲望，对于银幕面前的观众而言，这些令人眼花缭乱的香艳春色，则是璀璨而饱满的“视觉奇观”。特别有意味的是，总体上对于该片持肯定立场的贾磊磊教授，在《赴死与求生：影片〈金陵十三钗〉的双重主题》一文中对导演发出了这样的疑问：“对于十二个舍生赴死的秦淮女子，还要把她们在情色舞台上的演出用这种方式来表现，观众究竟是向她们过去的形象认同，还是向她们现在的形象认同呢？根据影片的叙事逻辑，应当在一种全新的视觉空间中重新塑造秦淮女子光彩照人的女性形象，可是，直到影片的最后一个镜头，在视觉表述的意义上留给观众的依然是秦淮女子的风流形象。”[①]总体认同该片的贾磊磊教授的困惑，正表明电影在视觉表现和所谓主题追求之间产生了严重的断裂，因为无论是对于女性的虚假赞美，还是对于抗日历史的悲壮还原，最终都成为了一种背景，没有掩盖住影片作为情色商业大片的轻佻本性。那些缺乏底线的视觉画面、扭曲矫情的情节设计，最终都服从于这种低俗的审美意识的差遣，并将女性作为肉欲符号牢牢地刻印在迎合男性消费视野的影像之中。而所谓

① 贾磊磊：《赴死与求生：影片〈金陵十三钗〉的双重主题》，《当代电影》2012年第4期，第45—46页。

南京大屠杀的苦难背景，以及爱国主义主题的追求，可悲地成为了影片的一块遮羞布。《人民日报》曾如此批判抗日神剧：“以错误的历史观念、混乱的叙事逻辑、荒唐的情节设置、夸张的人物塑造和越轨的台词设计，消费这场人间劫难”[①]，其实也句句击中了《金陵十三钗》的要害。

《金陵十三钗》试图用书娟这个女孩的视点去展现秦淮河十二名妓女的形象，但这个名义上的女性视角，其实却是一个被男性同谋化的视角。影片中用大量书娟透过玻璃窗、躲在柱子背后等角度来对玉墨进行凝视与偷窥，展现玉墨作为秦淮河“头牌”的风骚和艳丽，一方面是为影片展示欲望化的身体提供契机；另一方面也是通过书娟这位纯真女孩的眼睛来展现妓女的丑陋本性，最终传达出的是传统社会对于妓女的厌弃。尽管，最终因为妓女们的深明大义，书娟们开始喊妓女们“姐姐”，但这种对于妓女从良的肯定，本质上仍然从属于男权社会对于妓女的既定贬抑。因此，无论是站在教堂楼顶上对于玉墨们的窥视，还是最后书娟等十二个女孩乘着车子离开教堂，书娟脑海里留存的依然是妓女们充满秦淮风情的艳影，而书娟作为一个涉世未深的女孩对玉墨这些妓女从讨厌到认同的复杂内心冲突完全被抽离了，内心的成长也完全被忽略了，因此，这个所谓的女性视角，本质上只是一个被男性同谋化的视角，其视野中的妓女形象，和男性视野中的既定形象，并没有什么本质上的不同。

三、妓女元素，如何参与商业运作

一直以来，妓女题材因为其具有先天的商业效应而成为商业电影的最爱。“妓女形象已经形成了一种审美定位——卖身而不卖心，放荡但又纯情。这一真善美和假丑恶的二元组合，对人们通常的道德经验作了陌生化处理，突出了一种人性的复杂性和变异性，同时也借助妓女形象在唤起观赏者兴趣的同时给予一种情感的抚慰。审美机制通过二元组合完成了人们的道德原则与快乐原则的一种想象性的缝合，从而填平了人们一种亘古依赖人性二

① 杨洪涛：《“抗战神剧”：历史不容亵渎》，《人民日报》，2015年05月26日第14版。

元分离的焦虑。这正是妓女文学传统绵延不断的精神分析奥秘。”[①]无论是《神女》，还是《金陵十三钗》，其实都是世界艺术史上妓女传统的某种延续，但是也不得不承认，《神女》的成功，却是“严肃文化对商品文化的利用与改造的成功，作为知识分子渗透进电影业的一个成果。”[②]尽管“妓女”成为被看的对象，作为一种社会的奇观被缝合进了影像之中，但是，奇观背后也包含着对社会问题的发掘和思考。“左翼电影除了在叙事方面最大程度地做到了通俗化、戏剧化，还成功地利用了电影本身的叙事机制，通过对女性问题、女性角色、女明星的一再改写，在满足观众消费女性形象的需求的同时，暗渡了社会批判和意识形态诉求。”[③]进而成为三十年代左翼经典电影中的经典。

同时，《神女》作为一部商业化运作非常成功的电影，从她上映之初的营销活动中来看，也将“妓女”题材作为一种重要的市场卖点进行了宣传：

“* 风尘中岂无至性之人？请看本片中之“神女”。牺牲名节，不顾廉耻，踯躅街头，且充神女，但求爱子之幸福，不惜自身之痛苦！强为欢笑，艰苦备尝，十年缧（绁），铁索锒铛，拚将灵肉作孤注，细味人生之辛酸！

* 她虽然是下贱的神女，却是污泥里的一朵莲花。

* 以往如《人道》、《城市之夜》，最近如《人生》、《香雪海》均因之减色。《神女》是人间悲剧，是可怜虫哀鸣，剧力直达心灵的深处，看此片而不感动，绝无其人！

* 是神女，沾泥絮，是慈母，火中莲，两重生活的斗争，恶劣势力的挣扎，灵与肉的忍受，血与泪的交流。

* 她的行为越是龌龊妖骚，越是惹人哀怜与同情！

* 身体属于任何男子，不管生张熟魏，心灵属于她的爱子，惟有忍辱扶

---

① 尹鸿：《世纪转折时期的中国影视文化》，北京出版社1998年版，第143页。

② 杨弋枢：《新女性与影像中的性别无意识——以〈神女〉和〈新女性〉为个案的考察》，《文艺研究》，2010年第4期，第110页。

③ 杨弋枢：《新女性与影像中的性别无意识——以〈神女〉和〈新女性〉为个案的考察》，《文艺研究》，2010年第4期，第110页。

养”[①]

从以上这些广告词可以看出，影片在营销宣传时仍然本能地避开了对这一题材的低俗化开掘，在广告词的字里行间，依然着力于对观众的精神引领，充满了对社会的关怀，影片的商业营销手段与影片所追求的审美呈现高度一致。

而《金陵十三钗》作为一部爱国主义大片，以南京大屠杀作为故事背景，试图去讲述战争中不屈的灵魂和人性的美丽。但是，因为影片在情节设置和镜头表现上过于强化秦淮妓女的风骚形象来凸显影片的视觉效果，近乎色情意味的影片审美指向和关于南京大屠杀的历史苦难记忆形成了一种尖锐的冲突，最终不但冲淡了悲剧的表现力度，同时也成为了对中国抗战苦难历史的一种消费。正是在这一点上，令很多观众无法接受。正如一些专家所言：“将南京大屠杀色情化、娱乐化、好莱坞化，在残酷的屠杀中充满性高潮的想象，恶俗如此。就是好莱坞，也偶尔有不受商业利润左右的严肃电影，比如很多关于奥斯维辛的电影，都很好地处理了残酷的创伤的问题”[②]，“只有最愚蠢的好莱坞导演才会在像大屠杀这样可怕的事件中加入性欲引诱的戏份”[③]，面对民族历史的崇高感和基本审美底线的丧失，使得该片在国内外均引发了广泛的争议。

如果说，关于影片的解读还可以存在着见仁见智的话，那么，《金陵十三钗》在宣传和营销过程中所展现出来的庸俗营销策略和“三俗”化审美导向，则完全撕开了这部贴着爱国主义标签的“抗战神剧”的画皮。无论是以十二位烟花女子旗袍造型出场的香艳海报、还是被疯狂炒作的演员倪妮的日记《我与贝尔拍床戏》以及遍布网络的那些不堪入目的标题：《〈金陵十三钗〉预告片曝光 贝尔与众女星香艳调情》、《张艺谋〈金陵十三钗〉》预告片公布 含大量床戏》等诸如此类的内容，都充分证实了这一点。“美

① 张华：《揭开〈神女〉》的面纱——〈神女〉在1934》，《当代电影》2008年第7期，第91页。

② 徐钢：《〈十三钗〉用情色满足西方对中国女性想象？》，http://talk.ifeng.com/online/culture/detail_2011_12/22/11498140_1.shtml。

③ 柯威：《浅析电影〈金陵十三钗〉的跨文化交际障碍：以西方媒体报导〈金陵十三钗〉时所突显的文化冲突为例》，《电影评介》2012年第4期。

国彭博社关于《金陵十三钗》的一篇题为《情色化南京大屠杀》的报道中，专门提到三个例子：1.影片的广告招贴，展示贝尔穿着神父服，斜眼偷瞄酥胸半露的倪妮；2.在一些与观众的互动中，允许观众和半裸的“十三钗”合影；3.倪妮的花絮文章，《我和贝尔演床戏》。这些营销策略，明摆着是要靠着情色赚钱，做大屠杀的生意。”[①]而在一次宣传中，男演员佟大为说，“最困难的不适不是战争场面，而是首度与十三钗对戏的那场戏。因为十几位女生衣衫不整，让平常就很腼腆的他，真的不知道眼睛该往哪里放。”一位专业演员，面对过于暴露的身体尚且感到视觉上的不适，由此可见该影片的画面劲爆、不堪入目到了何等地步！这样一种宣传，不管是作为一种噱头，还是无意中暴露的真相也好，都已经为这部影片无底线的审美表现和无节操的营销方式做了最好的注解。

结语

同为妓女题材，同有为妓女翻案、正名的主题追求，《神女》和《金陵十三钗》在审美趣味和主题追求上大相径庭，将会在电影史上留下不同的地位和评价。当年《神女》十分成功，而吴永刚在时隔四年之后重拍的《胭脂泪》，尽管对于商业俗套更加迎合，但是无论在票房还是口碑上均却未能超越《神女》，并很快湮没在历史尘埃之中。《胭脂泪》的失败，从某种程度来说和《金陵十三钗》具有共通之处。当然，《金陵十三钗》在票房上获得了极大的成功，但却是以审美底线的丧失和恶俗趣味的流行作为代价的，而票房的成功并不能弥补它在文化上带来的损害。特别需要指出的是，这部影片还被视为中国电影的代表赴奥斯卡参赛，以此作为展示中国文化软实力的载体，进而引发国内外广泛的恶评。正如徐刚所言，“这种营销策略也是对于中国‘软实力’的一种错误理解，以为只要是大成本、大制作、以好莱坞的风格来竞争，就是软实力的体现。殊不知真正的软实力，是对自己的历史的尊重、不轻易为资本所折腰、尊重理解女性和其他弱势群体，是有自己独

① 徐钢：《〈十三钗〉用情色满足西方对中国女性想象？》，http://talk.ifeng.com/online/culture/detail_2011_12/22/11498140_1.shtml。

特的创新能力”[①]。一百多年的中国电影发展史上，并不缺乏在商业效应和艺术表达上实现了双赢的经典之作，以《神女》、《十字街头》等为代表的一批左翼电影，即对我们当下电影创作具有重要的参照价值，尤其是对当前的主旋律电影创作，即如何在商业追求和艺术表达中保持平衡，如何让意识形态从商业运作中突围，具有重要的启示意义。正如罗岗所评价的，“上海电影文化以及鸳鸯蝴蝶派电影固然对左翼电影有着极其深刻的影响，但左翼电影却因一种新的“政治”视角介入，超越了当时的商业电影，“回溯性”地将上海电影文化中的“潜力”激发出来，从而创造了中国电影历史上的高峰。”[②]我们也期待当下的主旋律电影，能够在与商业电影的互动交融中，将民族文化中最富有内涵、最具有力量的那部分激发出来，开创主旋律电影的创作高峰。

（丁莉丽：浙江工商大学人文学院副教授）

① 徐钢：《〈十三钗〉用情色满足西方对中国女性想象？》，http://talk.ifeng.com/online/culture/detail_2011_12/22/11498140_1.shtml。

② 罗岗：《左翼思潮与上海电影文化———以〈神女〉为例》，《江西社会科学》2008年第6期。

启蒙与娱乐的冲突与碰撞

范志忠

内容提要

左翼时期，人们大张旗鼓地鞭笞具有娱乐性的历史题材影片，努力倡导以启蒙为使命的现实题材新生电影，其积极意义和局限性，都深刻地影响了当时和后来的中国电影的创作。

关键词

启蒙　娱乐　冲突

一

五四运动之后，贵族与封建文化共同遭到人们的唾弃，“民众”、“平民”、“大众”成为知识分子启蒙的对象。1930年3月，由鲁迅、郭沫若、茅盾、郁达夫等五十余人发起的中国左翼作家联盟在上海宣告成立。1931年11月，左联执委会作出了《中国无产阶级革命文学的新任务》决议，明确指出“大众化问题”是“第一个重大的问题”，指出“只有通过大众化的路线”，“才能创造出真正的中国无产阶级革命文学”[①]，大众成为是20世纪中

① 参见左联机关杂志《文学导报》第1卷第8期，1931年11月15日。

国历史语境中的关键词之一。

正是在这个意义上，作为大众艺术的电影引起了人们的高度关注。1932年，中国共产党地下组织正式成立党的电影小组，小组负责人夏衍后来在一篇文章中回忆了当时进入电影界的复杂环境：

> 电影是阶级斗争中最犀利的思想武器，敌人决不会让我们轻易夺取的，因此，我们的“困难是很多的”，同时……当时的所谓电影界，情况是非常复杂的，除去官僚资本已经插手进去之外，还有商人、流氓以及我们没有社会经验的新文艺工作者说来还是十分危险的腐化堕落势力。[①]

电影的复杂在于，一方面，电影作为工业时代诞生的影像艺术，通俗易懂，可以随着拷贝和放映机到农村最边缘的角落放映给最广大的目不识丁的农村大众观看，因此无疑是“阶级斗争中最犀利的思想武器”。列宁在苏联电影建设初期，曾就苏联电影的发展提出明确的努力目标：制作可以称为“形象化的政论”的新闻纪录片，作为“形象化的通俗讲演”的科学教育片，以及“渗透着共产主义思想，反映苏维埃现实的”故事片。列宁认为“用艺术方法宣传我们思想”的故事片之所以重要，“不仅在于这些影片应该向全国表扬良好的、日益发展的、令人鼓舞的事物，而且在于这些影片应该鞭笞我们的或异己阶级的生活和外国生活中应该鞭笞的东西。”[②]

但是，另一方面，电影又潜含了一种窥视的诱惑，“窥淫——观看癖的目光是传统的电影快感的关键部位”。[③]充斥着明星丑闻、性和毒品的好莱坞电影，历来就被很多人视为是伤风败俗的化身，而所谓中国“好莱坞”的二三十年代上海，同样由于“官僚资本、商人、流氓”等势力的纠葛而对“我们没有社会经验的新文艺工作者说来还是十分危险的腐化堕落势力”。

---

① 夏衍：《追念瞿秋白同志》，《文艺报》1955年第12期。

② 《党论电影》，时代出版社1951年版，第50页。

③ 劳拉·穆尔维：《视觉快感与叙事性电影》，载张红军编：《电影与新方法》，中国广播电视出版社1992年版，第220页。

因此，为了最大限度地发挥电影的意识形态功能，避免其腐化堕落的诱惑，电影批评就成为当时党的电影小组一个重要利器，“电影批评，这是党的电影小组在成立之后最先开辟的工作之一”①。夏衍等人通过各种关系，在上海主要报纸开辟了电影副刊阵地，如《时报》的《电影时报》、《晨报》的《每日电影》、《申报》本埠增刊的《电影专刊》、《民报》的《电影与戏剧》、《中华日报》的《电影新地》等。正如鲁迅所谓的，“有一个阵地很要紧，社会太乌烟瘴气，不能沉默。自己办不了报，一般报纸不可能干干净净，我们只利用它的一角，说自己的话，不作原则性的迁就就好了。”②1932年6月18日，蔡叔声（夏衍）、郑平子（郑伯奇）、张凤吾（阿英）、洪深等15名左翼影评工作者联名发表《我们的陈述，今后的批判》声明，提出今后电影批评的方针是：“如其有害的，揭发它”；“如其有良好的教育的，宣扬它”；“社会的背景，摄制的目的，一切要解剖它”。在批评方法上，“采用集议的方式，让一切的意见尽量审慎地讨论之后再发表。”③1932年7月8日，又创办了左翼工作者自己的理论批评刊物《电影艺术》，在刊物的封面上旗帜鲜明地表明自己的宗旨是：“公开的斗争，客观的批判，理论的研究，学术的介绍”，是“国内电影刊物界唯一的理论杂志。”在“代发刊辞”里则明确指出：“艺术不仅是社会的反射镜，它有着推进社会的使命，电影也不例外。”而《电影艺术》的责任，就在于“提高观众的电影知识”、“促进从事于电影事业的人员走入准确的大道”、“阐明电影与社会的密切关系”。④1933年2月9日，由黄子布（夏衍）、陈瑜（田汉）、洪深、郑正秋、聂耳、蔡楚生等组成的中国电影文化协会在上海成立，并发表宣言指出“帝国主义的侵略与封建势力的压迫在今日已更见严重”，号召电影工作者“认识过去的错误”，“探讨未来的光明”，开展“电影文化的向前运动”，建设“新的银色世界”。⑤

---

① 程季华主编：《中国电影发展史》（1），中国电影出版社1981年版，第186页。
② 李霁野：《回忆鲁迅先生》，上海新文艺出版社1956年版，第26页。
③ 郑正秋：《如何走上前进之路》，《明星月报》第1卷1期，1933年5月1日明星影片公司出版。
④ 《〈电影艺术〉代发刊辞》，《电影艺术》第1期，1932年7月8日。
⑤ 《中国电影文化协会宣言》，《晨报·每日电影》，1933年3月26日

1932年6月，尘无在上海《时报》的《电影时报》副刊上，发表《电影在苏联》，第一次在中国传播了列宁关于“在一切艺术中，对于我们最重要的是电影”的论述，传播了苏维埃第十二次、十三次代表大会有关“电影必须经党之手，使之成为社会主义的启蒙及煽动的有力的武器”的思想。1933年2月16日，上海大戏院正式公演了苏联影片《生路》，洪深、席耐芳撰文指出，苏联影片的公演是“新艺术的登场”，“可以给中国电影界指出一条正当的出路”。[①]1933年9月，《申报》本埠增刊《电影专刊》刊载了芦荻从保尔庭斯著的《列宁与电影》一书中摘译的《列宁的电影论》。当时上海诸报的电影副刊上，几乎都发表过有关苏联电影艺术的文章，其中《晨报》的副刊《每日电影》，在1933年1年内，据不完全统计，发表的有关苏联电影的文章达55篇之多。

二

在电影的意识形态功能日益被重视的背景下，缺乏鲜明时代色彩的历史题材影片开始遭到尖锐的批评。瞿秋白在《普洛大众文艺的现实问题》一文中，批评《火烧红莲寺》等影片“意识形态”，“充满着乌烟瘴气的封建妖魔和‘小菜场上的道德’——资产阶级的‘有钱买货无钱挨饿’的意识。”[②]茅盾在《封建的小市民文艺》中认为，这种历史题材的影片使得那些“本来就有封建意识的小市民，就无论如何跳不出封建思想的手掌了。他们中间血性差些的，就从书页上或银幕上得到了‘过屠门而大嚼’的满足；他们中间血性刚强的人，就要离乡背井，入深山访求异人学道”，并用一种不无调侃的口吻反讽道：“这弃家学道的一幕也许会使若干家庭发生扰乱，然而社会上却太太平平少了捣乱分子。”[③]卢梦殊也撰文认为：“因为我们中国在国际上现在所处的是次殖民地的地位，我们的人生是被压迫的人生……影戏是描

① 洪深、席耐芳：《〈生路〉详评》，《晨报·每日电影》，1933年2月17日。
② 《瞿秋白文集》第3卷，人民文学出版社1953年版，第856页。
③ 茅盾：《封建的小市民文艺》，《东方杂志》第30卷3期，1933年2月1日版。

写人生的，也应该以这‘意志’为前提，直接地或间接地芟除我们中华民族旧有的‘静’的劣根性……古装剧与现时代相违背，无益于我们底人生；神怪剧更荒诞离奇，是害人底思想。若在艺术上与科学上讲来，更没有摄制的可能与资格。”[①]孙师毅在《电影界的古装剧疯狂症》一文中，认为“历史戏”、“古装戏”的流行，是中国电影界一种“最恶劣不堪的趋势”，它将导致中国电影走向“毁灭”。[②]有人甚至对早期的民族电影采取了全盘否定的激进姿态，并由此提出质疑：“为什么强大的‘五四’冲击波没有波及电影圈？”[③]

无庸讳言，左翼之所以大张旗鼓地鞭笞历史题材影片，其目的就是为了倡导具有启蒙意义的现实题材新生电影。张凤吾（阿英）在《论中国电影文化运动》一文中指出：“中国的革命目前还是在工农民主革命的阶段上”，“中国电影的当前的任务”，其题材和内容思想，应“同样是反封建和反帝国主义”。应该“赤裸裸地把现实的矛盾、不合理，摆在观众面前，使他们深刻地感觉社会变革的必要，使他们迫切地寻找自己的出路。这也是中国电影界的一条崭新的路”。[④]其电影语言应该“多动作，少对白，千万不要运用一切倒叙回忆等只有知识分子或者看惯电影的人才懂得的手法。”[⑤]“中国正在生死存亡之交的时期……电影负着时代前驱的责任……我希望中国电影界叫出‘三反主义’的口号来，做一个共同前进的目标，替中国电影开辟一条生路，也就是替大众开辟一条生路。什么叫‘三反主义’呢？就是——反帝——反资——反封建。”[⑥]于是，夏衍、郑伯奇、阿英、洪深、尘无等左翼电影人开始积极介入到明星、联华、艺华等影业公司，从事“三反主义”的“新生电影”创作。“对‘社会责任’的认识和强化，是新生电影及其理

① 卢梦殊：《新英雄主义》，《银星》1926年第4期。
② 孙师毅：《电影界的古装剧疯狂症》，《银星》1926年第3期。
③ 柯灵：《试为“五四”和电影画一轮廓》，罗艺军主编《中国电影理论文选》（上），第341页，文化艺术出版社1992年版。
④ 席耐芳：《电影罪言——变相的电影时评》，《明星月报》第1卷1期。
⑤ 尘无：《中国电影之路》（下），《明星月报》第1卷2期，1933年6月1日明星影片公司出版。
⑥ 郑正秋：《如何走在前进之路》，《明星月报》第1卷第1期，1933年5月。

论批评区别于此前中国电影的主要特征。”[①]1933年，夏衍编剧的《狂流》公演，影片通过对比蒙太奇的方式，尖锐地揭露了“朱门酒肉臭，路有冻死骨”的阶级矛盾，柯灵载文认为，“国产电影一向远离现实生活、社会意义和时代意识淡薄”，《狂流》是“中国电影新路线的开始”，强调“《狂流》在中国的电影历史上有它特殊的意义，值得我们注意。因为在国产影片中，能够抓取这样紧迫的现实题材，而以这样准确的描写，前进的意识来创作的，还是一个新记录。”[②]1933年10月夏衍根据茅盾同名小说改编的电影《春蚕》公映，这是新文艺作品搬上中国银幕的第一次尝试，同年10月8日上海《晨报》“每日电影”召集“《春蚕》座谈会”，与会人员表示，《春蚕》虽然会让人觉得“沉闷”，但是它根本就不是为了“娱乐”而摄制的，它以革命的主题“开辟了新文艺电影之路。”日本学者佐藤忠男则指出：“在似乎并未考虑到电影还有超越大众娱乐意义的那个时代，由于该片采用了以社会科学的眼光作为观察现实的方法，因此可以说是一部令人震惊的作品。”[③]

在左翼电影工作者的积极倡导示范下，从20世纪30年代开始涌现出如《三个摩登女性》、《上海二十四小时》、《渔光曲》、《神女》、《十字街头》、《马路天使》、《夜半歌声》等引入了“阶级”和“民族”理念的“新生电影”优秀之作。其中蔡楚生1934年编导的《渔光曲》，在叙述小猫、小猴这对渔家孪生兄妹的不幸人生经历时，勾勒出一幅在迷离动荡的社会中民不聊生的现实景象，隐喻着一种阶级矛盾、民族危机的一触即发，体现了编导进步的思想倾向、宽广的社会视野和更加深切的人文关怀。影片故事曲折，表演自然真实，影像生动流畅，主题歌《渔光曲》亦优美动人、传唱不断，影片上演之后，超越《姊妹花》而创造了连映84天的票房新纪录。1934年吴永刚编导的《神女》，展现了一个被社会逼良为娼的女性最终无力改变命运的悲惨生活。影片从人性的视角叙述了一个妓女的故事，在中国电

---

① 李道新：《中国电影文化史》，北京大学出版社2005年版，第130页。

② 柯灵：《中国电影新路线的开始——关于狂流》，《柯灵电影文存》，中国电影出版社1992年版，第2页。

③ 佐藤忠男，钱杭译：《中国电影百年》，上海书店出版社2005年版，第16页。

影史上首次对人物的双重身份、双重人格及复杂内心进行深刻的表现，影片着力塑造了形象，更注意刻画她作为母亲的慈祥无私。影片中阮玲玉的表演细致入微，准确生动塑造了年轻妓女阮嫂软弱但却不乏自尊的生命个性，体现出一种炉火纯青的演艺水平。此外，美工出身的吴永刚，对电影影像语言有着深刻的感悟，影片场景简约空灵，拍摄角度灵活多变，画面镜头意味深长，当时就有人将这部影片誉为“灵魂的写实主义”风格化佳作。1936年袁牧之编导的《马路天使》，叙述小云和小红姐妹从东北流亡到上海。因生活无依，姐姐小云被迫为娼，妹妹小红跟随琴师卖唱度日。姐妹俩与邻居报贩老王和吹鼓手小陈朝夕相处，彼此由同情进而产生爱情的故事。影片运用活泼的喜剧手法传达了深沉的悲剧性内容，把镜头对准了妓女、歌女、吹鼓手、报贩、剃头匠、小报摊主等都市下层贫民的日常生活，这些出身卑微的贫苦青年不仅在物质生活方面极度匮乏，多年的动荡与战乱也使得他们孤苦伶仃、家破人亡，然而，他们始终没有放弃对自由、爱情和幸福的渴望，在艰难的岁月中互相扶持、苦中作乐，甚至不惜付出生命的代价。年仅16岁的周璇不负众望，把受尽侮辱和损害、但对前途抱有美好理想的歌女小红演绎得楚楚动人。由田汉作词、贺绿汀作曲的影片插曲《四季歌》，以优美的民歌曲调，“血肉筑出长城长，侬愿做当年的小孟姜”等歌词，唱出了在国破家亡的乱世中社会底层人物的漂泊命运，影片也因此而成为20世纪30年代上海的市井风情画。影片于1937年7月公映，极受观众欢迎，被誉为是“中国影坛上开放的一朵奇葩”。①不仅是中国有声电影走向成熟的标志，而且是中国左翼进步电影创作走向成熟的标志。法国著名电影史家萨杜尔甚至认为：“《马路天使》是新现实主义的先驱，是中国电影的光荣”，意大利影评家卡希拉奇也指出：“意大利引为自豪的新现实主义，还是在上海诞生的。”②

---

① 黎明：《评〈马路天使〉》，《大公报》1937年7月25日。

② 转引自孙源：《〈马路天使〉：上海风情画》，人民网2004年8月16日，http://www.people.com.cn/GB/yule/8222/36604/36608/2713946.html。

三

我们在充分肯定左翼对推动“新生电影”发展的积极贡献的同时，也同样必须指出，对待早期中国历史题材电影，不能采取简单的肯定或者粗暴的否定，而必须采取实事求是的科学态度。电影和话剧虽然同属舶来品，但是，民族话剧自创作伊始，就定位为“时事新戏”，以现实题材取胜，而民族电影却格外钟情于历史题材，中国第一部国产片《定军山》就是传统戏曲的忠实记录，20世纪20年代民族电影掀起的第一个创作高潮，也是负荷传统文化内涵的历史题材影片。中国第一代导演张石川后来在一篇文章中曾做了这样的解释：“因为是拍影‘戏’，自然很快地联想到中国固有的旧‘戏’上去。”[①]这固然有几分道理，但是我们认为，民族电影在历史题材的叙述上之所以采取迥异于话剧的姿态，更大程度上取决于电影的本身属性。

电影和话剧同属表演艺术，但是与话剧相比，作为现代工业技术产物的电影，其制作、发行和接受都需要远较话剧大得多的资金投入，这客观上决定了电影首先应该被视为一种商品，在电影制作过程中，经济的因素成为了投资人必需考虑的因素。一旦缺乏必要的资金保证，则电影创作势必举步维艰。如1919年5月，张季直等筹建中国影片制造股份有限公司，并聘请了美国归来的洪深任编导，结果仅拍了几个短片，公司就因资金紧张而宣告夭折，其中一个重要原因就聘请的摄影师美国侨民哥尔金，据说每月的薪金要600元，“另外还要供给他住洋房吃大菜”[②]。田汉1927年在《银色的梦》一文中，曾引用日本唯美派作家谷崎润一关于电影的论述来表明自己对电影的热爱：“无论何种庸俗不堪，荒唐无稽的故事，一演成电影便使人感到一种奇妙的幻想”；电影是“白昼的梦”，“人类用机械造出来的梦”，据此，田汉认为：电影应该表现“情与理的凄惨斗争”，“情节”应该“凄艳神

① 张石川：《自我导演以来》，《明星》第1卷第3期，1935年5月16日上海版。
② 欧阳予倩：《谈谈卜万苍》，《玉洁冰清》特刊，民新影片公司1926年7月1日版。

奇”，演员应该“凄艳无双”。[1]在南国电影剧社发起启事上，田汉写道：“酒、音乐与电影为人类三大杰作，电影年最稚，魅力也最大，以能白昼造梦也。梦者，心之自由活动，现实世界被压榨的苦闷，至梦境而宣泄无余，惟梦不可以作伪。”但是南国电影剧社成立后，田汉和他的同伴“尝尽艰难、呕尽气”，为影片《到民间去》筹措的资金只有二百数十元，而拍摄花费了一年多时间还未完成，结果东西当光，房租欠至第四月，“有时甚至连吃大饼的钱都没有”，最后，还不得不由田汉的母亲卖掉东西来偿还欠债。[2]

正是基于电影的这种商业属性，客观上决定了它不像话剧那样可以作为阳春白雪、曲高和寡的小众艺术，而必须最大限度地争取观众而使电影的票房价值最大化。曾在《民权报》、《中华民报》等发表文章鼓吹戏剧必须是改革社会、教化群众工具的郑正秋，在《中国影戏的取材问题》却认为：“我们认为中国现在的时代，实在不宜太深、不宜太高，应当替大多数人打算，不能单为极少数的知识阶级打算的，艺术应当提高。这句话我们也以为不错，不过只可以一步一步慢慢的提高，否则离社会太远，非但大多数的普通看客莫名其妙，不能得到精神上的快感，而且于营业上也难得美满的结果，所以我们抱定一个分三步走的宗旨，第一步不妨迎合社会心理，第二步就是适应社会心理，第三步方才走到提高的路上去，也就是改良社会心理。”[3] 1921年由梅雪俦、李泽源等旅美华侨组成长城画片公司，是抱着这样的初衷：“中国有无数大问题是待解决的，非采用问题剧制成影片，不足以移风易俗，针砭社会。”[4]但却得不到观众认可，在市场的压力面前，只好转拍古装、武侠、神怪等商业影片，在1927年至1930年期间连续拍摄了《哪吒出世》、《火焰山》、《武松血溅鸳鸯楼》、《黄天霸》、《石秀杀嫂》、《真假孙行者》等电影。

因此，“中国电影在它的开端时刻始终是高度重视与市场和观众的反应

---

① 参见田汉：《银色的梦》，载《银星》1927年第5期至第13期。
② 参见田汉：《影事追还录》，载《中国电影》1958年6月号。
③ 郑正秋：《中国影戏的取材问题》，《明星公司特刊》第2期《小朋友》号，1925年版。
④ 梅雪俦、李泽源：《导演的经过》，载《春闺梦里人》特刊，1925年9月长城画片公司出版。

相适应的娱乐论的价值的。”[①]这种对市场尊重的突出表现，就在于中国电影在题材选择上，不再像话剧那样以现实的“问题剧”为核心而排斥历史题材；而是从诞生伊始，就自觉选择大众耳熟能详的历史话语，通过对传统文化的电影化记录与叙述，唤醒观众一种熟悉而又陌生的审美体验，进而诱发观众的观影欲望。而以上海、北京等地为中心的市场本身对历史题材电影的欢迎，恰好暴露了即使在接受新思想、新文化影响最深远的中国主要城市，其市民大众所偏爱的，仍然是传统的历史题材。因为二千多年的中国历史，决定了它不可能在新旧交替的历史进程中被一下子斩草除根。恰恰相反，虽然基于对内外交迫的中国现实的巨大失望，促使了以梁启超、陈独秀等人对历史采取一种“鞭尸”的激进姿态，但这毕竟只是当时知识分子的一种启蒙话语；而在广大的市民阶层，却依然对负荷着传统文化的历史题材电影青睐有加。

麦克卢汉认为：“所谓媒介即是信息只不过是说：任何媒介（即人的延伸）对个人和社会的影响，都是由新的尺度产生的；我们的任何一种延伸（或曰任何一种新的技术）都要在我们的事务中引入一种新的尺度。”[②]因此，早期中国电影偏爱历史题材，决不能因此断定这类电影就因此与现代精神绝缘。因为当民族历史以现代工业文明符号的电影作为媒介的时候，客观上就意味着民族历史业已打破了封闭的状态而对现代工业文明采取了一种开放的姿态，这种开放的姿态与那种五四时期的话剧相比，其现代性也许显得更为隐晦、含蓄、曲折。但是，当人们能够以一种娱乐的姿态来欣赏这种历史题材电影的时候，它至少说明了，现代的工业文明正在悄然改变了20世纪中国大众的生活面貌。正如葛兆光在《中国思想史·导论》中所谓的：

在中国，新的变化却总是以历史和传统的面貌出现。由于历史和传统的无处不在的强大和丰富，由于历史于传统不容置疑的正当

① 张颐武：《超越启蒙论与娱乐论》，《当代电影》2004年6期。
② [加]马歇尔·麦克卢汉，何道宽译：《理解媒介——论人的延伸》，商务印书馆2000年版，第33页。

性和权威性，人们常常用旧词来诠释新知，用原有的事件来比附着当下的新颖的现象，古老的掩饰着现代的，于是，看上去仿佛总是不断上演着一出叫做“复古”的老戏，其实在这时，那些被凸显的“记忆”正使旧的知识、思想和信仰世界在新资源的参与中，开始生动而强烈地表现着一种新取向和新姿态。①

特别应该指出的是，在20世纪20年代，美国普通影片的成本为15万美元至20万美元左右，而一部国产影片的投入成本仅为国币5000元至2万元，②国产电影的先天不足由此可见一斑。早期中国电影人却不畏艰难，努力通过对民间大众中广为流传的历史题材故事的挖掘，找到与境外电影相抗衡的文化资源，并最终在世界电影的谱系中，从无到有地创造出中国电影的历史。1921年，中国最早的电影刊物《影戏杂志》的编辑陆洁，从友人信中的“教习”二字的联想中，把“director”翻译为“导演”，并最终将这门新兴艺术命名为“电影”，从而使电影这一外来艺术在创作和批评上都实现了本土化。1924年，随着《影戏学》的出版和昌明电影函授学校的创办，中国电影的理论研究已初具规模。根据1927年出版的《中华影业年鉴》记载，20年代上海的各类影戏学校有17所之多，诸如明星影戏学校、中华电影学校、远东电影学校等影戏学校，虽然规模大小不一，教学质量也有高低，但却培养了胡蝶、张织云等电影人才，从而给中国电影的发展打下了坚实的基础。总之，中国电影从1905年开始，就这样在经历了从短片到长片、从无声到有声、从黑白到彩色等诸种技术演变的同时，也不断以影像的方式，承载着中国人100年来的苦难与奋争、光荣和梦想，重构着民族历史的想象共同体。

（范志忠：浙江大学国际影视发展研究院教授、博士生导师）

① 葛兆光：《中国思想史·导论》，复旦大学出版社，第87页。
② 陆弘石主编：《中国电影：描述与阐释》，中国电影出版社2002年版，第114页。

前行的精神航标[①]

洪大用

中国人民大学文学院、《当代电影》杂志社合作主办的“可见的左翼：纪念夏衍逝世20周年暨中国30年代反法西斯电影研讨会”，是一个具有重要现实意义和思想价值的学术研讨会。

84年前，日本法西斯入侵我国东北，制造了“九一八事变”，中国人民奋起反抗，打响了世界法西斯战场的第一枪。从此，古老的中国大地在各方面掀起了轰轰烈烈的抗日救亡运动。抗日救亡运动为团结中国人民最终战胜日本法西斯，建立真正现代意义上的民族国家观念发挥了深刻的、不可替代的基础作用。

中国共产党领导的左翼文化人在这一场民族救亡运动中发挥了至为关键的领导作用。这些左翼文化人在当时虽然身处逆境，通常家境贫困，并因政治信念而时有性命之忧，但他们心怀家国，目光远大，总是站在时代的最前列聆听最广大劳动人民的心灵呼唤，抗击各种堕落的、逆时代潮流的思潮。他们有着惊人的创造能力，能在极其困难的条件下创造出各种具有生命活力和影响力的精神产品。他们的这些精神产品在未来影响了数代人的心灵世界。

左翼文化人介入创制的左翼电影，尤其是左翼反法西斯电影无疑是其中最为瑰丽的一朵鲜花。《桃李劫》、《马路天使》、《十字街头》、《渔光曲》这些诞生于80年前电影作品的名字，人们至今仍然是耳熟能详的。这其

① 本文是洪大用教授在“可见的左翼：纪念夏衍逝世20周年暨中国30年代反法西斯电影研讨会”开幕式上的致辞，曾发表在《人民日报》2015年8月28日，有删节。

中，需要特别提到的一部作品自然是电通电影公司创制于1935年的《风云儿女》。我们的国歌《义勇军进行曲》即来自这部电影。他们的工作，开启了文化抗战的先声，成为中国十四年艰苦卓绝抗日战争的重要精神支柱。直至今天，这些伟大前辈的创作仍然是照耀中华民族儿女前行的精神航标。

这也是我们今天在这里缅怀以夏衍为代表的一代左翼电影人的原因。夏衍是著名的文学、电影、戏剧作家，是中国左翼文化运动的开拓者、组织者和领导者之一。他对中国电影事业的影响尤其巨大，1994年，中华人民共和国政府授予他“国家有杰出贡献的电影艺术家”的称号。迄今为止，只有两位文化巨人得到了“国家杰出贡献”的政府嘉奖（另一位是钱学森先生，他于1991年得到了国务院、中央军委授予的“国家杰出贡献科学家”的称号）。

和田汉、蔡楚生、司徒慧敏、袁牧之、钱杏邨等友人一起，夏衍这一辈30年代的左翼电影人为我们留下了难以估量的精神遗产。他们的电影，也包括他们其他文化作品的重要性至少在以下两个方面尤其值得重视。第一，他们为世界反法西斯文化贡献了最早的重要作品。从世界文艺的视角来看，中国左翼文化人对时代精神把握的敏感性、对法西斯政治黑暗本质体察的深刻性，对法西斯政治破坏力认识的清醒程度，以及他们在艺术形式方面的原创才能，都已达到了可能的时代高度。他们的精神活动足以与布莱希特、本雅明、葛兰西、孚格西万特、托马斯·曼、小林多喜二等相提并论而没有愧色。但长期以来，我们对先辈们所创造的这份精神文化遗产的重视程度是有所不足的。希望本次讨论会能够对此有所促进。第二，他们在作品中表达了最热忱、最真诚的追求自由民主的精神。他们的人道主义热情，对于平等的呼唤，对于一切压抑人性政治制度的批判意识，令人动容。从这个角度说，夏衍创作于1930年代的一系列作品，如《狂流》、《春蚕》、《上海二十四小时》等，以今天的眼光来看仍然是不可多得的艺术珍品。关心广大底层人民，永远站在底层劳动人民的立场为他们的不公平处境摇旗呐喊，甚至为这种事业抛头颅洒热血而在所不辞，是中国这一代左翼知识分子最令人钦慕的政治品格。

因此，研究中国30年代反法西斯电影在今天还有着巨大的现实意义。缅怀前辈的作品，我们能够感触到他们对祖国、民族无尽的爱。正因为如此，缅怀他们的作品，我们就能够如此深切地认识到法西斯体制给中国人民和世界人民，包括发动侵略战争的法西斯国家自身带来的巨大伤害。我们必须断然驳斥那些为法西斯分子招魂的歪理邪说。

研究30年代的反法西斯电影及其他类型的左翼电影对我国当前电影事业的发展也有重大的现实指导意义。夏衍、钱杏邨、郑伯奇、田汉等在步入影坛的时候，都是“半路出家”，他们生活困顿，随时还有可能遭遇生命危险，可就是这样一些人，在一个很短的时间阶段内，不但掌握电影事业方面的所有技巧，而且摄制出了很有美学分量的作品。在短短几年中，他们的作品就在电影业界的意识形态竞争中取得了优势，这其中难道没有一些特别的经验是值得我们后辈认真学习的吗？我个人认为，他们在以下四个方面的努力是特别值得重视的。一是立场正确。夏衍等人步入电影界是瞿秋白代表党中央做出的决定。他们的一个重要历史使命，就是要打破业界低俗的、以感官刺激为鹄的的生产理念，努力使电影作品成为承载先进思想观念和高尚艺术趣味的精神园地。事实也证明他们很好地完成了党所赋予的任务。他们通过电影作品，有力地宣传了党的民族革命斗争、反对阶级剥削的理论。正是这种政治洞见在当时吸引了最广大的民众。二是视野宽广。当时的左翼文化人一般说来都有向“苏联经验”一边倒的倾向，夏衍等在这方面也未能完全免俗。但具体到电影业，他们则表现出非常开阔的国际性视野，不但学习苏联电影中的精华，也注意博采好莱坞、日本与欧美电影之长。我们可以注意到夏衍30年代写不多的影评中，涉及到的欧美电影就有近百部。其中有褒有贬，态度客观，立意高远。三是律身严谨。旧电影界有一些极其腐朽堕落的风气，瞿秋白派夏衍等人打入电影界的时候，对这方面的问题并非没有隐忧。但历史证明夏衍等人经受住了考验，作为党在电影界的领导集体，“左联”电影小组的主要成员没有一个与业界人士闹出过绯闻或其他不良讯息。他们在当年能够以在野人士身份吸引、团结一批有志于不落俗套的电影人——这批人通常是业界的精英人士，应当和这种严以律已修身的为人作风是分不开的。四是思路灵活。他们尽管有着明确的政治抱负，律身严谨，但工作作风亲切灵活，并且非常重视作品的市场效应。夏衍总是强调说，电影不是一个人的事情，一部电影卖不出去，几十个人乃至上百人的饭碗要受影响。因此，无论怎么强调政治，他都重视结合时代需要来生产观众所喜闻乐见的作品。

以夏公为代表的一代左翼电影人为我们留下的精神遗产还有很多，因为时间关系，我暂时就说这么一些。

还必须指出，在中国30年代反法西斯文化的构建中，基于国家民族大义，自由知识分子和其他政治立场的知识分子也做出了重要贡献。他们摄制的反法西斯电影也曾发挥过重大的历史作用。我们在今天也理所应当地来总结这些伟大前辈的历史贡献并致以崇高敬意。

夏公离开我们已经有20年头了，到今天，以他为代表的一代左翼电影人已经几乎凋落殆尽。但他们的精神不会死，他们的英名将为我们后辈记取，他们的事业将为我们后辈继承，他们所创立的文化传统将在中华民族伟大复兴的道路上更加发扬光大。

各位来宾，中国30年代的反法西斯文化是一座巨大的精神宝藏。衷心希望大家深入研讨、发掘，祝愿本次研讨会能够取得有价值、有分量的学术成果，弘扬先贤，引领后学。

（洪大用：中国人民大学党委常委、副校长）

一条注释引发的考辨：丁谦平并非蔡叔声

黄德泉

内容提要

1993年出版的《中国左翼电影运动》一书中第356页上的“*丁谦平、蔡叔声均为夏衍的笔名。——本书编者”这条注释着实令人费解并产生质疑，于是难免不引人去作一番考辨。结果，当然不出所料——丁谦平并非蔡叔声，他们根本就是两个人。既然如此，那么“丁谦平”和“蔡叔声”中究竟有没有一个是夏衍（本名沈端先）的笔名或化名呢?而如果有，那么又是哪一个呢？本文亦有初步探讨。

关键词

夏衍　丁谦平　蔡叔声　左翼电影

5月5日，收到中国人民大学文学院、《当代电影》杂志社拟于2015年7月18—19日在北京联合举办“可见的左翼：纪念夏衍逝世二十周年暨30年代反法西斯电影研讨会”的邀请函。为着应付所在单位之处室于年初开始实行的学术研究工作每月需完成5分的定量计分之“短平快”考核办法——其中规定“参加50人以上大型研讨会并发言或提交论文的可得3分”，于是难免有些心动地开始搜寻着可供参会的相关论文之议题。好在“功夫不负有心人”，就在浏览阅读《中国左翼电影运动》一书的过程中，“本书编者”的一条注释诱发了笔者质疑的兴趣，进而乃下定决心要去考辨一番。

一条注释惹质疑

在《中国左翼电影运动》（广播电影电视部电影局党史资料征集工作领导小组 中国电影艺术研究中心编，中国电影出版社1993年出版）一书的第356页，一篇原载于1933年5月15日上海《晨报》“每日电影”副刊的题为“关于《脂粉市场》之结尾原编剧人有所声明——丁谦平蔡叔声二君致本刊编者函”之信函被全文收录其上。然而令人匪夷所思的是“本书编者”却要在该页的脚注位置对“丁谦平蔡叔声二君”作出“丁谦平、蔡叔声均为夏衍笔名”的注释，硬是把“二君”作为“一人”解。这里为直观起见，不妨完整抄录此页上除页码以外的全部文字符号内容：

关于《脂粉市场》之结尾

原编剧人有所声明

丁谦平 蔡叔声①二君致本刊编者函

编者先生：

顷承友人以电话见告，谓《脂粉市场》结尾有“女主人公开设合作商店”一节，似于全剧结构有凿枘之处云云，深感惶惑。《脂粉市场》一片，其主题在说明现代妇女解放运动，与整个社会问题之解决有同一之运命，盖编剧者之意，以为在现社会之下，所谓妇女经济独立与男女平权等等实仅为一种黄色之欺骗与自慰的梦想也。此种主旨，首即表白于幕首之“献词”中，谅为观众所共见，男女主人公同为下级店员，当然无出资开设商店之可能，此节非出原作者本意，即在《明星月报》所载王乾白君所拟本事中亦可复案

① 丁谦平、蔡叔声均为夏衍的笔名。——本书编者

也。此函恳为在贵报发表，以明责任，无任感盼。匆此即颂编绥。

弟 丁谦平 蔡叔声

（原载《晨报》“每日电影”1933年5月15日）

无独有偶，十二年后出版的《夏衍全集》之《电影评论》（上）卷（程季华、朱天纬、张建勇编，浙江文艺出版社2005年12月第一版）在第5页再次收录此信函时，同样也做出了类似的注释，说：“……丁谦平、蔡叔声（均为夏衍的笔名）”。

更有甚者，《“电影小组”与左翼电影运动》（吴海勇著，上海人民出版社2014年6月第一版）一书的第186页上居然把“丁谦平”一分为二成了既是夏衍的笔名又是洪深的化名。该书此页先在第8行写到：对此，夏衍以“丁谦平”为名发文，……；后又在第15行说：《压迫》，洪深（化名丁谦平）编剧，……。

而最令人难以容忍、也最不应该的是《中国电影发展史（初稿）》（第一卷）（程季华、李少白、邢祖文编著，中国电影出版社1963年2月第一版、1981年10月第二版）在书末所附的“影片目录”中竟然把1933年所有本该署名“丁谦平”或 “蔡叔声”编剧的影片一律把署名改为“夏衍”，孰不知当年还未曾有“夏衍”之笔名。

明明是“丁谦平蔡叔声二君”，某些人为什么却要把他们当作“夏衍”一人呢？经查，可以导致人们产生误判的可能之处有两个。

第一，《明星月报》曾在第一期上把《春蚕》标注为“丁谦平 编”，而在第二期和第四期以及影片片头字幕等其它各处均为“编剧 蔡叔声”。同一部影片的编剧署名怎么前后标注不一呢？于是有人便想当然的以为这“丁谦平”和“蔡叔声”应该是一个人才对，孰不知或许还有更大的一种可能是因为第一期《明星月报》的排版刊印错误所致。

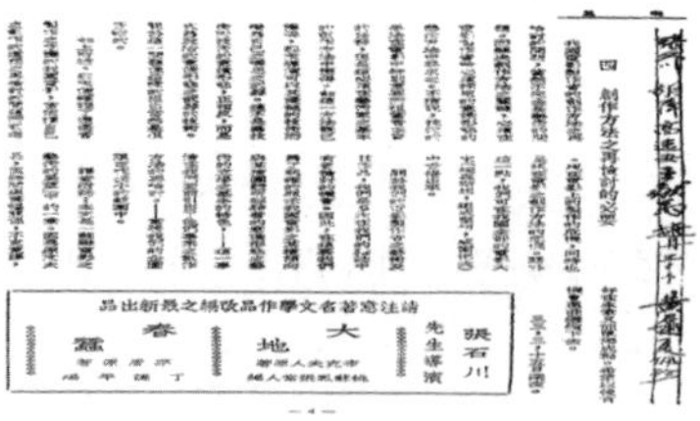

四 創作方法之再檢討的必要

請注意著名文學作品改編之最新出品

張石川先生導演

大地

春蠶

第二，“上海影界铲共同志会”散发的一封“警告函件”中有“沈端先（即蔡叔声，丁谦之）”的说法。请看1933年11月16日上海《大美晚报》的一篇题为“影界铲共同志会警戒电影院拒演田汉等之影片”的报道，该报道援引了此函件的原文，不妨摘录如下：

影界铲共同志会 警戒电影院 拒演田汉等之影片

昨日本埠大小电影院同时接到署名上海影界铲共同志会之警告函件，请各院拒映田汉等编制导演主演之剧本，其原文云。

敝会激于爱护民族国家心切，并不忍电影界为共产党所利用，因有警告赤色电影大本营——艺华影片公司之行动，查贵院平日对于电影业，素所热心，为特严重警告，祈对于田汉（陈瑜）沈端先（即蔡叔声，丁谦之）卜万苍，胡萍，金焰等所导演，所编制，所主演之各项鼓吹阶级斗争贫富对立的反动电影，一律不予放映，否则必以暴力手段对付，如艺华公司一样不宽假，此告

上海影界铲共同志会 十一·十三[①]

“上海影界铲共同志会”的这封“警告函件”的确把“蔡叔声”和“丁谦之”（疑即“丁谦平”，可能是排版所误，也可能是“铲共同志”原本就搞错了，或者本该就如此）当作了沈端先（夏衍的本名）的笔名或化名。它

① 摘自1933年11月16日上海《大美晚报》第3页之“银花”专栏。

何至于此呢？一则可能因为“上海影界铲共同志会”的“特务”调查工作不到位而把人头姓名搞混了以致名不副实；二则是因为这“将错就错”的伎俩也很符合当时“铲共”分子“宁可错杀一千，不可放过一个”的方针政策；三则可能还有其它原因，不得而知。

丁谦平和蔡叔声究竟是一个人还是两个人呢？其实从“丁谦平蔡叔声二君致本刊编者函”的字样中本该可以一目了然的。但是为了以防万一有人会说：这只是孤证，不足为凭。那就再提供两个更为直接有力的证据吧！

丁谦平并非蔡叔声

丁谦平并非蔡叔声，他们根本就是两个人。相关证据除了上一节所引原载于1933年5月15日上海《晨报》“每日电影”副刊的题为“关于《脂粉市场》之结尾原编剧人有所声明——丁谦平蔡叔声二君致本刊编者函”中“丁谦平蔡叔声二君”及其落款“弟 丁谦平 蔡叔声 同上”字样可资判断外，至少还有如下两份材料可供确证。

一、《脂粉市场》影片的片头字幕

所幸《脂粉市场》的影像至今仍有留存，想要知道该片的“原编剧人”到底是谁？看一看其片头字幕，便可知！

《脂粉市场》片头字幕

以上截图是《脂粉市场》影片片头字幕的第三个镜头之画面，此同一画面上明明白白地映着“编剧　丁谦平”和“对白　蔡叔声”的字样，因为“对白”的工作其实也是属于编剧工作的一部分，所以本片的“原编剧人”当然可以是“丁谦平蔡叔声二君”。由此可见“丁谦平”和“蔡叔声”不是一个人，这是毫无疑问的！

二、1933年初上海明星影片公司的职员名单

在1933年1月22日上海《申报》的头版有整版的关于“明星影片公司民国廿二年新贡献新计划”的具有通告性质的宣传广告，其中有大半版的内容是该公司当时所有“董事及职员”和“导演及演员”的在职人员名单附表。在“董事及职员”附表中，所列“（编剧）”有十二人，其完整的名单是：陈瑜、丁谦平、洪深、严独鹤、周瘦鹃、张恨水、姚苏凤、蔡叔声、张凤梧、高季琳、陆小洛、于定勋。为了直观和无误起见，不妨把当日《申报》头版的相关部分内容影印于后。

董事及职员附表

明星影片公司
★董事及職員
★董事
杜月笙　林康侯　袁履登
潘公展　陳箪霖　嚴慎予
朱繼良　錢芥塵　張石川
鄭正秋　周劍雲　張巨川
麥君博　王玉書　董天涯
★監察
吳麟趾　王夢萍　卞毓英
總經理……張石川
協理……鄭正秋
發行主任……周劍雲
（編劇）陳瑜　丁謙平　洪深　嚴獨鶴
周瘦鵑　張恨水　姚蘇鳳　蔡叔聲
張鳳梧　高季琳　陸小洛　于定勛
（文書）黃乾白　鳳玉純　陸若嚴　湯修梅
吳吉人　丁振漢

如图所示，显而易见的是，在这十二个“（编剧）”职员的名单里面，“丁谦平”和“蔡叔声”同时而且分别列于其中之第二和第八的位置。试想，在一个单位的职员名录中怎么可能允许一个人占两个名额呢？即便一个人有两个姓名，他也只能够以“（）”说明的形式出现，比如，假设“丁谦

平”和“蔡叔声”是一个人的话，如果在同一份名单中这两个名称有必要同时呈现，那应该以“丁谦平（蔡叔声）”或“蔡叔声（丁谦平）”的形式来强调，而不至于把它们拆开分列。据此，便足以充分说明“丁谦平”和“蔡叔声”毫无疑问是分别代表着两个人，而不管这两个名字是真名还是化名，或者是谁谁谁的笔名。

既然有以上确凿的证据可以确定丁谦平和蔡叔声是两个人，那么何以夏衍却有如下的回忆呢？

> ……为了不暴露身份，进入“明星”，我们每人都改了假名。阿英改名张凤吾（他弟弟小张，后来就叫钱筱章），郑伯奇改名席耐芳。席耐是英文“电影”的译音，芳是英文“爱好者”的意思。我叫黄子布。名义是编剧顾问，每月有五十元车马费。“明星”每星期开一次编辑会，讨论剧本。……我任“明星”编剧顾问后，编写的第一部作品是《狂流》，用的化名是丁一之。程步高导演，董克毅摄影。……这之后，我又以蔡叔声化名，将茅盾的《春蚕》改编为电影剧本，仍由程步高导演，摄影是王士珍。……一九三四年，我用丁谦平化名写了《脂粉市场》。张石川导演，董克毅摄影……①

按此回忆的说法，夏衍自称先是“黄子布”，而后是《狂流》的“编剧 丁一之”，再后是《春蚕》的“编剧 蔡叔声”，最后才是《脂粉市场》的“编剧 丁谦平”。

然而实事上，《狂流》的“编剧 丁一之”，同时也作“编剧 丁乙之”，又作“编剧 丁谦平”（在《时代的儿女》摄影台本刊发时甚至还作“丁君吾”，相关证据详见下节）。而根据夏衍的如上所说，他显然不知道《狂流》的编剧“丁一之”居然还有 “丁谦平”和“丁乙之”这两个另外的

① 夏衍：《从事左翼电影工作的一些回忆》，原载《电影艺术》1980年第1、2辑。节引自会林、陈坚、绍武编：《夏衍研究资料》第72—89页，中国戏剧出版社，1983年9月第一版。

署名；同样，他似乎也只知道自己是《春蚕》的“编剧 蔡叔声”和《脂粉市场》的“编剧 丁谦平”，却不知道又是《脂粉市场》的那个“对白 蔡叔声”！

如此看来，即便是当事人的回忆或口述，也有相当多的可疑之处或不靠谱的地方。既然“丁谦平”和“蔡叔声”不是一个人，那么究竟其中有没有一个就是明星影片公司“编剧顾问”之一的“黄子布”呢？而如果其中有一个是，那他又可能是谁呢？接下来不妨再作一些初步的探讨和分析。

有理有据之探讨

或许是囿于涉猎范围的狭窄，经查阅一些著述，略知有关“中国左翼电影运动”的相关“历史资料”有相当一部分源于夏衍的高调回忆文字，至于其他当事人或见证人，如钱杏邨（曾用笔名阿英）、郑伯奇（曾用笔名席耐芳）、高季琳（曾用笔名柯灵）、田汉（曾用笔名陈瑜）、石凌鹤、洪深、程步高、司徒慧敏等等却对那一段的历史情况除了影评或论文之外难得有详细的文字留存。

有鉴于此，为了试图弄明白“丁谦平”和“蔡叔声”二人中是否有一个或者哪一个是“黄子布”的问题，不可避免的还得从夏衍所留存的或与其相关的文字里寻找线索，并结合当时报刊杂志的记载来作一番探讨，尽可能做到有理有据。由于都是笔名惹的“疑”，所以还是由笔名切入吧。

关于夏衍笔名，在《夏衍研究资料》（会林、陈坚、绍武 编，中国戏剧出版社1983年9月第一版）一书第156页的“夏衍笔名一览”可见到70个，而在《夏衍全集》之《书信日记》卷（沈宁、沈旦华、沈芸 编，浙江文艺出版社2005年12月第一版）第456—457页的“夏衍笔名录”所列则有209个。这么多的笔名，到底具体是哪些就连夏衍自己也弄不清楚，更何况是外人或是其后人呢！不过对于其中比较重要或有影响的笔名，尤其是1934年之前用过的笔名，夏衍倒是记得一清二楚的。这可以从他在1981年10月5日给黄会林写的一封回信中可知，不妨节录如下：

会林同志：

两函均悉。你一再要查对我用过的笔名，这实在是一件没有太大意思而又劳而无功的事。五十年来，我用过的笔名，即使不能以千计，总可以说以百计吧，你要问我，我自己也弄不清楚。为什么要用这么多的笔名？主要是为了当时的政治环境，也有一些别的原因。

我最早用的笔名，是沈宰白，那是“五四”之后，1927年大革命失败之前，我在《浙江新潮》、《语丝》……上写的短文，用的都是这个笔名。二十年代末到三十年代初，用的是沈端先这个本名。

1932年，我和钱杏邨、郑伯奇加入了明星影片公司，当编剧顾问，当时已在“左联”成立之后，我和钱、郑都在黑名单上列了名，所以要到公开合法的电影公司去做事，用本名显然不行了，于是三个人都改用了笔名，钱杏邨改名张凤梧，郑伯奇改名席耐芳，我改名黄子布。黄子布这个笔名用了两三年，记得译著普特符金的《电影导演论》以及和“软性电影”派打笔墨官司，用的都是这个名字。这一段时期——从五四到1934年，我用的笔名还比较简单，可以查对，这之后，就乱了，特别是在1934年国民党捣毁了艺华电影公司，在报刊上公布了禁售书目之后。据当时已经“通匪”的姚苏凤告诉我，潘公展手边有一张很长的“共匪文人笔名索引”，田汉即陈瑜、欧阳继修即华汉、沈端先即黄子布等等一一都登录在案，所以，这之后，我所写文章，几乎每篇都要改换名字（鲁迅在“自由谈”撰文，也是如此）。

……因为我取名也还有一个自定的规律，就是不要太怪，要有名有姓，像一个普通人的名字，如黄子布、孙光瑞、韦彧、任晦之、秦炳著等等，……

1935到1936，上海白色恐怖特别严重，我的工作也渐渐从电影编剧转向抗日救亡运动方面去了，当时有许多杂志要我写文章，如胡愈之同志编的《世界知识》，沈兹九同志编的《妇女生活》，以及《申报月刊》之类，我都写了不少文章（写独幕剧和短篇，也是从这个时候开始的），但我自己作了规定，一个杂志上用一个固定的笔名，例如写有关电影的文章用黄子布，给《世界知识》写文章用韦彧，给《妇女生活》写文章用朱蕙等等。……

至于我现在常用的笔名夏衍，开始于一篇短篇小说《泡》，以后写剧本，都用这个笔名了，用得多了，于是甚至现在的一般朋友，也以为我真的姓夏了，其实，夏衍是我父亲的号《雅言》的谐音，如此而已。

够了，写了这许多，尽管不能满足你的要求，也总算可以交账了吧。

顺致

敬礼

夏衍

1981年10月5日[①]

夏衍在这里所说的“1932年，我和钱杏邨、郑伯奇加入了明星影片公司，当编剧顾问……我改名黄子布。黄子布这个笔名用了两三年，记得译著普特符金的《电影导演论》以及和“软性电影”派打笔墨官司，用的都是这个名字。这一段时期——从五四到1934年，我用的笔名还比较简单，可以查对……”基本属实，查一查其它相关记载可得佐证。

据查《夏衍全集》之《电影评论》（上）卷所收录的影评文章中，在1932年9月至1933年9月于上海《晨报》之“每日电影”副刊上有署名“黄子布”的有5篇，分别是对《生路》、《重逢》、《城市之夜》、《伏虎美人》和《乱世春秋》五部影片所作的评论；只是该书所收入的有关“软性电

① 夏衍：《夏衍关于笔名答客问》，原载《杂粹集》，四川人民出版社1983年9月出版，节引自会林、陈坚、绍武编：《夏衍研究资料》，中国戏剧出版社1983年版，第154—155页。

影”批评的5篇文章则均署名“罗浮”而非“黄子布”，它们集中发表在1934年6、7月间的上海《晨报》之“每日电影”副刊和上海《大晚报》之“火炬·星期电影”副刊上。

又查由晨报社发行、新民出版印刷公司于1933年2月出版的《电影导演论 电影脚本论》（苏联普多夫金著）一书的版权页，该书的确署名“黄子布 席耐芳 编译”。

再看1933年5月1日由明星影片公司出版发行的《明星月报》创刊号上的一篇《时间的“特写”》（苏联普多夫金著）译文，署名也是“黄子布译”。

另据上海《申报》的一则调查报道，明星公司确实在1932年下半年的时候在搜集各项新人才计划中引进了“黄子布”。该报道称：“……本着求进的心，明星公司，便锐意的搜集各项的新人材，——编剧有黄子布等，导演有李萍倩等，女演员有胡萍、王莹等，男演员有孙敏等，真可谓极一时之盛，……”①

然而，在有关1932年下半年明星公司这次引进人才的一份统计资料里却没有“黄子布”等，可能是 “因为不甚重要，所以没有列入。”该统计资料在上海《申报》亦有披露：

> 一二八后，上海各业莫不凋敝，电影事业当然不在例外，然而明星联华天一三大制片公司却并不因着社会的不景气而阻碍他们进取的精神，单就明星公司一家而论，在一九三二年下半年，各项人才竟罗致了两打之多，这也算大可惊人的了罢，今由调查所得代替他们作一个分类的统计，报告在下面！
>
> 导演——李萍倩 沈西林 陈铿然
>
> 演员——艾霞 孙敏 王莹 宣景琳 王以吴 赵丹 徐琴芳 陈少敏
>
> 摄影——严秉衡 高廷章

① 红：《在“狂流”中的明星公司：制片公司访问记之二》一文，载1932年11月11日上海《申报》本埠增刊（五）“电影专刊”之“本埠调查”栏目。

> 编剧——于廷勋 陆小洛
>
> 收音——司徒慧敏
>
> 剧务——胡悦溪 朱少泉
>
> 卡通——万籁鸣 万古蟾
>
> 文牍——王乾白
>
> 宣传——李君磐
>
> 美术——胡倬云
>
> 广告——高季琳
>
> 这二十四位职员中，十位是由天一公司转过来的，还有四位是因为友联停办之后，才加入明星合作的，不过，他们在半年之中增添的人数，并不止此二十四位，其余因为不甚重要，所以没有列入。①

按此，明星影片公司的这次大规模人才引进，并非仅仅只是雇佣了三个"左翼"人士来充当"编剧顾问"而已，所谓的"中国左翼电影运动"其实是时势所使然，绝非三两个"编剧顾问"或什么"电影小组"能造就。

基于以上的查对以及《夏衍关于笔名答客问》中已明确了自己在明星影片公司当编剧顾问期间的两三年——即1932年下半年到1934年下半年——时间里用的都是"黄子布"笔名，而且也未提及"丁谦平"和"蔡叔声"，那么由此可以肯定"丁谦平"或"蔡叔声"均不是夏衍的笔名。而这样也就能够理解为什么在1933年初的明星影片公司"董事及职员"名单之"（编剧）"里没有"黄子布"的名字，这是因为作为"编剧顾问"的编外人员当然不能进入在职的"（编剧）"行列里。而既然如此，那么当然同样作为"编剧顾问"编外人员的钱杏邨和郑伯奇的笔名或化名也不应该出现在"（编剧）"行列里，所以其中没有"席耐芳"的名字也就在情理之中了。关于郑伯奇使用过"席耐芳"的笔名，除了夏衍所说之外，他自己也留有文

① 般若：《明星新进人才的统计：半年之中增加了两打》一文，载1933年1月15日上海《申报》本埠增刊（五）"电影专刊"。其中"于廷勋"应为"于定勋"，"王乾白"即"黄乾白"。

字可以确证，口吻相当的低调：

> 在“良友”的时候，由于洪深兄的推荐，我和几位朋友曾共同参加过“明星影片公司”的编剧工作。我又用“席耐芳”、“方均”等笔名，写过电影评论。因此，我同电影界发生了关系。①

> 自己曾做过一家影片公司的客卿，也曾参加电影方面的一些会合，在报章杂志上也曾大胆地发表过一些关于电影的文字，并且，虽然没有什么意义，自己还主编过一本电影刊物。②

据查《郑伯奇研究资料》第286—315页所载的“郑伯奇译著系年目录”可知，郑伯奇于1932年8月至1933年10月间以“席耐芳”署名在上海《晨报》的“每日电影”副刊所发表的影评文章就有28篇，是几乎同时期“黄子布”的五六倍。

既然“黄子布”和“席耐芳”都未能名列明星影片公司的“（编剧）”名单里，可是为什么却有“张凤梧”的名字呢？理由只能有二：要么“张凤梧”根本就不是钱杏邨的笔名，事实上也未曾见到钱杏邨有用过“张凤梧”的笔名；要么如果“张凤梧”是钱杏邨的笔名，那么他就是在职的“（编剧）”而非编外的“编剧顾问”了。

既然根据《夏衍关于笔名答客问》可以得知“丁谦平”和“蔡叔声”均不是夏衍的笔名，那么夏衍何以在其它诸如《从事左翼电影工作的一些回忆》、《懒寻旧梦录》和《杂谈改编》等著述里却不忘提及自己作为“黄子布”，作为“丁一之”、“丁谦平”和“蔡叔声”所从事的编剧工作呢？莫非笔名这东西也可以被“黄袍加身”而“骑虎难下”不成？不得而知。

《狂流》和《脂粉市场》等影片的编剧丁谦平，在洪深为《电影导演论电影脚本论》一书所作的《序》中被称为“丁一之”：

---

① 郑伯奇：《沙上足迹：文坛生活二十五年回顾》一文，载1944年12月1日出版的《高原》第一卷第二期，引自王延晞、王利 编：《郑伯奇研究资料》，知识产权出版社2009年版，第147页。

② 郑伯奇：《〈两栖集〉后记》一文，载郑伯奇著：《两栖集》，上海良友图书印刷公司1937年1月10日出版。引自王延晞、王利 编：《郑伯奇研究资料》，知识产权出版社2009年版，第148页。

附在后面的丁一之君的电影剧本《狂流》，是最近明星公司采用的，一本比较的接近上述基础的方法的作品。将这本书上的《狂流》和银幕上的《狂流》参看一下，我想对于从事电影剧本的作者们，也许会有些有益的暗示的。[①]

同时，丁谦平作为《狂流》的编剧，在上海《申报》上所刊登的该片广告中也曾被当作“丁乙之”，请看《狂流》影片在该报1933年1月1日和3月5日的二则广告图片：

① 洪深：《序》，载黄子布、席耐芳编译：《电影导演论电影脚本论》，上海新民出版印刷公司1933年版，第1—2页。

另外，作为《时代的儿女》之编剧的丁谦平，在该片的摄影台本连载于《明星月报》第9—10期的时候，则署名“丁君吾编剧”。

综上所述，显然有确凿的证据可以断定：丁谦平并非蔡叔声，他们根本就是两个人。而至于其中有没有一个还属于沈端先的笔名，按照《夏衍关于笔名答客问》中的说法：应该没有！但是如果有人硬要说其中有的话，那也只能二选一，不可能既是“丁谦平”又是“蔡叔声”；而又如果非要强行作二选一的话，那么其中的“蔡叔声”或许更有可能一些。究竟答案为何，仍然有待继续探讨。

（黄德泉：中国电影艺术研究中心副研究员）

历史的政治——重温“历史学家之争”

黄金城

一、从“克服过去”到“清理过去”

经过70年，第二世界大战的硝烟早已散尽，但有些历史遗留问题，特别是关于屠杀犹太人的问题，至今还牵动着世界舆论的神经。去年，海德格尔的黑色笔记本公开出版。这批笔记本多达1200页，其中有两页半涉及反犹言论，一时间便引起一片挞伐之声。今年3月，弗莱堡大学最终决定取消海德格尔原先持有并传承至今的哲学教席。今年4月，93岁的前奥斯威辛集中营军官奥斯卡·格伦宁出庭受审，他被指控为至少30万起谋杀案的从犯。如果罪名成立，他将面临至多15年的监禁。大屠杀事件，至今仍然是德国社会无法回避的一段过去。

德语中有一个词，叫Vergangenheitsbewältigung，在1945年后，这个词是理解德国文化的关键词。这是个合成词，Vergangenheit就是“过去”的意思，而这里的“过去”，当然就是指1933—1945年间在德国发生的一切，bewältigung的意思是“处理、解决、克服、完成”。Vergangenheitsbewältigung的大体意思就是直面过去，从而克服过去。这段过去如何发生，为何发生？这对于联邦德国而言，始终是一个核心的政治问题和历史问题。其中的道理是很显明的，因为，联邦德国的政权是从第三帝国那里继承来的。相反，民主德国因为甩开了这个历史包袱，也就不存在这种政治负担。可以说，“克服过去”也构成了战后联邦德国独特的文化记忆和政治记忆。在文学史上，格拉斯的“但泽三部曲”和伦茨的《德语课》，都表达了“克服过去”的历史责任感。

在30年前，具体说来，也就是1986年，围绕着这段过去，德国思想界爆发了一场大论战，史称“历史学家之争”（Historikerstreit）。这也使得“克服过去”这个主旋律产生了一次激烈的变奏。争论的一方是以哈贝马斯为代表的左翼和左翼自由主义知识分子（如Martin Broszat、Eberhard Jäckel、Jürgen Kocka、Hans—Ulrich Wehler， Heinrich—August Winkler等），另一方面则是一批被哈贝马斯统称为新保守主义者的历史学家，以希尔德布兰德（Klaus Hildebrand）、 希尔格卢伯（Andreas Hillgruber）、诺尔特（Ernst Nolte）、斯徒尔默（Michael Stürmer）四位历史学家为代表（另包括Joachim Fest、Horst Möller、Thomas Nipperdey、Hagen Schulze等人），虽然，他们的政治观点不一定十分合拍，但在这场争论也形成了攻守同盟，甚至被左翼称为“四人帮”（Viererbande）。

当然，这场争论不是凭空发生的。在1968年的学运之后，到了20世纪70年代，左翼政治仍是在德国思想界占据着主导地位。但20世纪80年代初，赫尔穆特·科尔上台之后，致力于推动一场“精神—道德转向”（geistig—moralische Wende），社会主流话语开始出现一种保守主义转向，核心理念也从“解放”转变为“身份认同”。科尔这位历史学家博士尤其鼓励那些将第三帝国历史相对化的努力，力图扫除联邦德国议会大厦上空的希特勒阴影。科尔一系列与此相关的政治行动，使得左翼与右翼的关系越发紧张。1984年，科尔在以色列发表讲话声称，他之所以历史清白，不必背负纳粹时期的罪责，是因为上帝给了他“晚出生的恩宠”（Gnade der späten Geburt）。这种表态事实上否定了德国人为纳粹的罪行负连带责任的命题。1985年，在德国投降40周年之际，科尔和里根一同到比特堡军人公墓吊唁在二战中阵亡的德军和盟军士兵，而安葬在其中还有49名党卫军成员。这是具有象征性的政治行动，引起了左翼舆论的强烈不满。格拉斯认为这是在“切割历史”（Geschichtsklitterung）。哈贝马斯从中看到一种将第三帝国历史正常化的动向，他认为科尔政府正在抛弃那种正在瓦解的“克服过去”的文化—政治主题，科尔那种重构德国历史连续性的方案，也是一种倒退，事实上是在“清空过去”（Entsorgung der Vergangenheit）。科尔政府的这种思想动向落实为具体的文化政策，就在波恩建造一个“联邦德国历史馆”和在柏林建造一个“德意志历史博物馆”。这两个文化方案的主导者，在政治都倾向于新保守主义。这使得左翼和右翼在人事上的对立进一步激化，并最终引发了1986年“历史学家之争”。

二、历史修正主义的策略和方案

这场论战的引火索是历史学家诺尔特的一篇文章，题目叫做《不愿过去的过去》。过去之所以“不愿过去”，就是因为它还有成为一段正常化的历史，仍然像幽灵一样在场，并且纠缠着当前德国人的政治意识和历史意识。在他看来，虽然时间过去了40年，但人们对于希特勒的想象还是卓别林所扮演的那个形象，而第三帝国还仍然是个负面的神话。诺尔特表明，他并不是想给希特勒开脱，而是想以正常的历史态度对待这段过去，就像对待其它一段过去一样，而这就要承认历史的复杂性和相互交织的关联性。早在争论之前20年代，诺尔特就以《时代中的法西斯主义》（1963）一书成名。他把“法西斯主义”引入学术研究，在欧洲语境中加以比较和界定。在这种理解框架下，他把法西斯主义和民族社会主义理解为对另一种极权主义意识形态，即布尔什维克主义（和1917年革命）的反应。在《不愿过去的过去》一文，他也着重讨论了纳粹的种族灭绝问题。在他看来，种族屠杀并不是纳粹主义的发明，在现代历史上，从巴贝夫、欧文、博立叶，直至波尔布特，这些人都把对特定人口的大规模屠杀视为一种社会治疗方法。而奥斯维辛，不过是古拉格的翻版。这种解释策略，是在一种极权主义谱系（从巴贝夫到波尔布特）中，对大屠杀现象进行一种历史哲学阐释。说白了，历史就是这么残酷，天下乌鸦一般黑。从而，纳粹的种族灭绝政策，也在这种比较中抵销了，也就是说，它不具有独特性。当然，诺尔特也承认某种“独特性”，这种“独特性”就在于它是通过机器而进行屠杀，是现代工业文明（“技术革新”）独特后果，相比之下，苏联或柬埔寨所发生的阶级清除，只是石器时代的、或者“亚细亚式”的暴行。由此，纳粹主义的罪行得以相对化的处理。另一位历史学家希尔格卢伯也遵循这种策略，他在大争论前出版了一本书，叫《两种毁灭》。在书中，他把纳粹主义对欧洲犹太人的灭绝视为犹太人的浩劫，同时，又把“二战”结束时驱逐中欧东部的日耳曼人与分割德意志帝国视为德国人的浩劫。他认为，这两场浩劫有着共同的历史语境，即当时在欧洲普遍发生了强制移民与大屠杀现象，因此，在这两场浩劫之间存在某种相似性，或者说它们是紧密相关的。

这种历史解释，其政治意图多少还有些隐晦。而另一位政论家斯徒尔默则把目标表达得很明确。他说：“这种对逝去年代的追寻有两重意义。其一，这是对历史意识的重建，对文化传统的回归，以及对常态秩序的承诺；其二，它提醒我们，如果我们发觉现实的基础并不坚实，就应该将目光投向过去，以寻找方向与确证，明白这一历史旅程将通往何方。这二者都是要借助过去的历史以确定新的方向：因为方向的迷失与身份认同的找寻是紧密相关的。”他接着论断道：“在一个没有历史的国度中，谁决定记忆的内容，谁创造概念并阐释过去，谁就控制了未来。”[①]在他看来，希特勒的崛起源于世俗化文明所导致的危机和灾难。世俗化文明一再在新的起点坍塌，其主要特征就是方向的迷失和对身份的徒劳寻求。从1914年到1945年，德国人被暴露于现代性激流之前，一切传统轰然坍塌，不可思议的东西变得顺理成章，野蛮变成国家形态。这是新保守主义的历史阐释进路，其策略就在于重构历史的连续性和统一性。

从总体上看，新保守主义历史学家的历史书写方案：赓续民族主义历史编纂的传统，以图重新塑造德意志民族的历史意识。由此涉及两个方向：第一，对民族社会主义的罪行进行弱化、相对化、正常化和日常生活化（诺尔特、希尔格卢伯）；第二，对相关的历史人物、历史过程和历史时期加以展示，从创造一个支撑政治秩序的系统化的历史意识（斯徒尔默）。这种历史书写方案，事实上是与波恩当局和知识界的保守主义转向密切相关的。波恩的保守主义转向之后，历史作为一门学科和一种意识，成为一种为现存秩序

① 米夏埃尔·斯徒尔默：《没有历史的国度中的历史》，见《希特勒，永不消散的阴云？——德国历史学家之争》，逢之、崔博等译，生活·读书·新知三联书店2014版，第26页。

创造一个新的稳固的意识的有效手段。因而，在历史学中，寻求民族身份认同，是被理解为一种政治任务的。

哈贝马斯发表《清偿伤害的一种方式》，指出这些历史书写反映出一种历史修正主义的辩护倾向，而其精神实质则是一种新保守主义的历史观。战后的新保守主义发源于约阿希姆·里特，其基本构想是，现代化的工业社会是一个异化的世界，面对这个异化世界，人就需要某种代偿，宗教、审美、历史都可以构成代偿机制。在诺尔特和希尔格卢伯等人的重写历史背后，都隐藏着一条主线，那就是重建德意志民族历史的统一性，以此寻求身份认同。这种身份认同在社会层面上起到社会整合的作用，在个体层面上起到心理补偿的作用。而新保守主义者所在意的，正是其政治功能。在这种身份政治之中，奥维斯辛必须被处理为一种相对的现象，从而维护德意志历史的纯粹性。而在哈贝马斯看来，奥斯维辛的独特性恰恰在于，它将德国历史和文化从根本上置于可疑的境地，没有人能够悄悄从这种传统关联中溜掉；纳粹的历史必须被视为一个过滤器，从而滤出德国文化的实质[①]。面对新保守主义者在传统中寻找认同的方案，哈贝马斯针锋相对地认为，联邦德国的政治认同，恰恰应该建立在对纳粹的罪责的反思意识以及整个德意志民族的连带责任意识的基础上。这就是哈贝马斯所理解的后传统认同。在后来的历史进程中，联邦德国的身份政治和对待过去的政策（Vergangenheitspolitik），事实上遵循了哈贝马斯的观念，而不是他的论敌的观念。在两德统一后，与民族社会主义保持距离，以及对大屠杀的道德审判，仍是公共领域的主要话题。此外，“欧洲被害犹太人纪念碑”于2005年建成，这也是联邦德国的官方自我反思的一个反映。

三、历史学：学术抑或政治？

这场争论虽然被命名为“历史学家之争”，但实际上这并不是一场发生在专家之内的学术争论。后来的研究者甚至认为，这个命名本身就是误导性

① 参见哈贝马斯著，逢之等译：《论历史学的公用》，见《希特勒，永不消散的阴云？——德国历史学家之争》，生活·读书·新知三联书店，第249页。

的。因为，论战双方绝不仅仅是历史学家，而是不同专业领域的知识分子，同时，争论的议题所关涉的，几乎无关乎历史学，而关乎政治。[①]而当时过境迁之后，研究者开始从纯粹学术的角度打量这场论战，竟意外发现，这场争论在学术上毫无成果。甚至有论者作出耸人听闻的断言：这是“加诸德国历史书写本身和德国人的最严重的灾难”[②]。之所以会出现这种学术判断，关键就在于，论辩过程中充满火药味，甚至不乏人身攻击。所以，这场争论很快便成为一场口角，以至于英语学界有人主张把“Historikerstreit”翻译成“historian’s quarrel”。

有趣的是，双方阵营似乎都力图表明，对方的过失就在于，企图让历史服务于当下的政治目的，从而，学术便沦为政治的工具。许多论战者，特别是新保守主义历史学家们，都是在学术的名义下发论的。比如说，面对“修正主义”这一责难，这些历史学家便会轻巧地反问说，难道学术不正是在不断的“修正”中发展的吗？[③]由于历史修正主义与联邦德国的基本政治共识相背离，因而，他们在论辩策略上便诉诸学术自由和价值中立等口号，试图将这场争论化约为单纯的学术争论，并集中从学术规范的角度反击哈贝马斯（比如说，“文献阅读障碍”、断章取义），进而指认他混淆了学术与政治的界限，俨然成为“跟踪保守派的老特务”[④]。然而，这场论战主要是发生在公共领域当中，论战双方在《时代周刊》《法兰克福汇报》和《明镜》等阵地上展开话语权的争夺。它本质上并非一场学术争论。

有史以来，历史就摆脱不了政治。无论是孔子作《春秋》，还是修昔底德写《伯罗奔尼撒战争史》，历史书写总是被嵌入话语和权力当中。正所谓，一切历史都是当代史。当某种历史书写当中的政治意图被揭露时，“学

---

① Vgl. Steffen Kailitz, *Die politische Deutungskultur im Spiegel des Historikerstreits“. What‘s right? What‘s left?*, Wiesbaden 2001, S.11.

② Imanuel Geiss, *Nationalsozialismus als Problem deutscher Geschichtswissenschaft nach 1945*, in Jürgen Elvert und Susanne Krauß (hrsg.), *Historische Debatten und Kontroversen im 19. Und 20. Jahrhundert. Jubiläumstagung der Ranke—Geschschaft in Essen 2001*, Stuttgart 2006, S. 119.

③ 参见安德烈斯·希尔格卢伯：《研究无禁区》，见《希特勒，永不消散的阴云？——德国历史学家之争》，第 233 页。

④ 托马斯·尼培代：《在怀疑的统治下——学术论述不应该由政治功能判定》，见《希特勒，永不消散的阴云？——德国历史学家之争》，第 219 页。

术中立”这一防护性话语装置恐怕是无效的。从解释学角度看，这一点并不费解。历史学不是自然科学，而是一门对意义关联进行理解和翻译的学问。而其中的棘手之处就在于，在解释的过程中，人同时是认识者和被认识者。由于历史观察者的这种自我关涉性，自然科学意义上的客观性预设和中立性要求，在历史书写中是难以奏效的。相应地，所谓的学术（科学）判断，终归只是一种个体性的、主观的判断。所以，即便历史书写者怀揣着“秉笔直书”的信念，也终归无法解除与政治话语的暧昧关系。

事实上，在德国现当代历史上，历史学从来就不是“纯真的”，或“无辜的”（innocent），相反地，它与这段历史有着错综的关系。关于这种关系，著名政治思想史家松特海默（Kurt Sontheimer）在这场争论中作出如下描述：在第二帝国和第三帝国时期，历史书写都致力于塑造德意志的民族意识，并为特殊道路论提供正当性证明。所以，历史学实际上在学科体系中占据主导性的位置。在第三帝国崩溃之后，在联邦德国的民主重建过程中，历史学的主导地位也自然而然地被政治学所取代。而新生的政治学也被视为“民主的科学”。在20世纪60—70年代的左翼政治中，社会科学一直引领着社会风潮，并且塑造着政治格局。然而，社会科学也因此打上了浓重的意识形态烙印，并最终在公共领域中丧失了信誉。在80年代整个政治氛围的保守主义转向之后，历史学终于夺回了先前被社会科学占据的领导权，而历史学家也再次成为一股现实的政治力量。历史学又重新承担起建构民族身份认同的政治使命。[①]而这种政治使命，也正是科尔所说的“精神—道德转向”的题中之义，并且切实地转化为博物馆规划等一系列文化政策。

在80年代的思想格局中，修正主义的历史书写显然也并不像它自我标榜的那样“无辜”。诚然，自洪堡以降，学术自由便是现代学术体制的神圣原则。学术研究不受道德、政治及其它功利因素的干预，这种自由构成了学术的自律领域。但同时这也意味着其自身的界限。所以，在洪堡看来，现代大学精神诚然应当是自由的，但这种自由同时也是孤寂的（einsam）自由。

① 参见库尔特·松特海默：《化妆师们正在粉饰一种新的身份认同》，见《希特勒，永不消散的阴云？——德国历史学家之争》，第279—281页。

当学术进入公共领域之后，它便不是纯粹的学术事件，而是公共的舆论事件。历史修正主义者的论辩姿态是自我否定的：一方面，它在公共领域引发了一场政治—道德争论，而在另一方面，又以学术的名义拒绝了一切政治—道德的批判。当他们佯作“无辜”地动用“学术自由”或“研究无禁区”等口号时，多少显得矫情。相比之下，哈贝马斯的姿态是开诚布公的，他并不讳言，他介入论战的动机便是希望引发一场关于“政治道德”（politische Moral）的政治争论。同时，他也明确指出，这场争论并非一场学术争论，因而争论的焦点事实上不在于历史的细节，而在于重写历史当中反映出的政治思想动态。①

所以，正如哈贝马斯所说的那样，这场争论的实质乃在于“历史学的公共运用”。尽管在严格的解释学意义上，历史书写中的主观性是难以消除的，但并不妨碍历史观察者立足于第三人称的客观视角对历史加以审视。（同时，这也不意味着，这种主观性可毫无节制地投射在政治领域当中。历史已经反复证明，这将是真正的灾难。）然而，当历史书写进入公共领域，我们却是以第一人称的主观视角在追问历史的意义。我们不再是历史的旁观者，而是现实的参与者。这种处身姿态，从根本上说，不是学术的，而是政治的。所以，历史学的学术研究可以悬置价值判断，而历史学的公共运用却要求某种政治—道德立场。因而，哈贝马斯说道：“学术研究的结果必须经过中介和各种媒介的闸门，通过参与者的视角，才能进入传承传统的公共河流中。”②在这个意义上，如果将公共领域当中的历史争论化约为单纯的学术争论，只能把问题的求解推向错误的轨道。而相较于简单的“学术自由”口号，“历史学的公共运用”这一论题，也无疑表现出更为敏锐的现实感和更为深刻的思想穿透力。

这场大论战构成了联邦德国思想史的重大事件。从联邦德国后来的思想发展格局来看，在“知识分子的内战”中，哈贝马斯等左翼知识分子获得

---

① 参见尤尔根·哈贝马斯：《论历史学的公用——联邦德国的官方自我认同破裂》，见《希特勒，永不消散的阴云？——德国历史学家之争》，第255页，第243页。

② 同上，第252页。

了最后的胜利。他们毕竟占领着“政治正确”的道德优势，而将纳粹时代正常化的历史修正主义努力终归也没有成为德国社会的主流话语。作为德意志民族的他者，当我们重温起这段近30年前的思想史往事时，我们也许无法切身体会到新保守主义历史学家希望重塑德意志民族精神的焦虑感，也无法深刻感受到左翼知识分子努力阻击这一历史修正主义的迫切感。但对于当前的中国语境而言，这段思想史往事并非没有镜鉴意义。当我们纪念反法西斯胜利70周年的同时，当前的公共领域已经出现一种历史修正主义、乃至历史虚无主义的趋势。而这些修正主义和虚无主义言论也恰恰把“学术自由”当作便宜的口号（而事实上，诸如此类的言论是经不起起码的学术批评的）。对于这些言论，“历史学的公共运用”这一论题无疑是具有十分现实的针对性的。在历史的政治中，问题不在于历史的细节，而在历史书写的政治倾向。

（黄金城：华东师范大学中文系讲师）

可见的左翼："十七年"郑君里电影的再探讨[①]

黄望莉、李琳珊

内容提要

郑君里最为重要的导演生涯是在1949年前后到1964年期间，由于他这个时期导演的电影作品与这一时期的政治导向之间存在紧密的关系，他的每一部影片都在新中国电影史上占有重要的历史地位。作为中国早期左翼剧联《最近行动纲领》的起草人，郑君里在新中国建立后，在延续以左翼的文艺为政治服务理念的同时，又将政治规训自我内化，不断拓展电影在思想和美学的表现空间。本文通过对郑君里"十七年"导演的五部影片的历史梳理，探寻当时极"左"政治高压下对艺术创作主体的影响，乃至对艺术家的人身伤害。试图说明，左翼文化的诞生是有其积极的时代和社会文化建设积极意义的，然而，当它发展到极端，要求电影艺术的美学实践依附在强势政治文化下，也就失去了自身原有的价值和意义。对郑君里十七年期间导演的作品的考察，也为我们今天对左翼文化在当下的发展提供了新的维度。

关键词

郑君里　左翼电影　《枯木逢春》　《我们夫妇之间》

① "可见的左翼"的思考来自2015年7月在中国人民大学文学院主持的会议："可见的左翼：纪念夏衍逝世20周年暨30年代反法西斯电影研讨会"，并献上本文以供研讨。该论文受上海高校一流学科上海大学"戏剧影视学"项目支持。

序言

在1920—1930年代就在上海影剧界活跃的郑君里真正的导演生涯是从1946年6月，参加组织联华影艺社开始的。1947年10月，他与蔡楚生合作，导演完成《一江春水向东流》后，1948 年冬，开始影片《乌鸦与麻雀》的剧本创作，直至新中国建立后，《乌鸦与麻雀》的诞生正逢其时，为新时代的来临献上了一份大礼。此后的十七年期间，郑君里分别导演了《我们夫妇之间》（1951）、《宋景诗》（1955）、《林则徐》（1958）、《聂耳》（1959）、《枯木逢春》（1961）和《李善子》（1964）（未上映）等六部故事片。这一时期是郑君里导演生涯的高峰期，也是其电影实践走向成熟的时期。

作为“左翼戏剧家联盟”《最近行动纲领》的起草人，郑君里这位道地的“左翼影人”以他跨越“新”“旧”两个时代拍摄的作品《乌鸦与麻雀》迎接着新中国的到来。众所周知，从上世纪20—30年代发展起来的左翼电影与当时的左翼其他群体在思想体系上是一脉相承的。左翼群体关于“革命”文学/艺术是阶级的武器、“知识分子如何往革命作家之路”、“现实主义创作方法”等问题的讨论和实践，一直延续到“十七年”对这些问题的再探讨和再实践。例如，知识分子如何进行改造的路径、在现实主义的基础上艺术作品是如何继承三十年代电影传统的争论、“真实性”与“倾向性”中，涉及到对历史的真实和政治的倾向的写作等等问题。 从“十七年”到“文革”，中国电影政策将“左翼文化”演化到极致，在频繁变化的政治运动和创作学习中，郑君里平衡着艺术创作与政治诉求之间的关系，在强化官方意识形态的表述过程中，一边不断地思想改造和创作学习，一边不断地探讨30年代以来的“左翼”文化如何在新的时代进行传承和调整，坚持认为三十年代的左翼传统对新中国电影文化的建构是有意义的。尽管郑君里不断纠结在政治的漩涡和艺术创作激情的冲突中，他依然真切地以一己之力积极地参与到社会主义电影文化的建构中，至今看来，他的一系列艺术作品依然成就非凡。

一、《我们夫妇之间》：委屈的诉说与不被承认的政治

新中国建立后，社会主义文化的建立主要秉承了三十年代以来的"左翼"文化的主流思想。延续毛泽东《在延安文艺座谈会上的讲话》中所提倡的，文艺服务的首要三种群体，是工人、农民和各种形式的人民武装队伍，"第四是为城市小资产阶级劳动群众和知识分子的，他们也是革命的同盟者，他们是能够长期地同我们合作的。"[①] 文艺为什么人服务的问题的提出， 使得这些生活在都市/上海这样的知识分子群体面临的首要选择是创作题材问题。尽管这些长期生活在都市中的上海影人（包括左翼影人），普遍认同文艺为工农兵服务的理念，但在对小资产阶级的处理上则产生了与北京方面的不同认识。这种对小资产阶级在文艺创作中地位的问题，在上海引发了公开的讨论，1949年8月到9月末，《文汇报》刊发了陈白尘、冼群等人的文章，讨论"可不可以写小资产阶级"的问题。陈白尘认为，文艺创作的主流，应该是那些以工农兵为主角的作品，可以有小资产阶级出现，但"专门写知识分子、小资产积极的作品，不应该占太多的位置。"[②] 而冼群则认为，可以写小资产阶级，文艺创作的关键并不在于写谁，而是怎样写，文艺创作者可以写小资产阶级，但不应该站在小资产阶级的立场上，而是要站在无产阶级的立场上去研究。创作文化界的探讨虽然存有很多疑虑和困惑，但是他们努力将自身融入到无产阶级的群体中，进行自我修行、自我改造确是不争的事实。

刊发在《人民文学》1950年第一卷第三期上的萧也牧的短篇小说《我们夫妇之间》激起了郑君里敏感的创作神经。他也希望借此片表达自己作为长期生活在都市中的"小知识分子"力求与工农融合的期望，与此同时，期望为工农群众向都市文化转型提出了自己的看法：城市与农村并不是截然对立的，而应彼此调整、共同面对新生活的开始。影片故事的前小半截直接进入到国共战争的解放区，张英是解放区被表彰的对象，"我"作为一个小知

① 毛泽东：《毛泽东著作选编》，中共中央党校出版社2002年版，第232页。
② 陈白尘：《误解以外》，《文汇报》，1949年9月3日。

识分子是对张英这种工农中的进步代表充满了敬仰，并由此而生爱慕。影片并未表现我如何追求“张英”的，而是直接转入了新婚之后“我”与张英的幸福生活，两人被派往上海这个繁华都市，恰恰勾起了“我”对以往生活经验的回想和附和：从布鞋换皮鞋、工农服装换西装等生活方式的转变，甚至对“张英”的生活习惯提出要求。影片《我们夫妇之间》将城市与农村的地位、知识分子与工农阶级的关系、小资产阶级思想改造的问题置于家庭的生活转变中。运用家国同构的寓言形式，以大量生活琐事和细节来展现张英、李克二人从农村到城市的生活状态、家庭关系变化，二人在处理琐事中所形成的对立，不再是由于时代的动荡和个体性格的软弱，而是由于阶级身份的差异，是农村与城市、工农阶级和小资产阶级的对立。在这种对立关系中，毫无疑问，张英代表的来自北方农村的、革命的、工农的思想文化站在了相对正确的一面，而李克代表的城市小资产阶级知识分子则成为要被改造的对象。党组织权威的代表秦丰同志对二人的关系进行调解，主要批评了李克虚荣、爱享受的城市生活中与生俱来的“腐朽”作风。影片的最后，张英和李克重归于好，李克重拾踏实朴素的工农作风，张英则在城市的影响下变得略有风情了，城市和农村最终因“理解”而实现“和解”。

不能不说郑君里及其创作团队是怀着极其真诚之心来完成这部影片的。从题材的选择上来讲，这个小说的选择是符合新中国成立之后“为工农兵服务”的文艺创作方向的。导演部分放弃了自己熟悉的城市题材，尝试在影片中展现农村、部队的生活，塑造工农兵的形象。郑君里带领影片的演职人员到位于山东泗水县的革命老区体验生活并进行实地拍摄，在拍摄过程中学习和参加农业劳动，希望可以从实践上和精神上都能够向工农兵靠拢。《我们夫妇之间》中，蒋天流一改往日在银幕上时尚的造型和温柔委婉的作风，换做一身“纯粹山东农村的老布衣服，头上梳上一个土里土气的发髻，在粗黑的脸上再加上一个伤痕”[①]，讲一口山东话，对片中丈夫的错误毫不客气地进行批评。在这部影片中，蒋天流以往上海都市女性形象所负载的由西化的现代

① 蒋天流：《我演张英》，《大众电影》，1951年第20期，第14、15页。

性和东方的传统性长期交融形成的性感特征，被完全剥离了，取而代之的是蒋天流的工农形象凸显于银幕上，体现出郑君里对于工农兵形象的真实描绘。

然而，事与愿违，《我们夫妇之间》于1951年经历了短暂地公映后，很快，受到批判《武训传》及其后"文艺整风"的波及，原著小说亦遭到批判，电影《我们夫妇之间》被认为"歪曲党的干部形象"，进而全国禁映。首先，《人民日报》1951 年6 月 10 日发表陈涌的批评文章认为《我们夫妇之间》是"根据小资产阶级观点、趣味来观察生活，表现生活"。《文艺报》于 1951 年 6 月发表"读者李定中"（实际上是冯雪峰）的来信，对《我们夫妇之间》展开严厉批评。更有甚者，为《文艺报》这篇所谓的"读者来信"加上的标题为《反对玩弄人民的态度，反对新的低级趣味》。与这些针对小说的批评相呼应，《大众电影》1951年第21期的"新片批评"栏目刊载了赵涵的文章《评〈我们夫妇之间〉》，认为影片在两方面存在巨大缺陷：首先，影片中描写的干部进城后思想品质变坏的问题在现实中出现的可能性不大，这样的描写违背了现实的真实性；其次，影片从琐碎的生活细节出发，将本来就不真实的干部形象用这些细节上的小错误展现出来，鉴于电影在观众中具有很大的影响力，这样的做法容易对观众产生误导。作者的结论是：《我们夫妇之间》是一部消极的影片，影片产生问题的主要原因是"编导没有能更全面的看问题，掌握问题，以过多的兴趣，放在生活的琐碎细节上，而忽略了典型的概括，因此，削弱了它应有的教育意义，并且带来了这种意外的消极影响。"[①]而在另一篇署名苏北军区政治文工团方仁寿的文章中，在标题中就指出评论者反对影片歪曲干部形象的立场。[②]在这些一边倒的批评文章中，主要涉及到对这部影片有两个方面的意见：一是日常化叙事对革命叙事的冲击；二是工农形象的"真实性"究竟应当是怎样的？站在今天的角度来看，这两点批评恰恰说明了郑君里所熟悉的海派电影中"日常化"叙事和对生活本真描摹的艺术追求作为一种隐形叙事结构成为一种美学创作惯性而

① 赵涵：评《我们夫妇之间》，《大众电影》，1951 年第 21 期，第 20、21 页。

② 方仁寿：反对歪曲干部形象——漫谈《我们夫妇之间》影片，《大众电影》，1951 年第 24 期，第 26、27 页。

呈现出来。

显然，长期生活在上海复杂产业格局中的电影人，即使是“左翼影人”，也在长期的创作实践中最终选择了既关注观众欣赏趣味、又强调政治需求的创作原则上来，这一点可以从1930年代艺华公司被砸，以夏衍为代表的左翼影人改变叙事策略等事件上可以明证。新中国成立前，郑君里的作品中集中体现的是国民政府的黑暗统治，呼吁社会变革的进步诉求，以人文主义精神观照市民阶层的悲惨生活。艺术家的创作主体性和政治方向的选择在《一江春水向东流》和《乌鸦与麻雀》中都得到了很好的平衡。自1949年7月第一次全国文代会确定将毛泽东《在延安文艺座谈会上的讲话》中提出的“文艺为工农兵服务，知识分子和工农兵相结合”作为新中国文艺工作的方向，将以延安为代表的解放区的文艺政策和文艺工作者的创作方法推广到全国。[①] 因此，在新中国电影文化的建设中，以郑君里为代表的左翼影人一则追求最大可能地艺术表现城市生活细节来适应观众的审美口味；二则在对新政策的理解上，郑君里作为人文思想的文艺工作者对文化政策的理解也与新政权的预期存在着障碍和分歧，尤其是在文艺创作中如何处理小资产阶级人物上。相对小说，郑君里在电影《我们夫妇之间》创作时进一步突出了对李克小资产阶级思想和城市生活中种种不公的批判。[②]因为李克身份的复杂性必然带来影片主题上的一个悖论：一方面从阶级立场上，李克是需要被改造、被批判的城市小资产阶级，另一方面，李克也是党的革命干部，对李克的批评便带有了政治敏感性。影片的结尾借夫妇二人的彼此改造、彼此调和，清晰地表明了城市文化和农村文化是可以彼此调和的。但是在日益偏“左”的政治诉求下，城市中的小资产阶级知识分子是无条件被改造的对象。很显然，郑君里对城市和解放区知识分子的看法偏离了“新”政治的要求。1952年5月上海文艺界整风运动中，郑君里在《文汇报》上发表了《我必须痛彻改造自己》的署名文章，郑君里从根本上否定了自己城市小资产阶级的出身、

---

① 张硕果：《十七年上海电影文化研究》，社会科学文献出版社，第60页。

② 高山：《政治语境、文化裂隙、个性探询——重读电影〈我们夫妇之间〉》，《当代电影》，2005年3月，第57—62页。

教育背景和工作经历，认为对马列主义和毛泽东文艺观的教条主义的、浅层次的理解和以旧时代市场主导的创作手法为荣是在创作中产生错误的原因。郑君里认为，抛弃个人主义的倾向，在思想上加强学习马列主义和毛泽东的思想，在实践上向工农阶级靠拢，是实现自我改造的途径[①]。

二、从《宋景诗》到《林则徐》：历史应当如何"真实"

1930年代"左翼"文化界就已经开始了探讨文艺作品如何看待历史发展的动力问题，新中国建立后，对此基本上是按照毛泽东主席所提出的"人民、只有人民，才是创造世界历史的动力"为原则来表现历史。从对《武训传》的批判中可以看出，当时这部影片主要涉及到两个方面的问题：一是如何来看待历史上农民起义的问题，毛泽东质疑道："《武训传》向着人民群众歌颂这种丑恶的行为，甚至打出"为人民服务"的革命旗号来歌颂，甚至用革命的农民斗争的失败作为反衬来歌颂。这难道是我们所能够容忍的吗？"二是，对知识分子思想上的混乱现象予以调整，"电影《武训传》的出现，特别是对于武训和电影《武训传》的歌颂竟至如此之多，说明了我国文化界的思想混乱达到了何等的程度!"[②] 今天来看，《武训传》被批判是与当时的对历史人物的看法采用哪种历史观来表现的问题有关，即：究竟在艺术作品中，是表现历史的真实还是社会主义现实主义所要求的必然地"真实"？为了破旧立新，针对《武训传》的批判，需要拍摄另一部影片来证明《武训传》在意识形态上是错误的。影片《宋景诗》应运而生。

1951年，"武训历史调查团"在工作中意外发现了与武训生活在同一时期、临近地区的农民起义领袖宋景诗的历史事迹，受到中央的重视。"1952年春，十位作家组织了'创作组'深入宋景诗的故乡调查，记录了十八万字的原始资料。'创作组'中的陈白尘和贾霁同志，根据有关的材料，在1954年初写成了剧本《宋景诗》。影片在1955年年底拍成了。"[③]郑君里被指定

---

① 郑君里：《我必须痛切改造自己》，《文汇报》，1952年5月26日，第8版。
② 《人民日报》社论：《应当重视电影〈武训传〉的讨论》，5月20日，第1版。
③ 塞克：《〈宋景诗〉影片点滴》，《文汇报》，1957年5月12日，第3版。

为这部影片的导演，这部按照命令完成的影片依然不断地受到来自行政力量的审查和监督，“胶片上有过三次重大的修改。”[①] 修改主要围绕着宋景诗率领黑旗军向清军投降的情节的调整。此后，郑君里又接二连三地拍摄了历史人物影片：《林则徐》和《聂耳》。这两部影片都是新中国成立十周年的“献礼片”。

新中国成立后，将无产阶级现实主义定义为社会主义现实主义的目的是为了让创作者们站在无产阶级立场上，以辩证唯物主义的世界观和方法论，看到历史发展的本质规律，写出生活必然的一面。[②]因此，当郑君里接到拍摄《林则徐》的任务时，是怀着改造自己的心情来创作的。《林则徐》的题材直接来源于毛泽东著作中对鸦片战争历史意义的表述，郑君里在创作手记合集《画外音》中，引用了毛泽东《改造我们的学习》、《中国革命和中国共产党》等文章对鸦片战争和中国近代史的认识，即：“灾难深重的中华民族，一百年来，其优秀人物奋斗牺牲，前仆后继，摸索救国救民的真理，是可歌可泣的”，“帝国主义和中国封建主义相结合，把中国变成半殖民地和殖民地的过程，也就是中国人民反抗帝国主义及其走狗的过程”[③]，明确了以鸦片战争为开端的近代史的性质，指出人民作为主导力量在历史发展众的重要作用。叶元、吕宕在创作《鸦片战争》剧本时，周恩来特地叮嘱他们研读清末诗人张维屏所作的收录于《松心诗集》里的《三元里》诗作。在《林则徐》的创作过程中，这种对革命的积极意义时刻融入影片内容的意识已经被内化为创作者们自觉审查。在《林则徐》初稿剧本中，本以林则徐被罢免，广州城失陷的历史悲剧为故事结局，在最终拍摄时，影片的结局成为林则徐骑马远行，身后是三元里人民英勇战斗的胜利。郑君里认为，这一结局“一方面揭示林则徐的历史的局限性和悲剧，一方面突出了人民群众的革命的乐观主义和理想主义。”[④] 同样，在影片《聂耳》的结局中，则直接对聂

① 塞克：《〈宋景诗〉影片点滴》，《文汇报》，1957年5月12日，第3版。

② 参见刘海波在《20世纪中国左翼文论研究》中的相关论述，光明日报出版社，2007年7月第1版，第137—138页。

③ 郑君里：《画外音》，中国电影出版社1979年版，第63—65页。

④ 郑君里：《画外音》，中国电影出版社1979年版，第72页。

耳个人生命的悲剧避而不谈，呈现的是中共领导下革命斗争的胜利和人民的解放。《林则徐》的编剧对此谈到"对题材中确实含有的悲剧成分没有发挥，把用以塑造悲剧形象的手段，从影片的造型处理中大大削弱了，整个影片的调子，不是黯淡的而是激昂的，不是低沉的而是向上的，不是消极失望的而是乐观自信的。"[①] 在"人民，只有人民，才是创造世界历史的动力"的一元史观的要求下，郑君里的历史题材影片中刻意回避悲剧，而呈现出一种昂扬的革命激情，突显表现出革命的正义性和人民革命取得胜利的必然性。总之，郑君里连续创作的《宋景诗》、《林则徐》（与岑范联合导演）和《聂耳》三部以近现代历史和英雄人物为题材的影片，都不同程度出于官方各种强大的政治意图而拍摄出来的，这与艺术家创作的主体性的诉求发生了剧烈的冲突。郑君里在完成《我们夫妇之间》和《宋景诗》这相差巨大的创作经历之后，于1956年就在《炉边夜话》中敏锐地意识到："在集中领导的新情况下，产生了些什么矛盾呢？我们以为：第一、行政命合的领导方式和艺术创作规律之间的矛盾……第二、行政分配和创作人员自主结合之间的矛盾……第三、选题计划的狭隘性和观众需要的多样性之间的矛盾。"[②] 尽管在《林则徐》和《聂耳》创作过程中情况也未见得好转到哪里去，然而，郑君里依然发挥出自己艺术家创作主体性的积极作用，探索出一套在社会主义语境下塑造历史上进步人物的有效方法，在影片中尝试平衡历史真实和现实政治诉求的关系，革命群体形象和英雄人物个体的关系，重点突出人民作为历史创造者的地位，成为革命话语下重新言说历史和重塑英雄神话的重要一环。

三、《枯木逢春》："旧瓶"怎样装"新酒"

一直纠缠在左翼文学/文化争论中的文艺创作应当如何看待传统、如何看待民间艺术形式、这些传统和艺术形式对新中国艺术语言的改造是怎样的等

---

① 李洪辛：《谈林则徐的艺术构思》，《文汇报》，1959 年 10 月 6 日，第 3 版。

② 郑君里、刘琼、赵丹、徐韬、葛鑫、瞿白音（执笔）：《炉边夜话》，《中国电影》，1957 年第 1 期，第 31—32 页。

问题，依然在五六十年代延续着相关的讨论。二三十年代左翼群体就文艺的“大众化”、“文学语言的通俗化”、如何“旧瓶装新酒”等问题在新的时代诞生之后的结论就更明确了。毛泽东就建构怎样的文化时说道：“中国的长期封建社会中，创造了灿烂的古代文化。清理古代文化的发展过程，剔除其封建性的糟粕，吸收其民主性的精华，是发展民族新文化提高民族自信心的必要条件，但是决不能无批判地兼收并蓄”，又说，“中国现时的新政治经济是从古代的旧政治经济发展而来的，中国现时的新文化也是从古代的旧文化发展而来的，因此我们必须尊重自己的历史，绝不能割断历史”[①]。在谈到大众性特点时，毛泽东指出，“革命的文化人不接近民众，就是‘无兵司令’，他的火力就打不倒敌人。为达此目的，文字必须在一定条件下加以改革，言语必须接近民众，须知民众就是革命文化的无限丰富的源泉。”[②]因此，把民间视为文学生命力的源泉，把民间形式视为民族形式的中心源泉，这样的思路是基本符合毛泽东在文艺上的“民间性”的文化价值取向。

在郑君里等左翼影人的眼里，电影传统是上海左翼电影传统，其中包含了党对电影艺术的领导方法、电影所表现的内容和形式、肯定电影为政治服务的基本标准。他在谈到“什么是我们的传统”时说：“谈到传统必然想到我国的进步电影，也就必须想到党对过去电影工作的领导。”并进一步肯定到“那末，我们是不是可以能，反对为艺术而艺术，坚持艺术为政治服务就是我们文艺思想上的优良传统呢？我们以为完全可以这样说。”并且，针对艺术的表现形式和方向上也明确阐明自己观点：“这些作品的创作方法归纳起来，不外现实主义和革命浪漫主义。尽管今天所要求的，比过去要提高很多，但我们认为把这些创作方法作为优良传统而加以发展，是正确的。”“但说解放以后的电影工作完全没有接受传统，这不符合事实。传统跟历史一样，是不能人为地割断的，我们今天的工作中不会没有优良的传统，但也不会没有不好的传统。在这一个意义上，对传统的认真研究就有

① 《延安文艺丛书·文艺理论卷》，第 53 页，转引自刘海波《20 世纪中国左翼文论研究》，光明日报出版社，2007 年 7 月第 1 版，第 101 页。

② 《延安文艺丛书·文艺理论卷》，第 53 页，转引自刘海波《20 世纪中国左翼文论研究》，光明日报出版社，2007 年 7 月第 1 版，第 101 页。

了现实意义。"[①] 郑君里的这些论述完全体现在他所创作的作品中：我们也可以清晰地看到，在叙事上，郑君里难脱自郑正秋、蔡楚生等人开始形成的上海（倾向）影人的通俗剧的叙事传统，即：注重音乐对情绪的渲染、人物的命运是随着时代变迁和变化的、以家寓国等叙事特征。对此，他在总结蔡楚生的叙事特征时写道："尤其值得我学习的是，蔡老（蔡楚生）的鲜明政治倾向并不是以概念的形式表现出来，而是体现在具体的人物性格和故事情节中，成为艺术的概括。蔡老非常熟悉中国观众的欣赏习惯和心理，他所选择的体现主题的事件总是采用了中国观众喜闻乐见的故事形式，把来龙去脉交代得清清楚楚，有头有尾，保持一种平易近人的风格，为广大观众所喜爱。"[②]从中可以看出，郑君里所欣赏的以蔡楚生为代表的中国通俗剧电影的独特之处在于，以传统伦理道德和家庭关系为核心的二元对立的情节模式、影片具有鲜明的道德和政治的立场，并以道德/政治倾向对人物特质进行高度提炼和凝缩，具有寓言性、典型性；闭合式的叙事和通俗化的表达。新中国成立前的电影实践表明，这一模式对于观众具有广泛的影响力。如《孤儿救祖记》、《一江春水向东流》等影片均被命名为中国的"影戏"叙事模式[③]。在今天看来，就是经过中国化了的好莱坞电影的"通俗剧"叙事模式。革命戏剧和电影《白毛女》也在一定程度上借鉴了其中的"苦情"的模式，用阶级斗争的立场置换了苦情剧中的道德伦理。由此可见，苦情戏/通俗剧作为一种隐形叙事结构是有深厚的观众基础的。作为《一江春水向东流》的联合导演，郑君里对于这一套叙事传统是深熟于心的，也清晰地体现在他的《枯木逢春》的创作之中。

建国初期，长江以南的血吸虫病对农村的生产和生活影响很大。经过长期整治，1958年，江西余江率先彻底消灭了血吸虫病，毛泽东为此写下了著名的《送瘟神》，"借问瘟君欲何往，纸船明烛照天烧。"编剧王炼创作的

① 郑君里、刘琼、赵丹、徐韬、葛鑫、瞿白音（执笔）：《炉边夜话》，《中国电影》，1957年第1期，第31—35页。

② 郑君里：《画外音》，中国电影出版社，1979年，第6页。

③ 参见钟大丰著的《中国电影史》中对"影戏"叙事传统的具体分析，以及陈犀禾、钟大丰80年代的相关论述。

话剧《枯木逢春》，是上海市为庆祝国庆十周年而隆重推出的十一台话剧作品之一。[①] 1961年，郑君里满怀激情地导演了同名影片，这部影片讲述的是江南农村地区的普通农妇苦妹子，身患血吸虫病，家庭破裂，在党的关怀和治疗下重获新生并收获爱情的故事。他原先对政治诉求的过分强调使得他再次认识到"苦情戏"的叙事模式的重要，"'通过苦妹子一家人的悲欢离合构成情节，用以概括主题，是我（原作者王炼）在话剧创作中摸索了很久才找到的一种构思。'意思很浅显，可是我当时不能体会这个，经过差不多一年多的创作实践智慧，我重新肯定了原作者的构思，并且发现了它的强韧的生命力。[②]"当然，重回苦情戏的传统的同时，导演加强了新旧社会的对比这一政治伦理的话语置换：旧社会造成了苦妹子个人的悲剧，新的社会则根治了她的疾病，让她能够重获家庭幸福。

如何通过电影语言来正确的表达具有明确倾向性的一些政治符号，郑君里在《枯木逢春》的创作中，力求使影片成为一部"民歌体的颂歌"。"例如'毛主席来了'那场戏，根据导演提出的'民歌体的颂歌'的要求，为了造成强烈、激昂的情绪，我们学习民歌中的夸张手法，以强烈条光投射在背景上：并不追求光源的真实性。罗舜德回站向人们叙说一场，为了突出毛主席'夜不成寐'的深刻涵义，就在罗舜德的背后投射大片条光，让光线唱出：'毛主席象太阳，照到哪里哪里亮！'"[③]毛泽东的两首现代诗《送瘟神》被改变成了民歌，不仅成为影片的主旋律，也在剧中起到了煽情的作用。从这里看出，郑君里调动一切可能的艺术手段全方位地表达当时这部影片的政治意图。他所谓的"民歌体的颂歌"的创作手法和理念，尤其他在"毛主席来了"这个叙事段落中的光影的使用方法和情绪表达成为一种典型手法，被大量地借鉴在文革时期电影中对毛主席诗一般的影像呈现中。

此外，在电影语言的民族化的探索上，郑君里"想从电影创作中摸索

---

① 王炼：《我与郑君里的创作友谊》，《电影艺术》，1993 年第 5 期，第 35—41 页。

② 王炼：《〈枯木逢春〉从话剧到电影的创作过程》，载于《电影往事（上）》，上海教育出版社 2008 年版，第 189 页。

③ 黄绍芬：《理解、体验、探索——枯木逢春创作琐谈》，《文汇报》，1962 年 2 月 28 日，第 2 版。

出一条中国电影的民族化道路。"[①] 众所周知，在影片《枯木逢春》中，失散多年的苦妹子和方冬哥在血防站意外重逢，两人离开血防站走回方家的过程，导演通过全景运用镜头，像徐徐铺开的画卷一般展现江南农村优美的新风貌；同时影片在音乐上借鉴沪剧、锡剧等江南地区的曲艺形式，采用大量民族音乐和新民歌作为配乐，两位青年悠然地走过风景旖旎的水乡街道，看到新中国建设中农村的新面貌，展现两个年轻人间纯洁的爱情，构成一段展现新中国建设成就的"新十八相送"，这一段情节用了三十个镜头，刻意延长了时间，渲染两人的深情的同时情景交融，营造视觉上和情感上的美感。[②] "初看这戏时，就已隐隐感到这个戏从题材到叙述方式，都与传统戏曲艺术接近。这使他产生了一个念头，用他的话说，就是'向中国戏曲艺术和其他古典艺术学习，让影片的叙述方式更符合中国观众的欣赏习惯'"[③]《枯木逢春》创作初期对理念、路线、题材意义的过分强调反映出以郑君里为代表的上海影人面临的政治图解和艺术化表现之间的两难处境。但是值得肯定的是，郑君里在《枯木逢春》中进行的具有原创性的电影语言的探索，与1930年代的左翼电影叙事传统和理念有着深厚的关联，这些电影叙事策略的社会主义化的转换在"十七年"电影创作中作为一种隐形的叙事结构被保留了下来。

结语

上世纪肇始于20年代末的左翼文化运动，实际上是一次从"五四"之后的再一次寻找精神解放、国家救亡的文化历程。左翼群体在寻求个体解放到最终实现阶级解放的灵与肉的历史性苦痛的挣扎，也是中国这百年斗争史中值得珍视的部分。然而"十七年"期间，继续就文艺为什么人服务、知识分子的文化改造之路、现实主义的文艺创作方法等种种探讨的结果成为新中国建立之后的几乎唯一的评价标准。电影艺术的发展更是受到这一思想的主

① 王炼：《〈枯木逢春〉从话剧到电影的创作过程》，载于《电影往事（上）》，上海教育出版社，2008年版，第184页。

② 郑君里：《画外音》，中国电影出版社1979年版，第198页。

③ 王炼：《〈枯木逢春〉从话剧到电影的创作过程》，载于《电影往事（上）》，上海教育出版社，2008年版，第185页。

导，尤其是文革前后，在“极左”思潮的影响下电影成了重灾区。我们今天探讨郑君里的艺术创作之路及其所做的努力，就是期望在理解这样一群左翼影人在新中国建立后的五六十年代，他们是如何饱受委屈地自我改造的心路历程、同时又坚持自己的理想，从创作方法到艺术创新都在极端的政治辐射下，获得其在今天看来也无法否认的成就。从精神源头来看，由现实主义、批判现实主义发展而来的社会主义现实主义和革命现实主义是郑君里等左翼影人创作一系列经典作品时所认同的认识世界的态度和立场：既要对非无产阶级的思想和历史观给予毫不留情的批判，同时也要完成出一种诸如新社会新文化下的新型社会平等公正的理想价值和人文情怀。从艺术诗学的角度来看，左翼艺术作品在表现形式上是否就只能是现实主义的呢？郑君里回答了这个问题，在创作中完成了对无产阶级革命与历史的书写的同时，对传统艺术形式的继承和再创作，探索电影民族化的可能性，拓展和丰富着电影语言，是一代电影创作者在重重困境中坚持艺术探索的缩影。

值得指出的是，在当今时代下我们重新检视在极端政治下的左翼文化传统所处的艰难困境，再一次说明，文化艺术创作的自身的独立性：即使文艺离不开政治，文艺也不能绝对地服从政治，郑君里其艺术理念和修养与当时的政治需求之间的冲突和耦合显然是一种无奈选择。他所代表的这一代左翼影人在政治上的过于依附所付出的沉重代价，不仅仅是他们个人的悲剧，更是我们今天所要审视之所在。

（黄望莉：上海大学上海电影学院影视艺术系副教授）
（李琳珊：上海大学上海电影学院2014级电影学硕士研究生）

上海地下党“新文委”的建立对抗日民族统一战线的历史贡献

孔海珠

1930至1936年的七年间，在国民党统治区有一支革命的文化队伍，这就是在中共中央文化工作委员会（简称“文委”）、中国左翼文化总同盟（简称“文总”）的领导下的八大联盟，包括“左联”、“社联”、“剧联”等。他们展开了一系列有声有色的文化斗争，有力地配合了对革命根据地的反革命军事“围剿”，取得了粉碎国民党反动派的反革命文化“围剿”的伟大胜利。不仅如此，左翼文化运动对于建立抗日民族统一战线，配合各阶层组成行业的救国会，展开了种种抗日救国的积极活动，都有着不可估量的作用。其中有上海地下党“新文委”的重要贡献。

首先，让我们简略地介绍上海地下党“新文委”建立。

1933年10月，蒋介石变本加厉地调集了100万军队，对革命根据地发起了大规模的第五次军事进攻。由于王明错误路线的干扰和破坏，第五次军事反“围剿”遭到失败，党中央不得不退出中央革命根据地，领导红军进行艰苦的长征。与此同时，国民党政府在白区实行更加法西斯主义化的文化“围剿”，上海是革命文学的中心地，更是首当其冲。

1934年上海中央局各机关被破坏。李竹声被捕叛变，进而引起上海地下党组织的连续破坏。先后被捕的负责人有三十余人，大量的文件、电台、收发报机等全被劫走，国民党扬言“上海的共匪组织已全部扑灭”。

当时，上海地下党组织，“每隔两、三个月就发生一次破坏”。1935年2月19日，中共上海中央局机关等遭受到更为严重的破坏。上海中央局书记黄文杰，中央组织部何成湘，中央宣传部朱镜我、中央秘书处张唯一，中央文委阳翰笙、田汉、林伯修、许涤新等36人同时被捕。“文委”成员五个中，幸免于难的只剩下周扬和夏衍。他们立即决定各自隐蔽一段时间，并通知下去；各盟员和领导暂时割断联系，并搬离得越远越好，尽可能的寻找公开的职业作掩护等几点“人自为战”的指示。

血腥的镇压暂时取得了成功。但是，失去组织联系的各基层党组织不可能也没有被“全部消灭”，“文委”和“文总”所属各联的党员还有一百二、三十人，他们在短时期内隐蔽或者转移了一个时期，很快地重新集合起来，继续作战。

1935年夏，当时中央红军尚在长征途中，中共江苏省委或上海局机关被破坏后尚未重建，和中央失去联系的上海地下党，经过几个月的潜伏，心情是很不平静的。夏衍曾经回忆道：“当时，我们处于一个非常奇特的状态，一方面是爱国群众运动一浪高于一浪，另一方面是我们在白区得不到一星一点党中央和红军的消息，内外反动派通讯社和报章宣传的是‘剿共大捷’之类的谎言，连遵义会议这样的大事我们也一无所知。”也正是在这样奇特的情况下，地下党员考虑的是，群众的爱国热情需要领导和组织；左翼文化运动需要恢复和调整。“大概在1935年的夏天，左联党团书记周扬和社联接上了关系，并召集各联负责人开会研究今后的工作。在这次会议上，大家推选周扬担任新的文委书记。之后，周扬开始了重建文委的工作。”

这个重建的“文委”，被称为“新文委”，只是临时性的组织，“待江苏省委重建或和中央取得联系后，请示追认或改组”。从1935年夏“新文委”成立到“文总”解散，文委、文总系统的党员归入决定成立的中共江苏省临时工作委员会（简称江苏省临委），时间约在1936年2月的下半月，这是“新文委”的主要工作时间。时间虽不长，由于它重建在非常时期，他们成了“群龙无首”之“首”，所以更有重要意义。况且，“新文委”的班子，不仅代表了左翼文化的各个方面，更有着优秀地下工作者的品质和勇气。他们一方面领导着上海的文化斗争和思想建设，同时也经受时代的考验和风风雨雨的锻炼。

参加“新文委”工作的先后人员，大致有：周扬、陈处泰、章汉夫、胡乔木、夏衍、吴敏、钱亦石、钱俊瑞、邓洁、王翰等。

那么，在“新文委”成立之后，为扩大抗日民族统一战线作出了哪些重要贡献。本文择其重要作些初步的考察。

（一）整顿组织。“新文委”成立的同时，对“文总”和各联盟的领导班子进行了整顿。

拿“文总”来说，由于连续几次的大破坏，在相当长的一段时间里，“文总的活动暂时减弱了正常的领导和密切的联系。”“然而，同盟所领导的各联，除少数较弱的冲破不了当前的困难，颇有每况愈下的趋势而外，其他大多数尚能独立活动，扩大了本身的组织，并且培养了提供到文总方面来，用以补充与整理各联的许多新干部”。这是“文总”新的常委会在1935年10月15日《关于发表新纲领的紧急通告》中的一段话，它总结了当时“文总”及各盟组织方面的大致情况，并且认为：“这种不倦的努力，及其可观的成绩，是值得注意的。”

当时，社联的组织基础是比较好的。1935年7、8月，整顿改组后的“文总”和“社联”的负责人为陈处泰。但不久，他因受到汪精卫案牵连而被捕。10月，“文总”又组成新的党团，书记胡乔木，成员邓洁、王翰。“左联”党团书记为周扬，行政书记徐懋庸；“社联”党团书记仍为钱亦石，行政书记李凡夫（王翰、陈家康为党团成员），“剧联”党团书记是于伶，张庚、章泯等是党团成员，电影小组仍由夏衍负责。[①]

通过组织的整顿，使打散了的“人自为战”的状况有了改变。各个联盟内部的人员情况，经过时间的考验也更加清楚。并使之紧紧地团结在联盟和“文总”的周围，发挥团结战斗的作用。

（二）寻求领导。“新文委”得不到中央的指示，想方设法找到共产国际的文件，了解国际反法西斯的局势。当他们从英文版的《国际通讯》上看到共产国际第七次代表大会的文件，如获至宝；后来进一步找到了有关的

---

① 夏衍：《懒寻旧梦录》，生活·读书·新知三联书店1985年版，第289、292页。

全部文件，马上组织翻译，并油印刻写，散发给广大盟员。现在发现的《文报》第11期附刊《研究资料》第1期，保留了当时（1935年10月25日）的这些珍贵的文献资料。反映了他们从共产国际的文件中寻求领导，寻求正确路线的努力。

《八一宣言》是刊载在巴黎出版的《救国报》第10期第二版上，作为“专载”，全文题为：《中国苏维埃政府中国共产党为抗日救国告全体同胞书》。由于这期《救国报》出版在1935年10月1日，报纸辗转到上海时，读到它可能已在这期《研究资料》编集之后。可以肯定的是，当时的不少盟员都能回忆起，读到这宣言时的激动心情。

事实证明，当时“新文委”积极努力地寻找文件，以文件的新精神武装思想，改变工作路线，是当时唯一的、也是切实有效的正确办法。

（三）组织学习。以国际“七大”文件的精神武装思想，组织学习是必要的。“文总”宣传委员会例外地编集了《研究资料》第1期。内容是“将先后两次有历史意义的国际会议的情形及主要的报告与决议，介绍给全体同志”，并希望“根据这些材料展开讨论”。

这里指的“两个报告”，即：1935年6月21日至25日，在巴黎召开了第一次国际进步作家保卫文化大会。出席大会的有国际革命作家协会的代表及38个国家的无产阶级作家和其他反法西斯作家。中国作家肖三出席了会议。[①]为了领导进步作家协会，在巴黎还成立了一个国际执行局。关于这个会议的经过，由田静译述，作了较为详细的介绍。另一个是1935年7月25日至8月20日在莫斯科召开的共产国际第七次代表大会。现在知道，出席大会的有513名代表，代表65个共产党和一些参加共产国际的国际组织。出席大会的中共代表有王明、康生、吴玉章、林育英、周和生、滕代远、孔原等。[②]大会的最重要的议题是讨论反法西斯统一战线问题。“新文委”得到这个文件后编成“第三国际七次大会文献”专辑。

---

① 据《新文学运动纪事》，刊《中国新文学大系1927—1937》第19卷，第779页，上海文艺出版社，1989年5月版。

② 参阅《共产国际大事记》，黑龙江人民出版社1989年版，第427页。

据有关材料介绍，当共产国际"七大"会议途中，作为赤色职工国际代表的张浩，被派遣回国，向已同国际失去电讯联系的中共中央传达国际"七大"关于转变策略，建立反法西斯统一战线和人民阵线等精神。但张浩在途中走了三个月才到达瓦窑堡。至于看到国际"七大"决议的原文则更晚[①]那末，可以说上海"文总"领导下的各盟员得到这些已经翻译过来的文件时，比党中央还要早好几个月呢！

（四）制定新纲领草案。"新文委"和"文总"新常委成立之后，"开始工作即考虑到并且讨论到改变作风的问题，决定制定新纲领草案"。这是很重要的一步，也是在新的国际、国内形势之下，"文总"各联盟如何去发挥自身的特点开展工作，清理思想的步骤。

在新常委的指导下，制定新纲领草案的有："文总"、"社联"、"教联"、"新联"、"妇联"、"左联"等六个联盟。这里虽然没有全部包括"文总"下属的各个联盟，情况有多种多样，有的少数联盟如前所述，"冲破不了当前的困难，颇有每况愈下的趋势"；有的原不属"文总"领导的，这时却归属在内了。如中国妇女运动大同盟。或者说，这时"文总"所属的各盟组织情况有了变化和调整，而制定新纲领草案的这六个联盟是工作开展得较好，并仍然发挥着联盟的作用。

这六个新纲领草案各自订得有详有略、有粗有细，或对以前纲领作修正和补充，使之更符合时代的需要；或对前阶段工作中的"左"倾关门主义、宗派主义问题有了纠正；大都对建立各阶层的统一战线，团结更广大的志士仁人都有新的提法和要求，并显示了各自不同的联盟特点和斗争要求。

值得注意的是，新纲领代表了一种新思路，是左翼文化领导者在新的时代精神号召下的思考和胆略，所以弥足珍贵。

（五）解散"文总"及各联盟。这对工作仅6个月的"新文委"来说是始料未及的。如上介绍，"文总"各联盟刚刚发表了新纲领草案，这是整顿左翼文化团体的一项措施；翻译国际"七大"文件，编辑《研究资料》，

① 参阅程中原：《张闻天论稿》，河海大学出版社1990版，第27、297页。

也是为了“加强研究工作，获得思想武装”，为了“争取新纲领实践的胜利”……这些都可以看出，当时“文总”和“新文委”有重整旗鼓的意愿，并没有解散联盟的想法。但是，事隔一、二个月[①]事情却有了如此大的变化。主要原因是收到了肖三自莫斯科的来信。[②]

肖三的来信是解散左联等团体的起因。“新文委”是在独立作战的情况下，依靠从共产国际方面传进来的信息从事工作的。肖三的来信被看作是上级领导的指示，在当时的特殊环境中并不奇怪。组织纪律的党性原则使“新文委”和“文总”常委放弃了重新整顿联盟的打算，哪怕新纲领仅仅是个草案还来不及实施。

再者，肖三来信的内容，是符合国际“七大”文件的统战精神，是有说服力的。如信中说：“一个时代有一个时代的策略，我们不是死板的书生。过去所做的有其过去的价值，现在如仍照过去的做下去，则是有妨碍于现在和将来的发展，即以苏联取消“拉普”而改组苏维埃作家统一同盟一例亦可知是何用意了。”

关于苏联取消“拉普”，成立了苏联苏维埃作家联盟的事，“左联”是早有耳闻，并且已将它的盟约作为资料翻译刊载在《文报》1935年的新年号上，向全体盟员作介绍，有这样国际上的先例，现在又处在全世界为建立反法西斯斗争的统一战线的声浪之中，“新文委”信服地执行这个指示。

这时，还有一个重要的时代背景，在收到肖三来信的差不多同时，北平爆发了震惊中外的“一二·九”爱国学生运动，上海各界人士积极响应，形势非常热烈。这固然和左翼文化运动长期以来主张光明和进步，反对黑暗和倒退；坚持抗战救亡，反对投降卖国，这样的政治斗争和宣传有关。然而，面对这样突然大规模发起的救亡运动，如何去组织、领导它，是迫切地摆在从事文化宣传工件的党的领导面前。“新文委”和“文总”党团“根据环境的变化而及时改变自己的组织结构和秘密工作”是积极可取的。

据茅盾回忆，当时夏衍曾约他谈话，告诉他，“现在党中央号召要建立

---

① 《关于发表新纲领的紧急通告》，刊《文报》第十一期，第6页，1935年10月25日。
② 以肖三来信为1935年11月推算，再加上信件传递的时间。

抗日统一战线，文化界已经组织起来了，文艺界也准备建立一个文艺家的抗日统一战线组织，这个新组织的宗旨是，不管他文艺观点如何，只要主张抗日救国，都可以加入”。[①]这里说的文化界抗日统一战线组织，即是1935年12月28日成立的上海文化界救国会，由马相伯、沈钧儒、邹韬奋等发起组织。中国文艺家协会至次年6月7日才成立。这是由郭沫若、茅盾、王任叔、王统照等43人发起的文艺界统一战线组织。

关于党团组织方面，当时曾有过这样的考虑，胡乔木回忆：“……在此情况下，文总党团决定文总和所联系的各盟都自行解散，并争取与上海地下党各系统组织（即共青团、全总、武装自卫会三家）联合成立党的统一领导机构。这是势所必然。”[②]

只是，在执行这个设想过程中，不免对联盟内部由此而产生的思想顾虑等问题，过于草率和简单地看待，没有充分地估计到思想不一致的后果。尤其是把“左联”等团体等同于共产党的组织，自然地认为，盟员对组织决定只有“服从”两个字。这些问题的存在，不能不认为是“新文委”产生时的弱点所致。然而，在大时代的洪流之中，个人服从大局的需要，一切为了建立抗日的民族统一战线，这样做也成无可厚非了。

“一二·九”运动的爆发，使得全国的形势起了很大的变化。而客观形势的变化，猛烈地推动了“新文委”工作转向的完成。

如果说，“一二·九”运动爆发之前，“新文委”致力于整顿组织、清理思想，学习文件阶段。那末，“一二·九”运动爆发之后，则是处在全面活动阶段，非常多的具体而实际的工作，需要大量的人力投入。“文总”下属各联盟是有干部基础的。当时，“新文委”致力组织各行业的救国会，并大力输送干部推动这项工作；配合救亡运动需要，抽调骨干组成相应的班子等等。在一个大的运动中，干部是一个重要的因素。所以说，这时的“新文委”在很大程度上在做调配干部、领导群众的工作。并且，已不局限在领导上海地区的文化工作的范围。出于群众性的抗日救亡运动的需要，把“新文

① 茅盾：《我走过的道路》中册，人民文学出版社1984年版，第307页。
② 据胡乔木1990年4月9日给笔者的复信。

委”推到了更高的领导地位。

其实，当时的上海迅速的组成了各行业的救国会，这是因为在“一二·九”学生运动之前，上海各阶层的群众，已经为即将到来的救亡抗日高潮准备了条件。而“文总”联系下的各盟员也早在“人自为战”的时候，自觉或不自觉地投入了抗日救亡的群众运动。加上“新文委”努力联系的一批社会上的著名人士，如沈钧儒、何香凝、陶行知、邹韬奋、章乃器等，所以很快就分别组织了文化界救国会、妇女界救国会、职业界救国会、学生界救国会、国难教育社以及上海各界救国联合会。非常突出的是，妇女界救国会的率先成立。使我们不得不想到“文总”新常委对妇女运动的重视，在新纲领中就有妇女运动大同盟的纲领草案赫然在目。有这样的基础，加上钱俊瑞等领导同志的深入工作，史良、何香凝、沈兹九、胡子婴等积极带头，使妇女界救国会的活动非常有起色。

学生救亡运动的兴起，“新文委”及时抽调王翰、何家槐组成领导班子，把各联的学生关系集中起来。以后，胡乔木、陈家康、张执一、雍文涛和蒋南翔等先后参加过这一工作。这个班子实际上成了文委的学委。①

凡此组织上的人员调动，以配合各界抗日救亡运动领导的需要，无形之中改善了党和群众的关系，突破了“左”倾关门主义的作风，打开了工作局面。

由于上海的救亡运动组织发动群众的基础较好，上海又有便于联系各地的自然位置，1936年初，北方局领导刘少奇便主张把全国各界救国联合会和全国学联设在上海，无疑对上海救国会工作的肯定和促进。

虽说“新文委”对建立各界救国会作出了贡献，随着抗日救亡运动的发展，各界群众都纷纷投入到抗日的洪流中来，救国会的成员有工人、店员、民族资本家，学生等等，再由“新文委”来领导整个群众运动，已不太适宜，所以决定成立相应的党组织来领导。1936年2月，建立了党的江苏省临时委员会（简称临委），4月就与党中央接上了关系。至此时，“新文委”虽未

① 王翰：《“一二·九”运动后上海地下党工作路线的转变》，刊《“一二·九”以后上海救国会史料选辑》，上海社会科学出版社1987年版。

被宣布撤销，工作也相对告了一个段落。

如上所述，"新文委"在特殊的环境中成立，经过坚韧不拔地独立作战，很好地学习了党的抗日民族统一战线的政策，应顺时代潮流，为上海建立抗日民族统一战线，从酝酿准备到具体实施，作出了不可磨灭的贡献。同时，也是完满地完成了左翼文化工作的转向，使左翼文化更广泛地、更深入地溶化在群众性的爱国救亡运动中，发挥了重要作用。

当我们在评论"左联"和左翼文化运动为全民族的抗日救亡作出的种种努力时，起着承前启后作用的"新文委"的工作值得肯定。

当我们在强调"左联"和左翼文化运动在内忧外患的历史条件下经受了阶级斗争和民族斗争考验时，在上海地下党最困难时期仍坚持斗争的"新文委"的党性原则应该发扬。

（孔海珠：上海社科院文学所研究员）

抗战戏剧部队之一翼

——上海“孤岛”时期的戏剧

孔海珠

一支特殊兵种

在纪念抗战胜利七十周年的日子里，不由想起一支特殊兵种——抗战戏剧部队。这个命题的提出，充分肯定文化宣传鼓动的力量，它在抗战时期发挥着辉煌的作用。夏衍曾充满激情地说：“自从卢沟桥的炮声一响，祖国的民族解放战争一开始，全中国的戏剧工作者，就将他们自己的身份规定做整个抗日军队里面的一个特殊的兵种，而实行参加抗战了。像其他兵种各别地使用他们用惯了的武器一样，文化兵团里面的戏剧部队用戏剧这特殊的武器，巩固了团结，强化了信心，推动了进步，打击了敌人。”并赞扬道：“在这大时代中新生了中国戏剧以初生之犊的勇气，站在一切战斗的前列，在战线，在后方，在游击队，在沦陷区，从高歌引吭的自由天地到愁伤阴黯的囚房，从冰雪风沙的塞北到骄阳灼肤的南国，我们的戏剧部队都在那儿起了辉煌的作用：到今天，大家已经公认，在参加了民族解放战争的整个文化兵团中，戏剧工作者们已经是一个站在战斗最前列，作战最勇敢，战绩最显赫的部队了。”①

同样，田汉也提出“戏剧兵”这个词汇。他说：

① 夏衍：《戏剧三年间》，载《戏剧春秋》第1期1940年11月1日。

> 中国自有戏剧以来从没有这样和现实政治紧密联系过。像目前中国各战区演剧队这样真正以“戏剧兵”的资格受着一般的军事训练，过着一般的士兵生活，奔走全国数万里，转辗前后方达五六年之久的戏剧团体，就在最前进的国家也不多见。[①]

戏剧以抗战为契机，使得中国年青的话剧，已经在本质上不同于以前所谓话剧了，在从数变到质变的过程中，戏剧进入了另一个时代，形成了规模化的戏剧部队。这么说，可以看当年的数据统计来说明：

> 国民党中央通讯社曾就全国各地及全军各单位所属的戏剧团体作统计，获悉全话剧工作者达六万余人，演剧团体凡二千五百至三千单位。……大都会的演剧，话剧工作者的“阵地战”也有着非常显著的成绩。最近军委会政治部文化工作委员会刊出“从三〇——三一年度重庆演剧概况”，就其重要诸点加以统计，戏剧单位计有中华剧艺社，留渝剧人协会，中国万岁剧团，中电剧团，中央青年剧社，孩子剧团，育才学校戏剧组，朝大剧社，教育戏剧队，第二新教工作团，实验剧院等，加上最近成立的中国艺术剧社共为十四单位，演有剧本百三十四个，共演出三百七十四场，平均每日演出一场以上，动员观众凡廿七万零一百二十人，收入总数达二百二十六万三千一百八十六元。……但话剧这一新兴艺术已经成为陪都人士以及全国军民最爱好最重视的娱乐与教育的武器殆无疑义。[②]

上面的统计说明，抗战时期的中国话剧组织在数量上有急速的发展。每一个学校，每一个职业团体，每一个救亡组织，每一个军队的政治工作队，都产生了崭新的但是缺乏经验的剧团，这是中国有了新的话剧形式之后，

---

① 田汉：《关于当前剧运的考察》原载《半月文萃》2卷3期1943年10月1日。
② 夏衍：《戏剧三年间》载《戏剧春秋》第1期1940年11月1日。

二十几年来未曾见过的现象。从而这些年青的戏剧团体产生了无数的新的演员，新的导演，新的作家，新的剧本。抗战戏剧的队伍一天天在壮大。

很明显，在民族危亡时刻需要有高度担当和责任的戏剧工作者，于是，在抗战的这面大旗下，一代爱国的、有造诣的戏剧艺术家，抛弃了个人的理想追求，走出象牙之塔，投入到为民族生存的战斗行列中；左翼戏剧工作者打破了狭隘的团体组织，团结了更广大的志士仁人，在“民族”神圣的旗帜下，为反映时代、鼓动抗战，长期默默地做着奉献。他们是一群骄傲着的队伍。

说他们“骄傲着”并不为过。夏衍是新文化运动中左翼剧联的领导人之一，当抗战戏剧部队行进三年之后，他兴奋地看到：是抗战，是一致对外的民族存亡抗敌中，“戏剧的大众化”—— 这个左翼文化的命题和努力方向，在抗战中得到了最好的诠释。

《保卫卢沟桥》

日本帝国主义者占领东北以后，又加紧进攻华北。民族危机紧迫，人民抗日救亡的情绪高涨，党指出了“团结抗日”的口号。左翼戏剧家联盟也为了团结各方面的力量共同抗日，而提出国防戏剧、救亡戏剧的口号，并自动解散了“剧联”，倡议组织戏剧界统一的救亡团体。上海的部分剧作者首先成立了剧作者联谊会，推动救亡剧作的创作。到1936年初成立了上海剧作者协会，“这个协会工作进行得很紧张，会开得勤，抓得紧，会员的干劲很大，创作热情高，所以进展得也快。在党的领导下，团结与培养着剧本作者，从事国防戏剧的创作，开展救亡戏剧运动。[①]”由此，可以看到自从左翼剧联成立以来，长期在反日反文化“围剿”的白色恐怖中积聚起来的力量的爆发。

“七七”事变后一周，7月15日，夏衍在上海剧作者协会的全体会议上提出扩大组织，建立中国剧作者协会的建议，获得与会者的热烈拥护。当即

① 于伶：《回忆中国剧作者协会和集体制作、联合公演〈保卫卢沟桥〉》。

宣布中国剧作者协会成立。并在会上通过了一条由宋之的动议的决议案：由与会的全体会员集体创作一个以卢沟桥抗战为题材的三幕剧，五天完成，题目即定为《保卫卢沟桥》。为了便于演出起见，全剧采用了连续性的三幕剧的新形式，亦可成为单独的三篇独幕剧。参加写作的有：尤兢、王礁、崔嵬、张季纯、张寒晖、章泯、许晴、王震之、凌鹤、马彦祥、姚莘农、阿英、宋之的、姚时晓、陈白尘、陈凝秋、舒非等十七人。由夏衍、张庚、郑伯奇、孙师毅四人整理成三幕连续剧。寒克、施谊、罗家伦作歌词，冼星海、唐学永、周巍峙作曲，沈逸千插图。阿英校阅。

这个集体创作合成的《保卫卢沟桥》单行本五天后不久就出版了，两天之后再版发行，书的封面上加印了刚从日本归国的郭沫若的题诗。阿英在起草的代序中非常坚定地说：

“……我们‘中国剧作者协会’愿意和每一个戏剧工作者相联合，更迫切的希冀着任何戏剧形式的从业人员来与我们合作。在全民总动员的口号下，加紧我们民族复兴的信号，暴露敌人侵略的阴谋，更号召落后的同胞们觉醒。

我们有笔的时候用笔，有嘴的时候用嘴，到嘴笔都来不及用的时候，便势将以血肉和敌人相搏于战场。我们不甘心做奴隶，我们愿以鲜血向敌人保证我们民族的永存。”

最后，阿英代表中国剧作者协会发出了：“保卫祖国，一切不愿作奴隶的人们，起来呀！”这响彻云霄的呼声。

正是在这个呼声下，上海的进步戏剧界发扬了团结、战斗的精神。动员了各剧团、各电影公司近百人担任演员和剧务，决定放弃剧本的上演权，欢迎各地剧团自由采用。推定尤兢、辛汉文、陈白尘、王予惕、阿英、瞿白音、唐纳七人为筹备演出委员；决定分组开排。推定马彦祥、尤兢、应云卫、凌鹤、宋之的、洪深、唐槐秋、袁牧之、金山等十九人组成导演团。中国剧作者协会还临时动议组织“战时移动演戏队”，推尤兢、马彦祥、唐纳等负责。[①]

为了非常时期的需要，中国剧作者协会还拍了电报给南京中央请求对救亡戏剧之演出尽量予以便利。原电：

> “南京中央党部邵部长钧鉴：日寇挑衅，全国震怒！民族存亡，决于旦夕。戏剧为唤醒民众，鼓励士气最有效之艺术，恳即通令全国各地之戏剧审查机关，对一切抗敌救亡戏剧之演出，尽量予以便利，民族幸甚！全国剧作者协会，上海剧团联谊社叩。”

在演出《保卫卢沟桥》的现场，由于有不少热心的朋友要求上台，串演群众角色，不上台的就在幕后伴唱、同呼口号。使这部迅速反映抗战的《保卫卢沟桥》的演出，像是一次紧张的战役，又像是一曲热情的交响乐，盛况空前。

由于南市蓬莱戏院设备简陋，舞台小，后台更拥挤，要容纳三幕戏的近百名演职员和各种道具，做到调度有序就很不容易了；在狭小的舞台上更得当心，“戏里有冲锋、有战斗、逃难场面，要放火药、要做房塌树倒这些效果。观众反应强烈，演员用真情感演戏，很容易出意外的事故。一会儿灯泡炸了，一会儿电线走火……”[②]任舞台监督的于伶像是战场上的指挥员，那里出问题，马上要去排除，他在剧场内安排了消防队和医务人员以防不测。《保》剧演出中，“观众与演员的情绪已凝成一片”，“观众和戏中的民众士兵们互相共鸣”，反响之强烈，实为“上海剧场中罕见的盛况”。每日演出日夜两场，还不能满足观众的要求，有时还得在日夜场之间临时加演。为欢迎回国的郭沫若和刚出狱的“七君子”沈钧儒、邹韬奋等也临时加演了一场。

演出直到“八一三”上海抗战炮响才停止。

救亡演剧队

淞沪战争爆发，我十九路军奋起抗击日军入侵上海，上海人民以各种方

---

① 参见《〈保卫卢沟桥〉：京沪剧作家总动员》原载《戏剧时代》一卷三期1937年7月。

② 于伶：《回忆中国剧作者协会和集体制作、联合公演〈保卫卢沟桥〉》。

式支援和慰问浴血奋战的爱国官兵。第三天，中国剧作者协会在上海卡尔登大戏院紧急召开大会，成立上海戏剧界救亡协会，讨论如何动员戏剧界，组织抗日救亡宣传队问题。会议由洪深主持，会上“关于戏剧的阵地战与游击战问题引起了激烈的争辩”，最后得到共识：在抗战中可做戏剧活动，需要积极地、大批地、有组织地走向内地，走向前方，甚至走向敌后。这就是由上海戏剧界救亡协会，遵照潘汉年转达周恩来的意见，分赴内地进行抗日救亡的宣传。很快，上海的话剧工作者编成了十三个救亡演剧队（第十队、第十二队部分人员留沪工作），分赴内地进行抗日救亡的宣传。同时，组织了三个战地服务团，派往嘉兴、昆山等战场抗战指挥部工作。一个京剧界救亡演出队分赴上海各电台、伤兵医院、难民收容所演出。

在很短的时间里，组成这些演剧队，并把他们送到全国各地去宣传抗日，为中国话剧运动的普及与大众化，播下了活跃的种子。然而，这并不是件轻松的事。担任上海戏剧界救亡协会组织部长的于伶，深感肩上的担子，他和文委负责戏剧工作的夏衍等人商议，“战地移动演剧队”是否由各队自由组阁。有人戏称这种组阁形式是采取“吴用取生辰纲”的原则：各队人马，人多去不得，人少也去不得，务必人人得用。于是各队都忙乎开了，每队十余人，要网罗各方面人才，有美术、音乐、灯光、编剧，男、女演员等，还要会管理经济和外交的人才。而大家似乎都忘不了于伶，纷纷向他求助和讨教，因为他“上通下达”，他那里最早得知八路军驻沪办事处的决定和消息；对上海影剧界各方面人士有广泛的交往。而最主要的是，各队定编以后这位组织部长根据周恩来的指示安排编号和宣传的路线，相继送他们出发。

于是，十三个抗日救亡演剧队中，十一个于下旬分别赴苏、浙、皖、陕、川、汉等内地，作抗日救亡宣传鼓动工作。留下第十、第十二两个演剧队在上海坚持宣传阵地。于伶被留了下来，在五百万人民中坚持演剧活动。

泥泞的租界

1937年11月12日，日本侵略者占领上海华界，英美法等租界立即沦为四面受日伪势力包围，只有一条通向海外水道的孤岛。刹时间，乌云密布，报纸停刊，戏院歇业，人心惶惶，有的销毁文件旗帜，有的含泪相见时不知出路在哪里。面对这严峻的局势，如何唤起这孤岛上几百万爱国人民的精神，把这股力量对抗日伪的反动势力，于是有一批坚强的战士英勇地担当起“在荆棘里潜行，在泥泞中苦战”的特殊任务。

由于租界当局自抗战以来持所谓中立立场，对各地来的人员只要住进租界都受到“保护”。于是上海四周和闸北、虹口、南市等华界地的居民纷纷涌入租界，甚至沪宁路一带和上海周围的大小城市，包括苏州、镇江、南京等地，在沦陷以后，有些田产的地主或居民也逃难至上海，涌入租界。租界的畸形膨胀，给生活在这里的几百万人民带来了各式各样的问题……

文化的沉寂使“孤岛”的上海更加荒芜。当时如《国民文摘》、《文学》、《烽火》等都停止了在上海的发刊，《大公报》、《立报》、《申报》、《救亡日报》等的先后被迫停刊，都使上海的文化阵营萧条而乏力。还有个情况：当上海租界地沦为“孤岛”后，电影厂关门了。原来还拍一些如《珍珠塔》、《庵堂相会》等民间传说、故事的戏，如今没有人写剧本，演员也跑散了；而一向占领上海影剧场的美国电影，这时候也不能进来，致使很多电影院空了出来。

“文化工作必须改变方式”。这是中共江苏省委负责人沙文汉、上海文委正、副书记孙冶方、曹荻秋，以及于伶、钱杏邨、梅益等文委委员，面对新的形势而作出的决议。在租界的特殊环境里必须采取灵活多变的战术，以储集社会上各种力量，并尽量用公开的方式来发动群众，进行合法斗争。诸如在报纸、出版、群众业余补习学校，以及演剧等战线均可依此展开。去占领这些电影院，让“巴黎”、“光华”、“卡尔登”、“辣斐”、“兰心”等影院相继改为话剧场所。

其中，地下党“文委”十分重视通过话剧这个阵地来团结群众、宣传抗日和进步的主张。孤岛剧运在这个大的决议下开始了，正式成为抗战戏剧部队之一翼。

但是，演职人员的缺乏是个问题。由于在国民党军队退出上海前，大部分主干的演剧人员已由上海戏剧界救亡协会组织成救亡演剧队若干队，分别出发前往内地工作。如蚁社的蚂蚁剧团由张庚、徐庚教等率领，由沪宁路经溧阳，宜兴，广德北上，张庚部辗转到了西安，徐庚教部由武汉远赴昆明。海关俱乐部戏剧组，组成八一三长征队由缪一凡、茅丽瑛领导由闽浙沿海到香港广州，缪一凡在长征中死去，茅丽瑛则回沪组织职业妇女俱乐部，成绩卓著，不幸被汪伪汉奸打死。这是后话。

当时，上海的演剧队伍尚有：救亡演剧队的十、十二队所留下的部分人员，蚂蚁剧团一部，海关俱乐部一部，以及洋行华员俱乐部，印刷业，保险业，银钱业各联谊会的一些同志等。于是，在这些人员基础上，其方式采取一分为二，已公开的同志令其参加职业的戏剧活动，余则以非戏剧组织的形式利用职业单位或学校活动，在一般的救亡工作下作普遍的活动。这样，形成了以上层的大剧社职业性演出的大剧场运动，和以群众业余戏剧活动的小剧场运动。

小剧场运动也称星期小剧场，由姜椿芳、杨帆负责，主要干部有王元化、吴铭、柏李、张可等，他们首先在学校组织剧团的方式把他们的力量组织起来，成立了小教联，中教联，中学生自治会，大学生自治会，大教联……由于开展顺利，使当时组织的职员、工人、学生的业余小剧团多达一百一十多个。大家行动起来，出现了在任何时候都没有出现过的兴旺现象。

大剧场运动由于伶负责，他以第十和第十二队留下的人员为骨干，联合电影公司的部分导演与演员，几位在大学、中学教书的戏剧研究与爱好者合作，组织一个大剧团，成为公开的中心力量。在困难的环境中第一个挣扎着出现的剧团是青鸟剧社，它打破了上海戏剧界的僵局。

当时，虽然分两种形式展开活动，然而，他们是一个战斗集体，党的组织生活也在一起，互通情况，互相支援，文委的领导也非常关心这个戏剧支部的活动，经常指导工作，成为“孤岛”文化的主要方面。

“青鸟剧社”

青鸟剧社是孤岛时期诞生的第一个职业话剧团体。社址在西藏路宁波同乡会四楼。青鸟剧社是从梅特林的象征剧《青鸟》取来，含有不屈不挠追求幸福的意思。主要人物有：于伶、欧阳予倩、阿英、许幸之、殷扬（杨帆）、李伯龙、李健吾、徐渠等。在这特殊的租界环境里，进行公开的合法的活动并不是件简单的事。首先要通过所属租界当局办理苛刻的登记手续，报送剧团负责人和成员名单；其次，上演的剧目都需经过审查批准。工作稍有不慎，就有被驱逐出租界，不准组织活动的危险，故一步步进行都得摸清情况才能行动。再则，剧团上演要和剧场签订合同，上演剧目的开支、经费和工作人员的生活费用等一系列财务支出，都需要筹划，而剧目的挑选和演员的物色更费筹措。这一切内外的主要事务都需要谨慎地摸索着向前。

当青鸟剧社正在法租界当局登记备案的同时，12月1日，于伶和有关的几位同志赴新光戏院签订租借合同。说到签订合同，于伶记得很清楚，在和“新光”签约时，正是日本兵进租界示威时，他们列队耀武扬威地走在南京路上，表示对英租界的蔑视，遂使南京路的交通断绝。“新光”处在二马路上，当时临街的理发厅楼上，有个理发师出于义愤，为了抗议日本兵进租界，悲痛地跳楼自杀在南京路上。从楼上跳下去，正跌在马路上日本兵中间，当时还有日本人向他行礼。过后，日本人惶恐不安，醒悟有人捣乱，日军马上将这一带团团围住，戒严，行人不得通过，搜查可疑分子。于伶、李伯龙等正在新光戏院办事也被围住，一天一夜，未进饮食，不得动弹。直到很晚才离开“新光”。他们深深地忍受着上海城陷入敌人铁蹄之下的痛苦。①

“新光”的老板是个流氓。于伶说:“有一次某跳舞厅开张，可能是得罪了他，他出钱给一批叫花子去舞厅坐台子，也要我们一帮人去看闹猛。我们看到舞女从池子中逃出来，一边大叫，原来这些叫花子坐了一会把蛇放出来吓舞女。秩序乱了起来。”“为了去‘新光’借场子，去过几次都没有谈定，只见他们在旅馆之类的地方玩赌，一边赌一边要唱，很特别，边上站着一群响导女。我们找他是为了让他开口发话。”于伶无奈地说:“这种工作我们都要做.”②

12月中旬，适逢欧阳予倩五十寿辰，大家不约而同聚拢在他的家中，顾

① 参见《〈保卫卢沟桥〉：京沪剧作家总动员》原载《戏剧时代》一卷三期1937年7月。
② 据于伶与孔海珠1985年9月26日下午在于伶寓所的谈话录音。

仲彝刚到上海也加入其中，受到邀请加入剧社，所以在吃过寿面之后，一同到巴黎大戏院隔壁一家罗宋大菜馆楼上去看排戏。顾仲彝说：青鸟剧社“分子非常复杂，组织也松弛无力。当时演出的剧目中以《女子公寓》最为轰动，演出的地点是新光大戏院，演员夏霞、蓝兰、陆露明、徐渠、顾也鲁等大露头角，成为孤岛演员的生力军。可惜接着几个演出剧目，如《群莺乱飞》、《不夜城》不免都为急就章，观众大为失望，并且同时剧社开始了人事纠纷和经济恐慌。”①

顾仲彝的这些话说得不错，话剧的职业演出要长期坚持下去，从内部来说，要有几个条件：第一，要有演员，有台柱，在上海这个地方才能吸引观众。可是有些声誉好，政治上较进步的演员，大都参加演剧团离开上海了。第二，要有导演。第三，要有好的剧目。当然，更重要的一个剧团要有团结一致、艰苦奋斗的精神。

青鸟剧团最后因经济上亏欠太多，要继续维持这班人的生活发生了困难，且内部又意见纷纷，导致解散。

孤岛剧运“八勇士”

孤岛剧运“八勇士”：即李健吾，顾仲彝，李伯龙，章杰，陈西禾，徐渠，尤兢，吴仞之。（田汉语）他们筹划“孤岛剧运三年计划”，其第一步骤健全剧团作小公演，第二步扩大组织，与同情剧场合作，举行大公演，第三步建立经济基础自建剧场。那时，由尤兢去交涉十六个星期的实验公演剧场。提出口号是“稳札系打。提高技术，团结干部，争取社会同情，为抗战建剧而努力。”

第一次演出剧目是李健吾作《这不过是春天》，陈西禾导演，李健吾自演听差，成绩极佳。剧评家王壬林说：“这就是民族形式”。每日早晨七时就有观众围铁门等买票子，李健吾感动，抓住尤兢的手流泪，说：你的估计没有错，我们该为这些观众拼命。

---

① 顾仲彝：《十年来的上海话剧运动》，作为“附录”收于洪深著的《抗战十年来中国的戏剧运动与教育》一书中，中华书局 1948 年版。

此种小公演到第五回引起敌报的攻击，工部局胆小，接连几次旧剧都不通过。乃重演《花溅泪》《女子公寓》，旋改编《满城风雨》又不通过，因合同未满，改由星期小剧场戏剧交谊社接演。

他们充分发挥着集体精神，一个剧社解散了，他们商量着再成立另外的剧社，继续演剧……

田汉知晓上海剧艺社的奋斗历程。他从剧艺社的人员配制、上演剧目、营业收入等等曲折经历，和剧社同胞同舟共济的精神面貌，都能细细道来。他说到：

> 在这种风声鹤唳的气氛压抑下，剧人要生存，要表达自己的意愿，组织剧团的财务账也不必不可少的。……从一九三八年十二月三十一日起到翌年一月三十日第一期公演《雷雨》《日出》《女子公寓》《大雷雨》四剧盈余两千元，但三月底起演出《不夜城》，《衣锦荣归》，亏欠五百元。清明日召开文化界座谈会到古平方，子余，吴仍之，王壬林，欧阳予倩，赵景深，李健吾，陈望道，郑振铎，顾仲彝，徐渠，林淡秋，李伯龙，殷扬等二十余人，商议组织一较理想的剧团，于是在台儿庄胜利消息传来的时候，组成上海艺术剧院，另一部人则组成晓风剧社，五月中旬上海艺术剧院为募捐难民药品公演《梅萝香》于兰心戏院。
>
> 第二次适在徐州突围的时候，尤兢导演《女子公寓》过劳晕倒，由徐渠继续导演，募集妇女难胞生产基金。在第三剧准备排练时，以敌人在日文报纸公开指该社为反日团体，法领馆不许立案，并限期迁出租界。几经疏通，乃以一部分负责同志加入中法联谊会为会员，成立戏剧组，由该组长办上海剧艺社，以募股方式筹得三百五十元，连同上海艺术剧院生财作四百元即以七百五十元基金开始工作，第一剧演出巴纽尔作《人之初》，第二剧演出罗曼罗兰《爱与死的搏斗》。后者成绩绝佳，法领事极为赞美，赠戏剧组一百元，并由该组致电罗曼罗兰致庆。第三次趁名伶周信芳年底封

箱，租用卡尔登公演于伶《花溅泪》，营业极佳。[①]

这些史实盘点，充分展现上海处于“孤岛”这个特殊的环境里，“勇士们”以戏剧为武器，公开地或秘密地从事着抗敌斗争。

在租界环境里，话剧是很好的形式，但是，搞好剧团，面目不能是红色的，可以挂外国人的招牌，以站稳我们的脚跟。地下党“文委”指示：在洋招牌的掩护下，如果不能演明显影射抗战或写上海现实生活的戏，至少要演不屈服、不投降，不变节要有正气的戏。这样的方针正是服从于此时此地的环境所许可的，保护自己，团结友人而又能倾吐郁积在心头的愤懑的策略。

《译报》的创刊在于新闻界在“孤岛”不能阐发正义的言论，“连正确的消息也不能尽情揭露”，于是，夏衍、姜椿芳、袁殊主办了《译报》，“以小型的姿态应运而生，专译外报的新闻及论说，以供读者明了战局的真相，及国内外的政治形势”。《译报》成了“孤岛”上的灯塔，影响愈来愈大，使当局非常不舒服，仅办了十几天，一纸禁令被迫停刊。一个多月后，《译报》改名《每日译报》，由地下党上海文委成员冯定、孙冶芳、巴人、于伶、梅益、林淡秋、戴平凡等主持，并挂名英国人孙特司·斐士、拿门·鲍纳为发行人，在租界的庇护下继续出版。

在迎接1939年元旦时，《译报》出版增刊，由报社主持人之一的戴平凡(署名岳昭)执笔撰写《抗战中的上海文化阵容》，代表当时地下党“文委”评价上海文化状况（戴平凡时任地下党文委负责人之一）。

在总结和检阅上海的抗战文化阵营，包括新闻界、出版界、文艺戏剧界三个方面。其中讲到戏剧方面，“上演的工作比出版的工作好得多”；“戏剧方面的工作，比文艺的活泼得多。在困难的环境中第一个挣扎着出现的剧团是青鸟社。……中法联谊会戏剧组主办的上海剧艺社的成立，打破了话剧界寂寞的空气，他们在沟通中法两个民主国家的文化立场上，演出了《人之初》和《爱与死的搏斗》，可称上海剧坛的一个主力。最近还有红星剧团的

① 田汉：《关于当前剧运的考察》原载《半月文萃》2卷3期1943年10月1日。

成立，已在皇后戏院上演《狂欢之夜》。此外，值得注意的是星期小剧场，他们上演共十二次，演过三十多个独幕剧。而最值得敬佩的是电影界的各公司当局，他们毅然拒绝侵略者的威胁利诱，支持着重创的残局，在继续着工作。虽然有许多电影演员离开上海，走上抗战的前线。在人材非常缺乏的情景中，但仍然有这《雷雨》，《日出》，《貂蝉》，《离恨天》，《女人》，《新人道》等有积极的社会意义片子产生。”①

确实如此，上海剧艺社经过在法国工部礼堂的演出、璇宫戏院的演出，到辣斐剧场时期，基本上已站稳脚跟。在特殊局面的孤岛上，“对于这大时代或多或少尽了责任，至少为生活在孤岛上的麻醉的人们，做了唤醒和提示的工作。”并且已公认是个负有盛名的剧团了。然而剧艺社不仅是演出的剧团，要培养当时缺乏的编、导、演的好手，提高工作人员的业务水平和思想水平，创导社会艺术大学。于是剧团办的图书馆藏书达四五千册，供借阅，并组织读书小组活动；社员经常参加举办的各种讨论会；暑期还开设训练班，开讲座。内容有于伶的《中国话剧运动史》、陈西禾的《戏剧原理》、李健吾的《诵读和表演》、吴仞之的《舞台灯光》、吴天的《导演记》、顾仲彝的《西洋戏剧史》、洪谟的《舞台技术》、赵景深的《中国戏剧史》等等，举办这样有系统的讲座，在剧坛上是不多见的。

这一切是因为上海剧艺社有位杰出的核心人物—于伶。

从尤兢到于伶

于伶是一位在“左联”时期跃上剧坛的“后起之秀”，在全面抗战爆发后的大多数岁月中，在孤岛上海有他活跃而坚韧的身影，他是一位对孤岛剧运有杰出贡献的人物。

抗战戏剧综合了戏剧运动、演出实践和剧本创作这三个方面的内容，缺少任何一方面将是不完善的。于伶说，他在这三个方面中，从事剧本创作是他第三位的工作，戏剧运动的组织工作才是第一位的；其次，是他先后主持

① 岳昭（戴平万）：《抗战中的上海文化阵容》载《译报》1939年1月1日。

的演剧团体内复杂而繁琐的行政事务。

如果说，“左联”时期，在北平的二年，他用戏剧形式迅速而及时地报导现实斗争，成了于伶剧作的主要任务；那末，到上海后，他敏感而丰富的知识分子心灵，开始把视角面向描写上海都市生活中的知识分子和小市民的真实画面。全面抗战开始后，为了迅速地反映时代的节奏，也为了政治宣传的需要，于伶暂时放弃了多幕剧的探索，服从时代的需要，重操独幕剧的创作，并为此作出了可观的努力。

和于伶独幕剧创作连在一起的是“尤兢”这个笔名。当时的观众可能知道“尤兢”这个名字多于“于伶”这个名字，因为独幕剧的形式和宣传效果容易使更多的人知晓。剧作家们有这样的体会：能写多幕剧的作家，并不一定能写好独幕剧。因为独幕剧需要在更短的时间里、在有限的空间里艺术地把人物和事件写活写好。在于伶早期戏剧创作的七年时间里，总共写了三十一个独幕剧，其中大部分是后三年所写。一九三五年有五个，一九三六年有六个，到一九三七年增加到十二个，可谓是独幕剧大家。所以，“尤兢”很快成为爱好戏剧的青年非常熟悉的名字，他的作品也受到了戏剧界进步人士的高度评价。

洪深曾经热烈地赞扬于伶的独幕剧能够“与时代共喜悦，与民众共烦恼”，“善用一种平明通俗和有力的手法来撼动观众的心”。郑伯奇也称于伶为“严格的现实主义者”，这也包含着对于他从平凡的现实生活中汲取养料的表现手法的褒意。

然而，上海抗战的新局势，随着侵略者铁蹄的入侵，呐喊的呼声已被更深沉的忿懑，更险恶的环境所掩盖。如何采用灵活多变的战术和敌伪斗争并宣传抗日呢？上海剧艺社需要大量地上演进步、爱国的剧目来吸引和征服观众，改编、翻译外国戏剧，已不能满足观众需要，于是，于伶开始了创作上的新起点，迈开了探索现实主义创作的成长脚步。从《女子公寓》的创作开始，于伶舍弃了“尤兢”这个笔名，开始用“于伶”这个新笔名。夏衍曾有评说：“一个笔名的改变，在某种意义上竟象征了这位作者的再出发和新生。”（《于伶小论》）于伶的作品再现了上海抗战，表现了众多的市民阶层，他们在想什么，在做什么，同时又告诫他们，哪些是应该做的，哪些是不应该做的。那些大大小小的艺术形象深深烙在孤岛观众的心里，为孤岛的都市文化平添了几条彩虹。

一九三九年六月，于伶创作的五幕剧《夜上海》，代表了他这个时期创作的最高水平。

《夜上海》通过开明绅士一家从家乡逃难到上海后的经历，展现了上海失陷后各个阶层的生活面貌，以及人民的苦难和反抗。如一场在租界“阴阳界”的戏，惊心动魄地再现了那个时代生活的真实画面，无怪赵景深先生称誉《夜上海》是“近三年来上海的诗史”。这是多年以来，于伶在获得对于生活深切感受的基础上，作出准确的概括。

时代造就了一代革命的戏剧家，他们创造的精神财富，活泼地在时代的画卷里永存；他们塑造的典型人物，始终活在历史的长河中。正如夏衍所说：“中国戏剧工作者只因为他们是民族解放战争里的一个最前列的部队，只因为他是建立新中国的新文化的先锋队伍，所以他们不单是要建立抗战戏剧，而且是要用他们的戏剧来推进抗战，用他们的戏剧来促进新生中国的新民主政治，他们一方面承继着中国戏剧最优良的永远服务于革命的传统，一方面用他们在大众里面陶冶出来的经验教训，来创造新的中国大众所喜闻乐见的戏剧形式，这是一种新的戏剧。”①

抗战过去了，抗战戏剧部队的光辉业绩，不仅因为记录了时代，还因为它反映了我们的民族精神而将永远留在人们的记忆中。

（孔海珠：上海社科院文学所研究员）

① 夏衍：《戏剧三年间》载《戏剧春秋》第1期1940年11月1日。

由妇女解放的初探到终极理想的寄望

——论夏衍戏剧的女性关怀

李 桑

内容提要

以现代人文意识来看待女性问题、关注妇女解放，是夏衍剧作的一个重要内容。而他在这一方面的开掘和创作与现代许多剧作家相比，又更具思想深刻性、个人独创性和时代进步性。本文重点关注夏衍剧作中体现的女性关怀，涉及两性在婚姻关系中的不平等以及由此产生的家庭妇女的困境、妇女解放运动、家庭革命与社会革命的关系等问题，发现其对女性问题的讨论表现出从女性的个体解放层面向更广阔的社会革命领域延伸的路径。

关键词

夏衍译著与戏剧创作　女性主义　两性关系　家庭革命与社会革命

“五四”时期，中国先进的知识分子高举科学和民主的大旗，倡导启蒙思想，反对封建压迫。无数受此感召的新青年们，开始思考人的自由和解放问题。娜拉在“妇女解放运动的宣言书”中喊出“首先我是一个人，跟你一样的人，至少我要学做一个人。”[1]她的出走，象征着受压迫女性“人”的觉醒和对以男权为中心的传统社会的反叛，惊醒了“五四”之后积极探索中国出路的知识分子们。“娜拉”成为一时代思想启蒙的重要角色符号，“妇女解放”也成为“五四”以来新文学的重要书写主题。虽然不乏鲁迅、周作人、胡适等作家为妇女的解放而呐喊，但是他们在呐喊的同时往往缺乏自我的反思，即使他们极力呼喊女性的解放，但在潜意识层面无法摆脱男权文化的制约，而夏衍在这方面的开掘比起现代许多剧作家更深刻，也更能显出时代特色。[2]

夏衍早期对德国工人运动活动家倍倍尔所著的《妇女与社会主义》一书的翻译工作对他在这一领域的创作起到了极为重要的启蒙和影响。该书是夏衍唯一的有关妇女问题的译著，其中提倡男女平等的思想不仅影响了当时社会，对当代的女性研究也有重要的参考价值。在倍倍尔看来，数千年来，关于妇女社会地位的发展的世俗说明，都是远与事实相违背的。而阐明这个问题对于理解现在和将来是一件很必要的事。事实上，当观察这个不断地向前成长的运动时，在各种人之间，甚至在女性群体内部往往也存有偏见，这大部分是由不知道和不理解妇女的地位造成的，许多人甚至主张妇女问题根本就不存在。千百年来历史的沿革，让成千上万的人——其中也包括女性自身——都理所应当地认为，妇女从来所采取的而将来也应当采取的地位，乃是由其“自然的职分”而定的，从而她们乃被命运注定要做贤妻良母，局限于家庭生活之内；在她们居室以外的东西，或与他们的家庭任务毫无关系的东西，都与她们无关，她们是毫不知道的。[3]受此观念的启发，夏衍在三四十年代的剧作中已然谈及这一进步性与争议性并存的话题，力图展现当时代中国女性被压迫与被奴役的社会地位，以及她们为求得女性解放做出的不懈努力与探索。

---

① 易卜生：《易卜生戏剧集·第二卷〈玩偶之家〉》，人民文学出版社2006年版。
② 王芳芳：《女性主义视野下的夏衍剧作研究》，《当代电影》2014年5月，第196—198页。
③ 夏衍：《夏衍全集·译著（上）〈妇女与社会主义〉》，浙江文艺出版社2005年版，第57页。

家庭妇女的困境

在民族战争与革命此起彼伏的中国社会，绝大多数人为生存问题自顾不暇，更无余力关心“微不足道”的妇女问题。风起云涌的救亡运动需要且吸纳了越来越多的有志之士投入其中，其中也不乏崛起的时代新女性。然而，从整体情况来看，“公共活动需要从来未有的多数的男子，使男子的见解扩大的同时，愈加使他们离开家庭的领域，于是妇女像是被抛弃了一般，这样便开拓了新的差异的源泉。”以致可以说，“现今男女之间的精神差异，比之一切关系狭小而妇女知识浅薄的古代更为悬隔。”①这种时代造成的两性间新的差异，尤其在热衷于社会运动的知识阶层男性与其疲于家庭主妇生活的妻子间产生了诸多不可调和的矛盾。夏衍早期的翻译以及他对妇女解放问题的高度重视，使他站在一个相当的高度来看待中国的妇女问题，来塑造作品中的女性人物形象。其剧作中，处于家庭囚笼中、被排挤、被压迫的典型女性形象，既有《芳草天涯》中曾经风华正茂、有气质有学问、受过先进教育的女大学生石咏芬，也有《心防》中被丈夫认为是性格软弱、无法领导甚至没有交流必要的、没进过中学的太太铭芳。

倍倍尔认为，关于两性关系的观念难以随着社会和时代的进步得到及时更新。斯泰因教授1876年发表的名为《国民经济领域内的妇女》一书中写着“男子不仅要求有人恋爱他，并要求有人理解他。他要求那人的心脏为他打动，那人的手掌为他抚额；他的居处因为那人而变为和平安静，自制有序；一切事物因那人而生出光辉；他要求周围一切多散播着她的芳香，家庭之内充满了愉快的温暖。”倍倍尔评论这首妇女的颂歌包含着贬黜妇女和男子的利己主义，是一幅充满了诗的色彩的婚姻的绘画，然而诗的色彩一旦遇着粗暴的现实便会剥落。据康德的看法，人类与禽兽不同，肉体的满足已不够满足他比强烈的欲望更高的要求，在此，非有要和他的结合者之间的精神

① 夏衍：《夏衍全集·译著（上）〈妇女与社会主义〉》，浙江文艺出版社2005年版，第162页。

调和与吸引不可。夏衍将男性“不仅要求有人恋爱他，并要求有人理解他”的欲望鲜明展现于《心防》男主人公刘浩如的身上。一方面，生活的需要使他离不开爱恋他的贤内助，在婚姻关系里他需要这样一个甘于为他料理繁琐家务、照顾孩子的主妇；另一方面，在情感的需求上，他更渴求一个知识水平与自己相当、能与自己有精神交流的、年轻富有朝气的时代新女性，如杨爱棠。前者是出于生活的必须，后者是男子在基本生存寻求得到满足的前提下，因男权的绝对优势地位而得以衍生的欲望。圣西门说“妇女所处的地位是测量民族的文明最好的尺度。”在一个民族内部，占优势地位的男性群体对待上述两种需求的普遍态度，深刻影响其妇女所处的社会地位，也体现该民族的文明程度。

具体来说，夏衍剧作中因为家庭主妇身份闭塞于狭小的生活圈而与社会疏离的女性形象，可以分为两种。第一，是《心防》中的铭芳一类；第二，是《芳草天涯》中的石咏芬一类。以其受教育水平和精神文明程度为界分，第一类妇人属于“先天不足”，第二类知识女性则是“后天受限”。

对文化程度不高的妻子，丈夫们的不理解，往往助长妻子的无知，也加重了女性在婚姻关系中受到的精神压迫。倍倍尔对丈夫们的过错如此概述：“知道用方法使妻子了解自己和相信妻子的丈夫极少。通常的丈夫们都抱有妻子不会做他们所要求做的事和不理解他的见解。他对妻子不肯加以说明，妻子问他的时候，便说一句‘你不知道的’刻板的回答。”[①]在《心防》一剧中，铭芳为了丈夫刘浩如的安危，劝说他离开上海去新加坡避避风头时，他大为不满却又难以说服妻子。好友杨爱棠为此羞他说“一个领导者不能把自己的太太领导起来，却使他发生动摇。”他给出的是无奈又无力的回答“那问题可不简单啊，她生长在一个旧式家庭，没有进过中学，性格又软弱……”[②]对比他的太太铭芳对客人忧郁又谦卑的阐述“他一回来，不是写文章，就是看书，或者跟你朋友们谈天，跟咪咪玩笑。问他，高兴的时候向你笑一笑；不高兴的时候什么话也没有，大概是因为我程度低，讲了也没

① 夏衍：《夏衍全集·译著（上）〈妇女与社会主义〉》，浙江文艺出版社2005年版，第162页。
② 夏衍：《夏衍全集·戏剧剧本（上）〈心防〉》，浙江文艺出版社2005年版，第457页。

有用。”[①]铭芳自认为自己是“没有这种资格”与丈夫交流，而刘浩如出于大男子主义再加自视甚高的知识分子气又不屑与没有学问的太太作深层次交流，更没有可能向其传递进步的思想，以致二者的精神距离和文化差距不断拉大。这使得原本就处于弱势的女子更加陷入自卑且愧疚的精神困境；与此同时，男子却能够通过寻找婚姻关系外的“红颜知己”，来减轻这种精神苦痛——这是在婚姻关系中深刻体现的两性的不平等。

穆勒说：“婚姻是现今唯一的实际的奴隶制度。”《芳草天涯》中的石咏芬说“当家就是戴枷”。主妇们“在这种汤沸火热的祭坛上，牺牲了青春和心的自由以及美丽和快活。”[②]石咏芬在结婚前曾是一个进步的、活跃于社会的知识女性，然而十年“简直没有一点儿文化空气”的婚姻生活却将她销蚀成“如何惨淡的姿态”。夏衍在《芳草天涯》中借尚志恢之口，表述这很大程度上是由女性所受的双重压迫造成的。为此，男性应该给予女性双倍的宽容和理解。这种思想与倍倍尔在《妇女与社会主义》中阐述的女性所承受的“二重的痛苦”相映照。他认为，一方面，妇女因在社会上为男子的从属而感到痛苦；另一反面，妇女因在经济上的从属而感到痛苦。并且，这是一般妇女，尤其是无产妇女与无产男子所共同陷入的状态。[③]这种比精神上的苦痛更加基础的物质上的困境，必然造成夫妻关系的紧张和矛盾的不可调和。如《芳草天涯》中描述的“经过一个暂时平安之后，在同样的环境，同样的生活，同样的性格中，同样的问题又开始复演了。悲剧，就在这样的情形中，加速地展开。”夫妇间关系的缓和只是暂时性的，难以抑制的愤怒总是会找寻突破口爆发出来。

对于石咏芬一类因为婚姻而“后天受限”的女性所遭受的痛苦，有两个方面值得注意。其一，如阿明多尔在《对于生活之书的注释》中所说“使她的生气和能力丧亡的原因……并不是谁也免不了的可怕的事故，而是那每日重复着的侵蚀骨髓的辛劳，……几十万强健的主妇，在处理家务的勤劳之

① 夏衍：《夏衍全集·戏剧剧本（上）〈心防〉》，浙江文艺出版社2005年版，第447页。
② 阿明多尔：《对于生活之书的注释》，转引自《夏衍全集》第12卷第163页。
③ 夏衍：《夏衍全集·译著（上）〈妇女与社会主义〉》，浙江文艺出版社2005年版，第60页。

中，损坏了她们蔷薇的双颊，消褪了媚人的笑靥，而使她们成为既干且皱的木乃伊。[①]”石咏芬说“我真不想管家，‘家庭妇女’这句话听了就难受，被人家看不起……（被）柴米油盐，压得透不过气来，就什么也管不得了。想起来，在学校的时候才舒服，真是天堂。”由此可见，这一类受过新式教育的女学生并不自愿也不甘于承担繁重且枯燥的家庭劳务，然而她们因婚姻的枷锁无法避免。倍倍尔把妇女们抚育子女、照应家族、看护病人的工作称为“真正的英雄的牺牲”，而将驱动她们作出如此牺牲的动因归为女性比男子更重感情的天性，又根据傅里叶“人类同一冲动在不同的情况下而招致完全相反的结果”的理论，得出“在她们发怒的时候，这种热情的表现便变为丑恶”的结论。夏衍将这一理论完完全全地实践在石咏芬这一人物形象上。对比太太们的“难以自拔”，在不很遥远的时代和社会里，绝大多数男性似乎都具有“超然世外”的特权和习惯。石咏芬为丈夫的“超脱”忿忿不平“他嘛，天塌不管，有功课的日子早出晚归，没有事的日子哑巴似的坐着喝茶，看报，没有米啦，没有柴啦，谁来理啊……问他一句，就像冒犯了他，‘我有什么办法’？……多说几句话吧，就嫌你唠叨，那，不唠叨又怎么办呀，人，总是要吃饭的……”纵然在文化程度的设定上，石咏芬明显高于《心防》中的铭芳，但她的丈夫依旧是读自己的书、写自己的文章、喝自己的茶，将太太排斥于他的精神生活以外。不论文化和教养，主妇们对于丈夫而言似乎只有等同于女佣的职权。拒不提供新鲜知识和文化的分享，丈夫又有什么资格指责妻子的无知和不理解呢？夏衍的描写，可谓是从思想根底上及现实存在上发现了中国女性解放问题的一个大病灶。他写出了许多高蹈派中国男性知识分子的两难：一方面，要领略女方作为独立个体的活的灵活性；另一方面，又要维持旧的生活方式。[②]

生活圈受限造成的精神的倒退，是夏衍揭露的婚姻给知识份子女性带来的第二大问题。根据倍倍尔的观点，妻子因为受教养的时间都被从早到晚的

---

① 阿明多尔：《对于生活之书的注释》。

② 陈坚：《论夏衍的人文关怀》，转引自《夏衍全集》第12卷第163页，《浙江大学学报》，第31卷第1期，2001年1月。

家事活动所占据，以致她们的精神变成迟钝和偏狭。“妇女由于不能充分地发展素质和能力，囚闭于狭隘的观念圈里，只能与同性的朋友交际，所以她们的见解是不能超出日常茶饭和一切因习的……但是她们内部的精神世界要寻求活动的场所，因之，促进了她们饶舌的癖性和关于琐碎事务的谈话。男子往往因女子这样的特性而感到烦恼，有时感到完全失望。”[①]夏衍在《芳草天涯》中几乎完全复制了这一观点，在第二幕的背景中写道：“太太是受束缚在家里的人，心情暗淡的时候，就不免在生活的细微末节上作不必要的苛求，日子久了，双方感情激化起来，便把憎恨环境的感情投掷在可怜的伴侣身上。”[②]尚志恢对太太的指责——“假如你今天见到她，跟她谈上几个钟头，你就会知道，你不能相信她是一个进过大学，参加过救亡工作，懂得……”——也足以印证倍倍尔的此理论。似乎是有意嘲讽男子普遍对自己的妻子缺少耐心和信心却总能在婚姻关系之外觅得“红颜知己”的事实，当尚志恢将自己的太太——一位别人眼中“合乎现代标准的……文化工作者的太太”，贬得一无是处，并由此断定自己曾经的“女性中心论”思想极其愚蠢时，初见孟小云的尚志恢“又漫不经心地踏进了一个从来不曾涉足过的青春的绚烂花园”[③]。

同时，通过观察《芳草天涯》中塑造的孟文秀一角色，也可以发现夏衍本人因翻译倍倍尔的《妇女与社会主义》所受到的女性主义的启发。倍倍尔在《妇女与社会主义》一书中谈及合理的女性观念的普及现状时说，“近来虽然屡次有人抱有普及较为合理的人生观的企图，但这不过仅仅是开始，而且他所接触的只限于社会中狭窄的阶级”。在剧作中夏衍借孟文秀之口说出“如何处理生活，这是双方的问题，而在今天，男人的责任更大”；并且作为有能力的文化人，丈夫应当致力于帮助妻子进步，改造她成为一个合格的新时代的女性，而非埋怨她的出身；对受到双重压迫的女人，男子应当给予双倍的宽容。这些关乎女性关怀和两性平等的见解，即使今天看来也是很具

① 夏衍：《夏衍全集·译著（上）〈妇女与社会主义〉》，浙江文艺出版社2005年版，第166页。
② 夏衍：《夏衍全集·戏剧剧本（下）〈芳草天涯〉》，浙江文艺出版社2005年版，第175页。
③ 夏衍：《夏衍全集·戏剧剧本（下）〈芳草天涯〉》，浙江文艺出版社2005年版，第167页。

有时代性与进步性的。

对因为婚姻而受到身体上与精神上双重压迫与奴役的妇女，夏衍抱有绝对的同情。对于她们因为婚姻的囚锁和精神上的苦闷，变得敏感、挑剔、甚至无理取闹，夏衍试以客观公正的立场为她们解释陈情。对自以为是、不思反省的丈夫们，他也作出了相当的讽谏与劝告。

女性要靠自己争得解放

倍倍尔将女子与男子的关系类比为工人与资本家的阶级对立，由此大声呼号“和工人不能期望资本家的援助一样，妇女是不能期望男子的援助的。”女子从属于丈夫，甚至于把婚姻当做生活的手段这一局面是由女性经济上不独立、社会上不自由的状态决定的。而“男子为了他们自己的利益所以并不反对这种状态。所以要准备造成从这种不利的地位解放妇女的社会状态，非待女性自己努力不可。”①

如果说“明白事理的男子都知道，妇女走出了家庭活动的狭小范围，去和人生和时代思潮相亲近，于男子是有益的。”那么夏衍则揭露且批判了当时的大多数男子还是不明事理的。其中不乏“醉生梦死，只知自己，不知国家”的晚清旧官僚，也有受过现代教育的高级知识分子，由此女子怎可托付男子而得解放。秋瑾在写给哥哥秋誉章的信中如此评价她的丈夫：“子芳之人，行为禽兽不若，人之无良，莫此为甚！”在夏衍创作的《秋瑾传》中，王廷钧几次三番地不准秋瑾到日本去，不准她参与社会运动，不准她投身革命。他以《女戒》“生男如狼，犹恐其尪，生女如鼠，犹恐其虎”来要求秋瑾“不在其位，不谋其政”，并且强调女人没有救国的责任，“即使国家有了什么不幸，天下后世，也决不会责备到你们女人身上的。”②对比夏衍的剧本《赛金花》，会发现历史的长河将如此大男子主义的话语涤荡得尽显孱弱和虚妄。剧本《赛金花》第一场，庚子事变前，礼部尚书孙家鼐讥讽赛金花“像你现在一样的奇装异服，招摇过市，被别人当作国家将亡的妖孽看”，

---

① 夏衍：《夏衍全集·译著（上）〈妇女与社会主义〉》，浙江文艺出版社2005年版，第166页。
② 夏衍：《夏衍全集·戏剧剧本（上）〈秋瑾传〉》，浙江文艺出版社2005年版，第105页。

为此赛金花回击道："好像整个儿天下的衰亡，完全是娘儿们的衣服穿坏了似的！"第五场，时间过渡到五个月后，满清大臣却得全然依仗着被他们蔑称为淫贱的女人，李鸿章、徐寿朋等高官令人咋舌的"权变"与"谋略"也尽显于此。他们认为对赛金花这种"没有见识的""没有国家思想"的女人，要"善为开导，晓以大义，跟她说西施和昭君的故事"，毕竟"咱们中国在国破家亡的时候，靠女人来解决问题的事情，本来是不稀奇的。"[①]

在如此背景下，赛金花最后遭际的悲剧性是不言而喻的。对于当时代以及后世众多人眼中笔下"逾越常轨的淫娃荡妇"和"一泓祸水"，夏衍给予了她充分的同情和一定的褒扬。夏衍在《历史与讽喻——给演出者的一封私信》[②]中说："我不想把女主人公写成一个'民族英雄'，而只想将她写成一个当时乃至现在中国习见的包藏着一切女性所通有的弱点的平常的女性……不过，我不想掩饰对于女主人公的同情，我同情她，因为在当时形形色色的奴隶里面，将她和那些能在庙堂上讲话的人们比较起来，她多少还保留着一些人性！"从严格的女性主义批判角度来看，夏衍仍是出于以男性为中心的父权话语体系而说出"一切女性所通有的弱点"，但他在剧作中表露的对弱势女性的同情和人文关怀是具有进步意义的。赛金花显然无法成为女性解放的典型，但夏衍却在这一形象上寄寓了莫大的希冀：希望这类女子能够在可能的条件下，自觉作出符合良知的决定，倘若能做到这一点，她在人格上与常人就是平等的，甚至高出许多人。[③]

莎士比亚说："弱者啊，你的名字叫作女人！"[④]女性的卑弱很大程度上是由其在社会和家庭中遭受的不公所造成的。"对一切妇女却不问其社会的身份如何，在'性'的方面向来在社会的发展途径上始终为男子所压制、所统治、所污辱……"[⑤]《芳草天涯》中的咏芬是渴望走出家庭的樊笼去亲近

---

① 夏衍：《夏衍全集·戏剧剧本（上）〈赛金花〉》，浙江：浙江文艺出版社2005年版，第62页。

② 原载《文学界》1936年6月第一卷创刊号，转引于《夏衍全集·戏剧剧本（上）》浙江文艺出版社2005年版。

③ 陈坚：《论夏衍的人文关怀》，《浙江大学学报》，第31卷第1期，2001年1月。

④ "Frailty，thy name is woman!"出自《哈姆雷特》第一幕，第二场，第146行。

⑤ 夏衍：《夏衍全集·译著（上）〈妇女与社会主义〉》，浙江文艺出版社2005年版，第60页。

社会的，而丈夫对此的不过问、不作为、不主张，却使这个曾经活跃于社会的女性不禁怀疑“我还有资格”吗，使“总是男人便宜，社会上谁也看不起女性”的看法在头脑中根深蒂固。恩格斯在《家庭、私有制和国家的起源》中曾说“妇女解放的第一个先决条件就是一切女性重新回到公共的劳动中去”，因为“男子在婚姻上的统治是他的经济统治的简单的后果，它将自然地随着后者的消失而消失。”[①]夏衍恰似以石咏芬为反例来佐证如果女性不靠自己走入社会，不靠自己求得自由独立，便无法终结女性的自我异化，就只能在无望的期待与无尽的挣扎中越陷越深。

《心防》和《芳草天涯》中的男主人公都认为旧家庭的“出身”是妻子们不可洗脱的“原罪”，然而夏衍却以“从封建家庭中出现……挣脱牢笼锁拷而走向实际斗争的革命女性”秋瑾为她们洗脱了此种极不公正的归罪。并以一系列果决的、进步的、可爱的新时代女性形象，如《一年间》中的喻志华、《心防》中的杨爱棠和《芳草天涯》中的孟小云，来说明任何时代都不乏优于男性的女性，甚至在国族大业上她们表现得比许多男性更理智、更果敢、更值得人学习，困苦的时代常常因为这些女性而显出光辉与希望。

家庭革命与社会革命

夏衍剧作中最果敢、最彻底地贯彻女性要靠自己争得解放的人物形象必定是秋瑾。她强烈主张男女平权、女界革命与家庭革命，为此不惜讨要一纸休书“打破家庭的范围”。她的思想——“不把中国弄得强盛，不把政治弄得清明，她们（指中国全体的女同胞）怎么能从这黑暗里解放出来”[②]，又涉及到“家庭革命”与“社会革命”的关系这一更深层次的问题，即倍倍尔主张的“妇女的完全解放和男女平权的确立，是世界上一切权力所不能阻其实现的一种文化的发展的最终目的。而这种目的，只有在人类统治人类——即资本家统治工人——的社会消灭的时候才能实现。”[③]

---

① 恩格斯：《家庭、私有制和国家的起源》，人民出版社 2003 年版。

② 夏衍：《夏衍全集·戏剧剧本（上）〈秋瑾传〉》，浙江文艺出版社 2005 年版，第 110 页。

③ 夏衍：《夏衍全集·译著（上）〈妇女与社会主义〉》，浙江：浙江文艺出版社 2005 年版，第 407 页。

在《秋瑾不朽》[①]中夏衍提及，翻译倍倍尔的《妇女与社会主义》一书时，倍倍尔的一番话很自然地使他联想到秋瑾，想到了秋瑾参加的民主主义革命，由此他着手创作《秋瑾传》。倍倍尔所一再强调的是，“世界上古往今来的一切变革、革命，凡是得到广大妇女拥护的，就一定是进步的、正义的、革命的；凡是受到广大妇女反对的，就一定是反动的、非正义的、反革命的。”对待腐朽无能的满清政府，秋瑾和王廷钧抱持截然不同的看法，秋瑾愤懑难平，她的丈夫身为满清官僚却是习以为常、无动于衷，“在其位，不谋其事”。丈夫固执己见，坚持“咱王家是阀阅大家，不能有革命党的媳妇！”秋瑾就敢于斗争，喊出“我可以不做你的妻子，但是我不能不做一个中国人！”显然，为了投身于更亟需、更伟大的社会革命，秋瑾在争取“鉴湖女侠”身份的同时，放弃了为人妻子的身份。似乎，夏衍也于此表达了他对两个“革命”轻重缓急关系的见解：比起家庭革命，争取社会革命的胜利更具有迫切性和根本性意义。

我不知道是否真的能如倍倍尔所说的那样，“阶级统治永远地消灭，男子对于女子的统治也会自然的归于消灭”[②]。然而，从夏衍的剧作中，却有一个有意思的发现：几乎所有为男子所欣赏的、积极争取独立和解放的、热情于社会活动的进步女性，都是以努力摆脱家庭负累的独身女性形象而存在且鲜活起来的。《秋瑾传》中的秋瑾虽然已身为两个孩子的母亲，仍是毅然选择离婚；《一年间》里的喻志华十四岁时就为逃避配亲离家出走，一个人逃到上海来念书、工作；《芳草天涯》里的孟小云也是避谈恋爱和婚姻，选择“跳出这个所谓文化人的圈子”去“改变一下生活”。对于恋爱的自由，倍倍尔说“妇女的一切顾虑，在男子是没有的。他们利用支配者的地位，在不妨碍社会制裁的范围之内，享有选择恋爱的自由。”[③]夏衍剧作中的多数知识

① 原载《人民日报》1979年12月5日，转引于《夏衍全集·戏剧剧本（上）》浙江文艺出版社2005年版。

② 夏衍：《夏衍全集·译著（上）〈妇女与社会主义〉》，浙江文艺出版社2005年版，第60页。

③ 同上，第182页。

阶层男性角色，显然不同于《乱混裁判》[①]男主人公华西利夫在两性关系上的放荡不拘，但对于婚姻关系之外的恋爱还是抱有美好的憧憬与想象的。比之男子，他们所爱慕的、赞赏的女子却显得更为理智与坚定。《心防》中杨爱棠为刘浩如作了人生指引："生命诚可贵，爱情价更高；若为自由故，两者皆可抛。"《芳草天涯》中的孟小云体谅尚志恢不被理解的苦楚，同时又劝告他该"替那些生活上吃苦的人多做点事"，"把全心全力放进该做的事业上去"。夏衍丝毫不吝惜展现这些新时代年轻女性身上闪亮着的美好品性、高洁志向和满溢的希望。他谴责自己，谴责同时代的知识分子，而在叙述这些关乎"恋爱"的"人生的愚蠢与悲愁"时，他是带着眼泪的。[②]

托尔斯泰说："过去，现在，未来，无论什么时候，人类最痛苦的悲剧，恐怕要算是——床第间的悲剧了。"夏衍曾在《芳草天涯》的前记中记录下自己的"痴想"："要是普天下的每一对男女能够把消费乃至浪费在这一件事情上的精力节约到最小限度，恋爱和家庭变成工作的正号而不再是负号，那世界也许不会停留在今日这个阶段吧。"最终，夏衍也没能写出完美的婚姻状态，他大胆且尖锐地披露问题，却没能切实有效的提出解决问题的办法。用民族矛盾和革命事业解决所有爱情纠纷和家庭问题的方式显露出单一化和解决问题不彻底的弊病。这与那个时代知识分子所处环境和自身的精神弱点有关，又不可避免地受到创作者有限的生活经验和认知水平的局限。在繁重的"工作"面前家庭问题或者说女权问题终究还是势弱，所以只能寄希望于未来。这个"未来"对于二十世纪前半叶的中国，或许是指民族危机解决之后；对于漫长的社会发展史，或许要等到阶级社会的最终覆灭。引用《秋瑾传》中女诗人吴兰石的话就是"家庭革命，男女平权，不是一朝一夕就能做到的事情"[③]，但是在实现它的漫长道路上必须有更多人为之努力。

最后，引《〈秋瑾〉再版代序》中的一段话佐证夏衍对妇女解放和男女

---

① [苏]台米陀伊基著，沈端先译：上海水沫书店于1930年初版印行，收入《夏衍全集·译著（下）》浙江文艺出版社2005年版。

② 夏衍：《芳草天涯·前记》，《夏衍全集·戏剧剧本（下）》，浙江文艺出版社2005年版，第236页。

③ 夏衍：《夏衍全集·戏剧剧本（上）〈秋瑾传〉》，浙江文艺出版社2005年版，第109页。

平权问题的高度关注，“四十年代的今日，在抗战中的中国，‘生男如狼，犹恐其尪，生女如鼠，犹恐其虎’，乃至‘女子无才便是德’之类的观念，还遍存在中国人的心中。‘女子真真的地位是在家中’的理论，依旧为最高学府的大教授们所倡导，而仅有的妇女刊物，还不能不分出大部分的篇幅来讨论‘男女是否应该平等’，‘女子是否应该走出厨房’，这不是真真值得寂寞，真真值得悲苦的事么？”

（李粲：中国人民大学文学院学生）

在南京国民政府与左翼电影之间

——以孙瑜电影为例

李玥阳

引言

中国电影史带有无法整合的复杂性，阻挡人们直面和处理这种复杂性的是统御历史研究的本质主义世界观。在讨论电影文本时，人们往往诉诸左翼电影、国民党党营电影、软性电影等本质化的分类，但这种方式似乎难以呈现电影的复杂性，而先在的抽象的“左翼电影”观念，更是以意识形态的方式重构和简化了充斥着偶然性和耦合的中国电影界。在此，不妨借用英国政治理论家恩斯特·拉克劳的观点。在他看来，本质的、外在于历史的“历史”是不存在的，不能以抽象而本质化的“客观性”来解释历史现象，历史是耦合的，充满偶然性的，所谓的“客观性”并非先在的本质，而是偶然的“在场的构造”。在这个意义上，对领导权的分析必将纳入“耦合”的观念，即“社会领域可以被视为一场军事战斗，其中不同的政治目标，都力图在其周围耦合（articulation）更多的社会能指。社会的开放特质源于维护某种总体稳定性的不可能性。”[①]应当说，这种观点对中国电影研究是颇具启发性的，它可以促使我们最大限度地检省电影研究中的本质主义。本文对于孙瑜电影的研究，正试图在反本质主义的语境中，通过对于孙瑜及其作品的分析，探讨被抽象的左翼话语遮蔽的其他可能的面向。

① [英]恩斯特·拉克劳：《我们时代革命的新反思》，黑龙江人民出版社，2006年，第36页。该译文将articulation译为“链接”。未使用统一，笔者改为“耦合”。

“左翼”·“现代”·“新兴”：上世纪三十年代电影的复杂性

或许可以将上世纪三十年代的电影界视为一个面向广泛的光谱，在这个光谱中，行之有效且具备充分整合力的话语尚未形成，电影人不得不在电影实践和各路影评家的舆论导向下一次次“试错”。此时，“左翼电影”更像是个超负荷能指，它被彼时电影人命名为“反帝反封建”的，而究竟诉诸怎样的理论和思想武器却包罗万象，众说纷纭。蔡楚生被电影史描述为左翼电影人，但即使避而不谈其早期《南国之春》式的浪漫爱情故事，仅就其“向左转”之后的作品而言，其以家庭为单位的书写方式，以善恶伦理为支柱的价值判断，也携带了“阶级”、“革命”之外的复杂性。孙瑜亦是如此。这个活跃的电影人时而被作为“左翼的”和“前沿的”，时而又成为“另类”和“诗人”，在我们通常所认定的“左翼”视角中，这个在中国语境中大胆使用好莱坞情节剧的导演似乎既“左翼”又“不太左翼”。在“反帝反封建”的意义上，孙瑜无疑是左翼的，但在其非革命的意义上，又不那么左翼。事实上，这种左还是右的判断与其说呈现出电影人的主体位置，不如说只是显露出抽象的左翼话语在整合过程中的“失效”和“剩余”。而之所以造成这种结果，很大程度上是后来的研究者忽视了彼时左翼电影运动的语境，而仅仅以意识形态的方式来思考“左翼”这一概念，试图将复杂的历史过程“意识形态化”到左翼的范畴之中。应当说，一九三零年代的电影界是充满复杂性的。首先，左翼电影运动事实上拥有相当多的命名，除去“左翼电影运动”之外，还有王尘无所说的“新兴电影”，以及鲁迅所说的“现代电影”，这些都从不同侧面提供了进入左翼电影运动的路径。这些命名虽然有所重叠，却可能代表截然不同的侧面，而这些命名之间的关系甚至在当下的研究中仍然语焉不详。与此同时，左翼电影运动常常被作为国民党党营电影的对立面，但一如倪伟在其《“民族”想象与国家统治——1928~1949年南京政府文艺政策及文学运动》中所说，国民党也在进行着现代化的努力，“新生活运动”作为重要举措同样具有了反封建的特征。虽然提倡儒家思想，但是这种思想是经过改造的，是在淘汰了老旧陈腐的思想层面后所产生的“新儒家”。并且，这种思想正是国民党现代民族国家建设的思想支柱。在这个意义上，国民党的“新生活运动”与左翼电影运动“反帝反封建”的号召并非没有共通之处。蒋介石曾经在《力行新生活运动》中提到：“……强国一定要先爱护我们个人的身体，首先做一个强健的现代国民。”[①]就这一点而言，甚至还和彼时被称为“前沿” 的“左翼导演”孙瑜的表述颇有几分相似。

在另一个层面上，三十年代中国电影受到苏联社会主义电影理念的影响，左翼电影运动所不断提倡的“大众化”便取自苏联。但事实上，三十年代的新兴电影也是充分好莱坞化的。彼时的电影对于有声电影、好莱坞情节剧的大量借用，以及王人美和黎莉莉活泼健康的形象对旧有的“病西施”形象的替代，都显示出三十年代新兴电影对于好莱坞电影的内在化。但国产电影好莱坞化的事实似乎被左翼影评人的论述所遮蔽。一个例证是左翼影评人与“软性电影”的论争。左翼影评人采取的策略是以“大众化”为旗帜，对“软性电影”倡导者大加挞伐，将其“心灵的沙发椅，视觉的冰激凌”直接等同于“视觉刺激”、“娱乐”甚至好莱坞的肉感香艳，似乎只有将其命名为“娱乐的”、“好莱坞的”、“资产阶级的”，“左翼电影”的“纯净化”才得以完成。这种做法建构出“左翼电影”与“软性电影”之“硬”、“软”的对立，在遮蔽国产电影好莱坞化的同时，也遮蔽了“软性电影”对于电影化的视觉语言和作者电影的呼唤，对于左翼“工具论”的斥责，以及对欧洲先锋派电影的推崇。如果将“软性电影”的这些因素纳入考量，那么三十年代的电影史便再度复杂起来。一方面，左翼电影与好莱坞不乏相通之处，例如被左翼影评人所推崇的《春蚕》，其间饱和的配乐，快节奏的流畅剪辑都来自好莱坞电影。另一方面，就苏联蒙太奇学派与欧洲现代主义电影相伴而生这一点而言，“软性电影”倡导者对欧洲先锋派电影的推崇，与左翼影评人对苏联蒙太奇学派的宣扬也并非截然对立。如果说，在左翼电影“大众化”的浪潮中，还夹杂着对于“现代电影”的探索层面，那么在现代

① 蒋介石：《力行新生活运动》，民国二十三年新生活运动总报告，1934年。

主义电影的意义上，苏联学派对于蒙太奇的专注和欧洲先锋电影异曲同工。无论将重心放在“大众化”上（一如左翼影评人），还是将重心放在蒙太奇或电影的运动性上（一如软性电影倡导者），都是对“什么是现代电影”的一种回应，换言之，尽管二者策略不同，但如果以“火烧红莲寺”（简称“火烧”）系列为参照，二者都带有“反帝反封建”的性质。

就此看来，“左”或“右”的划分是相对而言的，被左翼影评人斥为“保守”的思想也未必没有激进的成分。然而，在后继者的研究中，一九三零年代的中国电影始终被统识在抽象的“左翼”话语之下。在这种话语中，电影史研究疲于将种种复杂性整合到“左翼”/“非左翼”的话语之内。然而，暂且不论“左翼”这一语词所应具有的变动不居和历史性，仅从三十年代左翼影评人对于彼时电影的种种不满来看，真正达到左翼影评人标准的左翼电影也极其有限，“左翼电影”似乎很难视为一个本质化的事实。在这个意义上，这种二元对立的模式在生产“知识”的同时，也势必生产大量无法整合的“剩余”。事实上，与其以先在抽象的“左翼”话语来思考彼时的历史，不如将上述种种复杂性考虑在内，将参与意识形态建构的诸元素视为一个光谱，其间包括一个潜在的对话对象——电影“火烧”系列，包括国民党构建现代民族国家的种种举措，左翼影评人对于社会的批判，还有软性电影、天一公司等与“大众化”不同的选择。在这个意义上，似乎很难简单地划分电影人的阵营。重要之处或许并不在左右之分，而是在于彼时电影人以何种方式参与了意识形态建构，又以怎样的方式被不同的意识形态所“意识形态化”。这也正是本文之探讨的大前提。

移植好莱坞与新“主旋律”的建构

上世纪二三十年代之交，中国社会正发生着重要转型。一方面，“九一八”、“一·二八”的战火给中国带来巨大冲击，促使反帝浪潮的出现。另一方面，蒋介石正式宣布苏联共产主义是“彻底反人道主义的阶级仇恨和阶级斗争的思想系统”，并转而以“中国民族固有的德性”来进行社会的“改进”。[①]伴随着这次社会转型，电影作为一种新媒体似乎越来越难以自外于现代性建构，借助这个契机，国民党开始酝酿赋予电影以新的使命，这种新使命后来被陈立夫概括为“电影不仅是娱乐的东西，而必须在娱乐之中包含着多量的教育上文化上的意义”。也就是说，电影不再仅仅是娱乐，而是具有了意识形态国家机器的作用，人们需要电影来平衡和解决现实生活中的矛盾。[②]这种政策事实上体现了彼时国民党的矛盾性，一方面，蒋介石已经宣布共产党的阶级革命不适合中国，但另一方面，国民党政府又试图借用苏联的党营电影政策，将电影视作政府的宣传部门。这种复杂性一直伴随着国民党的意识形态建构，也将引发中国电影不可化约的复杂性。

当时的中国电影界正面临两个事实：好莱坞占据了国内大半电影票房，而国产影片却徘徊在“牛鬼蛇神的支离怪诞片子……以致渐为知识阶级所鄙弃”的状态之中[③]，很难承担平衡现实矛盾的任务。在这个语境中，首先响应号召的是素有国民党背景的罗明佑和黎民伟，他们打出“国片复兴”的口号，以“提倡艺术、宣扬文化、启发民智、挽救影业”[④]为方针来进行电影制作。罗明佑选择曾经在美国留学的孙瑜来担当这一电影现代化的重任。

对孙瑜来说，罗明佑等人“国片复兴”的呼吁也是极有吸引力的。早在大学未毕业时，孙瑜便以“电影救国”为己任：“至于舞台剧或影剧，并非我辈自负，中华将来命运，与之关系甚深。我辈在现时制剧，何不向救国方面做去。国耻之羞，穷恶之惨，气节沉沦之悲，何处不能痛写告众。即以军人而论，给他们点国耻戏和理想中之模范军人看看，看了之后，总可有点感效吧。”[⑤]共同的民族主义及电影现代化的诉求使二人的合作很快付诸实践，这一实践的方向是将蒸蒸日上的好莱坞情节剧移植到中国电影之中。在“新电影”的开山之作《故都春梦》中，孙瑜驾轻就熟地借用了好莱坞情节剧的

---

① 蒋介石：《苏俄在中国》，见秦孝仪主编：《先总统蒋公思想言论总集》，中央党史委员会，1984年，第186页。

② 陈立夫：《中国电影事业》，上海晨报出版社1933年版。

③ 聪锐：《双方并进的联华公司》，《影戏杂志》1931年1月，第2卷第2期。

④ 沈芸：《中国电影产业史》，中国电影出版社，2005年12月，61页。

⑤ 孙瑜：《孙瑜给洪深的信》，1926年，引自丁亚平：《历史的旧路——中国电影与孙瑜》，《北京电影学院学报》，2000年4期，第1—7页。

模式：以善恶对立为主线的道德叙事，激烈的矛盾冲突和“奇迹”的发生，抽象的“正义”所支撑的想象性解决。人物身着“欧化”的服装，开始变得很“时髦”。细节也得到充分的重视，并成为呈现人物心理的手段。除此之外，孙瑜还引入了有声电影的元素，当时的影院以《夜深沉》配合梅兰芳的《霸王别姬》选段。以上种种都使《故都春梦》不同于以往不知所云的“火烧”系列，具有了营造“现实”的素质。正是这种新意使《故都春梦》获得了巨大成功，甚至从不看国片的知识分子也走进了电影院。应当说，《故都春梦》的大好票房，使其成为一次有效的意识形态言说。从辛亥革命到三十年代，上海正经历着现代性的急速发展，新兴的民族工业刚刚经历了“黄金时期”，民族资产阶级迅速聚集，产业工人和中间阶层都在前所未有的扩展之中。①如果说这种社会的急速变化需要行之有效的表述方式来加以整合，那么朱家杰正是彼时现代性快速发展、社会转型和急剧分化的主体，他的故事正承载着这种整合的功能。这部电影讲述了军阀时代一个“宦海沉浮”的故事，但更进一步，则是调节和平衡迅速的社会转型和分化的故事。原本幸福的朱家杰渴望迈向更高的社会地位，但因无法控制对女人的欲望而陷入圈套，并因此倾家荡产。其社会升迁的路径也被堵死。继而，朱家杰变成了北伐革命者，他率领义军成功起义，消灭了军阀旅长区虎臣。最终，妓女燕燕死去，朱家杰重新与妻子团聚，一家重新开始幸福的生活。应当说，影片的整合功能是显而易见的。首先，影片展现了急剧动荡的社会语境，现代主体的欲望，以及“向上爬”的酷烈争夺过程。影片以情节剧的模式将这一过程转换为一个邪不胜正的道德逻辑，“好人”朱家杰不断遭到“坏人”燕燕的诱惑和陷害，在上升的路径中不断跌落。但最后，“坏人”恶有恶报，“好人”及其家人终于重获幸福生活。经过这番表述，影片事实上将一个政治命题转换为家庭失而复得的情感故事。当影片结束，坏人终遭惩戒，家庭重新团圆，人们似乎已经不再关注社会的分化或者社会上升路径的缺席，一切都

① 根据徐生民的资料，1933 年，上海的产业工人占全国的 53.27%，在 30 年代初期，上海的职员已经发展到 30 万人左右。见徐生民：《上海市民社会史论》，文汇出版社，2007 年第一版，第 46—47 页。

在“善有善报”的大团圆中获得了想象性解决。在另一个层面上，这部电影又在多重意义上建立了国民党政权的合法性。一方面，影片通过呈现军阀时期官场黑暗，作为国民党政权基础的北伐革命军因而成为最大的拯救力量，并由此获得了充分的合法性。另一方面，对于家庭和传统道德的维护也与国民党所宣扬的“忠孝”、“仁爱”、“信义和平”并行不悖。在这个意义上，《故都春梦》有效完成了影片广告词所表述的功能，即“复兴国片之革命军，对抗舶来片之先锋队，北方军阀时代的燃犀录，我国家庭生活之照妖镜”。

应当说，《故都春梦》为新电影开辟了一种全新的可能性，它使得电影具备了言说现实矛盾的能力。在这个意义上，好莱坞的成功引入并非偶然。这不仅因为中国电影市场已经被好莱坞充斥，更因为好莱坞作为资本主义上升时期的电影形态，已经先在地蕴含了资本主义内在困境和矛盾的表述方式：道德化的叙事，抽象的爱与想象性大团圆，甚至城乡对立，阶级矛盾都已经存在于好莱坞电影之中，孙瑜似乎只需要模仿，便可以为中国电影观众所接受。这似乎正如孙瑜曾经表述的那样：“……指导社会使命而资本技术远落在欧美之后的中国电影界，应如何谨慎地理智地选择欧美的好处来模仿一下？我们应该如何地‘模仿’欧美的团体精神，公德心，青春的朝气，为公众服务，求幸福的责任心等等……而扫除他们的残忍，贪暴和他们的大礼帽、珠串、高跟舞鞋……”[①] 在这番表述中，孙瑜在借鉴好莱坞时思考的似乎正是一个关于现代性的问题，他立志模仿和抛弃的是现代性的正反两面。

此后，孙瑜在自编自导的《野草闲花》中再次移植了好莱坞情节剧。这一次孙瑜直接套用了小仲马《茶花女》的情节，并参考了美国影片《七重天》，上演了一个上层男性爱上下层“灰姑娘”的故事。当然，故事的结局不同于小说原著，它再度变成一次奇迹般的拯救与重逢：黄云和丽莲将从此“幸福地生活在一起”。孙瑜在这个自编自导的影片中更为大胆地使用了好莱坞的电影语言：平行蒙太奇、运动的摄影机，以及孙瑜自己创作的中国电影中的第一首插曲《寻兄词》。这些前卫的电影语言以及爱情情节剧的模式

---

① 孙瑜：《电影杂碎馆》，见《现代电影》，1933年第1卷第4期，第3—4页。

再度成为社会阶级分化的想象性解决。这种爱情模式在《野玫瑰》、《天明》中也被不断复制。在《野玫瑰》中，孙瑜同样借用了好莱坞电影从美国戏剧中学到的城市/农村对立的模式，来书写中国甚嚣尘上的城乡矛盾，伴随这种模式同时引入的还有对于城市现代性的反省和批判。在《天明》中，孙瑜还试图以情节剧来展现革命的命题。事实上，随着《故都春梦》的成功，中国电影界经历了一个好莱坞化的过程，这一过程同时被左翼电影人和南京国民政府所吸纳。彼时极受欢迎的电影，诸如郑正秋的《姊妹花》和蔡楚生的《渔光曲》，以及为左翼影评人交口称赞的《春蚕》都以不同形式借用了好莱坞情节剧。《姊妹花》和《渔光曲》将好莱坞情节剧与中国传统欣赏习惯相结合，以此呈现阶级和城乡矛盾，并创造了票房神话。《春蚕》则充分运用了流畅剪辑来书写农村破产的命题。应当说，通过移植好莱坞，中国电影开始具有言说现实的能力，中国电影人找到了呈现中国正在遭遇的现代性的方式，并在呈现的同时不失时机地给予批判或提供想象性解决，这一点不仅与左翼“反帝反封建”理念相呼应，而且与陈立夫所宣扬的“教育上文化上的意义”也不谋而合。也正是在这个意义上，这种新电影同时得到国民政府和左翼电影人的支持，并以不同的形式加以助推。南京国民政府将电影纳入国家政策的高度，陈立夫在《中国电影事业》中提到：“大家竞相以提倡‘国产影片’相号召，可是，每以私人的资本有限，客观的障碍太多，不易有发展的希望”，[①]因此，国民党政权试图以国家资本主义的方式，将新兴的中国电影纳入国民党宣传部门，让它直接为国民党政策的宣传服务。左翼电影人则凭借这种新电影模式开始了“向左转”的倡导，以情节剧中内涵的阶级、城乡矛盾展开自身的叙述。

“前沿”导演孙瑜：在国民政府“主旋律”与“左翼”之间

上文已经提到，彼时的国民党政权具有充分的复杂性，虽然已经明确在指导思想上与苏联共产主义相决裂，但事实上还是携带着从苏联学来的

① 陈立夫：《中国电影事业》，上海晨报出版社 1933 年版。

“左”的一面。这不仅造成国民党内在的冲突，同时也造成国民党和左翼电影人之间的微妙关联。首先，此时的国民党政权渴望用儒家思想进行重新整合，蒋介石曾经提到：中国社会阶级矛盾并不鲜明，不能搞阶级斗争，“在马克斯列宁主义之前，人类社会中已有均产和共产的思想，但是我们必须分辨，那种思想是基于人道主义的一种社会理想。而今日马克思的共产主义与此完全不同，可说他是彻底反人道主义的阶级仇恨和阶级斗争的思想系统，并且是国际共产党制造仇恨和制造斗争的行动方针。”①从这种思想出发，彼时的电影人拍摄了《天伦》、《慈母曲》等宣传儒家伦理的影片，其实是以家庭伦理和“马克思列宁主义之前”的人道主义作为调和现代性矛盾的方式。然而，国民党的主旋律电影事实上不止于此，其范围是相当广阔的。除去直接以孝道伦理作为主旨的电影之外，国民党还致力于现代性批判。这一点十分吊诡，虽然国民党与左翼电影人有着完全不同的理论诉求，但二者对于“堕落”的城市现代性的批判却都是不曾手软的。陈立夫曾这样表述电影对于城市现代性应有的批判：“中国的都市生活可以说是毫无生产的，仅仅是多量消费的奢侈生活……我以为中国电影界应该到农村去找背景，不必尽把都市目睹的怪现状当作是电影的好材料，应该积极鼓励民众到纯洁的乡间去，用自己的劳力经营生产，发展农业经济，把中国衰落不堪的农村繁荣起来，建立中国最根本的立国的基础。”②就此看来，对于乡村的呈现、对于城市的谴责，并非仅仅是左翼电影人的诉求，它与国民党的电影政策也紧密相关。而在另一个层面上，无论对“旧有道德”的提倡，还是对现代性的批判，都服务于国民党现代民族国家的建构，加之时值“九一八”、“一·二八”之国难，因此，彼时的“主旋律”电影还势必包括民族国家的“反帝”感召，包括对于重塑国民性的新生活运动的展示等等。

对于左翼电影人而言，无论理论诉求如何，现代性批判同样是必要的。当然，左翼电影人秉持着更为激进的立场，试图在中国电影中贯彻苏联的社

① 蒋介石：《苏俄在中国》，见秦孝仪主编：《先总统蒋公思想言论总集》，中央党史委员会，1984年，第186页。

② 陈立夫：《中国电影事业》，上海晨报出版社1933年版。

会理念，呈现阶级矛盾、工人，并提倡电影的“大众化”。在左翼思潮的影响下，一些电影人开始以激进的方式进行创作，《狂流》、《城市之夜》、《三个摩登女性》等很多电影都涉及到作为“新人”的工人阶级。应当说，这些从苏联直接挪用来的工人斗争电影在当时语境中存在很多问题。“软性电影”的倡导者黄嘉谟便曾经站在城市中产阶级的角度批判左翼的“大众化”，认为“许多剧情都不合现实社会的背景，故事总是在畸形的情节中发展着。”[①]孙瑜也认为应当将“模仿”和“时髦”区分开来，多一些“模仿”，而对于“大众化”一类的“时髦”则应慎而又慎，“不必说的太远了，也不必希望太大了。”[②]而此时的天一公司则主张“改良民间文艺，肃清对于封建思想和不良风俗的传播”，[③]立志拍摄真正大众的电影，以区别于左翼的“大众化”。就此看来，左翼激进的电影实践事实上遭遇到很多阻力，这使得左翼电影人不得不在现有语境的基础上进行相对保守的创作和批评，而在电影批评的意义上，左翼影评人似乎只是对国民党《天伦》等正面提倡儒家思想的电影不满，但在其他电影题材的批评上，却与彼时的“主旋律”保持着微妙的契合。

这样看来，孙瑜作为一个令左翼影评人爱恨交加，有些难以定位的导演，事实上占据了一个十分特殊的位置，而左翼话语在孙瑜这里的“失效”，正是彼时的“主旋律”和左翼电影之间复杂关联的表征。在最初的成功之后，孙瑜拍摄了自编自导的《野玫瑰》，这部电影之所以重要，是因为孙瑜首次在影片中全方位地实现了人物系列“幻思的女儿”。一如上面提到的，孙瑜对于左翼电影很有保留，认为不应“希望太大”，“在目前，我们先只希望做人要像一个人，有个性，有公德，有健康，有朝气，尤其要紧的是有团结的精神，能自卫，能保持人格……然后再谈其他。”[④]应当说，“幻思的女儿”正是在孙瑜对左翼理念有所保留的语境之中创作而成的，

---

① 嘉谟：《电影之色素与毒素》，见《现代电影》，1933年第1卷第5期，第3页。

② 孙瑜：《电影杂碎馆》，见《现代电影》，1933年第1卷第3期，第3页。

③ 倪伟：《“民族”想象与国家统治——1928—1948年南京政府的文艺政策及文学运动》，上海教育出版社2003年版，第207页。

④ 孙瑜：《电影杂碎馆》，见《现代电影》，1933年第1卷第3期，第3页。

从《野玫瑰》所传达的理念来看，它事实上更接近于当时的国民党“主旋律”电影。首先，孙瑜认为，身体是第一位的：“只要我们有了健全的身体，一定可以改变它。有了健全的身体，然后才有奋斗的精神，和向上的朝气。”[①]“野玫瑰”小凤当然就是这种“向上的朝气”的直接体现。而这种被左翼所诟病的“浪漫主义”思想似乎正吻合于蒋介石一直以来对于中国人体格和精神的强调，即“......而我们体格不行，一切的力量都没有，便无法抵抗（外国人）！一般同胞要知道：国家民族的衰弱，被人欺侮，就是因为我们各人的体格精神和能力不好......”，[②]因此，蒋介石主张要开展全民健身，增强民族的体魄以弘扬民族精神。对此，《野玫瑰》以及孙瑜对于小凤的阐释似乎正是将这种理念应用到电影创作之中，二者的想法是十分接近的。在另一个层面上，《野玫瑰》将活泼坚强的小凤放置在乡村，将城市呈现为奢靡堕落的场所。这种城乡矛盾的展示同样不符合左翼关于农村破产的表述方式。在左翼影评人看来，这里的乡村同样没有“反映真实的农村苦难”，而显得太浪漫太轻松了。事实上，这里的书写方式再度与国民党政权所倡导的方式相一致，即陈立夫所说的“由都市而转到农村”，表现“纯洁的田间”和“多量消费”的城市。在此，小凤的活泼可爱正是“纯洁”乡村的表征，在“九一八”国难当头之际，也正是她代表了民族的反抗精神。正是在上述双重意义上，孙瑜“幻思的女儿”系列构成了对国民党政权的呼应。当然，孙瑜还在对国民党政策的呼应中渗透了自己一向秉持的民主主义和人道主义理念，使得电影脱离了儒家伦理的限定。而这跨越种种现实矛盾的人道主义，更像是以另一种方式重述了蒋介石所谓的宣扬中华民族固有的“和平”、“宽厚”，以社会全体的利益为前提而消灭阶级的区别，不应该以阶级的利益为前提，促成社会的分化之说法。并且，这种人道主义也与此时正在引进新生活运动的基督教人道主义有着共同的“爱”的关怀。就此看来，《野玫瑰》在很多层面上与国民党的治国理念不谋而合，而同时，围绕这部

① 孙瑜：《导演[野玫瑰]后》，《电影艺术》，1932年1月，第50—52页。

② 《蒋介石从亲俄亲共到反俄反共的变化过程》，http:// hi.baidu.com/ 天涯之角一蓑翁 /blog/item/bed，2010年2月4日。

电影，国民党政权和左翼电影人间的微妙关系也得以显现。对于《野玫瑰》这样很“主旋律”的电影，左翼影评人并没有大加指摘，相反还有所褒赏。这恐怕是得益于左翼与彼时政权间的相通之处。一方面，在左翼影评人看来，虽然电影的城乡对立的表述方式“并不正确”，但对于城市现代性的批判态度却是不谋而合的。另一方面，虽然以纯洁活泼的农家女小凤隐喻民族精神带有“美化现实”之嫌，但是电影对民族反抗精神的高扬却同样内在于左翼“反帝反封建”的号召之中。正是在这个意义上，左翼影评人对这一电影爱恨交加态度复杂，虽难于定位，但还是可以接受的。

难于定位的电影并非仅有《野玫瑰》一部。事实上，孙瑜的诸多电影都与《野玫瑰》有着共同的生存状态。1933年的《小玩意》再度延续了《野玫瑰》的“纯洁的乡村”思路。这部电影展现了农村破产的现实，但同样不同于左翼的表述方式，仍然更接近于相对保守的立场。左翼影评人对于《小玩意》的态度也和《野玫瑰》颇为相似，他们仍然觉得不满足，期待着孙瑜“更切实地看到半殖民地的民众的苦痛，给我们一些更热烈的粮食”①，但对于孙瑜展现半殖民地农村破产，鼓励人们起来反抗这一点则激赏不已。在此后的一年中，孙瑜拍摄了《体育皇后》和《大路》。这两部电影再度以影像的方式呈现了彼时刚刚展开的新生活运动和国民经济建设运动。1932年，国民党在南昌建立了新生活运动促进会，接着，这一重整道德、改造社会风气的运动在中国渐次展开。这一运动的重要内容之一便是全民体育健身运动。蒋介石本人对这一内容十分重视，曾经在新生活运动周年纪念大会上专门提到过体育问题，也曾将体育活动作为新生活运动的年度中心工作和工作要点来开展。正是在这个语境中，《体育皇后》提出反对个人锦标主义，倡导全民体育和全民健身的理念，并对新生活运动的这一内容做了正面宣传。在《体育皇后》中，健康美丽的乡下姑娘林璎“说来说去总要说到你的体育救国上”②，体育学校老师也不断宣扬体育精神：“民族自强的原动力就是健全的身体！”影片字幕则以“新的生活”直接隐喻着新生活运动。此外，影片

---

① 沈西苓：《评小玩意》，见《申报》“本埠增刊电影专刊”，1933年10月10日。
② 孙瑜：《体育皇后》对白，联华影业公司，1934年。

还对于体育学校军事化管理进行直接展示，并在特写镜头中强调新生活运动的重要书籍《世界体育史略》和《人体解剖学》。应当说，《体育皇后》和孙瑜既往的电影相同，仍然延续着将此时最前沿的新生活运动思想灌输给观众的思路。

《大路》亦是如此，它所反映的是1930年以来国民政府的建设成果。“兴建公路”原本便是“新生活运动”的规定任务之一，新生活运动的另一项内容是“征工服役”，服役事项一般有修治城防或楼堡、筑路、造林、兴修水利、架设长途电话等等。这些内容都是国民政府为增强国力，加强基础建设的措施。不仅如此，1935年11月，南京国民政府还在全国发起了“国民经济建设运动”。为推动经济建设速见成效，蒋介石还做了指示：“国民经济建设运动一定要与新生活运动同时并进，相辅相行。”“实行国民劳动服务，是从事于国民经济建设一个最急要的办法，现在我们的国家贫穷，没有充分的财力来完成各种建设事业，好在我们同胞很多，同胞的劳动，就是国家最宝贵的经济动力，亦即一切建设事业的资本，只要我们全国同胞能竭尽所能来劳动，便可以完成一切福国利民自救救国的新建设事业。”[①]据说，在国民政府的倡导之下，绥远军队组织了新生活劳动服务团，在1935年秋天，完成了筑路1370余里的巨大工程。《大路》所展现的正是这个“福国利民自救救人的新建设事业”。它以几个筑路工人作为国家建设主体，事实上将新生活运动所倡导的新道德和新精神与国民建设运动结合在一起。影片结尾处，镜头以寓言的方式聚焦在中国地图之上，地图中的虚线沿绥远地区延展到全国，标识着中国公路建设的成果。最终，影片将这一建设运动和民族主义联系起来，几位建设者在敌人的轰炸中死去，成为“民族英雄”，但大路却在不断延伸。无疑，在左翼影评人看来，《大路》也是更为“左翼”的。因为它不仅以筑路工人作为主人公，并且表现了工人的群像，以及工人的反帝精神和力量，即“在劳动者的生活里面，……鼓吹着反帝精神的热烈呐喊”。尽管如此，左翼影评人的不满仍然来自于“美化现实”，即“我们在

① 蒋介石：《中华民国二十五年元旦告全国军民同胞书 国民自救救国之要道》，见秦孝仪主编：《先总统蒋公思想言论总集》，卷三十书告，中央党史委员会，1984年，第198页。

作品前半部分看到的劳动者生活，使我们觉得这不过是一种诱人的憧憬和情热，而决不是现阶段的劳动者实际生活的描写。”[①]在左翼影评人看来，《大路》已经是1935年“大胆而优秀”的收获，但仍然没有符合左翼电影的表述方式，没有显示出“中国的民众是在哪一部分的压迫之下呻吟着呢？”“劳动者以怎样的方法，拿什么为目标，……‘一齐作战’呢？”[②]在此后的研究中，《大路》逐渐被本质化为左翼电影的代表，这种论断所遮蔽的正是《大路》所置身的复杂的历史。

在上述意义上，孙瑜电影事实上一直在国民政府“主旋律”话语的统识之内，呈现最前沿和时髦的话题，即使在备受左翼瞩目的《大路》之中，“主旋律”的身影也清晰可见。在《大路》这里，已经可以很清晰地看出此时的电影怎样获得不同理论的阐释。在此，重要之处或许并不在于厘清究竟是“主旋律电影”还是“左翼电影”，而是在于怎样处理这些不同的理论话语所共同形成的复杂的电影局面。这些不同的理论大相径庭却时有耦合，它们以不同的文本为场所进行霸权的争夺，这无疑是一个远比左右的划定更为复杂的问题。

当然，在左翼影评人占领媒体资源以左翼理念进行霸权争夺的时候，电影人也会深受其影响。孙瑜电影中便有一部涉及到革命的电影，这便是《天明》。这部电影正是1933年左翼电影运动风头正劲之时拍摄的，有趣的是，这部左翼电影不仅受到国民政府的批判，被其列为“赤色电影”予以查禁，甚至也没有得到左翼影评人的肯定。就此而言，孙瑜“向左转”的努力两边不讨好。从《天明》这部电影，可以清晰地看出孙瑜对于左翼理念的隔膜。应当说，《天明》是一部力图忠实于左翼表述方式的电影。它不仅力图呈现一个农村破产，工人受压迫和剥削，并被逼良为娼的过程，并且还展现了菱菱怎样从普通的农村女孩转变为革命者。这些显然是左翼所宣扬的“压迫与苦难”的故事，除此之外，它甚至还指明了《大路》所缺乏的斗争方向，即

---

① 光州：《大路》，原载《晨报》“每日电影”，1935年1月。引自《三十年代中国电影评论文选》，中国电影出版社1993年版，第165页。

② 光州：《大路》，原载《晨报》“每日电影”，1935年1月。引自《三十年代中国电影评论文选》，中国电影出版社1993年版，第165页。

上面提到的“以怎样的方法”，“拿什么为目标”，并且干脆已经付诸行动。然而，对于这样的向左转，左翼影评人并未领情，他们认为，这部电影虽然“表面上更显得进步了”，但只是一个“空想的革命故事”，不仅无益于革命，反而“减少了观众同情革命的情绪”。[①]应当说，这种论断事实上显露出《天明》进入左翼话语的失败，孙瑜无法将一个好莱坞式的爱情情节剧与革命联系在一起，他所坚持的纯洁、健康、反抗的“幻思的女儿”与左翼表述中的苦难格格不入，无论菱菱在亲人死后高喊革命，还是结尾处在笑容中从容赴死，革命都以极其怪诞的方式与电影的逻辑纠缠在一起。在这番失效的革命言说之后，孙瑜抛弃了言说革命的努力，重新回到了“幻思的女儿”之轨道上，继续拍摄显然更接近其理念的“主旋律”电影。

结论：难以化约的电影界

应当说，上世纪三十年代的电影界是十分复杂的，这种复杂性常常难以用左翼/非左翼的方式来表述。更为常见的情况是，各种力量都在力争夺取电影界的阵地，同样的电影文本经常以不同的方式获得命名。孙瑜的例证已经显示出，曾被左翼影评人命名为“左翼”的诸多电影其实带有“主旋律”的因素。而那些被斥责为“主旋律”的电影也未尝没有向左转的趋势。对于孙瑜而言，他的电影一直致力于宣传国民政府的新政策，同时又与左翼理念有着各种各样的耦合。一直到孙瑜此后历经十年拍摄的电影《武训传》，这一脉络仍然在延续，在《体育皇后》之体育兴国，《大路》之国民建设之外，《武训传》力图展现教育兴国的理念。应当说，国民政府彼时的最大目标就是赶超日本。为此，蒋介石建南京新都，搞国民生产运动，建设中央大学（希望它能超过东京大学）。当时中央大学已与牛津，哈佛，麻省，瑞士苏黎士理工学院展开合作。抗战时期，蒋介石力排众议，认为大学不能搞所谓战时教育，应把眼光放远些，大学生肩负民族复兴的重任。由此看来，对于教育兴国，国民政府可谓深谋远虑。《武训传》第一版所阐释的正是这一过

① Riku：《〈天明〉评二》，原载《晨报》每日电影，1932年2月4日，引自《三十年代中国电影评论文选》，中国电影出版社1993年版，第147页。

程。一如蒋介石将“革命”阐释为“改进”，一直未能进入左翼革命逻辑的孙瑜，也相信在教育、体育和建设各方面的改良。而从建国初《武训传》所受到的巨大欢迎来看，即使在彼时，左翼阵营对这种思想的态度也难以一言以蔽之。当然，新中国的社会语境已经发生了巨大变化，新政权开始以全新的态度去对待和处理孙瑜的电影理念，尽管如此，孙瑜所要面对的仍然不是可以化约的电影界，而是另一种全新的复杂性。

（李玥阳：中国传媒大学讲师）

反法西斯电影的一点观感[①]

刘小枫

被朋友拉来客串这次研讨会，我本来想要谈谈反法西斯电影的“左翼”和“右翼”问题，由于怕引起误会，就把讲题中的“左翼”和“右翼”这两个词去掉了。这个研讨会的主题首先是夏衍与“左翼文化”，正是这个主题让我想到反法西斯电影的“左翼”和“右翼”问题。对夏衍以及上世纪30年代的“左翼文化”研究，我都是外行，但要谈反法西斯电影，的确还得从“左翼文学”说起。按我的粗浅理解，当时的所谓“左翼文化”，其含义可能有两个：第一，宣传抗日主张，第二，表达底层人性在特定人世中的困境。我们知道，由于当时国民政府坚持“剿共”先于抗日，而共产党则积极主张抗日，于是，那个时候谁主张抗日谁就成了“左翼”。可见，在特定历史时期，所谓“左”有具体的含义。事实上，上世纪30年代的许多知识人成了“左翼”，不是因为信仰“共产主义”，而是因为要抗日。就反映特定人世处境中的人性而言，当时的左翼作家主张关注底层人的人性，反对所谓的“小资”情调。

共和国成立后的五六十年代，当年的“左翼”文人夏衍成了“右翼”分子。这个时候，“左翼”与“右翼”的含义发生了变化。新中国建立后，“救亡”问题不存在了，坚持共产主义路线成了首要问题。实现共产主义需要特别的精神品质，如果要求所有人都具有这种品质，难免会遇到一个难

① 据刘小枫先生在“可见的左翼：纪念夏衍逝世二十周年暨1930年代反法西斯电影研讨会”闭幕式发言录音整理，经刘小枫先生审定。——编者注

题，即普通人性是否能够承受这种精神品质。我们看到，虽然夏衍基本上是在党的意识形态方针的主导下搞电影，仍然难免受到党的指责，原因不外乎所谓的“资产阶级人性论”。什么是“资产阶级人性论”呢？现在看来真有些不可思议的简单，就是人之常情的“谈情说爱”。革命电影不能“谈情说爱”，只能有革命的感情。其实，少数“先进分子”不“谈情说爱”并非不可理解。问题是，让所有人都不“谈情说爱”，不仅不可理解，也没有可能。

可是，谈什么情、说什么爱同样是个大问题。接下来我要谈的反法西斯电影的一点儿观感，就与这个大问题有关。在座的如果有与我同龄的话，那么，我们都是看抗日电影长大的，例如《地道战》、《地雷战》、《平原游击队》等等。改革开放初期我上大学时，两部外国的反法西斯电影让我非常震惊。一部是苏联电影《这里的黎明静悄悄》，另一部是西德电影《小分队》。这两部电影当时都没有公映，属内部资料片。当时我在北大读美学专业，北大哲学系跟电影资料馆联系后，我们一群师生可以在小西天的电影资料馆里看“内部电影”。这两部电影为什么对我震动很大？《这里的黎明静悄悄》没有“谈情说爱”，不过再现了几个普通女孩子在战争期间如何一个个“平凡地”死去。电影中有一个仅几秒钟的全裸镜头：那个长得最漂亮、身材极好的女孩子在浴室中正面全裸对着镜头……我的一个同学很有心眼儿，看完电影后他告诉我，当时他没有看银幕，而是看我们这些在看电影的人……他说，当时没有谁——包括教授们——不是恨不得两眼粘在银幕上。其实，这样的镜头没有丝毫“色情”，导演不过展示的是：反法西斯战争尽管让这样美丽的身体如此年轻，还没有开花结果就死掉了，但她们真的死得动人。我感到震动的是，我们的“左翼”电影为什么不能这样子“左”呢？

西德电影《小分队》简单得多，但也让当时的我震动——电影讲述的是一支德军小分队插入到盟军后方执行特殊任务：那些普通德军士兵在种种遭遇中一个个“平凡地”死掉，最后剩下几个人历经艰险回到了自己的阵地。这部电影给我带来的冲击是：反法西斯电影竟然也可以这么写！毕竟，电影写的是纳粹军队普通士兵的经历。用当时的行话来说，这叫做反映普通人性——这样的反法西斯电影应该属于“右翼”吧？

与后来我看到的两部反法西斯电影相比，这部电影就不能称为“右翼”。我要说的首先是著名的法斯宾德拍的著名的《莉莉马琳》。这是根据真人真事拍的电影，一个纳粹时期因唱通俗歌曲走红的女歌手的故事。老实说，这电影看了让我感动，而且我很难把它归为“右翼”电影，毕竟，莉莉马琳的歌声在前线让德军和苏军的士兵们都热泪盈眶……另一部电影名叫《夜间守门人》。做电影史研究的大概都会知道，它出自一位意大利名导演之手。问题仍然在于人世中的特殊际遇——故事非常简单……在纳粹集中营里，一个纳粹医生强迫一个少女与他长时期发生性关系。战后，这个女孩做了某个交响乐团指挥的老婆，随夫到意大利演出，住在一家高级旅馆。没想到这家旅馆的夜间守门人正是那个医生——双方都认出了对方是谁。显然，医生现在是潜藏的前纳粹份子，女孩子一告发，他就完蛋；但医生并非单独潜藏，而是属于一个潜藏团伙，团伙头目要求医生马上除掉这个女孩子。这部电影给我们讲的故事是：女孩子没有去告发，反而留下来跟医生在一起，医生也没有按团伙指示杀掉女孩……两人有了人生中最为动情的几天爱情，最后双双死于潜藏的纳粹团伙的枪口之下。我不得不想这样的问题：这部电影也算反法西斯电影？有这样反法西斯的吗？如果要算反法西斯电影，恐怕只能归为“右翼”。据说，这部拍摄于70年代的电影当时在欧洲引起了极大争议。显然，这部电影触及到一个严峻的问题：文艺作品应该如何再现特定人世处境中的人性。我们知道，电影属于大众化的艺术形式。我们始终得问，通过电影叙事，艺术家究竟要传达给普通观众什么呢？《夜间守门人》这部电影要告诉人们的是什么呢？

看完《夜间守门人》这样的电影时，我觉得欧洲有的艺术家实在邪乎得很……我并不怀疑，历史现实中可能真的发生过这样的事情，毕竟，人世中什么事情都可能发生。问题在于，什么样的事情或“谈情说爱”值得一门追求美的艺术去再现呢？没有想到，十多年后，当我看到我们自己的一些新派反法西斯电影时，更让我感到惊诧。比如《色·戒》，比如《金陵十三钗》……就题材而言，它们都属于“反法西斯电影”吧？但它们是反法西斯电影吗？如果是的话，恐怕实实在在得算是“右翼”。在我看来，《色·戒》比《夜间守门人》邪乎得多……无论如何，这两部电影让我想起了从前关于文艺路线的“左翼”与“右翼”划分。夏衍主导革命电影的年代，他会因所谓“普遍人性”而受到指责，但是，如果他看到如今我们的艺术家反映的是这样的“普遍人性”，他恐怕会晕过去……

近些年好电影不多，好电视剧不少，其中有大量作品是反日本法西斯题材，比如《悬崖》就相当精致，而且品质正派……不过，令我费解的是，一些抗日题材的电视剧采用了喜剧形式。按亚里士多德《诗术》中的说法，喜剧是对人性中的低劣品质的嘲讽。即便要反映特定人世处境中的特殊人性，我实在想象不出，反日本法西斯的抗日题材如何可能做成喜剧。写军阀混战，可以娱乐性地搞笑，写一个民族以血肉之躯抗击野兽般的日本军的故事，也可以娱乐性地搞笑？这让我实在感到困惑。

电影史上已经有不少反法西斯电影的经典之作，今后一定还会不断出现反法西斯题材的电影。我相信，任何反映特定人世处境中的特殊人性的影视作品，首先反映的其实是剧作家或导演自己的人性品格……苏格拉底在《斐德若》中说过，辩证地审视人世中的灵魂，就应该看到灵魂既有“左翼”也有“右翼”。

（刘小枫：中国人民大学文学院教授、博士生导师）

寻访自由神：试论三十年代左翼影人的启蒙理想和大众文艺观

沙丹

关于二十世纪三十年代，有一个至关重要却往往被人漠视的问题，即如何客观地评价知识分子参与政治的高度积极性。实际上，自从柏拉图时代以来，在知识分子的群体内这个议题便可谓众声喧哗，莫衷一是。正如同戴维·斯沃茨所指出的那样，到底是皈依政治和社会，还是躲进学术的象牙塔只对自己所写的东西负责，已经成为“所有现代知识分子面临的一个典型的悖论”[①]。主流观点对知识分子与政治的结合持批判态度，一个重要的根据便是：人不可能有效地选择历史，当知识分子被政治的意识形态迷惑后，很容易会对极权主义、暴行和国家的恐怖行动视而不见——海德格尔对纳粹的归顺即是这方面一个典型而残酷的例子。因此，爱德华·赛义德在1994年出版的《知识分子论》里便明确地提出了“业余知识分子”的概念：真正的知识分子不是为某种利益而存在，而永远是为了某种兴趣而存在。然而，存在主义创始人萨特却逆传统而动。他的“总体性”观念，要求知识分子在所有重要事务中坚持公众立场，1968年的“五月风暴”正是体现这一观念的重要实践。

不过，皮埃尔·布尔迪厄在上述两种截然相反的观点中，仍然找到了关键的相同之处，即知识分子的自主性意志——这也便是许纪霖在二十世纪

① ［美］戴维·斯沃茨著，陶东风译：《文化与权力：布尔迪厄的社会学》，上海译文出版社2006版，第280页。

八十年代所反复强调的知识分子的独立人格问题。①在他们看来，知识分子的自由表达和公共性是成就其身份的最重要体现。由此来观照晚清至二十世纪前期的中国知识界，知识分子的参政热情则呈现出波浪式的高低起伏。以胡适为代表的自由主义的“五四一代”表现出对政治深深的疏离感，而这种疏离感正是建立在国家混乱割据以及前一辈（康有为、梁启超、严复等）热心参政却屡遭挫折的背景下。②相比较沉浮于宦海无法自由，他们对发展新文化运动更感兴趣，胡适在自传中便把自己所参与、推动的文化激变的时代描述成“中国的文艺复兴”（The Chinese Renaissance）：“我们如果回头试看一下欧洲的文艺复兴，我们就知道，那是从新文学、新文艺、新科学和新宗教之诞生开始的。同时欧洲的文艺复兴也促使现代欧洲民族国家之形成。因此欧洲文艺复兴之规模与当时中国的‘新文化’运动，实在没有什么不同。”③同时，他在不同场合多次反复强调以下观点：“我欢喜用‘文艺复兴’这一名词，认为它能概括这一运动的历史意义。”

由于众所周知的原因，在1949年新中国建立后，胡适屡遭国内史学界的攻忏，并被描述成具有民族自卑心理的不健全的文人。但从胡适自己的言谈中我们可以得知，他欲通过文化的复兴促成新的民族国家的形成，无疑是一种爱国主义的体现——但也正如周明之所精辟指出的，这种“爱国主义的确是理智多于本能”，而且由于胡适丰富的国外游学经历，使得他在民族主义情感之外更增添了一份世界主义情感。④这种文化世界主义（cosmopolitanism）情感正是后文中笔者要指出的三十年代电影文化运动中右翼现代主义知识分子（如刘呐鸥、黄嘉谟）人格形成的关键因素之一。而其发生根本之原因，史书美将其概括为一种“现代的诱惑”（the lure of the

① 参阅许纪霖：《中国知识分子十论》，复旦大学出版社2004版。

② 周明之指出，知识分子的政治疏离感与传统科举制、皇权制的废除有关，同时辛亥革命的不彻底性也是重要原因之一，“民国的建立并未使中国成为一个现代民族国家，而是传统崩裂的顶点。最后，袁世凯的操纵和军阀对没意义的目标的纷争混战，使精英阶层进一步瘫痪。在这种环境下，在许多新涌现出的知识分子中，出现了一种对政治的退缩和对所谓文化运动的迷恋”，［美］周明之，雷颐译：《胡适与中国现代知识分子的选择》，广西师范大学出版社，2005，第240—241页。

③ 胡适：《胡适口述自传》，唐德刚译注，广西师范大学出版社2006版，第172—173页。

④ ［美］周明之：《胡适与中国现代知识分子的选择》，第235页。

modern）：“中国的现代主义者将现代性视为充满诱惑的、迷人的、值得想望的东西，他们或自觉或不自觉地臣服于这一外来的范畴。这一臣服可以被说成是催生了中国的世界主义者。但从不同的意义上看来，中国的现代主义者们又积极地渴望和呼唤着现代性……于是，主体性也同样被催生了。”[①]但需要注意的是，与二十世纪第二个十年末到二十年代初不同，二十年代中期（特别是“五卅”惨案）以降的中国环境更趋恶化。帝国主义的步步紧逼以及国民党残酷的“清党”运动所引发的与农工阶级的决裂，使得众多“感时忧国”的知识分子疏离政治纷纷“左转”，并在三十年代初期达到最高潮。[②]相比之下，右翼现代主义知识分子反倒成了稀罕之物。不过从世界语境中来看，即便在没有国家民族激变的今天，左翼仍然是远多于右翼的。原因复杂而多元，艾里克·奥林·莱特将其归结为知识分子“矛盾的阶级位置”，而布尔迪厄则强调知识分子在权力场域中的被统治地位——文化资本上投资越多，与其经济资本的低微便越不相称，也就越容易走向现存秩序的对立面。[③]回到二十年代末到三十年代初的中国社会环境，左翼知识分子的思想境况是十分芜杂的——对此李欧梵有一段发人深省的论述，虽然描述对象是当时的左翼作家，但对我们后面了解左翼电影人的窘迫处境提供了一种思路：

> （左翼作家）热心献身革命事业，尝试支持新兴的城市无产阶级（但其实他们对这些城市无产阶级几无认识）；他们急于以政治行动来逃避自己的政治无能，却发觉自己和无产阶级革命的真正实践者——地下工作者们——格格不入；偏离这两方面的人，则凭借自我英雄的幻想，来重新阐释自己的妄自尊大，期望能令自己如愿

① ［美］史书美著，何恬译：《现代的诱惑：书写半殖民地中国的现代主义（1917—1937）》，江苏人民出版社，第6—7页。

② ［美］夏志清：《现代中国文学感时忧国的精神》，见《中国现代小说史》（附录2），上海：复旦大学出版社2005版，第364—368页。关于国民党“清党”运动，可参见李宗仁《李宗仁回忆录》（上册），唐德刚撰写，桂林：广西师范大学出版社2005版，第348页。李身为桂系大员，竟然都不能使自己的一个年轻的共产党员表弟免于被杀，可见当时清党的残酷性。“清党”对共产党和国民党本身的破坏性影响可参考王奇生《清党以后国民党的组织蜕变》，《近代史研究》，2003年第5期。

③ 布尔迪厄认为：“在其它条件相同的条件下，越少拥有特殊资本的知识分子就越难以抵挡权力的诱惑。”见戴维·斯沃茨《文化与权力：布尔迪厄的社会学》，第265—267页。

> 以偿。夏济安评论这种文坛的“左”倾现象时说：“五四运动造成许多反叛青年，他们把自我与社会相对立；当发现自己的力量在竞争中微不足道时，便称颂一个社会阶层——他们所认同的、神化了的无产阶级。”显而易见，认同神话化的无产阶级这行动本身，也被他们神话化了。①

三十年代左翼电影中的情况较左翼文学而言更加复杂。与文学创作（尤其是杂文、电影评论等短篇文学）低投入、快节奏的自足性特点不同，电影对商业资本和观众接受的客观要求，不可避免地让左翼电影创作中出现“投机性”的多元取向。比如，曾在联华公司任职的著名导演吴村便既拍摄自己编剧的、反映工人抗争女性觉醒的左翼电影《风》（1933），又拍摄刘呐鸥编剧的讲述男女浪漫悲情的“软片”《永远的微笑》（“明星”投资，1937）②，而程步高、卜万苍、孙瑜、蔡楚生、吴永刚等等也概莫如是（费穆似乎应该算是个特例，颇有独树一帜的“作者”风范，这里不谈）。真正认同无产阶级并为之奋斗的，只有左翼中的革命知识分子——他们有些类似于萨特所倡导的那种“总体性知识分子”，“为理想、信仰和各种各样的乌托邦信念而奋斗，富有一种浪漫主义的情怀”③。但让后世研究者颇为疑惑的是，当革命知识分子疏离了一个政治团体，而投向另一个政治团体的时候，他们的独立人格是否会因为党派的指令而扭曲？在公共性无疑大打折扣的情况下，我们又如何理解他们的“大众化”思想？在此，笔者想通过夏衍创作的一部作品《自由神》（1935）来简单地探讨一下这个问题——在我看来，这位被正统史学界尊为“左翼电影运动领导人”的革命知识分子，是一个兼具了“浪漫”和“被迫浪漫”的复杂矛盾体——在民族意识、党的使命和商业法则的激流中，他奋力而无奈地挣扎，其所被肯定的成就和遭受的误解都可以被解读为一个革命知识分子之于历史的悲哀。而他那可敬的反思精

① ［美］李欧梵：《中国现代作家的浪漫一代》，新星出版社2005版，第257—258页。
② 《永远的微笑》的文学本载刘呐鸥《都市风景线》，浙江文艺出版社2004版，第155—162页。
③ 许纪霖：《中国知识分子十论》，第4页。

神，为他的人生画上了尤其浓重的一笔，也让他无愧于伟大“领导者”的称谓。

夏衍正是李欧梵上文中所提到的“无产阶级革命的真正实践者”之一。1932年成功地潜入上海电影界后，出于地下工作领导者的身份，他创作的电影剧本从不出现自己的名字，在片场协助导演拍摄时也绝少与工作人员合影留念。[①]当时的剧本和完成片要经受公司老板、国民党审查机关和租界外国领事馆的层层把关制约，很难直抒胸臆地在其中表现阶级斗争的政治主题。后来，1919年震惊中外的五四运动进入了他的视野，这一运动深刻的意义、复杂的内涵和模糊的政治界限让夏衍发现了一丝曙光。[②]1935年，夏衍借此为背景，“拿来”了易卜生戏剧中的娜拉形象，创作出了《自由神》的电影剧本，并由共产党秘密组织成立的电通公司拍摄完成（此前，夏衍还翻译出版了培培尔的《妇人和社会主义》，这对他确立剧本的主题或许也是有帮助的）。这部影片的胶片至今尚保存完好，但从没有以任何形式的录像、数字载体公开发行，而我曾有幸于2005年在中国电影资料馆一睹其神秘的面容。影片开始于1919年的夏天，受五四运动的影响，女学生陈行素（王莹饰）冲破封建家庭的阻挠，与第一师范的林云彬毅然出走杭州，在上海组建了自己的家庭，并生有一子。云彬献身革命后，行素在医院遇见了旧友杨棣华，此时他已是医院的院长。棣华很早之前便对行素颇有好感，他热烈地追求行素，但行素因忙于妇女革命，只能漠然处之。北伐开始后，行素随军北上，无意间认识了一位年少翩翩、又善辞令的军官，迅速坠入爱河。但浪漫没有持续多久，行素却发现这位军官早有家室，她决然地离开了。在“一·二八”的战乱中，行素不幸与自己的幼子失散，她痛苦得几乎发狂，但还是用理智克制住奔放的感情，毅然地奋起，投入到保育孤苦儿童的工作

① 龚稼农：《龚稼农从影回忆录》（二），传记文学出版社1980版，第320页。夏第一次在电影编剧中使用“夏衍”一名，是1940年在重庆“中制”由司徒慧敏拍摄完成的《白云故乡》中。

② 毕克伟指出：“夏衍进入影界所拍出的电影里，其政治倾向基本不出五四那种反帝、反资、反军阀的思想范围，只是更简化更大众化了。这些思想意识与国民党当时的官方立场是一致的，然而这些崭新的思想观念又与一些陈旧的、人们熟知的政治倾向混在一起。”见毕克伟《“通俗剧”、五四传统与中国电影》，《文化批评与华语电影》，广西师范大学出版社2003版，第24—25页。

中去了。[①]

在电通拍摄的四部影片中，舆论对《自由神》的评价相对是比较低的。虽然有评论者肯定了该片在性别问题上的进步倾向，认为“中国需要实践生活的成群的娜拉，更需要指示‘出走后的娜拉’该向哪儿去。这一点，《自由神》已解答了正在恐怖、战栗、彷徨、畏怯中的妇女们”[②]，但这仅仅是针对影片的意识倾向而言的。而影片在表演、剪接、摄影、录音方面的诸多硬伤使得观众感觉乏味，再加上技术专家司徒慧敏初执导筒能力有限，影响了作品最终的艺术水准。对此，司徒慧敏后来也回忆道，“我是一个搞技术工作的人，对于创作缺乏知识和经验，不能像那些有经验的导演对于剧作家有什么帮助”[③]，“《自由神》是我第一次导演的电影，由没有参加过电影工作的杨霁明担任摄影，没有独立负责过工作的年轻人周骖担任录音”[④]。影片在北京上映后，日本作家菊池润一郎在《读卖新闻》上发表评论，既肯定了影片对新型知识女性的塑造，也指出了导演拍摄手法的“清新未熟”。对此，夏衍还鼓励司徒慧敏说：“表现清新是青年创作者应有的本色，而未熟也是经验不多的必然过程。”

在夏衍三十年代创作的诸多作品中，为什么单单选择这部并不十分成功的作品？因为在笔者看来，它恰恰可以十分典型地体现出夏衍“多面浪漫”的文化倾向。1935年8月25日，国民党人姚苏凤主办的《晨报》副刊“每日电影”专门组织了一场《自由神》的座谈会。需要指出的是，“每日电影”在“艺华被毁事件”以前一度是左翼电影批评的主要阵地，夏衍在《懒寻旧梦录》中也是予以肯定的。但由于经济竞争的关系（姚与“天一”“明星”关系密切），“每日电影”相继与联华公司、《申报》“电影专刊”以及凌鹤、鲁思等革命知识分子产生了摩擦，双方从艺术批评发展到人格攻击，最

① 详细剧情、演职员可参考《自由神》，《中国左翼电影运动》，陈播主编，中国电影出版社1993版，第285—287页。

② 方岩：《〈自由神〉与中国妇女》，《电通画报》，1935年第5期。

③ 司徒慧敏：《风雨同舟六十年——学习夏衍同志的创作道路》，见中国电影艺术研究中心所编的《论夏衍》，中国电影出版社1989版，第280—281页。

④ 司徒慧敏：《往事不已 后有来者——散记在“左联”的旗帜下进步电影的飞跃》，见《中国左翼电影运动》，第883页。

终导致了左翼力量对“每日电影”的反感和大量退出。为了维持刊物的运转，无奈之下，姚苏凤只好转而邀请穆时英、刘呐鸥、叶灵凤等右翼知识分子为撰稿人，“由此注重艺术技巧性表现的现代派小说家取代了强调艺术思想性的左翼作家的位置。《每日电影》也由过去重电影思想性批判转向重电影技巧性提倡，成为‘软性电影’论者与左翼电影论者对垒的主要阵地”①。而上文所言的关于《自由神》的座谈会正是在这一批右翼现代主义知识分子之间进行的。传统史学中大多把这些人定位为“国民党帮凶”和“反动文人”，可真实的情况是，这场座谈会从始至终都并没有裹挟着多少意识形态的偏见，而主要是针对影片编导演等纯粹的技术层面进行探讨的（这也是右翼知识分子所一向强调的），不仅如此，穆时英还专门称赞影片创作者道：“虽然这一次他们在艺术上是失败了，但他们是有希望的，因为他们的态度很严肃，而且又都是很虚心很肯学习的人。”②

座谈在一开始便围绕着人物形象塑造和剧本创作展开，与会者大多都认为行素这一形象对于革命和人生并没有清醒的认识，而仅仅是凭借一时的热情冲动去参加革命，企图完成妇女解放。正如司徒慧敏在导演阐释中曾指出：“（陈行素）她不是代表某一个人，而是中国妇女之这样的一群的合型。”③可右翼知识分子却恰恰认为这一合型化的艺术形象“并不能真实地代表中国的女性”，“她拿革命作为一种罗曼司，她始终没有深入地认识现实”；同时，剧本也没有合理地指出行素“如何突然发生幻灭”，而且“时间拉得太长”，“细节描写就不能不牺牲了”。这些批评从客观的角度来看，都是比较中肯的。“性别解放”虽然是五四时期激进知识分子提出的一项重要任务，譬如胡适在海外受美国妇女参政和女性友人的影响启发，回国后便有力地抨击了传统的“贞操观”和“贤妻良母”意识——但这似乎也仅

① ［日］张新民：《〈每日电影〉与姚苏凤》，见高瑞泉、山口久和主编的《中国的现代性与城市知识分子》，上海：上海古籍出版社2004版，第234页。

② 叶灵凤、刘呐鸥、江兼霞：《〈自由神〉座评》，《晨报》每日电影，1935年8月25日。值得注意的是，蓝苹在影片中也是演了一个小角色，“虽然戏不多，却做得还不错”。影评人表扬了蓝苹的表演，认为她比王莹出色得多。

③ 慧敏：《〈自由神〉产后》，《电通画报》，1935年第5期，见《中国左翼电影运动》，第372—373页。

限于一种文化上的使命（这一使命至今仍在继续）。[①]它和胡适最根本的“文化改良”观念是一致的，却不可能为三十年代的革命知识分子所接受。因此，夏衍生硬地把“性别革命”和“斗争革命”对接起来，企图靠血与火的洗礼实现女性地位的“突变”，这无疑是十分理想主义化的。而穆时英却精辟地指出：“剧作者完全无视着造成现代中国妇女在社会上的地位的种种经济条件，我个人以为妇女解放只有在妇女获得与男子平等的经济地位时方才可能。”颇有讽刺意味的是，直到新中国成立，在“十七年”电影的叙事伦理中，女性仍然无法成为“自由神”，在她们觉醒或前进的背后，总会隐现着一个洪常青似的父权制形象。女性真正成为独立的主体，似乎出现在“被政治化抹去性倾向”的样板戏中。这一艺术与政治相生的畸形的时代产物，正是被原名蓝苹的江青所一手操控的——她似乎冥冥中还对三十多年前《自由神》中自己出演的那个光彩而短命的形象心存怨气，这种郁积的情绪终于在“文革”样板戏中疯狂地发泄出来。

如果说，“每日电影”讨论的对象是“作为女性的知识分子”，那么，紧接着9月12日曹聚仁在《申报·自由谈》发表了针对《自由神》而来的批评《五四的霉菌》，这次讨论的议题则变成了“作为知识分子的女性”。颇有意味的是，曹文是通过所谓“历史真实”来质疑《自由神》中的“艺术真实”的：

> 影片中杭州学生联合会办公处的简陋和女学校教室的狭小，我看了不禁失笑。作者心目中的五四运动人物，大概都是新式的英雄，真肯刻苦为社会牺牲；英雄的对手——美人也必产生于简陋的教室中……以《自由神》所说的杭州学生联合会而论，应该是一所富丽的小洋房；那洋房现在依旧是杭州新市场北角上第一等好房子。而很少的几个女学生代表，都是横河桥边上大观园中的“美

① ［美］J.B. 格里德著，鲁奇译：《胡适与中国的文艺复兴：中国革命中的自由主义（1917—1937）》，江苏人民出版社，2005，第85—87页。胡适强调了教育在提高女性观念水平中的重要性——“女子教育之最上目的乃在造成一种能自由能独立之女子”；他在1918年北女师的讲演中也提到：“我所说的那种‘自立’精神，初看去，似乎完全是极端的个人主义，其实是善良社会决不可少的条件。”

人”。我告诉你一件小事：杭州学生联合会的代表往来沪杭，坐的都是头等车，全国学生联合会的学生到杭州来，住的是新新旅馆（杭州最阔的旅馆），吃的是聚丰园，坐的是包车；这样我们可以明白会有那么富丽的会所并不足为奇了。（北京的学生代表，每天时常有十来处饭局，比国会议员还要阔，那更不必说。）[①]

通过以上“爆料”，曹文指出，编剧者过分理想主义化地把学生塑造为纯洁的群体，而置于反动军阀的对立面上。可实际上，学生不仅很容易被政客利用，甚至经常和“猪仔议员”沆瀣一气，“凡是我们现在所听到所看到的卑鄙手腕，在那时候早已具体而微地试用着；霉菌是在五四时代下了种子的”。曹这样说，并非意在否定五四运动的时代意义，正如他在文末强调的那样：“五四运动显示时代青年的光明追求，显示小市民的反抗意识，掀起中华民族求解放的巨浪。所以，我们应向这一面去注意，而千万不要看中那几个满身霉菌，时事所造成的英雄。”曹文发表后，他这种重视“五四”整体、贬低运动中个体的态度引来了一些知识分子的不满。一个星期后，署名杨潮的文章便反驳道：“但凡一个运动，不，任什么事物，用术语说就是‘过程’，其内容和表现绝没有清一色的。一只生物在原细胞初成形的时候，其中已含了破坏他的‘霉菌’。这生物的发展和成长，正是其健全的细胞与所含的‘霉菌’奋斗的历史。”[②]不久，曹聚仁发觉质疑者或许误解了他的本意（而他的文章也确实语焉不详），于是再次发表文章表明了写作《五四的霉菌》的主因：“我觉得知识分子最靠不住，固然善于义愤填膺，同时也最会卖身投靠。……知识分子的游离意识是最可怕的，把五四运动的学生代表，当作纯洁的社会运动者来描写，那是最危险的；知识分子自己会忘记自己没落的暗影，而一般人也会把什么运动都交托知识分子去倡导。还是那句老话不错：‘秀才造反，三年不成。’学生代表肯自始至终为社会服

① 曹聚仁：《五四的霉菌》，《申报·自由谈》，1935 年 9 月 12 日。
② 杨潮：《五四的“实情”》，《申报·自由谈》，1935 年 9 月 20 日。

务，真太少了！”[①]

曹聚仁把批评对象从《自由神》所反映的“五四”一代扩大到了对整个知识分子群体的质疑，即由知识分子来领导社会运动，绝不会有好的结局。显然，这一略显偏激的论调显示出作为知识分子的作者本人面对政治时的彷徨疑虑和自我批判，并清晰地呈现出“五四”以降的尤其是以胡适为代表的中国自由主义的思想一脉。他们都坚决地肯定个人意见和“离开公共行为之自由”的重要性——格里德在其力作《胡适与中国的文艺复兴》（1970）中特别就此展开了论述，并为自由主义遭受的种种不当的攻击和误解进行辩护。但他也承认：“在中国，自由主义只为社会活动提供了微弱的动力；总的说来，虽然它曾暂时吸引了一些思想上的追随者，但它未能激发起对以自由主义（或实用主义）的方式所探索到的那些方法在情感上的信奉，而且，至少在短时期中，它也未能提供一种充分的方向意识——而这毕竟是随着形势恶化到彻底的混乱与绝望的程度，为中国人所愈益关心的东西。”[②]因此，虽然李欧梵所竭力强调“一旦作家不再与政治疏离，便不再是现代文人”[③]，但我们仍然会无奈地发现，自由主义者所提倡的包容“民主主义”的政治保障和社会文化环境，在三十年代的极权统治下是无法实现的。同时，他们极其难得的世界主义情感也无法为民众提供时代所需要的“方向意识”——自由主义在电影界的彻底追随者刘呐鸥、穆时英、黄嘉谟诸人，无论他们的思想如何富有见地，与左翼知识分子比起来确实显得有些“不合时宜”（当然，这种“不合时宜”无须上升到道德和政治批判的高度上），也必然会被时代的洪流淹没。

让我们回到对夏衍的讨论上。学者陈明远从现代心理学的角度分析得出，夏衍的性格特点属于“求全型”（Perfect）：内倾、多思考、追求完美，好静，喜欢独处。[④]这就不难理解他在电影剧本创作中的理想主义倾向。

---

① 曹聚仁：《“五四霉菌”补正》，《申报·自由谈》，1935 年 10 月 8 日。

② ［美］J.B. 格里德，鲁奇译：《胡适与中国的文艺复兴：中国革命中的自由主义（1917—1937）》，江苏人民出版社，第 273 页。

③ ［美］李欧梵：《中国现代作家的浪漫一代》，第 259 页。

④ 陈明远：《“四条汉子”的性格》，《粤海风》2007 年第 1 期，第 16 页。

但在政治文化运动中，夏衍却又表现得非常务实。1936年，左翼知识分子内部爆发了一场激烈的、影响深远的关于文艺大众化的“两个口号”之争。一方是鲁迅、胡风、冯雪峰所提倡的“民族革命战争的大众文学”，一方是夏衍、周扬等所谓“四条汉子”提倡的“国防文学”。这场论争进一步加剧了“左联”（中国左翼作家联盟的简称）的分裂，严重地削弱了文艺统一战线的力量。对此，夏衍晚年回忆说：“我是‘国防文学’这个口号的支持者，也在戏剧、电影界提倡过这个口号，认为这个口号通俗易懂，容易为广大的文艺工作者所接受，甚至连国民党人也不敢公开反对，所以我认为在爱国运动风起云涌的白区，作为一个统一战线的口号是适当的。”[①]但“左联”的精神领袖鲁迅却对此表示怀疑——

> 鲁迅曾对我说：“国防文学”这个口号，我们可以用，敌人也可以用。至于周扬他们的口号内容实质到底是什么，我还要看看他们的口号下卖的是什么货色。后来夏衍的《赛金花》发表了，有人写文章把它树为“国防文学”的标本，鲁迅见了哈哈大笑道，原来他们的“国防文学”是这样的。鲁迅对“国防文学”口号的批评，着眼在它的阶级界限模糊，这是与他坚持“左联”不能解散，无产阶级领导权不能放松的思想一脉相承的。[②]

这一切都和革命知识分子的“文艺大众化”思想有关。早在1932年“左联”执行委员会通过的决议中，“文学的大众化”便作为首要的问题提出：“大众化的问题，以前曾一再提起，但目前我们要确实指出：文学大众化问题，在目前意义的重大，尚不仅在它包含了中国无产阶级革命文学目前首重

---

① 夏衍：《懒寻旧梦录》，北京：三联书店2006版，第215页。

② 茅盾：《我走过的道路》（下），人民文学出版社1997年版，第52页。关于鲁迅和“四条汉子”的矛盾及其后果，不属于本文叙述重点，详细的情况，除茅盾、夏衍回忆录外，还可参考何满子《“两个口号”和“四条汉子”》，《文学自由谈》，2004年第2期；农伟雄《鲁迅与周扬等“四条汉子”的矛盾真相》，《文史春秋》，2001年第5期等。需要强调是，鲁迅此番的矛头主要是针对周扬、田汉，而并非夏衍和阳翰笙，但后两人都因此在“文革”中饱受磨难。

的一些任务，如工农兵通讯员运动等等；而尤其在此问题之解决，实为完成一切新任务所必要的道路。”[①]对比一下“国防文学”，除了没有出现“无产阶级”的字眼，“两个口号”实没有多少根本性的差别，却——正如王德威所指出的那样——无可避免地成了“左联”内部权力斗争的转嫁物[②]，其间更夹杂了鲁迅对周扬、田汉等人强烈的个人厌恶感。从今天来看，“国防文学”的口号显然要比突出阶级分野的“民族革命战争的大众文学”更具时代合理性，在1936年民族矛盾逐渐上升为主要矛盾的时候，“国防”一词对于凝聚义愤填膺的“左翼共同体”而言自然更具效果。[③]文学尚且如此，与资本运作“心连心”的电影则更是这样。即便是一向与政治绝缘的费穆，此后也在“国防电影”（这个口号是在1936年5月提出的，与“国防文学”的精神是完全一致的）的感召下拍摄了《狼山喋血记》一片，足可见夏衍这种务实思想的效力所在。[④]可令人不解的是，恰恰就在此时，他那根深蒂固的浪漫理想再次浮现——这便有了反映爱国妓女公然对抗政府、又被吹捧为“标本”的多幕话剧《赛金花》的出炉，也便随后有了鲁迅充满挖苦的辛辣揶揄：“连义和拳时代和德国统帅瓦德西睡了一些时候的赛金花，也早已封为九天护国娘娘了。”[⑤]在浪漫的理想与务实的作风之间，在知识分子和政治运动家之间，夏衍表现出其极为矛盾的一面。原本为了扩大统一战线而提出的“国防文学”，最后竟成了左翼分崩离析的导火索，这是他无论如何也想不到的。

笔者认为，革命知识分子心中的“大众”只可能是一种乌托邦式的理想共同体，它的政治范畴远远高于我们通常所言的“小市民”。鲁迅的母亲从来不看“旗手”儿子的文章，而只爱张恨水描写才子佳人的鸳蝴派小说——

① 周锦：《中国新文学简史》，成文出版社有限公司1980版，第17页。

② ［美］王德威：《被压抑的现代性——晚清小说新论》，北京大学出版社2005版，第114页。

③ 周扬在《关于国防文学》一文中所谓的“国防的主题应当成为汉奸以外的一切作家的作品之最中心的主题”显然又犯了非黑即白的机械二元论错误。这一狭隘、不无霸道色彩的极“左”言论很快受到了鲁迅的批评。

④ 夏志清在《中国现代小说史》中也似乎印证了“国防”这一用语的可行性：“战争爆发前一年，‘国防文学’的口号已引起一场论争。这是共产党的口号，借此推行它的统一战线政策，以争取写作界的爱国分子到它的阵营。不过，即使没有这些宣传，很多作家也会相继声援抗战，歌颂战争英雄，以振奋人心。”（第368页）

⑤ 鲁迅：《“这也是生活”……》，《集外文集》，浙江人民出版社2002版，第606—607页。

这个鲜明生动的事实反映了二十世纪初期中国社会文化水平的普遍低下和通俗商业文学的蓬勃繁荣，对此柯灵也承认："后期的鸳蝴派，也在不断地变化，以适应本身存在的需要。报刊中间，他们还长期保有活动的地盘；在银幕上更占有绝对优势。"[①]但如果依此便认为，三十年代革命知识分子的这种乌托邦创作"意义不大"，那便陷入了一个更危险的误区。在笔者看来，三十年代革命知识分子将表现对象（如学生、女工甚至是妓女）理想化或纯洁化，正包含着一种政治化的启蒙意义和布道精神。传统研究者一般认为，在"五四"运动以来的两个社会基本主题"救亡"和"启蒙"中，由于"民族矛盾的激化，社会现实的动荡，使得大部分知识分子投身于民族救亡的解放斗争中，启蒙的主题在救亡的时代大命题中被淹没了"；而戴锦华还进一步指出，启蒙被压制的后果便是与其"同时存在的知识分子的批判精神也被时代的常规命题所削弱了"。[②]可在三十年代共产党领导下的革命知识分子看来，启蒙最起码是应当与救亡同时进行的。而其中最基本的手法，便是利用一种理想主义的感召、一种"叙述的政治"，使得落后愚昧的"小市民"不断向追求进步的"大众"转化。一个明显的证据就在于，与胡适定义"五四"为"中国的文艺复兴"截然不同，在中国共产党的权威史学、哲学叙述中，"五四"及其后继的三十年代"新理性主义"思潮从始至终都是被视为"启蒙运动"的：从1936年陈伯达、艾思奇陆续发表的《哲学的国防动员》《中国目前的新文化运动》到新中国成立后的诸多史学、哲学论述均是如此。而"文艺复兴"和"启蒙运动"的根本区别，按照彼德·盖伊（Peter Gay）的观点，启蒙上承复兴而来，前者在"希望渺茫中建立激进主义"，相比之下后者则显得光明有力得多。但当我们结合戴锦华等学者的观点时，又不免疑惑了：如何来理解这种矛盾丛生的"未启蒙的启蒙"呢？余英时就此大胆地提出了自己的看法，其中最重要的一点便是："中国的马克

① 柯灵：《试为"五四"与电影画一轮廓——电影回顾录》，载香港中国电影学会所编的《中国电影研究》，1983年版，第6页。其文中提到："制片家受商业本位的制约，为了求生存，争利润，不择手段地媚悦苦闷的小市民观众，同时也反映出电影事业本身的困难处境。"对比三十年代的"大众"概念，这十分清晰地表明，所谓"小市民"和"大众"的差异，无非是一种逻格斯中心主义的霸权使然。

② 戴锦华、李奕明、钟大丰：《电影：雅努斯时代》，《电影艺术》，1988年第9期，第9页。

思主义者都是拥护革命的。他们注意到，欧洲各国的启蒙运动往往是政治革命的前驱，因此他们也需要某种启蒙运动来证明他们在中国提倡革命的正当性。……中国的马克思主义者不断以启蒙运动的观点重新界定五四，并不是对历史作任意性的解读。相反的，他们可能出于这一信念，即与文艺复兴相比，启蒙运动更有利于为他们的政治激进主义服务，因而作了一种蓄意而又经过精打细算的选择，毕竟文艺复兴太过遥远，也太过温和，对他们所向往的革命没有直接又实际的关联。”①由此来反观《自由神》，其中确实酝酿着一种从“浪漫—启蒙—革命”的情感潜流，只不过“浪漫”这一环实际上并非发自夏衍的本心。②从创作者的角度来看，当“浪漫”变成了“被迫浪漫”，无形中既影响了《自由神》的商业价值，也降低了其中蕴含着的“启蒙—革命”的煽动力。对比一下新中国成立后谢晋的女性情节剧和江青力捧的“八个样板戏”，目的同样在于“启蒙—革命”，可依托于“文化—权力”的操纵和技巧化的“浪漫”铺陈，效果自然要比《自由神》有效得多。

在海外学界，知识分子对启蒙／政治的界定与反思已经颇成气候，然而得出的结论往往透露出一种虚弱和无奈。因为他们发现：“杰出的教授、天才的诗人、著名的记者，他们用自己的天赋说服所有可能的受众去相信，现代的暴君是解放者，只要透过恰当的视角，就可看到，暴君们无意识的犯罪是高贵的。”③而这“恰当的视角”，往往便是通过启蒙运动进行的。正像马克·里拉所指出的：“启蒙运动不仅催生了暴政，而且它在思想方法上就具有暴政特质。它兼具绝对主义、决定论、不灵活、不宽容、冷酷无情、傲慢自大、盲目这种种不是。”同样，崇尚多元主义的以赛亚·伯林也曾沉痛地指出，启蒙运动创设的理念“使得在我们的时代，为之牺牲的人们或许比人

---

① ［美］余英时：《重寻胡适历程：胡适生平与思想再认识》，广西师范大学出版社2004版，第250页。

② 夏衍曾回忆说：“秋白同志要我们记住当时所处的环境，假如我们的剧本不卖钱，或在审查时通不过，那么资本家就不会采用我们的剧本，所以要学会和资本家合作，这在白色恐怖严重和我们的创作主动权很少的情况下，是不能不这样做的。”同样，即使是《自由神》这种由左翼力量投拍的影片，仍然要面临市场竞争和观众接受的问题，因此设置具有商业卖点的浪漫情节是很有效的方法之一。可参考夏衍《新的跋涉》，《中国左翼电影运动》，第11页。

③ ［美］马克·里拉著，邓晓菁、王笑红译：《当知识分子遇到政治》，新星出版社2005版，第191—192页。

类历史上为了任何别的理由而牺牲的人都多”[①]。回到本文所探讨的三十年代电影创作中革命知识分子的“启蒙理想”，倡导这种“启蒙理想”的目的当然是为了引导一种大众自发对抗暴政的正义斗争；然而，当其循着一条不变的窄路一直膨胀下去，则不可避免地铸就了三十年后中国知识分子的悲剧历史。而这其中最悲哀的，莫过于夏衍这样忠贞不二的革命者。回首往事，他怎么也不明白，为何每次风暴袭来之时，总是知识分子首当其冲？[②]同时，这也不能不让我们后来者引以为戒：面对政治与历史，丧失了自我思考能力的知识分子，也就失去了其存在的真正价值。

（沙丹：中国电影艺术研究中心助理研究员）

① 以赛亚·伯林对多元主义的推崇可参见《以赛亚·伯林的遗产》（马克·里拉等编，新星出版社，2006）一书。里拉在其间指出：“对多元主义的承认与宽容被伯林看作是自由主义价值的精髓所在，而且他相信，他对多元主义的分析是他对道德与政治思想的主要贡献。”（《导言》第2页）

② 夏衍：《〈武训传〉事件始末》，见《懒寻旧梦录》（增补本）附录，第450页。

夏衍的为人[①]

沈旦华

我作为家属非常感谢这一次的活动和两位陈老师写的这本书（陈坚与陈奇佳合著的《夏衍传》），我认为所有夏衍著作里面，这应该是资料最全、论点最全的，所以表示感谢。

我的（演）讲呢，不像他们那么正经，因为我不是来研讨的，我是来交代的。交代什么呢？就是这个夏衍，为什么在各种情况下能够克服种种困难？30年代的时候，美国大片质量要比现在的大片要高的多的多，再加上国民党的软性电影，他怎么会异军突起？还创造了这么多的收视率？这个是值得研究的。

首先讲学习，夏衍一辈子都是在学习的，他给我讲过一句话，他说："上不上大学无所谓，可是呢，你要看一辈子的报，读一辈子的书。"他是这个态度，他的学习动力是什么呢？起先是为了好好读书，就是为了奶奶的意思。以后呢，就是通过学习优异，出人头地。可是，最后他不是按照这个方向走的，他有自己的见解。把自己的世界观提高了一层，改变了人生的轨迹。在很多的高官厚禄引诱下面，他不去，他宁可冒着杀头的危险，二七年参加共产党，所以这个精神呢，我们也得前后考虑的。

他在甲种工业学校念书时，成绩是第一的，可是品行呢？是丁等。为什么呢？因为他参加了社会活动，参加了浙江的学生运动，这引起当局很大的反感，甚至于不能毕业。可是，他的校长许炳堃老师很好！许炳堃是浙江

① 据沈旦华先生在"可见的左翼：纪念夏衍逝世二十周年暨1930年代反法西斯电影研讨会"开幕式发言录音整理，经沈旦华先生审定。——编者注

教育学的一个泰斗，甲种工业学校就是他创建的。他破例给了夏衍毕业证书，而且官费保送到日本。那个时候考日本也很难，可是他还是考取了，从此人生走向新的途径。什么新的途径呢？首先是语言，他选择的学校不是在东京，不是在大阪，是在九州。有一个什么好处呢？四面全是日本人。你不懂日语，连吃饭都吃不了。另外，日本人非常喜欢德国人，又学习了德文跟英文，所以，他用半年时间过了语言关。从此，他扎到一个最心爱的地方，是什么呢？日本的图书馆！日本图书馆里的书，新到什么程度？世界上最著名的著作，不出两个月，日本人他有翻译局这种机构，马上变成日文，所以他的眼界就宽了，他不再局限于他的专业，局限于社会科学、马列主义！那么，这个时候呢，他进入了一个新的境界。

对我们来讲是不能理解的，因为你现在拿不到文凭，你连工作都找不到，对吧？他那个时候不是，他抱了一个什么主义呢？这个是不要大家学习的，七十分主义。专业考七十分就得，所有的精力都在看社会科学。那么，这个时候，他有一个非常大的改变，从世界观里面就完全彻底改变。这是他的第一次，泡图书馆！最后一次呢？是在秦城监狱，他在参加革命的时候没有办法看完马克思主义的著作，在秦城监狱里，安安静静地把马克思主义读了，得出的结论是：马列主义是反对暴力的（笑）！这是原话。

另外一个呢，就是他非常尊重别人、非常爱才。这个原由从哪里来呢？这个就是他的校长许炳堃给他带来的，因为许炳堃爱他的才，所以他才能到日本。同样，他把这个也保留下来了，给了年轻人。

刚才黄会林说了，对吧，全部给她改了，给她理顺了，也拍了。那么她是特殊的，为什么是特殊的？因为她写的是陈毅，你要换了写许世友，他不会参加的，对吧？这是他不熟悉的人。还有呢，就是以前很有名的一个著作，叫做《虾球传》，写南方的劳苦人民是怎么生活的，这个作者呢，叫黄谷柳，非常潦倒，几乎相当于平民下的贫民，让老头来，把他著作看了，然后想怎么让它出版。我老头马上给他出了个主意，说："你的东西不错，可是你的方法不对，你要在我这儿登，只能是按长篇连载，你应该把长篇改成一篇一篇地连载。"然后呢，还讲了些其他的学习方法。就此黄谷柳这个

《虾球传》就出了名了。另外呢，还有一个最典型的《五朵金花》，季康写的，季康写《五朵金花》起先不是五朵金花，是十二朵金花，你拍上中下三集都拍不完，那可是重点工程，为什么呢？国庆十周年有十部电影要献礼的。老头拿过来以后，刷刷刷全都给他改了，后来改了以后呢，他说八朵，还不行，最多就五朵。这个成就了什么？我看过文化大革命期间，红卫兵出的小报，有夏衍的罪状，就是有把季康的东西改的几乎只剩百分之二十，全是他的主意。可是，大家注意，什么叫尊重别人？他从来不要署名。那现在你看的话，有的就要署名啊，对吧？写的好就要署名，这绝对就是尊重别人。

再接下来呢，就是他的待人。他不计前仇，只想到别人的好。四四年的时候宣传部派来一个团，来到重庆的新华日报整风。整风的目的就是看一篇一篇的社论哪篇是右了，哪篇是左了。基本上呢，新华日报的社论很多都是右的，谁写的呢？社长潘梓年，潘汉年的哥哥，实际上写的就是我爸。那么，大家一起来批判。有两个人他一辈子忘不了。一个是何其芳，这是批夏衍的专家，还有一个呢，林默涵！林默涵是中宣部他的直接领导，凡是有运动就会敲敲打打，老头也讲了，《夏衍传》这个书里也讲了，他说："我就是庙里的一口钟，到时间就得敲敲打打。"在所谓国统区里面，你要搞统战，又要团结很多的民主人士，你不能把延安的东西写出来吧，那不就把人家都吓跑了吗？所以呢，检查归检查，他呢，还是坚持他的观点。

何其芳在六六年文化革命开始的时候，在《人民日报》的半版，第一版的半版，写了一篇文章。就是什么呢？我看过，就是《夏衍同志作品中的资产阶级思想》，我们看了都很生气，他看了很高兴，他说："你要注意啊，他称我为同志哎（笑）"。再到后来七七年，何其芳同志死了，追悼会来了个请帖，老头属于半解放，组织身份恢复了，工资恢复了，工作安排什么还都没有，人家以为是不会来了，实际上来了，他去了，去了以后就不是追悼会了，大家都来看出土文物了。因为四条汉子始终不出现。为什么要出现？因为毛泽东两次批示要解放十条汉子，批了两次，第一次批了四人帮不执行，第二次批了以后呢，其他人都出来了，那个时候有一个称号，刚解放的干部，叫“还有部”。什么叫“还有部”？就是介绍完了主要人物，接下就是“还有……”。在这个“还有”里面，就意味着你解放了，至少没有大问题了。这个时代你们大概没经历过，“还有部”里面老没有夏衍，后来就问了，问了以后才知道，有碍观瞻，一条腿断了。我估计人家就不方便叫他去出席什么会议啊、仪式啊。就一直没出现。可是，在何其芳追悼会他出现了。这以后，整个外面的新加坡、香港、台湾的报道几乎都在说文物出土了，这个是肯定的。这个就是说他不计前嫌，该出席他要出席，因为打交道一辈子。

说到何其芳，还有一件小事情也是有意思的。他批完老头以后啊，不到两个月，我骑车要经过社科院，在社科院门口我看到了大字报，上面写着，什么何其芳？何其臭也！啪啪两个叉字。我老头早就讲过，他说他也难，他也在劫难逃。为什么呢？老头看了516通知的复印件，为什么他能看到复印件？因为我的姐夫是新华社俄文英文的最后定稿人，那时候已经有复印机了，印了复印件，看完了复印件以后，这件事我从来没讲过，老头就说，什么话呢？又是一个抗战八年！可是在我们学校传单或是别的单位传单呢，就说现在搞几个月运动，九月一号照样开学。他就说又是一个抗战八年。这句话对于别人可能是短了一点，对他正好。七年八个月他放出来了。

再说林默涵。林默涵被抓起来的时候，冬天穿着很单薄的衣服，他以为是开一次会就回来了呢，哪知道是关到大牢里了，关到卫戍区去了，没有暖气的，冻得他发抖，嘴唇发青。怎么办呢？我老头一看不行啊，他就把一件丝棉背心，我妈给他做的。因为他出去的时候，被带走的时候，带够了钱、牙刷、牙膏、毛巾、衣服，什么都全了。为什么？因为他知道一去不复返。别人知道不知道，不知道的，还以为是开会呢。林默涵冻得要死，把衣服给他以后，他才缓解。这件背心呢，在文革以后，默涵同志每次都提。可是呢，我们都知道敲大钟的正是林默涵。这个书里面写道：他家属把那件棉袄给弄回来了，没有！变他的传家宝了。我还想问问各位，谁认识他们的家属？我想把这件背心摆到夏衍旧居展览馆展览去。这就说明人跟人的恩怨关系要怎么正确处理。老头他的人生很值得研究的。

老头为什么后来总挨整？敲敲打打不断？最主要的一条，很简单，《夏衍传》这部书里面讲了，老头的人生观，就是我父亲的人生观，是建立在五四时期科学民主的基础上的。而解放以后不断地搞革命，建立了阶级斗争体系。这两个根本不相容。所以，老头以后就没有创作了，为什么呢？他解放以后先是应陈毅的要求写了一个叫《人民的巨掌》，后来呢，搞工业建设，又写了一个剧本叫《考验》，又写了什么？反正是写一篇批一篇，没完。那么，我们现在想想呢？这也是有道理的。这本来就是一个不能融合的东西。可是老头呢，他有一个精神，是什么呢？杭州人都知道，他有一个杭铁头的精神。他不认输，凡是他不认同的东西他都不允许、不会装作去很高兴接受的样子。所以一直到最后也都有很多的矛盾。

再讲讲几个其他事情。老头从香港到北京再回到江阴，准备进入大上海的时候呢，陈毅给他定了一个级别叫兵团级，后来就是行政七级干部。那老头为什么会不断地被打断腿，不断挨揍什么的，其关键原因就是差两级，五级是免刑的。[①]我们不知道共产党的规矩哎，因为有两级他是必加的。我给你讲道理，第一级，从地方调中央一定可以升一级，这是共产党规矩；第二级，五九年大跃进的时候，都加一级，他也不要加一级。

最后一个就是猫。猫是我家的成员，养过的好猫太多了，只讲一只叫“博博”的大黄猫（1962—1975）。“博博”1962年来我家，它的母亲是一只粮店里有口粮的猫，生下几只小猫，困难时期，没有奶水，由熟人老石师傅送来，来时不到一个月大，特别瘦弱，我们用牛奶把它养大，到了发育期，身上大片脱毛，南方人称“剥皮猫”，故取名叫“博博”，这是父亲最用心养的猫……“博博”小时侯怕冷、经常钻进老头被里睡觉，大猫有时很脏，被子和床上也弄得很脏，可老头很高兴，愿意和“博博”同一被里睡，还说“人猫友谊万岁”。

1967年，老头被抓进卫戍区后，别人以为“博博”不见了，实际上我们一直养着它，它很聪明，有外人来它就上房。1975年6月底，“博博”病了，

① 这种说法不一定准确，在此保留演讲者个人的见解。——编者注

十几天不吃不喝，7月12日中午，老头回来，在此之前“博博”已经有十天半个月没有吃任何东西，它已经站不起来，后腿不能动了，靠两只前爪，爬到老头坐的藤椅下，望着老头。父亲也十分难过，到了半夜“博博”就去世了。

老头要我把它埋到庭院的葡萄架下。我们都尊它为“义猫”。从此以后，老头养猫就更加人格化了。他要给它们“自由”，让它们上屋顶，“自由恋爱”，不许阉猫。要是春天屋顶上猫儿闹春，他的猫有时还通宵不归，他就真的着急起来。等猫回来了，他才都安下心来。他还会和它对上几句话：“你们昨天晚上是开会了吗，开得这么晚？”“你们是在屋顶上开舞会吧，这么大声。”所以，这个猫呢，老头是非常喜欢。

好了！就讲到这里。

（沈旦华：原任职于北京化工大学，教授）

艺术政治化：指向政治行动的文学

苏岩

内容提要

“艺术政治化”是本雅明文学思想中的一个重要概念，是其反法西斯文化战略中的一个重要组成部分。目前学界对此意义上的“文学政治化”已经有了充分的认识。本文通过解读本雅明1931年到1934年间的部分文章和批评断片发现，“艺术政治化”所针对的对象不仅是法西斯文化宣传，还有当时的德国左翼文坛。本雅明不仅是坚定的反法西斯战士，同时也是当时左翼文坛毫不留情的批评者。将这两个形象结合起来，我们会对“艺术政治化”这一概念有新的认识。

关键词

艺术政治化　本雅明　政治行动　新客观派

在《可技术复制时代的艺术作品》一文的最后有这样两句话：“这便是法西斯所鼓吹的政治审美化。共产主义对此所作的回答是艺术政治化。”[①] 本雅明在这里提出“艺术政治化”的口号，其针对的直接对象是纳粹文化宣传中对大众的麻痹和控制。如果进一步考察本雅明在20世纪30年代的其他作

① 本雅明：《经验与贫乏》，王炳钧、杨劲译，百花文艺出版社1999年版，第292页。

品，我们会发现，艺术政治化所针对的对象除了纳粹的文化宣传之外，还包括了当时左翼文坛。从发表于1931年的《左翼忧郁》到1934年的《作为生产者的作家》，本雅明都在不遗余力地批判当时德国知识界的左翼知识界只不过摆出了一副革命的姿态，但实际上却为纳粹充当了“帮忙”或者“帮闲”的角色。这种“帮忙”或“帮闲”的左翼文学实际上也是一种“政治审美化”。所不同的是，纳粹文化宣传是有意识的“政治审美化”，而左翼文学则是一种不自觉的“政治审美化”。

从这个意义上来说，发表于1931年的《左翼忧郁》和发表于1934年的《作为生产者的作家》都可以视为对“艺术政治化”这一批评概念的阐释。如果说，通过《可技术复制时代的艺术作品》我们看到的是一个坚定决绝的反法西斯文化战士本雅明，那么通过对《左翼忧郁》和《作为生产者的作家》的解读，我们会看到一个对自己的战友和同伴也同样“不留情面”的本雅明。在这两个本雅明的对比中，我们也许会更为清晰地看到“艺术政治化”这一概念所产生的现代性政治文化语境及其包含的现代性批评洞见。

一、不自觉的“政治审美化”：忧郁的左翼

《左翼忧郁》（Left—Wing Melancholy）是本雅明为凯斯特纳（Erich Kastner）所写的书评。如果撇开内容不谈，我们可以把这篇文章曲折的发表过程视为本雅明作家生涯所经受的种种挫折和困扰的一个缩影。这篇书评本来是准备发表在《法兰克福报》上的，因为这份报纸的副刊编辑之一是齐格弗里特·克拉考尔，此人在20世纪20年代曾经帮助本雅明在《法兰克福报》副刊上发表过很多篇文学评论。但是由于这次投稿并没有克拉考尔的干预，因此编辑部退回了本雅明的稿子。于是本雅明只好把这篇文章投给了在魏玛的一家左翼杂志《社会》（Die Gesellschaft）。这篇文章与上面谈到的《作为生产者的作家》以及《可技术复制时代的艺术作品》两文的不同之处在于，它所批判的对象并不是广泛存在的阅读大众，而是一个比大众小得多的文学作者群体，一群自命为左翼的知识分子。这篇书评所评论的对象凯斯特纳就是这群自命为左翼知识分子的典型代表。

凯斯特纳出身于德累斯顿的一个工人阶级家庭。一战结束之后，凯斯特纳成了一位活跃的记者和评论家，并且加入了一个由作家和评论家组成的小圈子，这个小圈子与当时的新客观主义有着密切的关系。1928年，凯斯特纳出版了他的第一部诗集《腰上的心》（Herz auf Taille），随后接着出版了他最为出名的儿童文学作品《埃米尔擒贼记》（Emil und Detektive）。1929年凯斯特纳出版了诗集《镜中喧嚣》（Lärm im Spiegel），1931年凯斯特纳的小说《法比安》问世。

凯斯特纳这一时期的作品都是一些有意识的政治化写作。凯斯特纳认为，只有摆脱了自己软弱无力的造作浮夸之后才会发挥一种政治教诲功能。因此，凯斯特纳在自己的诗中用一种冷静而精确的目光来看待社会不公的具体形象，在这些诗歌中凯斯特纳故意拒斥了表现主义的内在性和夸张的情感。凯斯特纳的诗歌中经常出现冷漠无情的政客、脑满肠肥的官僚、道德败坏的军官等形象。他在诗中对这些形象大加嘲弄，并且表现出强烈的道德义愤。在凯斯特纳看来，这就是文学实现其社会批判功能的方式。凯斯特纳与新客观主义的提倡者们一样，希望文学创作能够达到一种直接的政治效果。但实际上他们所做的事情不过是促进了某种政治退缩与缄默。这种道德悲观主义和政治缄默主义在长篇小说《法比安——一个道德家的故事》中得到了很好地体现。小说的主人公法比安是一个有才华且充满了道德感的知识分子。他对社会体制的不公感到不满，但是却没有投身到改变这种处境的斗争当中，只是希望能够在这个乾坤颠倒的时代明哲保身，“袖手旁观地等待”，“看世界能否变得公正”。在法比安眼中这个世界已经病入膏肓无药可医了，因此小说实际上等于在说任何具体的政治改革都不可能。[①]

本雅明对凯斯特纳的批评实际上可以看做是对魏玛时期左翼知识分子政治角色的批评：“这些诗歌（指凯斯特纳的诗歌）的广泛流行与一个阶层的兴起有着直接的联系，这个阶层丝毫不掩饰自己对经济立场的占据，同时比任何人都更把自己经济状况的那种赤裸裸的、没有任何掩饰的特征当做一种

① 埃里希·克斯特纳著，杨寿国译：《法比安：一个道德家的故事》，《当代外国文学》1991年第2期。

骄傲。”[①]凯斯特纳的诗歌来自于左翼市民阶级的经验，最终它们所反映的也是这种市民阶级的经验。这些诗歌谈论的主题和造成的效果只能局限在左翼市民阶层当中，对于那些真正无依无靠的无产阶级来说，凯斯特纳的诗歌一点帮助也没有。因为这些诗歌并不是在进行政治动员，而只是表达了对社会不公的一种布尔乔亚式的悲伤和绝望：

> 像凯斯特纳、梅林和图霍尔斯基这样的左翼激进鼓动家只不过是腐朽的小资产阶级对无产阶级的模仿罢了。他们的作用是：在政治上，不是组织政党而是搞小团体；在文学上，不是形成流派而是追逐时尚；在经济上，不是成为生产者而是成为代理。十五年来，这些左翼知识者一直都是时髦精神物品的代理人，从激进主义到表现主义，再到新现实主义。其政治意义在于，他们只要出现在市民阶层那里，便将革命思考转换成消遣和娱乐的消费品。[②]

在这篇文章发表的前一年，本雅明就写过两则断片，内容就是批评新客观主义运动所表现出来的革命姿态和对政治效果的追求。对于前者，本雅明在《虚假批评》中写道：“表现主义是对没有任何革命基础的革命姿态的模仿。在德国，只有通过一系列潮流，而不是批评才能够克服表现主义。这就是为什么它所有的堕落都能够在新客观主义中以不同的形式获得存活的原因。”[③]新客观主义并没有真正做到对表现主义的扬弃，相反它实际上继承了表现主义当中相当堕落和姿态性的一面。对于不断追逐潮流的左翼作家来说，显得革命比创作出真正具有革命效果的作品要重要得多。而他们所追求的所谓直接效果，本雅明则辛辣地讽刺道：“没有什么能比试图用最小的代

① Walter Benjamin, *Selected Writings*, Volume 2, Part 2, Translated by Rodney Livingstone and Others, The Belknap Press of Harvard University, 2005, p.423

② Walter Benjamin, *Selected Writings*, Volume 2, Part 2, Translated by Rodney Livingstone and Others, The Belknap Press of Harvard University, 2005, p.424

③ Walter Benjamin, *Selected Writings*, Volume 2, Part 1, Translated by Rodney Livingstone and Others, The Belknap Press of Harvard University, 2005, p.405

价来获得最大的效果这一尝试更能来定义我们的文学产业的特征了。出版商的赌注代替了文学责任。像新客观派的作家那样的行为和宣称政治效果不应带有个人见解的观点都是荒谬的。”①

新客观派将揭露、讽刺和表达自己的道德义愤作为文学社会批判功能的主要方面，至于说这样写的社会效果则不在他们关心的事情之列。在新客观派的写作中，内容与形式被割裂开来，作家们只是将注意力集中在了揭露社会的黑暗面上，而没有考虑到通过怎样的表达方式才能够让这种揭露转化为政治斗争的动力。因此本雅明说，新客观派文学的政治意义不过是“把对革命的反应能力转变成转移人们注意力的消遣对象，以供人们消费。”②新客观主义为了追求所谓的“政治正确”，而使自己陷入了空洞的讽刺和模式化的文学抗议，并且沉湎于对社会不公的道德义愤和对未来社会的空洞想象。这种实际上是在为统治阶级利益“帮忙”或者“帮闲”的文学遭到了本雅明的严重指控：这是忧郁变形的最新阶段。③

这种左翼忧郁实际上是一种因为怠惰和盲目而导致的政治上的无可决断。本雅明在当代左翼写作中发现了曾经导致了巴洛克悲苦剧君主毁灭的忧郁特征。早在《德意志悲苦剧的起源》中，本雅明就已经藉由施米特的政治理论，将巴洛克君主的忧郁性格定义为了一种政治上的无可决断。这种无可决断与神学世界观的衰落和意义的丧失相对应。在一个完全世俗化和碎片化了的世界中，君主虽然高高凌驾于臣民之上，但是他仍然是与芸芸众生一样的造物，他并不是一个纯粹的外来者。因此，巴洛克君主就努力地将各种权力都集中在自己手里并因此成了暴君，而且他手上拥有的权力越多就越证明他其实无力做出一个有效的决断。这决定了巴洛克君主无法确立自己权力的合法性，从而也就无法为自己的政治存在找到一个明确的意义定位，他处在意义的真空之中。现在这种意义真空传染给了德国的左翼文人，他们面对社

---

① Walter Benjamin，*Selected Writings*，Volume 2，Part 1，Translated by Rodney Livingstone and Others， The Belknap Press of Harvard University, 2005, p.407

② Walter Benjamin，*Selected Writings*，Volume 2，Part 2，Translated by Rodney Livingstone and Others， The Belknap Press of Harvard University, 2005, p.424

③ Max Pansky, *Melancholy Dialectics*, University of Massachusetts Press Amherst, p.11

会不公时的满腔悲愤和空洞说教总是沾染着无意义的气氛。这种无意义因此变成了“一种无奈的认命”，甚至“秘密地、半推半就地跟它所反对的力量进行合作”。[①]极力追求政治效果的新客观主义反而会成为维护既存体制的帮凶，因而成为一种不自觉的“政治审美化”。

本雅明认为，新客观派作家之所以会不自觉地将自己的政治诉求转变成消遣的对象，主要的原因在于这些作家所接受的中产阶级教育。在写于1931年的《新客观主义批判》中，本雅明这样说道：

> 知识分子的无产阶级化很难使他真正成为一个无产者。为什么这么说？因为从少年时期开始，中产阶级就通过教育给了他一种生产的手段，教育是一种特权，中产阶级与之相联系，或许更为坚固的是，它与中产阶级之间的联系。从表面上来看，这种联系可能会变得模糊不清，甚至会被逐渐削弱，但是，它仍然足够强大，强大到能够将知识分子从持续的紧急状态和在前面的生活意识中（这是任何一个被无产阶级政治化了的人的特征）排除的地步。[②]

如果一个作家想要追求作品的政治效果，那么仅仅从内容上下功夫是不够的。新客观派的例子表明，尽管他们创作了旨在揭露社会黑暗的作品，但是这些作品并没有引导大众走向改变自己境遇的政治斗争之中。他们的问题恰恰在于，沉溺于自己假想的无产阶级立场之中，而没有意识到自己缺乏对自己阶级立场的深刻洞见。新客观派的做法被本雅明嘲讽为“拔着自己的头发让自己离开沼泽”的愚蠢而无望的行动[③]。为了改变这种状况，本雅明在《作为生产者的作家》中提出，作为知识分子的作家必须同自己所受的资产阶级教育决裂，真正把自己摆在“生产者”的位置。

---

① Max Pansky, *Melancholy Dialectics*, University of Massachusetts Press Amherst, p.11.

② Walter Benjamin，*Selected Writings*，Volume 2，Part 2，Translated by Rodney Livingstone and Others， The Belknap Press of Harvard University, 2005, p.418.

③ Walter Benjamin，*Selected Writings*，Volume 2，Part 2，Translated by Rodney Livingstone and Others， The Belknap Press of Harvard University, 2005, p.418.

二、立场转变与功能转变：作为生产者的作家

以凯斯特纳为代表的这些左翼文人虽然对社会感到沮丧，但是却没有兴趣采取行动加以反抗，而是将“革命所需要的决断转换成了消遣娱乐的对象”[①]。“显出一种政治倾向”，“不管这倾向看起来是多么革命性”，“却总是拥有一个反革命的功能，因为作家感觉到自己跟无产阶级的团结一致只是在姿态上如此，而不是真正作为一位生产者”。[②]只要左翼文人还没有把自己的身份从“作家”转变成与工人阶级相一致的“生产者”，那么无论他们作品中的内容多么“革命”，也都只是一种姿态而已。在《作为生产者的作家》一文的开头，本雅明就通过引用费尔南代的一句话表明了本文的题旨：应当把知识分子争取到工人阶级这一边，使之意识到双方的精神活动和生产地位是一样的。

在《作为生产者的作家》的一文中，本雅明区分了两类作家。一类是坚持自主性写作的资产阶级作家，这一类作家认为自己的作品完全出自自己的自由创造，不承认自己是在为某一阶级的利益服务。另外一类作家则承认自己必须在阶级斗争中做出选择，并且他们确实站到了无产阶级一边，本雅明把这一类作家称之为“进步的”作家。按照伊格尔顿的说法，本雅明反对“浪漫主义把作家当作创造者这一概念——认为他像上帝似的，平空地、神秘地变出东西来。有了艺术创作全凭个人灵感这种想法，就不可能将艺术家看成扎根于某个历史时代、选用一定材料加以创作的工人。”[③]后一类作家之所以比前一类作家更加进步的原因是他们意识到了文学是扎根于一定社会关系中的产物，并且能够在此基础上选择自己写作的立场——用毛泽东的话来说，他们初步地解决了“为什么人”的问题。本雅明将这种明确了自己立场的写作称为是“有倾向的”。

---

① Walter Benjamin, *Selected Writings*, Volume 2, Part 2, Translated by Rodney Livingstone and Others, The Belknap Press of Harvard University, 2005, p.425.

② Walter Benjamin, *Selected Writings*, Volume 2, Part 2, Translated by Rodney Livingstone and Others, The Belknap Press of Harvard University, 2005, p.772.

③ 伊格尔顿：《马克思主义与文学批评》，文宝译，人民文学出版社 1980 年版，第 74 页。

然而，仅仅是“有倾向”的写作并不能完全说明知识分子就完全站到了工人阶级这一边。因为这里面还包含了另外一个问题：“政治倾向”应当如何表达才能适应工人阶级的政治斗争？这里就牵涉到了本雅明对“生产者”的定义问题。在《作为生产者的作家》一文中，本雅明这样来看待处在生产关系中的作家：

> 如我们所知，社会关系是以生产关系为条件的。如果唯物主义的批评对一部作品进行评价时，它常常会问，这部作品和时代的社会生产关系的关系是怎样的。这是一个重要的问题，然而也是一个复杂的问题。对它的回答常常是意义模糊的。现在我想给大家提一个比较容易理解的问题。一个稍微简单点的能较快达到目的，但是在我看来能给回答提供更多的可能性的问题。不问一部作品和时代的生产关系的关系怎样——是和生产关系一致的吗?是反动的吗？或者它力图变革生产关系吗?是革命的吗？——不提这个问题或者至少在提这个问题之前我想提另外一个问题。我不问一部作品与时代的生产关系的关系怎样，而想问：作品在生产关系中处于什么地位？这个问题直接以作品在一个时代 的作家生产关系中具有的作用为目标。换句话说，它直接以作品的写作技术为目的。技术这个概念是这样一种概念，它使文学作品接受一种直接的社会的因而也是唯物主义的分析。同时技术这个概念也是辩证的出发点，从它出发，内容和形式的毫无结果的对立是可以克服的。此外，技术这个概念还包括了指导正确地确定倾向性和质量之间的关系，我们一开始就提出了这个问题。如果我们刚才可以说，一部分作品的正确的政治倾向性包括文学的质量，因为它包括了文学的倾向性，那么我们现在就可以更清楚地断定，文学的倾向性可以存在于文学技术的进步或者倒退中。[①]

① Walter Benjamin, *Selected Writings*, Volume 2, Part 2, Translated by Rodney Livingstone and Others, The Belknap Press of Harvard University, 2005, pp.769—770

文学与其他艺术形式一样都要依赖于一定的技术手段，这些技术手段是生产力发展的一部分，涉及一整套艺术生产者及其群众之间的社会的关系。特别是对于“技术复制时代”的艺术而言，其膜拜价值已经被展示价值所取代，而由技术所决定的展示方式的价值则可以通过其政治效应来加以衡量。在《可技术复制时代的艺术作品》一文中，本雅明指出：“当代人日益加剧的无产阶级化和大众联合是同一过程的两个方面。法西斯主义试图组织新生的无产阶级大众，却并不触动他们所要求消灭的所有制关系。法西斯主义将大众获得表达（当然绝不是获得权利）看作为它的机会。”[①]表面上看起来，法西斯主义的文化宣传貌似通过先进的技术手段表达了大众的声音，但实际上这种表达只是法西斯在以大众的名义为自己代言。它并没有为大众带来真正的解放，大众在这一过程当中获得的只是“被代表”的声音而不是实实在在的政治权利。实际上，本雅明在这里所要说的是，技术如果不能被用来唤醒“被代表”的大众，那么就只能沦为法西斯奴役大众的工具。同样，如果左翼作家不能通过技术来号召群众投入到政治斗争中来，而只是一味地以“客观”、“冷静”的方式揭露现实的话，那么就有成为法西斯帮凶的危险。因此本雅明提出，“文学的倾向性可以存在于文学技术的进步或者倒退中”。

这里的关键问题是如何界定文学技术的“进步”与“倒退”？本雅明在分析这个问题的时候，引入了布莱希特的“功能转变”这一术语。技术既然可以被法西斯主义的文化宣传拿来麻痹大众，那么无产阶级作家也可以通过改变技术的功用来使它为无产阶级革命来服务。本雅明以对布莱希特史诗剧的分析来说明改变技术的重要意义：

> 中断情节——为此布莱希特把他的戏剧称为史诗剧——不断在观众中抗击着一种错觉，这种错觉对于一部戏剧来说是不适用的。这种戏剧打算在试验安排的意义上处理现实的因素。状况在这种试

① 本雅明著，王炳钧、杨劲译：《经验与贫乏》，百花文艺出版社1999年版，第292页。

验的结束而不是开端，在这个或那个人物形象里的状况总是我们自己的，它们不是接近观众而是与观众离得更远，观众把这种状况当作真实的状况，不像自然主义戏剧那样靠自负，而是通过惊奇。叙事剧不是表现状况，而更多的是发现状况。这种发现状况是借助于中断过程进行的。只是这种中断在这里没有刺激性，而是具有组织作用。它使情节在过程中停止并以此迫使听众对事情，演员对他所表演的角色表示态度。①

布莱希特的“间离效果”成功地改变了作者与观众之间的关系。布莱希特摧毁了传统的自然主义戏剧，打破了它对现实所造成的幻象，演出一种新的戏剧，其基础是对于资产阶级戏剧自负意识的批判。通过对传统戏剧舞台和表演模式的改造，布莱希特创造了一种面向“没有理由不进行思考的”参与者的新型戏剧。在这种新的戏剧形式中，本雅明看到了真正属于无产阶级的“政治写作”的可能性。同时通过对文学技术的“功能转变”的强调，本雅明其实是在提醒所谓的新客观派作家：仅仅在写作的内容方面体现出“倾向性”的作品远远称不上是真正的无产阶级的“政治写作”，只有同时实现了立场转变（从作家转变为生产者）和“功能转变”（按照无产阶级革命的要求来改造技术）的写作才是真正能够发挥政治效应的“政治写作”。

三、走向政治行动的写作：“艺术政治化”的文化政治内涵

如果仅仅就“艺术政治化”这一概念出现的《可技术复制时代的艺术作品》一文来看，它就仅仅是作为反对纳粹的法西斯主义文化宣传而提出的策略。然而，如果我们结合《左翼忧郁》和《作为生产者的作家》两篇文章以及诸多1930年代的批评断片来看这一概念，就会发现，仅仅用“反法西斯文化”来定义“艺术政治化”是远远不够的。更为恰当的表述是，“艺术政治化”是本雅明为现代无产阶级应对文化紧急状态所设计的战略。文化和艺术

① Walter Benjamin, *Selected Writings*, Volume 2, Part 2, Translated by Rodney Livingstone and Others, The Belknap Press of Harvard University, 2005, p.778

在自由主义传统中是被置于“神龛”之中的：它具有某种高高在上不可侵犯的权威与神圣性——但同时恰恰是这种“去政治的”文化权威的神话促成了当代那些反对自由的政治实践的成功。从这个意义上来说，“艺术政治化”作为一种“战略”，其内涵必定是文化政治的：一方面要通过把看起来具有超越性和纯粹性的文化置换到一个社会政治的语境当中去理解，揭示其源头的政治内涵；另一方面要在揭露“审美政治化”的基础上将写作和文化活动真正变为无产阶级的革命行动。因此真正的左翼写作并不只是停留在纸面上的东西，毋宁说，它指向并且促成一种当下的政治行动。本雅明认为，文学不应充当弥合矛盾的工具，而是应当暴露现代性中的尤其是现代资本主义社会的种种不和谐因素，应当将现实以一种寓言化的方式展现出来。

这样看来，“艺术政治化”的战略目的就是要争取和塑造具有反思精神和革命意识的现代无产阶级大众。一切可能参与到麻痹和奴役大众的“政治审美化”形式都是其敌人和作战对象。在本雅明看来，真正具有无产阶级革命意义的“政治写作”必须是一种指向政治行动的写作，因而故作姿态的新客观派只是摆出了一种姿态，实际上不过是“政治审美化”的隐秘同谋或者说是另一种不自觉的“政治审美化”。真正指向革命行动的“政治写作”首先要求作家必须与自己所受到的资产阶级教育决裂，真正把自己视为与工人阶级同等的“生产者”。同时，作为“生产者”，作家不仅要与工人同呼吸共命运，同时要掌握先进的文学技术，掌握与工人大众进行对话的有效形式——能够适应大众的认识能力和认知需求，从而使大众认同知识者的愿望，即把大众从异化中解放出来。[①]只有同时实现了立场转变和功能转变，一种真正的指向政治行动的“艺术政治化”才能够成为可能。

（苏岩：北京师范大学文艺学研究中心博士生）

① 方维规：《马克思主义阐释学的变体——读本雅明（上）》，《励耘学刊》（文学卷）2009年第1期。

叛徒、翻译官和女特务

——新中国革命战争题材影片中的“内部的敌人”

孙柏

一、引言：“内部的敌人”——历史与社会成因

相较于刻板印象化的外部敌人（主要是日本“鬼子”），新中国电影银幕上呈现的一系列内部敌人的形象要更为有趣、复杂和引人关注。叛徒、翻译官和女特务的形象不仅早已成为社会主义中国影像记忆中的经典，而且提示着1950到1970年代中国社会基本政治生活和意识形态实践的历史痕迹。这样说并不意味着已经成为过去的那个历史时期——我们可以粗略地称之为毛泽东时代——在社会文化构成的层面始终处于怎样一种高度同质性的形态，而是恰恰相反：这些“内部的敌人”的银幕形象正好为我们提供了一个可以借助影片文本而重新回到历史文本的机会，以真正认识那个时候的革命文化生产中可能绽露的矛盾和裂隙。是否还需要再引证葛兰西的经典论述：意识形态从来都不是一种自上而下的完整的一体化的表述，而是各种社会议题、价值取向和文化实践争夺的场所；“霸权”的力量恰恰体现在有效转化异质性因素的动态过程之中，并且据此赢得社会绝大多数成员的认同。新中国电影，作为意识形态国家机器的重要装置，同样也提供着这样或那样的被开辟为霸权争夺场所的空间；叛徒、翻译官和女特务等独特的银幕形象，在影像化的革命历史叙述中都展现为既内且外、有待整合的裂隙或绽开处。

当然，新中国革命战争题材影片中呈现的这些“内部的敌人”，有他们更加具体的历史背景和形成原因。这要从中国革命的双重性质以及现代中

国悖论性的社会结构来予以理解。作为一个晚发现代化国家，中国始终需要面对的基本困境，就是只能从它的幅员内部来提取现代化的原动力，这就势必会造成社会内部的结构性的分裂，城乡对立、工业对农业的剥夺、东部沿海地区与西部内陆地区发展的严重失衡、以及宗教和民族问题等等，无不导源于此——而所有这些社会冲突与矛盾的本质实际就是阶级斗争。对于二十世纪中国，阶级斗争是基本的社会现实，毛泽东时代也不例外，而且它还有一个更加具体的表现形式，就是在1949年以后迅速形成的各级党政官僚既得利益集团，从1960年代中期开始，要解决这一问题的政治愿望变得越来越迫切了，并最终诉诸以文化大革命的群众运动。因此，中国革命从一开始就具有双重面向：一方面是民族解放、独立建国；另一方面，则是要解决现代民族—国家结构中不可避免的内在分裂和压迫，也就是彻底释放国族内部的阶级压力，走向世界革命。毫无疑问，文化大革命是“六十年代”世界革命最重要的组成部分，也是前述结构性悖论得以最淋漓尽致地展现的历史时刻，正是在只有打破中国才能使之成其为“中国”这一无可解决的困境当中，这“最后一场革命”①也以失败告终。——这里要说明的是，只有认识到中国作为晚发现代化国家的这一结构性悖论，才能真正理解毛泽东时代中国的政治局面以及它所形成的政治文化形态。阶级斗争的真实压力形塑了广泛的社会甄别机制，正确处理人民内部矛盾也仍需要以阶级矛盾的彻底肃清为前提。从1950年代中期一直到文化大革命爆发，毛泽东就相关问题不断做出的系列阐述提供了一条直接的线索，不仅让我们看到对于阶级斗争持续强化的现实政治需求，而且也让我们看到在积极寻求社会自身基本团结与实施人民民主专政之间的平衡时共产党的政治抉择所承受的那份根本性的紧张。②

那么，特务、翻译官和女特务为何会被拣选出来，成为新中国电影银幕上一组特定的人物群像呢？若比较来看，在这一时期的电影再现中，也有其他一些固定角色可能在一定程度上分担着来自内部的敌人的形象。例如在

① Alain Badiou，“The Cultural Revolution: The Last Revolution”，*Positions* (2005)13:3.

② 主要可参考毛泽东：《论十大关系（1956年4月25日）》、《关于正确处理人民内部矛盾的问题（1957年2月27日）》、《在八届十中全会上的讲话（1962年9月24日）》。

1950年代中后期的一些影片里，在新中国整个社会生活趋于稳定之后，党政机关干部队伍里出现的腐败现象、官僚作风等也都曾经成为批判对象被搬上银幕，但是类似故事并没有形成模制化的生产，这样的人物形象也没有成为典型；特别是他们的生活作风问题究竟属于人民内部矛盾还是阶级矛盾也难于确认或做出论断。另外就是那些表现历次国内革命战争时期共产党的领导以及红军或人民解放军的革命正统性的影片里，对于国民党军官与士兵的再现也因流于刻板印象化而失去了作为意识形态争的夺弹性空间的意谓，偶有例外的银幕呈现（如《红日》里舒适扮演的国民革命军著名将领张灵甫）所引发的极大争议也说明了他们最终是不可能被收纳为“内部的敌人”的，而只能在绝对的敌友划分中被打入另侧。

实际上，叛徒、翻译官和女特务的选定，依据的并不是其社会角色或职能，显然也不是直接的阶级范畴，而是出于某种文化性的考量，或者说是社会构成在文化层面上的转写。他们集中在知识分子与女性这两个社会群落中，这并非偶然，这里体现着某种前现代的文化传统在现代中国的延伸。“士”和“女”在古代中国经常并称，所以会留下“士为知己者死，女为悦己者容”的古谚，或是如屈原“以香草美人自居”这样的文人士夫的文化心理。这是因为在前现代中国，“士”和“女”都从属于“阴/阳”文化系统。文人士夫在家庭生活中面对自己的妻子、儿女当然居于“阳”的位置，但在以文取士、进入到政治体制当中，在面对“君/臣”的关系时就只能处于“阴”的地位了。因此，在前现代中国，女性经常地充当着文人士夫的化妆表演或想象性投射，所以才会形成像“女侠”这样极其独特的文化构型，是基于“文/武”同样分享的位于文化系统中的同构关系，而呈现的一种“阴/阳”同体。到了二十世纪的现代中国，在传统文人向知识分子的社会身份转移过程中，这种因应政治权力的相对位置而形成的双重角色不仅没有被抹消，反而更加突显其矛盾性质。再加之以小资产阶级的脆弱和易动摇性，知识分子经常在时代变迁的政治动荡与不安中充当着整个中国社会中间阶层的缩影。女性身份也是如此，她们承担着历史主体及其匮乏的双重他者：要么是耗损男性能动力的恶之花（因而充满魅惑力和欺骗性），要么是想象性投射塑造的行动者（作为女侠的延伸和变奏）——女特务显然是这两种他性修辞相混融的结果。

二、穿长衫的叛卖者

“叛徒”，在二十世纪中国的政治话语中，是一个非常敏感而尖锐的词语。1927年国民党把枪口掉转向北伐战争的同盟军，共产党人陷入到白色恐怖的腥风血雨之中。在直到全面抗战爆发前的这一时期，许多共产党的高级领导（如向忠发、顾顺章等）在被捕入狱后都叛变了革命，给共产党的地下组织带来了巨大的破坏和损失，不过“叛徒”从来都是没有好下场的，他们中有的在出卖了自己的同志之后仍被国民党当局枪决，有的则遭到由周恩来实际领导的“除奸队”的清洗。在整个战争年代，还有很多人都曾经坐过国民党或日本人的监狱，他们的这一经历为日后在“清理阶级队伍”时强加在他们身上的社会甄别与政治迫害准备了素材。另外，由于战争时期的社会复杂性，特别是大半个中国都曾沦落于日本侵略者之手，所以那些曾在日伪机构供职的人很多都在战争结束以后背负着“叛国”的嫌疑。新中国建成之后的整个毛泽东时代，“叛徒”的历史罪名承担着越来越重要的社会区隔功能；直到文化大革命，这一罪名被加在了时任共和国主席刘少奇的身上，从而使“叛徒”的政治—历史角色获得其最富戏剧性的表现。

然而，在新中国的电影银幕上，“叛徒”的形象则逐渐形成了一种既定的再现模式，其重点就是他们的社会身份的塑造越来越集中于知识分子，尽管这本来未必就是这些叛徒角色实际的社会身份，但这样的形象塑造似乎更容易被指认和接受。一个早期的例子，是1956年表现解放战争题材的影片《五更寒》，它的故事发生在解放战争初期，共产党和国民党围绕大别山区的一个小村子展开激烈的争夺，主人公县委书记“刘拐子”在叛徒叛变、队伍被打散之后，仍坚持带领残部、团结乡亲进行艰苦卓绝的斗争，最终赢得胜利。这是一部被严重低估了的革命历史题材故事片，其特殊之处也是最有价值的地方就是它尽可能地呈现了战争年代中原地区乡村社会的复杂性，国民党和共产党都在这样的山村里拥有一定的社会基础，这是敌对双方在一个地区展开拉锯战的前提，也是叛徒得以滋生的社会土壤。莫文阶原本是县党委组织部长，但在敌人利诱之下变节，当他和影片表现的另外几个革命意志动摇者在面对选择的时候，乡土中国的血亲纽带成为重要的考量因素。当然，最终结果仍然是革命信念和共产党员的坚贞意志战胜了乡村生活的传统力量，但是这个多有反复、纠结缠绕的争夺过程却在这个故事的进行中得以展现。莫文阶的名字本身已经暗示了这个角色的社会身份和品性："文阶"的字面意思就是"以文取士"的"进阶之路"，而他在叛变之后积极地出谋划策，导致游击队组织遭到极大破坏，所以又被原来的敌人、现在的同僚尊称为"先生"——这一称呼一般都用做通文识字的教书先生的简称。因此，莫文阶这个人物的发展轨迹，即他从跟随解放军而为革命做出一定贡献，到堕落为一个为人所不齿的叛徒，是可以从他的名字和称谓上直接得到指认的。值得注意的是，除了莫文阶以外，这部影片还塑造了另外几个革命意志动摇者，他们不同程度地都做了有损于共产党游击队的事，也得到了各自相应的惩罚或教育，这些人当中有小农也有小资产者，他们与知识分子或文人都同属于社会中间阶层，因而脆弱、动摇的阶级属性使他们容易背叛自己的立场。

不过，在革命历史题材影片的进一步发展中，知识分子作为这个中间阶层的代表而变得越来越突出。特别是着装的变化，长衫逐渐成为一个外在的身份标识，使这种"知识分子—叛徒"的角色容易指认和固定下来。新中国电影中最经典的叛徒形象应该说是《党的女儿》中的马家辉和《烈火中永生》里的浦志高，这两个角色都是穿长衫的叛卖者。在类似的叙事情境中，作为故事发生地的村庄都具有元社会的意涵，只是对比《五更寒》，《党的女儿》（1958年）里的桃花乡已经极大地简化了1930年代江西乡村的复杂社会形态，这实际上服务于将人物性格抽象化，削弱了他们在具体历史情境中的选择和行动的丰富性，因此也在一个更加概括的国共两党对立的敌我斗争框架中去定位"叛徒"的角色。马家辉在这部影片中穿起了长衫，这是他作为叛徒脸谱化的一个非常突出的外在表征。耐人寻味的是，他竟然是新中国电影里绝无仅有的一个未受惩处的叛徒角色，更有甚者，在电影落幕时，他以及他为之卖命的国民党军队还取得了暂时的胜利：马家辉乔装改扮成一个沿村行乞的外乡老者，回到桃花乡指认出了女主人公玉梅的藏身之地，结果使她最终落入敌手而牺牲。我们有理由认为这种情节设置是和影片的性别叙述结合在一起的，围绕着“党的女儿”所讲述的这段革命往事之所以会以失败告终，是因为女主人公自己都对女性革命者不抱太大的期许，她唯一能做的就是寻找党、寻找组织——事实上也是寻找她的作为红军干部的丈夫。因此，回到马家辉的线索中来，他的妻子原本也是共产党员，但因遭胁迫和自己的软弱也背叛了革命、沦为可耻的叛徒，她因为自己内心的巨大不安和沉重的负罪感而变得疯疯癫癫，在紧要关头她拖住马家辉、放走了昔日的战友玉梅，穿长衫的马家辉开枪打死妻子，而后提着衣摆追逐玉梅的画面，成为新中国银幕上最丑恶、阴险、狠毒的叛徒形象。

改编自著名革命历史小说《红岩》的电影《烈火中永生》问世于“文化大革命”前夕的1965年，叛徒甫志高的形象更加被简单化。他一出场看上去就像是一个首鼠两端的投机革命者，一方面是过分自信和缺乏谨慎，另一方面是难以抵挡物质享受的诱惑和对艰苦斗争的畏难情绪——这些特征都符合典型的小资产阶级知识分子的品性。在重庆这样的大城市从事地下秘密活动，浦志高出场的时候穿的是漂亮时髦的西装，而在叛变以后、前去诱捕江姐时，他便换了一身长衫。在听到江姐骂他是“叛徒”时，他说：“我叫‘叛徒’？！你们给过我什么好处？可是人家呢？我已经是军统局的少校专员了！”尽管江姐因为浦志高的叛变而牺牲，然而浦志高最后也死在了正义的枪口之下，得到他应有的下场。

在“文化大革命”中，这种穿长衫的叛卖者的演绎仍被延续。最值得注意的一例是样板戏电影《杜鹃山》里的温其久。他本来即出身乡绅大户之家，因私仇而落草、加入地方抵抗武装“自卫军”，当共产党派来党代表从组织上收编这支队伍时，他本来的阶级面目就逐步显露出来，最后彻底站在国民党反动派一边，成为一名叛徒和奸细。重点是在于，在革命样板戏中，既有的京剧行当划分被挪用，以赋予所表现人物的类型化特征。从十九世纪中叶开始兴盛的老生行当，内在地关联着文人士大夫的文化想象，它的诸多流派都在调整和推敲中国从前现代到现代的转折过程中关于男性的历史主体性的构型。到1920年代以后，老生行当虽然延续着对于文人（知识分子）舞台形象的塑造，但也同时分化出更加细致、多样的人物创作。有趣的是，同样是从中国传统文化的“阴／阳”结构中延伸而来，内在于老生行当的“文”和“武”的等级秩序也在发生着改变。因此，当革命京剧样板戏横空出世的时候，几乎所有男性英雄人物（郭建光、杨子荣等）都是由所谓武老生应工塑造的，但与此同时，刻画着文人／知识分子负面形象的反派角色也同样可以由生角演员来担任，就这一点来说，除温其久外，《沙家浜》里的刁德一也是很有代表性的例子。温其九在影片开始时就穿着长衫出场，这把他和其他正面角色一目了然地区别开来，尽管这个时候他的本来面目还未暴露，但是着装打扮、场面调度和演员基于老生行当的表演方法，已经把他塑造成了一个可疑分子；随着故事的展开，这个混入革命队伍内部的阶级敌人很快便无法再继续掩饰自己，并在阶级斗争的敌我划分中确认他的归属。

然而，如果放在更大的历史文化的视域中来考察，我们会发现，“穿长衫者”的知识分子形象及其价值评判要远为复杂和悖谬，它戏剧性地表现在毛泽东、刘少奇领导安源煤矿工人罢工斗争的历史再现场景中。1962年拍摄的《燎原》是为刘少奇歌功颂德的一部影片，主人公雷焕觉一般被认为就是刘少奇的银幕重塑。他来到矿上开办工人夜校，以图进一步在工人中间展开政治动员，但在一开始，“黑脚板”的工人并不信任这位先生、“师爷”：“穿长褂的先生能跟我们一条心！”直到他穿着这身长衫加入到与监工、警察的直接冲突中去，雷焕觉才真正确立了自己在工人中的威信。有趣的是，关于安源历史的书写随着“文化大革命”的爆发而发生翻转，刘少奇的个人崇拜地位被毛泽东的至高无上的权威所取代，于是便有了那幅著名的大型政治宣传油画《毛主席去安源》。画中的青年毛泽东同样是一袭长衫，正像裴宜理所指出的那样：“刘春华的油画对毛泽东的刻画与电影《燎原》对刘少奇的描画竟极其相似。”[①]我们知道，在“文化大革命”对刘少奇的无情批判

① 裴宜理（Elizabeth J. Perry），阎小骏译：《安源：发掘中国革命之传统》，香港大学出版社2014年版，第193页。

中，与“叛徒”并称的，还有“工贼”这样的罪名，它所联系的首先就是从安源时期开始刘少奇对中国工人运动的领导。知识分子形象的悖论既存在于对毛泽东或刘少奇个人崇拜的政治宣传当中，也存在于“穿长衫者”在新中国的造型艺术中，既适用于一般的“叛徒”，也适用于包括革命领袖本人在内的党的形象本身。实际上，这里突显的是知识分子在整个二十世纪中国革命和现代化进程中极其矛盾、复杂而多面的历史位置和作用。

三、汉奸和翻译官

与叛徒的历史和政治角色并称的，还有“汉奸”这样一种特定的反面人物。从吴三桂等投降清兵的前明汉臣到抗战时期汪精卫为代表的亲日派，近现代的中国历史上出现过一系列有名的汉奸。而“汉奸”的文化意涵仍然是和文人/知识分子的形象联系在一起的。例如明末清初的戏剧家孔尚任在他的名著《桃花扇》里，既塑造了侯方域这样的坚守民族气节的书生角色，也刻画了马士英等汉奸文人的形象。然而，今天的学者一般认为，历史上真实的南明首辅马士英并非汉奸，而孔尚任本人倒很可能是奉清帝康熙之命而创作的《桃花扇》。无论如何，《桃花扇》开启了中国在面对外敌入侵时抵抗文学的历史，它不仅在清末民初“排满兴汉”的民族运动中成为一个经典范本，而且进入到建构现代民族国家的历史阶段，尤其是在抗日战争时期，它的各种重新演绎的版本都被应用于直接的民众动员。在中国电影史中一个耐人寻味的例子，是后来被定性为“附逆影人”的张善琨曾在全面抗战爆发前夕主持拍摄了一部《新桃花扇》。

由于中国历史本身的复杂性（在这里我们没有办法去展开满清统治与汉族政权所谓正统之间的关系；也没有办法详细讨论在抗日战争的历史过程里，如何去评判沦陷区的政治与社会生活的性质），“汉奸”这样一个极不光彩的罪名本身也被组织在各种不同的历史叙述当中。在新中国电影里，对于汉奸的表现也是多种多样的。值得注意的是，因为利用敌人内部矛盾来瓦解、削弱敌对力量，是共产党领导的人民军队重要的作战方针，所以在以抗战为背景的革命历史题材影片中，即便对于附逆于日寇的伪军也是要区别对待的。例如在《五十一号兵站》这部有代表性的影片里，吴淞口岸巡防团团长及其部属就是共产党、八路军在上海的地下组织极力争取的对象，从而区别于死心塌地追随日本侵略者的特务组织头目马福根。这一组敌我划分的依据是在于，走上歧途的“汉奸”是否最终能够翻然醒悟，意识到自己毕竟还是一个“中国人”，从而放弃或至少搁置个人利益得失、而站到民族解放的正义立场上来。

在全部的汉奸角色中，翻译官是最有特点的、也最为人所熟知的银幕形象。这一形象所体现的上述两方面的问题——知识分子和有良心的中国人——也是颇具症候性的。特别是《小兵张嘎》里的胖翻译官王先生，可以说已经成为新中国电影中的一个反派角色经典。其实，说他是完全的反派角色并不正确，原因就在于如前所述，他是八路军领导的白洋淀抗敌支队要在敌人阵营中争取的一个对象，即要通过他的里应外合打开突破口攻入日伪军的炮楼，彻底地击溃敌人。影片中，罗金宝和张嘎子智擒胖翻译那一场戏堪称是脍炙人口，重要的是，在关于胖翻译官的这一组合段中，有两个表意元素被加以突出。其一，是张嘎子用木头手枪缴获的这位王先生的手枪：作为影片贯穿始终的一个情节性的道具，枪，被用做一个菲勒斯的象征，联系着“小兵”张嘎的主体性（即从一个只想为奶奶报仇的个人英雄主义转化为有着充分的组织纪律性的一名真正的革命战士）；然而在张嘎子满心欢喜地想要把战利品据为己有之后，组织上却要求把枪归还给胖翻译官，理由是为了团结他、把他争取到抗日的阵营中来。其二，是这位王先生戴的眼镜，这副眼镜和他臃肿的身材搭配成了一幅漫画式的组合，以显示他依为生存之道的这一智识性的技能其实是无比愚蠢的。眼镜在这部影片的作用，很容易让人联想到爱森斯坦早在《战舰波将金号》等影片中运用同一道具建立起的视觉修辞，显然，在爱森斯坦那里（《战舰波将金号》里戴眼镜的，先是海军中的高级军官，然后是“敖德萨阶梯”里面的中产阶级妇女），眼镜不仅是识字阶层而且是他们从属其中的整个中上层社会的一个提喻，它的精致和被抛弃、被粉碎都象征着瞬息万变的革命形势和阶级斗争的发展。当然，这里并不是要说《小兵张嘎》里胖翻译官的眼镜是从爱森斯坦的《战舰波将金号》而来，而是说，这种视觉造型本身就包含着知识分子及其社会位置的提示。

由于翻译官在抗日战争的历史中扮演的特殊角色，也由于他所集中突显的“汉奸”这个内部的敌人的复杂性，所以直到今天，我们仍能在包括电影在内的各种大众文化产品中看到这一历史角色的再现。例如近年翻拍的电视剧版《小兵张嘎》中，主题歌里还有这样的戏谑的歌词：“鬼子就开大炮，八路军就拉大栓。瞄了一瞄准儿，打死个翻译官——两腿儿一蹬就上了西天，那么咿儿哟。”新世纪问世的几部引人关注的电影中，都为这一角色提供了表演舞台。姜文的《鬼子来了》是最早挑战这种已然定型化的汉奸形象的一部影片，故事里花屋小三郎和马大三之间的种种误会大多都是因由那个翻译官的中介造成的。陆川的《南京！南京！》和张艺谋的《金陵十三钗》同为表现南京大屠杀的影片，其中设置的翻译官角色都仍能看出毛泽东时代的《小兵张嘎》里同一角色的痕迹，比如他们略显臃肿的身材，以及他们都戴眼镜这一外形表征所提示的知识分子身份。新世纪战争电影里的翻译官角色已经摆脱了漫画化的刻板印象，但是仍然携带着他们既内且外的尴尬位置所形成的问题。也就是说，这种内部的敌人仍在为国族框架之下某种“我/他”结构的主体想象提供着争夺和协商的场所。

四、女特务

“特务”是“特殊任务工作者”的简称，多数情况下就是指间谍，这本来是一个中性词汇，但是在中国电影文化的语境中，却带有十足的贬义。而“女特务”即女性间谍就更是被演绎为一个蛇蝎美女的角色。就像西方同类型影片中的相同角色一样，蛇蝎美女（Femmes Fatales）总是意味着致命的诱惑。美色的展示为间谍片中视觉快感与观看的欲望驱力提供了依据，男性主人公的“看”既是其谍报任务之必需，也会满足人物自己以及银幕下的观众的窥淫欲。只是女特务的色情展示总是被结构在她自己所承担的秘密任务之中，她往往会使男主人公陷入极度危险的境地，但最终也都还是会被翻然醒悟的英雄人物果断“解决”。

新中国电影最有成就、也最受广大观众欢迎的准类型影片，就是间谍片了（尽管它的发端其实是在抗战胜利以后国民党党营电影工业出品的这类影片）。在当代中国特定的历史文化语境下，1950至1980年代的间谍片实际上可划分为两个大的种类，就是“反特片”和表现“地下工作者”英雄事迹的影片：前者是在情报战线与躲在暗处的敌人进行斗争的故事，后者则是打入和潜伏在敌人内部进行隐蔽斗争的故事。女特务一般来说都出自第一个种类的影片即“反特片”，而且故事的主要来源是在1949年全国解放之后新生的国家与国民党残匪或派遣留守大陆的特务组织之间的斗争。其背景一般都是在朝鲜战争期间，因为美国为首的联合国军重兵压境，要把新中国扼杀在摇篮里，所以国民党反动派认为即将爆发第三次世界大战，于是台湾有大批敌特作为先遣部队在这个时候被派遣回来，以配合主力部队伺机反攻大陆。

不过，1949年以后中国银幕上塑造的第一个女特务角色并非出自标准的间谍片，也不是以解放以后新中国在隐蔽战线进行的对敌斗争为背景的。1950年上海文华电影公司出品了根据茅盾小说改编的一部影片《腐蚀》，导演黄佐临的妻子丹尼出演女主人公赵惠明，就象影片的名字所提示的那样，她是一个贪图物质享受的小资产阶级知识分子，终于经不住国民党反动派的诱惑而一点点被腐蚀、变质，最后在抗战时期不得不为日伪情报机构工作，甚至被派去动摇、腐化走上革命道路的昔日恋人。在这部具有表现主义色彩的影片当中，赵惠明这个女人虽然虚荣、懦弱，在不舍往日情愫的内心表演上也称得是哀艳动人，但是她并没有被刻板印象化为一个蛇蝎美女式的角色。毋宁说，赵惠明事实上是同为小资产阶级知识分子出身的前男友小召的一面镜子，只不过是一面倒映的镜子，他们共同演绎了在历史洪流中社会中间阶层有可能面临的分化。实际上，这是茅盾文学作品一以贯之的主题，无论是他最早阶段对于知识分子的直接书写，还是“向左转”后于1930年代初写的那些关于民族资本或小有产者的小说，都是在探讨大时代中处在社会中间阶层的人们所面临的抉择。赵惠明与小召的镜像式呈现正表现了对待“腐蚀”的两种立场和态度。在故事接近结束的部分，赵惠明徒然地试图挽回——挽回她个人的命运也是挽回她与小召之间的爱情，影片最终是保留了她获得救赎的可能的。

从1950年代中期以后，新中国电影进入到了一个间谍片的高峰期，形形色色的女特务们也纷纷粉墨登场，在这当中，接近典型的蛇蝎美女角色也随之浮现，成为这种准类型片的一个重要看点。1957年出品的《羊城暗哨》里面设置了两个女特务的角色：隐在暗处的“梅姨”是国民党特务机构派驻广州的谍报组织最高首脑，但平时以在人家帮佣的“刘妈”作为掩护，直到影片最后的高潮阶段才亮明她的真实身份；而另一个被称做“八姑”的少妇则是一个专以美色诱人的女特务，她身材丰满、总是穿着时髦的紧身旗袍，抽烟的时候也不忘眉目传情，特别是她三番五次地用挑逗的语言诱惑上峰派来接头的“209”（实为打入敌人内部的公安人员王练）来跟他“做真夫妻”。在少数民族电影的同类题材影片中，女特务的形象平添了几分异域风情的神秘，如《冰山上的来客》（1962年）里的“假古兰丹姆”就给几代中国电影观众都留下了极为深刻的印象。需要说明的是，新中国的少数民族电影在故事元素和形式风格上都与一般的革命历史题材影片有所不同，主要是因为对于异域风情的想象允许这类影片放宽对于爱情主题的表现，载歌载舞的表演本身往往包含了对两性关系的暗示，这里面隐含着关于少数民族人民的一个基本想象，即他们生性热情奔放、不受汉族传统道德观念的拘束，因而他们的爱情观念也可以有不同尺度的呈现。在《冰山上的来客》这样的反特片当中，爱情的主题就被用做贯穿性的线索，为女特务的行动和男女人物双方的互相窥视提供剧情方面的依据。在影片一开始的时候，假古兰丹姆的间谍身份不仅没有暴露、反而勾起男主人公塔吉克族解放军战士阿米尔的伤心往事，进而也吸引银幕下的观众对她产生同情。笼罩在她身上的神秘气息，她的眼睛里欲言又止的神情，虽然可能引起人们一定的怀疑，但由于其少数民族的身份，所以在其它反特片中那种肯定会被指认为是特务行径的眉目传情（如前面所提到的《羊城暗哨》），在这里都会被暂时允许并成为制造悬疑的情节要素。《霓虹灯下的哨兵》（1964年）又是完全不同背景的一部影片了，它讲的是解放军在解放上海之后驻守在这个现代大都市里发生的种种故事，主题是要宣传在和平年代仍然不能放松对敌斗争的警惕，贪图安逸、享受乃至腐化、堕落都有可能葬送得之不易的社会主义事业——所以，如何在霓虹灯下站岗放哨就成为政治思想工作的焦点。[①]这部影片引人入胜之处是在于它描绘了十里洋场的繁荣景象，尽管是出于批判的眼光，但是影片仍时时处处为我们呈现了解放初期有待改造的大上海的纸醉金迷、灯红酒绿。而在这眩目的城市风景里，必然也少不了女特务出没其间。徐曼丽扮做知识女性，专门找到厌恶“政治”、只沉迷于艺术的富家子弟作为突破口，当她的阴谋败露时，后者面对黑洞洞的枪口惊慌失色地大叫：“狗特务！”在影片整体的主题框架之下，女特务的形象并不只是作为一个破坏分子而出现，重要的是通过她影片在价值表述上联接起了属于应受批判的那一方，但同时又保留他们作为社会中间阶层可以被争取、可以被改造的准主体位置——就象那个戴眼镜、穿西装、醉心于钢琴艺术的富家子弟通过这件事而最终接受了人民解放军对他的教育。

新中国电影塑造的所有女特务角色中，最为人所津津乐道的恐怕要算是《英雄虎胆》（1958年）里的阿兰了，她由后来担任“八一电影制片厂”厂长的王晓棠扮演，在银幕上留下了毛泽东时代“最美丽”的女特务形象，也是在当时引起巨大争议的一个反面人物。引起争议的原因就在于，影片不仅把她塑造得冷眼妩媚、哀艳多情，而且对她投注了不适当的过分同情。影片讲述的是1950到1951年间中国人民解放军在广西十万大山中消灭国民党残匪的故事，侦察科长曾泰化装成为台湾派遣的“副司令”打入敌人内部，并成功地将其引入解放军的包围圈予以全歼。曾泰只身深入虎穴所要经受的一个重要考验，就是敌人利用国民党军谍报员阿兰的美色对他进行的反复试探。而阿兰受尽司令李汉光和夫人李月桂的欺压，本已对活着失去了任何兴味，而“副司令”的到来让她心底又燃起了一丝希望，她爱慕“副司令”的非凡才能与个人魅力，后来竟假戏真做，坠入爱河。阿兰在剧中向“副司令”吐露真情时说到自己：“我是一个好女人。”而她的扮演者王晓棠则借用陀斯妥也夫斯基的话把她定位为“被侮辱与被损害的人”。[②]当她合盘托出李月

① Yomi Braester：“‘A Big Dying Vat’：The Vilifying of Shanghai during the Good Eighth Company Campaign”，*Modern China*，Vol. 31, No. 4 (Oct. 2005), pp. 411—447.

② 崔永元：《纪录片电影传奇·〈英雄虎胆〉：阿兰之死》，中央电视台、北京清澈泉文化传媒有限公司2005版。

桂四下布置的谍报网时，一心想要“副司令”带她远走高飞。直到最后决战时刻，曾泰向李汉光等人亮明自己的身份，躲在一旁的阿兰羞愤难已，向这个自己错爱的男人施放冷枪。影片的这个结尾部分实际几经修改，才确定为我们现在看到的样子：阿兰的冷枪只伤到了曾泰的胳膊，而她本人则死在冲上来的解放军战士枪下。但在原剧本以及后来实际拍摄的不同版本中，阿兰还有三种不同的结局：开枪击伤曾泰后自杀；被李汉光掷向曾泰的匕首所误杀；以及最有争议的一种——挺身而出挡住李月桂射向曾泰的子弹。[①]——在这个例子当中，我们看到“内部的敌人”可能会造成价值判断上怎样一种不确定性，对女特务的美化使电影本身冒着在大是大非面前混淆不清的嫌疑，尽管阿兰从国民党军谍报员的身份上看完全属于敌对阵营，但是影片的塑造却使她内部化了，在主导意识形态看来，这种性别表述在英雄人物以及观众身上引起的情感投注才是真正危险的。

五、结语

新中国电影中塑造了形形色色的“内部的敌人”，叛徒、翻译官和女特务只是其中最为突出的几个。它们直接服务于以阶级斗争为纲的社会甄别机制，即时刻警惕着要揪出潜藏在我们身边的阶级敌人。在新中国成立、进入社会主义建设的历史时期，民族矛盾下降、阶级矛盾上升，对外来侵略者的描画虽然也有助于唤起民族凝聚力，但因失去了现实针对性或流于刻板印象化而显得无效，特别是对于民族性的强调有可能会变成弥合国家内部阶级斗争的意识形态工具，所以它远不如内部的敌人能够提供现实政治动力。而且，由于中国革命的双重性质，即它首先是民族解放、独立建国，然后需要更进一步推向世界革命和全人类的解放事业，所以打破民族国家的压迫结构就成为中国革命的应有之义。于是，围绕着阶级斗争的将革命深化的历史行动，电影银幕上的叛徒、汉奸和女特务等“内部的敌人”就为这一敌我划分提供着源源不断的想象性的指认。

① 崔永元：《纪录片电影传奇·〈英雄虎胆〉：阿兰之死》，中央电视台、北京清澈泉文化传媒有限公司2005版。

这些内部的敌人的角色集中在知识分子和女性身上并非偶然，他们有很深的历史根源。进入20世纪以后，无论知识分子还是女性都逐渐从前现代中国的“阴/阳”象征系统中脱离出来，开始转变为现代意义上的社会范畴。这一历史转换过程使他们具备了极大的可塑性，在继续承担着主体建构的想象性投射的同时，又充当着民族国家结构中社会中间阶层的表征。儒生自身的懦弱（在古汉语中“儒”和“懦”本来就形义相通）和女性化（以“香草美人”自居），被接合到了中小资产阶级的脆弱性和两面性上来。因此，他们面对时势变迁时的动摇、犹豫和患得患失几乎是可以预见到的，但也正因为此，他们又是革命运动中有可能被争取、且必须予以争取的对象。

这样，我们就不难理解，对于叛徒、翻译官和女特务这些银幕角色，为什么会存在复杂的、有时是悖论性的再现。他们当然是属于被否定、被批判的反面人物，但由于他们处在一个被争夺的社会中间地带，或者更准确地说，他们自身就表征着那个被争夺的社会中间地带，所以会产生更丰富也更歧义性的形象和内涵，是无法被化约为任何单一的刻板印象的。无论从历史还是现实来看，中国社会构成中民族、阶级与性别的复杂局面，都可以从这些“内部的敌人”的银幕再现中获得提示；知识分子对于二十世纪中国的历史重要性，也以不无矛盾、悖谬的形式呈现在对他们的正反两面的塑造中。其根本原因仍在于，启蒙者和接受启蒙的民众之间的关系本身就是中国现代化进程中极为重要的历史内容，它特别揭示了在现代民族国家的形成过程中，社会中间阶层悖论性的历史地位。

（孙柏：中国人民大学文学院副教授）

如何认识左翼电影[①]

汪朝光

我在中国社会科学院近代史研究所工作，做的是民国政治史研究，作为一个资深影迷，也做一点和电影有关的研究、电影检察制度的研究，主要集中在1949年以前，这方面也可以说跟左翼电影跟夏衍结下不解之缘的。我希望以后历史学界能够跟文化界、电影界有更多交融，学术研究其实是非常讲究交融的。今天我是从一个外行人的角度、历史研究者的角度谈一些我对左翼电影的认识。

我看到这个会议发布的手册，最感兴趣的是会议的主题，叫“可见的左翼”。出于可以理解的一些原因，比如时代的变迁等等内外的各种因素，就像刚才陈坚老师说到的，“左翼”这个词正在逐渐淡出我们的视野、淡出我们的语境，但是，其实“左翼”确实是一个可见的存在。非常有意思的是，今天我们如果看当下出版的各种文学史，尤其是20世纪的中国文学史，和1978年以前出版的中国文学史相比较，我们会发现，它的叙事主轴有非常大的变化，非左翼文学正在占据越来越重要，一定程度上甚至可以说是主流的地位。但是至少在电影史这个领域，左翼仍然是可见的存在。所以这就不是一个研究者个人选择的问题，而是反映了当时的历史实况，反映了当年左翼电影巨大的影响力。这还不仅仅是大陆，包括在港台学界，包括在欧美日本学界，他们有关20世纪中国电影史的研究仍然将左翼电影视为一个非常重要的方面，这非常值得我们去思考。为什么在一些领域左翼淡出的同时，在电

---

① 据汪朝光先生在“可见的左翼：纪念夏衍逝世二十周年暨1930年代反法西斯电影研讨会”开幕式发言录音整理，经汪朝光先生审定。——编者注

影领域左翼仍然有巨大的影响力，这样一种现象非常值得我们关注。

我们可以说，不仅是左翼电影、左翼文化的影响，很大程度上我们可以理解为，左翼的遗产就是20世纪上半叶中国革命的遗产。其中可见的方面、不可见的方面，其实很多是内化在我们的血脉之中，可能很多在座的青年朋友不一定能意识到。比如说左翼电影、左翼文化或者中国革命非常重要的遗产，就是对社会平等、社会正义非常执着的追求。这种追求也是内化在当时和后来很多人的血脉之中的。我举一个例子，非常有意思。前几年我去印度访问，我自己租了一个车外出旅行，我和司机一路聊天，我每说一句话，他的回应永远都是“yes，sir”。我跟他说，你不必这样说，我们一路相处，我们是平等的，你不必“yes，sir”。他的回应仍然是“yes，sir”。在中国会有这样的状况吗？恐怕不会有吧。这说明什么？说明平等观真的是20世纪上半叶左翼文化、左翼电影，广而言之，中国革命给我们带来的遗产之一。这不仅推动了当年的革命运动，甚至以我个人的理解，在相当程度上，我们每一个人对于平等的追求，尽管是个体化的追求，但是无数个体追求集合成一种集体的追求之后，对改革开放真的起到非常大的影响。如果生活在印度，你会觉得乐天知命，我这辈子命不好，等着来世转生。但是在中国不一样，每一个人都在渴望通过自己的努力奋斗改变自身的命运，而每一个改变个体境遇的追求，恰恰是改革开放的动力之一，我们可以在左翼电影中发现它的来龙去脉。所以我个人对“可见的左翼”这个主题确实觉得非常有意思，感到有兴趣。

第二点，左翼电影确实是时代的产物。那个时代，中国外受日本侵略压迫，内有国家分裂、社会不平等等等，是时代催生了左翼电影。同时我们的左翼电影人又呼应了这样一个时代的要求。这两者之间的互动关系，值得我们去思考。说起来惭愧，我是1977级的大学生，恢复高考后的第一届大学生，1978年春天我进入南京大学历史系读书，37年以来可以说亲历了中国巨大的变化。现在看1978年的中国，有时觉得恍若隔世，可是我们究竟有多少电影能够呼应时代的要求，我们真的值得反思，我们这样的大时代为什么没有催生相应的大电影来？去年我看的最感动、最深刻的电影是《亲爱的》，写出了时代映照下人性的复杂和纠结，但是，非常感慨，导演却是香港的，我们大陆的导演都在做什么呢？左翼电影给我们相当大的启示之一是，当年左翼电影人是对时代有呼应的，左翼电影留下的遗产值得我们关注，其实它的现实主义、人文精神和理想情怀尤其值得我们重视。我觉得有文化艺术有各种各样的流派、不同的表达方式，但是对现实的关怀，永远在其中应该取得非常重要的地位。对于平等的追求，对社会公平的追求，对正义的追求！当年的左翼电影人就是这么做的，所以呼应了当时时代的要求。我做民国史研究，现在有些人美化当年的那个年代，可能是对现实不满的一种折射吧。但是那个年代真的那么美好吗？其实没有那么美好，很多时候不过是一种想象的产物，否则我们很难理解为什么当年具有批判性的左翼电影这么受到社会的关注。这也是值得我们思考的一个方面。当年国民党的失败，相当程度上就是因为太过精英化的思路，太过精英化就不能理解广大底层百姓究竟想的是什么、他们关注的是什么，这对我们现在也非常有启示意义。我们生活在北京、上海，过着相对优越的生活，我们真的知道云南、贵州山村里的平民百姓他们想的是什么吗？他们需要的是什么吗？我去年去一趟云南，我也自己租了个车，去山里走一趟，非常有感触。这就是左翼电影给我们的启示，如何去呼应时代的要求。

最后我想说一点，其实除了这些方面以外，左翼电影仍然是非常有艺术成就的电影。很多人现在谈到左翼电影，关注到“左翼”两个字，经常会把它政治化。其实很多时候它的摄影，它对音乐的运用，它对世态万象细致入微的表达，真的非常好看。它其实是好看的电影，所以当年它的受欢迎与这个也有关系。前几年我们近代史所有一个学术讨论会，有一个美国学者写的论文就是研究聂耳的电影音乐，他的结论就是，聂耳的音乐是革命的音乐，同时也是现代的音乐，否则你就无法解释聂耳在中国现代音乐史上的巨大影响力。我完全同意。我觉得我们今天谈论左翼电影的时候，我们关注它的社会表达，关注它的时代呼应，同时也关注它的艺术成就。当我们看《神女》的时候，看《马路天使》的时候，它细致入微的表达，真是应该值得我们学习的。夏衍先生也说，他们当年打着手电筒，在电影院里看美国电影做笔记，其实他们很大程度上受到了美国电影表达方式的影响。

总的来说，左翼电影或左翼文化其实是一笔丰厚的遗产，夏衍先生又是其中的杰出代表。当中国已经发展到现在的状况，当我们的电影产业已经发展成世界第二大市场，我们今天来讨论左翼电影和夏衍的贡献时，就更应该关注我们是怎么走过来的。我做历史研究。其实历史是非常讲究传承的，非常讲究过去，是“向后看”的学问。同时我觉得“向后看”的本身，就意味着我们向前看，以史为鉴，可以对未来有所启示。

这是我今天发言的中心内容，有不足之处，请大家多多批评指教，谢谢。

（汪朝光：中国社会科学院近代史研究所研究员、博士生导师）

夏衍电影中的父亲形象及家国同构思想

王侠

摘要

夏衍在电影中塑造了一系列的父亲形象，这些父亲已超越了本身的功能与意义，成为一种文化身份与阶级秩序的象征。在政权更迭、革命浪潮波谲云诡的创作背景下，透过“父亲”这个具有指涉性话语的窗口，看出夏衍对五四以前以遵循封建家族伦理秩序为中心的家国同构模式的置疑，体会其在民族危机和家庭罹难之时，对家国同构思想重建的努力。而当他站在新中国面临成立与建设之际，去回首“历史之父”的沉重负荷，试图为新中国的美好图景加以影像化的诠释时，却遭受了一时的困境。

关键词

父亲形象　父权　重建　家国同构

关于夏衍电影中的人物形象，向来是学界研究的弱点。而夏衍除了塑造一系列丰满动人的女性形象外，还塑造了一系列的父亲形象。父亲不仅占据着家庭中的重要一席，他还成为考察社会文明程度的标尺。诚如杨经建指出的：“鲁迅曾写过一篇题为《我们现在怎样做父亲》的杂文，在这里，‘做父亲’其话语本身也许并不深奥，但‘父亲’和‘做父亲’的所指涵义丰厚无比——它甚至牵涉到整整一部人类文明发展史，因为在某种意义上，正是

‘父亲’带领人类走过了漫长的历程。”[①]通过“父亲”这一代表着特定时期民族、文化、伦理、道德、心理层面的形象来考察夏衍的电影，从中体会夏衍对解构与重构、传统与现代、守成与前卫、退守与革命、小家与大国之间的思考。从这个意义上说，父亲形象已经超越了他本身的功能与意义，成为思考家国问题的重要对象，“父亲是中国电影中关于家庭、国家、社会和文化想象的重要能指符号，对父亲角色的定位和评价是中国当代文化身份和认同中的一个重要指标。”[②]对夏衍电影中父亲形象的挖掘与考察，“父亲角色的定位与评判”成为切入夏衍电影思想内部，窥看他人生哲学、文化伦理、道德诉求的窗口。

一、父权的颠覆与陷落：家国同构的破裂

夏衍是以一个颠覆者同时也是建构者的身份走上电影创作之路的。带着党的领导者瞿秋白的“万事留心”的嘱咐，夏衍等左翼人士开始打进了向来被资本家操控的电影界。他的首部电影剧作《狂流》（1933），一改当时电影界普遍流行却不被看好的武侠、公案、伦理、爱情等与时事相背的影片，成为“中国电影新路线的开始”，被誉为“中国电影界有史以来最光明的开展”[③]。在《狂流》中，夏衍对传统家庭中延续的“父本位”思想、父慈子孝命题进行了彻底的颠覆。影片中的傅伯仁是个巴结权贵、唯利是图，置女儿个人幸福于不顾的无耻父亲。剧作侧重于展示地主阶级与农民阶级不可调和的矛盾，在表现封建家庭内部、父女关系的矛盾方面尽管着墨不多，但只要将父女共置于同一画面，面临同一件事，都会出现一喜一忧、一乐一痛这两大情绪的反差与对抗。父亲接收县长之子的彩礼时喜上眉梢，对应的却是秀娟羞恼、痛苦的表情；筵席间父亲被质问后“狼狈愤怒”，秀娟却面露喜色；傅家一家在江中观水景的画面中，面对“卖妻救父”的贫女秀娟，父亲色心萌动，想占为己有，在心里打着如意算盘，被姨太太识破后，只是

① 杨经建：《家族文化与20世纪中国家族文学的母题形态》，岳麓书社2005年版，第74、128页。

② 陈犀禾：《从International到National——论当代中国电影中的父亲形象和文化建构》，《当代电影》2005年第5期，第8页。

③ 程季华：《中国电影发展史》（第一卷），第204、191页。

"狼狈地笑"，而秀娟却内心凄然，"泫然泪下"；在父亲污蔑铁生的玉坠是"脏证"时，秀娟却在此刻认准了铁生对自己爱情的忠贞，她不顾一切地"抱住铁生"，任凭愤怒的父亲在一边"扯"她。作为被禁锢在"高墙的大院下"，恪守着封建伦理道德的地主阶级小姐。秀娟身上彰显更多的是旧式女子的气质与家庭观念，尽管对父亲对自己强制安排的婚姻抱有不满，但也没有勇气像子君般为追求婚姻的自主离家出走。父亲的强制、威严压抑着她内心欢腾的欲望，使她只能默默地用唉声叹气、泪水横流对抗着父亲的欢声笑语。直到父亲的为富不仁、阴险毒辣、虚伪自私的面貌暴露无遗，她才有了觉醒与反抗的意识。

秀娟最终的悖离父亲，投向爱人铁生的怀抱，显示出夏衍试图借助秀娟的选择对家与国命运与前途的思考。恩格斯说："以血缘团体为基础的旧社会，由于新形成的社会各阶级的冲突而被炸毁；组成为国家的新社会取而代之。"[①]秀娟对父权/家庭的抵制与反抗，暗示着建立在血缘基础上的父—子家庭结构遭受到了外来力量的冲击，原有稳定和谐的封建家庭关系受到破坏，这种家庭不再是工农阶级当家作主的"国家的新社会"的子细胞，而表现为一种没落乃至僵死的状态。这根源来自父亲形象的猥琐不堪与子辈对父亲权威的置疑，将子辈对父亲的反抗引申为对家的反抗，以及对庇护着那个家的社会制度的反抗。使得这种"家"与即将建立的"国"之间不再是统一的关系，而是此消彼长的关系，出现了难以弥合的裂痕。如果将稍早于《狂流》上映的《人道》作为对比参照，便更能看出其中的意旨所在。

由金擎宇编剧，卜万苍导演，"联华"一厂出品的《人道》（1932）塑造了一个集慈祥、敦厚、牺牲等所有美德于一身的父亲。他爱子心切，愿"出其历年积蓄，送儿登程"，为了让儿子得到更好的教育与生活，他含辛茹苦，忍受清贫。即使面临"天灾"，入不敷出，但他仍然"不敢告民杰（儿子），恐其焦急而损其学业也[②]"。直至最后饿死。他的教子成名、舍己

① [德] 恩格斯著，中共中央马克思、恩格斯、列宁、斯大林著作编译局译：《家庭、私有制和国家的起源》，人民出版社 1972 年版，第 4 页。

② 郑培为：《刘桂清编选》，《中国无声电影剧本选》下卷，第 2309 页。

为子的精神，宣告了他对整个封建伦理秩序与宗法制度的维护与坚守，民杰最后的回家长跪，是对他父亲这一精神的呼应与延续。他对家的回归与认可揭示了他对整个社会制度的认可，对国民党统治政府下的国家的认可。无怪乎，影片受到“大官僚许世英、熊希龄等人的支持与称许，为其向南京政府‘教育部’申请‘嘉奖’”。[①]左翼人士则对其进行了严厉的批判。[②]夏衍的《狂流》正是用具体的实践，以针锋相对的方式对《人道》中的价值观进行颠覆与消解。

两个父亲形象，一猥琐一高尚；两个子女，一逆家一归家，以父喻家，以家拟国，从而形成了两种完全对抗的思想，代表着不同的立场。一方试图通过慈祥仁爱、乐于牺牲奉献的父亲来教导子女，感化子女，最终让在外贪图享受、奢靡淫乐的子女迷途知返，重回家庭，以维护现存的社会秩序，实现家国同构的理想。被冠以在“反动派阴谋操纵下拍出的反动影片”之名的《妇道》（1934）、《重婚》（1934）、《天伦》（1935）等基本上采取的都是这一叙事模式，这是国民政府借用电影这一话语机制实现对父亲权威的建构，以此树立国家威信的策略。与此相对的左翼人士，则试图塑造顽固保守、自私虚伪、蛮横专制的父亲，让子女对其进行坚决的抵抗与背叛，直至离开这个被父权布满阴霾的家，将实现个人的自由与家庭的决裂等同起来，用逆家离家的方式，宣扬子一辈对现存制度与国家形态的不满，破除国民党政府借此实现的家国同构的理想，让“家”与子辈努力的新目标完全对立起来，从而实现子辈在精神上的“弑父”过程。这样的叙事模式中，“父亲身上的阶级性或政治本质常常遮蔽了形象本身的‘父性’，‘弑父’与‘反弑父’的冲突因此也演变成阶级与阶级之间的斗争。而弑父的实现更多的是凭借政治批判来完成的。”[③]由田汉编剧的《母性之光》（1933）、史东山编导的《人之初》（1935）均采用了通过生父与养父的身份来代表两种阶级的叙事方式，生父无一例外都是指涉工人阶级利益的革命者/工人，而养父均是虚

① 程季华：《中国电影发展史》（第一卷），第204、191页。

② 具体参见程季华《中国电影发展史》，中国电影出版社2012年版中第192页中的相关论述。

③ 杨经建：《家族文化与20世纪中国家族文学的母题形态》，岳麓书社2005年版，第74、128页。

伪奸猾、心狠手辣的资产阶级代表，从而借用“父亲”的形象，达到阶级对立的政治批判目的。

类似的，以“父亲”形象作为阶级属性的划归还体现在夏衍的剧作《时代的儿女》（1933）（与郑伯奇、阿英参与合作）和《自由神》（1935）中。《时代的儿女》中的父亲不惜以装病欺骗儿子归家，试图用软硬兼施的举措让专制的父权再次发挥效力，以掌控儿子的婚姻与人生，沿袭其惯有的支配权力。但这并不是建立在爱子心切的基础之上，他的一句：“像我们这样的人家，也能背信吗！”[①]明显看出，其真实目的只不过是维护自己作为家长的自尊与社会上的地位。在《自由神》中，夏衍同样从这个层面来考量父亲。比《时代的儿女》中装病骗儿子归家的父亲更为过激的是，《自由神》中的父亲直接到女儿学校来“抓”她回去，一场父女的冲突通过话剧的形式展现了出来，父亲的一句：“我们这样的人在社会上要顾面子的！”[②]两相对照，可以看出两部影片中的父亲并不顾及子女的真实需要，而是都不约而同地从“我们这样的人”出发，确立自己的阶级属性与地位，以期将子女拉回他们沾沾自喜的阶级范围中，使他们获得优越的身份归属感。而这是夏衍坚决抵制与打击的，他对这种父辈们的期望予以无情的奚落与嘲讽，表现在他让子辈们的反抗意识与决心比《狂流》中的秀娟更具彻底性。如果说《狂流》中最后秀娟与铁生一起抗击洪流，只是隐晦地暗示地主阶级小姐与农民阶级的“合流”，那么，他在《时代的儿女》与《自由神》中则直接通过子辈进入工厂/投入革命的人生选择，对父辈试图延续他们基业，找回他们的阶级优势的想法给以致命的一击。子辈们用自己的行动，使得父辈们竭力维护的神圣、权威、尊严轰然倒塌，变为一堆废墟，他们再也难以维持“家”的体面，再也无法在现有的“国”的庇护中尽享生活的富足与晚年的安宁。

这是夏衍通过“逆子”颠覆父权的方式反思“家”与“国”问题的独特思考。除了这个角度，夏衍在《风雨江南》（1949）中还用讽刺喜剧的方

---

① 夏衍：《时代的儿女》，《夏衍电影文集》（第三卷），中国电影出版社 2000 年版，第 84 页。

② 夏衍：《自由神》，程季华主编：《夏衍电影文集》（第三卷），中国电影出版社 2000 年版，第 335 页。

式塑造了将“子”作为最后筹码，以维护风雨飘摇的小家的父亲形象。面对新的国家形态对已有家园的冲击，这些“护家运动”的父亲们做着垂死的挣扎，企图以欢迎的姿态接受新国家政权的领导阶层，做着“旧家”与“新国”同构的美梦。两个地主恶霸父亲，无论是争抢着牺牲女儿的幸福来换得与新政权的融合，还是竭尽全力地将曾经他们任意凌辱的“下人”认作干女儿，都体现了他们内心的轻薄、丑陋与恐慌。其上演的一幕幕可笑的努力终归化入历史的烟雾中，成为新中国来临之前的典型祭品。至此，夏衍用“逆子”叛家、颠覆父权、丑化父亲的形式打破了自古以来延续的家国同构的传统。但有国才有家，有家必有国，打破了旧的家国同构传统，就意味着必须要在新的政权体制下，重新将家国同构的传统捡拾起来，他又是怎样使“家”、“国”开始新的同构呢？

二、父亲的缺席与置换：家国同构的重建

如果说夏衍在电影中，用阶级分析的立场，塑造冥顽不化、贪婪自私的地主阶级父亲形象，是对传统中“家国同构”思想的打破，那么，他将传统家庭中居于核心地位的父亲角色抹掉，让父亲缺席，形成苦儿弱母/无父无母型的叙事模式，则是他建立新型“家国同构关系”的策略性选择。《上海二十四小时》中（1933）受伤的童工没有父母；《脂粉市场》（1933）在开端就让承担父亲义务的哥哥丧命，翠芬只有寡嫂和病母；《风云儿女》（1935）中的阿凤也只能和弱母在困窘的生活中相依为伴；《压岁钱》中的父亲甚至在吃团圆饭的除夕之夜也不在场；《人民的巨掌》（1951）中主人公的家庭组合模式也是兄妹加母亲；《祝福》（1956）中也只有祥林嫂和婆婆、小叔进入到叙事机制中。

毫无疑问，夏衍电影中父亲的缺席，与他年少失怙不无关系，他3岁时，其父因为中风突然逝世，只能靠母亲独自一人担负起抚养六个孩子的重担。他过早地尝试了寡母育子的困顿与艰辛，成为他日后在电影中创作苦难家庭的心理动因。进而可以揣测，夏衍实际上是通过想象性来填补父亲在他心目中的位置，用虚幻性来界定他对父亲形象的态度。在他这里，父亲的形象已

沦为一种指涉性的文化符码，用来诠释他的文艺观念，实现他“打进资本家的电影公司”中宣传政治思想的目的。一是，他把父亲的身份定位为地主阶级、资产阶级的代表，这些父亲们让家庭中充满了腐朽的气味与没落的因子，他们是即将僵死的一代，借用子一代对他们的抵制与对抗，来回应五四新文化运动的反思与启蒙主题，进而完成反帝反封建反国民党统治的任务，为新的政党、新的社会制度、新的政权成立张本。在这类电影中，基本上遵循着弑父——离家——建国的叙事逻辑。用子女反抗父亲，离开腐朽之家，投向工农阶层的形式实现了他对现有国家体制的置疑。一是，他侧重在无父的家庭中，展现苦女弱母现实的苦难遭遇与生存的困境。作为雄悍有力、独当一面，充当家庭顶梁柱角色的父亲不再到位，由父母、子女这两个最基本的成员组成的家庭格局不复存在。夏衍正是用这种残缺不全的家庭模式，来揭示内忧外患的社会现实对个体及家庭所造成的双重戕害。其中深刻的内涵在于，用“家”的残缺指涉着“国”的破败，用家人的痛苦寓指着民族的危难。这类电影的叙事策略就此可见端倪，即遵循着缺父——家苦——国难的逻辑，给处于水深火热中的大众以现实的警醒，为青年人的何去何从指明前进的方向。

这里就涉及到青年人关于人生道路的选择问题，他们的道路选择直接显示了夏衍关于家国同构重建的努力。老一辈的父亲或者是顽固保守的化身，成为僵死的朽木，或者羸弱不堪，成为“无能的承担者”与“无力的抵抗者”[①]或者干脆缺席，退出家庭的日常生活视野，子一辈再也无法因袭父一辈的道路，只能在孤独、迷惘的求索中寻找新的道路、融入到新的集体中。“个体生命的寻找、追求之路，如果不想遭到历史的无情放逐，就必定要融合于阶级/集体/革命队伍中，就必定要献身于革命/党的事业。”[②]而怎样很快融入到队伍当中，踏上革命的征程，就需要领路人的指引，这里的引路人往往是首先往前冲的子一代自己建立起来的。李道新称这种现象为“父子角色

① 李道新：《中国早期电影里的父亲形象及其文化含义》，《电影艺术》2002年第6期，第105、107页。

② 戴锦华：《青春之歌：历史视域中的重读》，《镜与世俗神话：影片精读18例》，中国人民大学出版社2004年版，第280、293页。

倒换”，他指出：“无家或弃家的选择，失父或弑父的结果，使子一代逐渐树立起了自身作为父亲的威信和尊严。”[①]在夏衍的电影中，这种由子一代“化身”的知识分子/革命者，置换了本该是“父亲”承担的角色，表现为两个方面，一方面是充分发挥知识分子的担当与责任功能，对比自己弱小的同辈进行扶持与帮助，自觉地将本该是父亲应尽的义务承担起来。另一方面是作为革命者或英雄人物，真正的身份只有一个，即为建立新的“国”而疲于奔命，全然不顾自己的“家”，永远置换掉了作为一家之主的普通“父亲”的身份，成为一个高高在上的战斗英雄，指引着同一辈与新一辈的努力方向。

就前者而言，最明显的体现在电影《风云儿女》中，这是一个关乎子一辈在战争的环境中陷入困境、迷惘、挣扎最后找到新方向的故事。在这样一个故事模型中，贫苦女子阿凤因为父亲“一生的事业跟生命，都在‘一·二八’毁了”，与母亲流落在上海，生活一时陷入困境之中。青年知识分子辛白华与梁质夫起初替他们母女交房租，只是显示出强者对弱者投以的人道主义式同情。及至阿凤的母亲病逝，使辛、梁二人直接由旁观式的同情者转化为阿凤的庇护者，将阿凤收纳在他们二人构筑的“小家”中，如果说只是出于一种同辈之间的友谊，那么，辛梁二人为阿凤日后是进学校读书还是做工的争论，则与普通家庭中父母为子女未来前途的争论构成一种潜在的对位关系。无疑，阿凤在这个“家庭”中找回了本该享有的权利，她不再为紧逼的房租，病弱的母亲而愁眉苦脸。相反，她也和其他女孩样“穿上朴素大方的学生装”去上学了。实际上，辛白华不仅巧妙地移植了阿凤“父亲”的义务，他还以一个知识者的身份对阿凤进行启蒙。某种意义上说，个体的被启蒙与整个国家的文明发展是相互促进的两个方面，作为“启蒙者”的知识分子辛白华通过让阿凤接受教育，以成长为“一只新凤”，将新的家国同构梦想变成了的可能。但是，由于知识分子本身的弱点与局限，使得他的行动方向渐趋游移。毛泽东在分析知识分子阶层时指出：“知识分子在未

① 李道新：《中国早期电影里的父亲形象及其文化含义》，《电影艺术》2002年第6期，第105、107页。

其未和群众的革命斗争打成一片……往往带有主观主义和个人主义的倾向，他们的思想往往是空虚的，他们的行动往往是动摇的。”“其中一部分，到了革命的紧急关头，就会脱离革命队伍，采取消极态度。”[①]在辛白华身上正显示了这种知识分子的典型特征。面对梁质夫的被捕，他选择了逃避在史夫人的温柔富贵乡里，直到又重新遇上了阿凤。被救助、被启蒙的阿凤如今真正成长为“一只新凤”，反转为辛白华的启蒙者，就此，二人的精神世界开始走向趋同。辛白华对阿凤曾有的“父性”责任瞬间瓦解，化解为同辈式的友谊，他们一起为保护共有的“家”，走向了救助民族危难的战场，新的家国同构由此得以完成。

与《风云儿女》中假想式的“父对女”承担的义务相反的是，《革命家庭》（1961）中建立在血缘基础之上的“父亲”，却因革命的需要而舍弃了家庭的需要。父亲在家庭中的功能已不复存在，母亲一个人将孩子抚养长大，父亲成为家庭中存在的缺席。以“父亲”身份存在的他，只是“父之名”的占有者，在绝对意义上，他已上升为共产党人与革命英雄的指称。在他这里，“‘小家’固有的血缘亲情、人伦关系，也被投射、放大至‘革命同志’及革命的启蒙者与被启蒙者之间。”[②]我们可以看到，影片即使偶尔出现一家人团聚的局面，作为父亲的他不是给妻子剪头发，让她变得也“革命一点”；就是把家当成革命的战场，让妻子成为放哨、望风的战士，儿子当起送情报的交通。他最后的英勇就义，不仅诠释了共产党人死而后已的精神境界，而且在前赴后继的意义上，为他的妻子和孩子留了一个空位。这个普通的家庭至此置换为党的家庭/革命的家庭,被共产党的代言人称之为“也就是我们的家庭，党会照顾你们……”[③]共产党集体对他们家庭的接纳、认可、“照顾”，实质上延续的是父亲的使命。影片正是采用这样的叙事策略，巧妙地将个人与集体统一起来。在父亲/革命者的相互置换中，“将其置于共产

① 毛泽东：《中国革命和中国共产党》，人民出版社 1975 年版，第 29 页。
② 石川：《重申家庭伦理片：家的镜像与情感重建》，《电影艺术》2012 年第 5 期，第 51 页。
③ 夏衍：《革命家庭》，《夏衍电影文集》（第四卷），中国电影出版社 2000 年版，第 187 页。

党/国民党、善/恶王国争夺的价值客体”[①]之上。而这种叙事诡计依然是个人实现家国同构理想的有效途径。

三、历史视域中的父亲：家国同构如何可能？

当国民党统治之下的凋敝、残破的旧中国面临崩溃的边缘，由共产党领导的自由、民主的新中国即将登上历史舞台时，夏衍试图通过电影，对自己及战友所走过的路途进行历史性的回瞻与反刍。重要的是“讲述神话的时代，而不是神话所讲述的时代”[②]诞生于1949年的《恋爱之道》与1959年的《林家铺子》正是在新中国的两个重要节点上，夏衍开始对历史进行重读与对话。《恋爱之道》以抚今追昔的叙事技法，将当下现状与历史景观拼贴起来。被述的年代从1925年大革命即将成为席卷之势开始，到大革命惨败，途径1928年国民党吞并革命果实、劫夺政权，直至抗日战争开始后，再回到当下而结束。（即蒋家王朝溃败，新中国宣告成立）影片在对这段历史的回溯中，自然延宕了特定时期、特定人物及特定事件的意义。《林家铺子》同样以忆苦思甜的方式将当下与历史事件联系起来：“这个故事发生在一九三一年，离开现在已经是将近三十年的事了。这是中国人民苦难最深重的时代，帝国主义、封建势力、买办资产阶级这三座大山重压在中国人民的头上。劳动人民处身在水深火热中。”[③]以一个限定在 “九· 一八”、“一·二八”的历史背景之下的民族资产阶级的衰败故事，来回馈新中国当下正在进行的资本主义工商业改造景观。影片的真正价值因此不言之明地陷入政治的潜意识范本中。本部分着力从夏衍对历史事件的重述中，窥看“父与女”的微妙关系，从中得以表明“历史之父”所背负的沉重负荷以及夏衍本人在实现家国同构过程中所面临的困扰。

《恋爱之道》可以说是夏衍唯一的一部将父女之情处理得温馨动人的影

① 戴锦华：《青春之歌：历史视域中的重读》，《镜与世俗神话：影片精读18例》，中国人民大学出版社2004年版，第280、293页。

② [美]布里恩·汉德森著：《搜索者——一个美国的困境》，戴锦华译，《当代电影》1987年第4期，第68页。

③ 夏衍：《林家铺子》，《夏衍电影文集》（第四卷），中国电影出版社2000年版，第113页。

片。父亲以一种宽厚、仁慈、包容之心与女儿相处，对女儿充满了无限的疼爱。且看下面一段父女的对话：

（女）元珍："咦，爸爸，你看我同你一样高了！"
（父）家浩："嘿嘿，你还差一点儿吧！"
元珍站到路基上："瞧，比你还高！"
他们绕过小山坡。
元珍："爸爸，我又收到了新歌曲了。"
家浩："好哇！什么歌曲呀？"
元珍："叫《垦春泥》。"
家浩："好听吗？"
元珍："很好听的。"
家浩："噢？回头唱给我听啊！"①

用这么精致、细腻的笔墨描述父女之间的对话，在夏衍这里还是唯一一次。了了的几句对话，就真切地传达了父女之间所流淌的脉脉温情。为后文父亲在正义与女儿之间的痛苦抉择埋下了伏笔。被裹挟进抗日战争潮流的周家浩，时任黔桂铁路的代理站长。一腔热血支援抗战、安顿后方的周家浩在此刻却遇到了前所未有的难题。女儿的急性肺炎需要大剑黄才能救治，而有大剑黄的只有奸商张鸿昌。这意味着救治女儿的前提必须以满足奸商运送私货的要求，将难民与国家利益弃置不顾。自然，爱女心切又正义凛然的周家浩面临着严峻的考验，在"小家"的幸福与"大国"的危难之间他做着困兽之斗。按照一般影片的叙事路数，本该是既能让主人公"贫贱不能移，威武不能屈"的精神得以传承，同时也让"英模人物"的女儿保全性命，最终得到幸福的馈赠。然而，影片将故事置于特定的历史时期（民族危难当头），注定不会延续普通影片的叙事逻辑，周家浩女儿的性命得以保全，而"大

① 夏衍：《恋爱之道》．程季华主编：《夏衍电影文集》（第三卷），中国电影出版社2000年版，第533页。

国”的利益却受到了重创，张鸿昌一行盗取了火车，实现了邪恶的目的。周家浩的维持正义、“护家（表现为护女）又卫国”的梦想破裂，一腔英雄的热血顿时化为虚无。怎样才能让自己“小家”得以完美幸福，又能以正直、勇武的身份成为“国”的战斗英雄，让那段屈辱“丧国”的历史不再复演，成为这个以过去完成进行时写就的剧作的考虑重点。即通过支持女儿选择工人阶级出身的小王，而不是小康家庭出身的小陈，从而巧妙地使个人“小家”与无产阶级领导的大“国”得以有机融合。曾有论者指出：“这里既有对于过去的概括，也有对于未来的启示。”[①]而站在时代的潮流中追述历史的意义也正在于此，苦难的历史让父亲无法安顿他的“家国梦想”，只有在国家权力转换的前提之下，这一梦想才得以实现。

相比于《恋爱之道》中温馨感人的父女之情，《林家铺子》中的父女之情处理得较为节制、含蓄。夏衍结合时代语境，改变了茅盾原作中林老板的性格，着意突出的是中国民族资产阶级的两面性，即“见着豺狼，他是绵羊；见着绵羊，他是野狗”[②]。这点两面性，也从他作为父亲，对女儿的态度上体现出来。一方面，他毫不在意女儿的情感变化，“发觉她有点不正常”，也只是“斜看一眼”，不作任何关心的表示。女儿在学校被指责穿东洋货，满心委屈，他却淡定地说：“干脆不要念书了……”他更多的身份是个冷酷自私的店铺老板，而不是具有人伦之情的父亲。但另一方面，当他的女儿被国民党官僚打主意时，他又表现出了前所未有的反抗与抵制。他的最后携女逃跑与其说是宣告“林家铺子”的破产，不如说是他作为“父性”的回归。夏衍正是通过展示这个店铺老板的人性、父性的复杂多样性来窥看一个铺子/家庭的风云变幻史，借此“使正在改造中的资本家回想一下过去，使他们了解，只有走社会主义的道路，才有光明的前途”[③]。这其实是夏衍通过揭开掩藏在历史迷雾之中的“小家”的伤疤，让当下的资本家踊跃地参与到社会主义改造中来，指引他们实现家国合一的有效性途径。作为建国十周年

① 黄绳：《关于知识分子的描写——评影片〈恋爱之道〉》，黄绳：《文艺与工农》，求实出版社 1951 年版，第 74 页。

② 夏衍：《漫谈改编》，《夏衍电影文集》（第一卷），中国电影出版社 2000 年版，第 691 页。

③ 夏衍：《漫谈改编》，《夏衍电影文集》（第一卷），中国电影出版社 2000 年版，第 691 页。

的献礼影片，影片再次成为改编名著的经典，上映后“无论是官方，还是民间，无论是思想性还是艺术性，都得到一致的赞扬一致的好评”。①

然而，时隔五、六年后，赞扬之声早已淹没在历史的尘埃中，《林家铺子》成为众矢之的，由江青策划的关于《林家铺子》的批判文章多达“一百四十多篇”。电影《林家铺子》成为“丑化工人形象”、“宣扬奴才哲学”、“美化资产阶级的”、“歪曲时代风貌”等等的范本，其矛头、火力直指影片的创作人员，而夏衍自然成为“罪魁祸首”。于1965年初，被免去文化部副部长一职。文化大革命的到来，他彻底背上了“反革命文艺黑线大头目、电影界祖师爷”的罪名。一心将党的事业、共和国的建设作为自己终身奋斗目标的夏衍，却被逐出了“理想之门”，家国同构的梦想陷入断裂。直至“文革”结束之后，夏衍才以合理、合法的身份重回共和国的怀抱中。当有人提及，要夏衍将在“文革”中遭受的苦难、“四人帮”的罪行写出来时，他拒绝了，理由是不想让“国耻”被外国人笑话。在他眼里，国家形象已经与自己的生命紧紧联系在一起，个人的得失、家庭的荣辱全赖于国家的兴旺繁荣的程度。家国同构的思想早已成为支撑他奋斗的不竭动力，直至终老。

（王佚：西南大学文学院博士生）

① 钟桂松：批判电影《林家铺子》始末，《茅盾研究——第七届年会论文集》，2001年，第519、524页。

夏衍与《憩园》的三种讲法

王宇平

内容提要

“改编”是夏衍电影理论和实践的重要组成部分。新中国成立后，作为文艺界重要领导，他仍然直接参与具体电影剧本的创作。夏衍后期的五个电影剧本都是对文学经典/革命经典的电影改编，为香港进步/左派电影界创作的剧本《憩园》是其中的特殊作品。夏衍尤其赞赏它的“民族化”的特点。本文考察巴金原著版本、夏衍改编后的电影剧本以及导演朱石麟执导的《故园春梦》（即《憩园》）的电影呈现之间的差异，结合夏衍的改编思想，探讨面对这一时期香港电影的特殊性，夏衍的电影剧本《憩园》中叙事的复杂性与开放性是如何呈现了不同面貌的夏衍，同时丰富和冲击了香港电影的银幕呈现，呼应和进一步敦促了党的香港电影政策。

关键词

《憩园》　巴金　夏衍　朱石麟　《故园春梦》　民族化
香港左派电影

1964年8月，由香港凤凰影业公司出品，朱石麟执导，夏梦、鲍方和平凡等主演的电影《故园春梦》在香港上映。该片源自作家巴金的中篇小说《憩园》，改编者署名朱石麟。实际上，这部影片的编剧是时为新中国文化部副部长的夏衍。1983年，夏衍的电影文学剧本《憩园》出版，他撰写《〈憩园〉后记》回顾了这段往事："五十年代中叶，香港几家进步电影闹剧本荒，国内剧作家又怕'海外关系'而不愿给他们写剧本，于是廖承志同志硬逼着我'带头'给夏梦写一个适合于她扮演的剧本——我当时是侨委委员，但是工作太忙，拖着没有交卷，大约过了一年，夏梦一再催促，才于六一年冬或六二年春改编了这个剧本……这个本子由朱石麟先生导演拍成了电影，可能也是为了适应香港这个特定环境，他们把片名改为《故园春梦》"①。

"电影改编"是夏衍电影理论和实践的重要组成部分，"在中国电影发展史上，既有成功的改编作品，又有系统的改编理论者，夏衍可谓是第一人"②。1933年，他根据茅盾作品改编的同名电影《春蚕》是新文学作品改编为电影的首次尝试；1949年，他从香港返回国内之前，又将葛琴同名小说《结亲》改编为电影交付摄制（该片又名《风雨江南》）。新中国成立后，作为文艺界主管电影的重要领导，夏衍仍直接参与具体电影创作。由他编剧的电影，除《人民的巨掌》（1950年）外，其余五个电影剧本——《祝福》（1956年）、《林家铺子》（1958年）、《革命家庭》（1959年）、《憩园》（1962年）、《烈火中永生》（1963年）——都是对文学经典/革命经典的电影改编。也正是在这一时期，夏衍先后发表了《杂谈改编》、《谈〈林家铺子〉的改编》、《漫谈改编》、《对改编问题答客问》等文章与讲话，阐述他的"电影改编"观，指出不同的艺术样式必然会有不同的表现手法，改编主要"存在着一个改编者对原著的看法（包括世界观和创作方法）和改编者的功力问题"③。

在这些围绕"改编"而来的剧本与文章中，夏衍为香港进步/左派电影界创作的《憩园》可以单独成列。作为"香港特供"，它既有承自其电影改编

① 夏衍：《〈憩园〉后记》，《憩园》，四川人民出版社1983年，第66—67页。
② 周斌：《论夏衍对中国电影理论建设的贡献》，《电影艺术》1995年第2期。
③ 夏衍：《杂谈改编》，《夏衍全集6》，浙江文艺出版社2005年，第471页。

观的一致性，又呈现出不同于当时国内政治文化的影像表达。香港左派电影的主要观众是香港、东南亚等地的海外华人，导演朱石麟曾将自己的工作表述为“新中国电影”的“海外岗位”[①]，《憩园》的特殊性无疑源自香港左派电影的特殊性、源自它与国内电影“内外有别”。而历史的复杂性在于：国内的社会主义电影体制在不断的调整中运行，香港左派电影又必须面临和处理变动中的冷战地缘政治，兼之历史文化发展脉络的缠绕纠结，因此，确立二者“差别”、有效地打开香港左派电影的“特殊性”，就成为一个需要不断探索的命题。

从小说《憩园》到电影《故园春梦》，夏衍与朱石麟的两轮改编使得这一故事有了三种讲法。在这三个文本的依次推进的过程中，夏衍是承上启下的关键人物，他对原著的改编亦是最终影像呈现的决定性因素。本文考察巴金原著版本、夏衍改编的电影剧本以及《故园春梦》的电影呈现之间的差异，聚焦电影剧本《憩园》中的伦理与情感的表达，试图将其叙事上的复杂性与开放性还原为夏衍对香港左派电影发展和定位的探索过程。

一、“暧昧可疑”的小说

巴金的中篇小说《憩园》写于1944年，以作家黎先生的第一人称叙事结构全篇，讲述“我”在抗战中回到“大后方”的家乡，住进朋友姚国栋家的憩园写小说，结识了姚国栋的续弦万昭华、前妻的儿子小虎以及一众仆人。“我”将小虎由于外婆和父亲的过分宠爱而骄纵顽劣，继母万昭华难以管教、苦劝无果都看在眼里，同时又因为憩园旧主人杨老三（杨梦痴）的小儿子寒儿时常潜入故园偷花而开始探究杨家往事，一步步剥笋般揭开富家子杨老三的败家故事。杨老三因荒唐恶劣的往昔遭到妻子和大儿子的远离，他空有悔意却无力自救，只得落魄地四下逃窜。幼子寒儿却始终不放弃父亲，苦苦寻找，痴心盼望父亲的自新与归来。“我”与昭华是寒儿的同情者，愿意帮助和抚慰他，最后却只能无奈地向寒儿隐瞒了杨老三狱中死去的消息，

① 朱石麟：《给女儿的信》，朱枫、朱岩编：《朱石麟与电影》，天地图书公司1999年版，第48页。

给他留一线希望。就在“我”完成了小说，准备离开憩园之时，传来了小虎贪玩溺死的消息。《憩园》属于巴金的后期作品，在他惯有的热情与悲悯之中，悲悯大大地压过了热情，文风由激昂转入沉郁。《家》的结局是“新”出走，《憩园》的开篇则是归乡与回首，憩园的新旧两代主人都逃脱不了没落的命运，未来不知在何处，只有善良的人之间的一点温情为全书添了些暖意。

小说《憩园》采取了故事中套故事的写法，除了姚杨两家的故事外，还有黎先生笔下虚构的瞎眼女人和老车夫的故事。它出版后不久，批评家李长之就撰文批评“主题太多”而有“彼此抵消”之虞，小说的“内容犹如它的笔调，太轻易、太流畅、有些滑过的光景。缺的是曲折，是深，是含蓄，再则“他的小说中自我表现太多”。[①]的确，相对于巴金的前期成名作，《憩园》的端绪繁复，结构相对散漫，笔下人物更是情绪复杂——这与夏衍在《杂谈改编》中谈到的对所改编原著的择取形成了有趣的对照。他说：“我想，一般来说，不论是小说、戏剧、传记文学、叙事诗歌，凡是故事性（或者说戏剧性）较强，人物性格比较鲜明，头绪不太繁复的，就比较容易改编。反之，困难就比较多些。”[②]《憩园》原著显然属于后者。

更饶富意味的是，1958年《巴金文集》在人民文学出版社的出版引发了阅读巴金的热潮，也带来了轰动一时的“巴金作品讨论”，《憩园》是其中的重点批判对象。作者被认为缺乏阶级分析的眼光，对地主阶级流露出过多的同情，“从而导致了作品在基本思想倾向上的错误”，“在这本书里面更多的是表现出作者对过去的留恋和作者对资产阶级人性的宣扬”[③]；1961年，巴金在《谈〈憩园〉》一文中承认了自己写作时无产阶级专政立场的缺乏以及对笔下人物过于同情的态度：“我倒有这样一种感觉：好像笔带着我在走路。人物自己在生活，在成长，他们常常要推翻我的计划。我也有斗争的时候，我跟我自己的缺点、我的温情做斗争，因为我动了感情，我爱上了小说

① 长之：《憩园》，李存光编《巴金研究资料（下）》，知识产权出版社2010年版，第1311页。
② 夏衍：《杂谈改编》，《夏衍全集6》，浙江文艺出版社2005年版，第471页。
③ 武汉大学中文系三年级巴金创作研究小组：《论巴金的世界观与创作》，《巴金创作试论》，湖北人民出版社1959年版，第53、19页。

中的人物，我替姚太太和杨家小孩想得太多。我更偏袒杨家小孩，由于他，我对他父亲也很宽大了。……我本来应当对杨老三作更严厉的谴责和更沉重的鞭挞的。可见我在这场斗争中并未得到胜利。……我并没有无产阶级的立场，这是当时的读者都知道的事实。否则我也不会让笔带着自己走路，更不会让理智迁就感情。”[①]但巴金这段防守式的辩解暗藏机锋，有着“尊重人物自身情感逻辑”的潜台词。

夏衍改编小说《憩园》的时间恰恰就在“巴金作品讨论”后不久，他将之改编后特供香港的行为亦不妨视为他对这场讨论的呼应和参与。在他的电影改编观中，“改编不单是技巧问题，而最根本的还是一个改编者的世界观的问题”[②]；而对于名著改编，他提倡“忠实于原著”，但又要力图通过阶级分析，提高影片的思想性，“使今天的观众更正确地看到事物的本质，使改编后的作品更富有教育意义”[③]。那么，小说《憩园》中的似乎“暧昧可疑”的世界观正在朝他招手，向他奉上难题。

二、结构性的改编与内容的增删

面对香港左派电影界的剧本要求，夏衍对这一原著小说的择取与修改，令人玩味。不同国内对社会主义电影的意识形态要求，巴金小说中突出的五四启蒙观念与通俗化特征正好契合了香港进步电影界的需要，巴金也成为作品被改编最多的新文学作家。1950年代，巴金作品在香港7次被改编为电影[④]，其中影片《春》《秋》还被引入国内放映。1959年，导演李晨风就将小说《憩园》改编为粤语电影《人伦》上映，影片遵循小说的主要情节，却改写了姚家小虎的死亡结局，国栋（影片中改名国良）在杨老三的落魄与死亡面前，幡然悔悟，决定好好教导儿子，小虎溺亡的悲惨教训变为对家族传承

① 巴金：《谈〈憩园〉》，《憩园》，浙江文艺出版社2003年版，第230页。
② 夏衍：《漫谈改编》，《夏衍全集6》，浙江文艺出版社2005年版，第563页。
③ 夏衍：《对改编问题答客问》，《夏衍全集6》，浙江文艺出版社2005年版，第588页。
④ 1953年，《家》（吴回导演）；1953年，《春》（李晨风导演）；1954年，《秋》（秦剑导演）；1955年，《爱情三部曲》（左几导演）；1955年，《寒夜》（李晨风导演）；1957年，《鸣凤》（根据《家》改编，程步高导演）；1959年，《人伦》（根据《憩园》改编，李晨风导演）。

的乐观期待。

夏衍对《憩园》的改编既没有进行大刀阔斧的“世界观”改造，也没有进行偷梁换柱的剧情改写，他几乎是最大程度地保留了原著的内容、主旨与氛围，他说：“改编前征求过巴金同志的意见，我也力求忠实于原著，但动笔时为了适应香港这个环境，我也做了一些技术性的修改，如把原著的男小孩寒儿改为女孩子等等，小说中以第一人称出场的黎先生，也删掉了。我这样做，主要是为了要在八九千呎的篇幅内尽可能地刻画出万昭华、姚国栋、杨老三、寒儿这几个主要人物在四十年代这个特定时期的形象、性格，尽可能地再现这几个富有中国特色的普通常见的人物的欢乐和苦痛。”①

电影改编剧本中最明显的“技术性修改”即上述二点：（一）删去小说中的“我”/作家黎先生，并将这个人物主要心理与行为安排到女主角万昭华的身上。由于黎先生在原小说中承担了杨姚两家故事的探求者和见证者的功能，剧本中的昭华也穿插于姚杨两家之间，叙事中内蕴了昭华的视角；（二）寒儿的性别由男到女，将他/她所执着的父子亲情变为父女连心。除此之外，剧本在细节上也做了些许改变或强化——如开头对憩园正门那堵“长宜子孙”照壁的强调，杨老三书香气质的增添、四十年代前期时代背景的多处渲染、姚国栋前岳母赵家的场景呈现、以及仆人周嫂偷拿“利是”红包的飞来一笔，但只有昭华和寒儿在人物设置上的变动是结构性的。

细究夏衍的原话，值得追问的是：这两处“技术性的修改”与“为了适应香港这个环境”的目的之间究竟构成怎样的因果关系呢？电影剧本送至香港后交由导演朱石麟执导。放眼当时的香港影坛，导演朱石麟几乎是执导《憩园》的不二人选：他的影片素来关注家庭伦理问题和新旧之间的女性角色，将情感教育寓于平淡温和的风格之中。影片完成后改名为《故园春梦》，夏衍将之解释为“可能也是为了适应香港这个特定环境”。那么，可以继续追问的是：“香港/特定环境”一词中包含了怎样的具体内容？

其实，《憩园》在付诸摄制过程中的改编远不止于此，但与夏衍的结构

① 夏衍：《〈憩园〉后记》，《电影文学剧本：憩园》，四川人民出版社1983年版，第66—67页。

性改编不同，朱石麟的改编是内容上的增删，主要有七：（1）姚国栋前岳母赵老太太的全面出场。影片中增添姚国栋在金钱上依附前岳母赵老太太，赵老太太冷落和抢白昭华的情节，并在最后由昭华点明姚国栋正是因为害怕失去赵家的经济支持而不敢管束小虎；（2）增加小虎蛮横顽劣，与继母、寒儿以及众仆人冲突的情节，最后小虎在赵家对同龄玩伴逞勇斗狠，意外落入井中溺毙。赵老太太与姚氏夫妇目睹了全过程，抢救未果，昭华震惊晕倒，动了胎气。影片的戏剧化因素得到增强；（3）删去部分介绍时代背景的细节和场景；（4）删去昭华与其娘家人的往来；增添她阅读巴金的《家》若有所思和流泪的细节；（5）杨家四口互动的戏份增多，不仅仅是女儿寒儿，杨妻与长子和生都一再原谅了杨老三，但杨老三的无力悔改使妻儿绝望，只有女儿依旧牵挂父亲；（6）简化姚国栋的性格塑造，使其较原著与剧本中更为精明和冷漠。姚氏夫妇从诊所出来，目睹杨老三被军官草菅人命，姚国栋让妻子不要怕，"这种事情多得很"；（7）强调和增加了教化性的语言表达，如杨老三的慨叹"不留德行，留财产给子孙是靠不住的"、医生对姚国栋的告诫"钱也不是万能的"，以及结局时怀着新生儿的昭华对丈夫说"过去的就过去吧，只要记着就是了"等等。

通过这些增删，朱石麟不但给观众讲述了一个更为通俗化和大众化的故事，也带出了1950年代以来香港左派电影的固定模式和刻板印象。除了昭华两次目睹死亡的悲剧高潮设置，他对姚赵两家经济关系的点明，既源自好莱坞的通俗剧传统，也可用马克思主义的阶级分析、政治经济分析进行解释；相对于夏衍极为历史化和政治化的故事背景处理，他对时代背景点染式的涉及让整个故事更为普遍化；杨家长子和生戏份的增加减轻了观众对他的责难，从而更对败家子杨老三"哀其不争"，加诸姚国栋身上的精明与冷漠则不免将他引向负面人物，缓解了观众对富家子弟的复杂情绪；而昭华对于"五四"新文化的接受以及影片中透露出的多处道德教化讯息则是香港左派电影一贯着力点。

有了朱石麟在影片摄制过程中的再度改编，我们才赫然发现：即使撇开因地制宜的"世界观"问题不谈，夏衍对《憩园》的改编实践仍与他自我陈述的电影改编观以及香港左派电影传统之间保持了距离：他刻意保持了原著小说沉郁的叙事氛围，放缓了对之戏剧化和通俗化的努力，同时也搁置了香港左派电影传统中的启蒙叙事和道德教育。他改变了昭华和寒儿两代女性的人物设置，究竟会将叙事引向何处，而新的叙事要如何理解和呼应香港的特殊性？

三、昭华的伦理困境

在小说《憩园》中，姚家继室昭华是一个美丽、温柔、善良却忧愁的形象，她出自一个普通的旧式家庭，没有恋爱，经人介绍就嫁给了姚国栋做填房。她的哀愁来自她悲天悯人的天性，更来自她对当下处境的无奈与无助。她爱读书，她丈夫说：“我太太有很多小说，新的旧的都有。商务印书馆的《说部丛书》，她就有全套。这自然不是你们写的那一种，不过总是小说吧。”[①]她并非受到新文化影响的女性，只是沉浸在书的世界里感受爱与同情，她诚恳地依循“相夫教子”的模式生活，但后娘的身份让她处境尴尬，对顽劣无礼的继子束手无策。作为三口人的小家庭，姚家似乎可以采取新式家庭的模式，但一家之主姚国栋靠祖上遗产生活，又处处受制于前岳家，使这个小家庭只能是两个旧式大家庭的附庸。在新文化和旧家庭中，昭华都只能是边缘人。

黎先生/“我”在小说中的结构性功能不单包括追索出杨家的故事，同时也要打开昭华的内心，“她的生活的另一面终于显露出来了。赵家的仇视，小虎的轻蔑，丈夫的不了解。这应该是多么深的心的寂寞啊”[②]。她也越来越多地对他倾诉：“我整天关在这个公馆里，什么事都不做……要管也管不好。我简直是个废人。诵诗却只是宠我”；“我对什么事都只有等待，我对什么事都是空有一番心肠”[③]，她是未曾遭遇偶然性的不出走的“娜拉”。杨老三的故事和寒儿的出现，让她看到了败家子的下场与执着的亲情，她在助人中获得意义，同时也更焦虑对小虎的教育。黎先生懂得她却无从帮助她，

① 巴金：《憩园》，浙江文艺出版社2003年版，第33页。
② 巴金：《憩园》，浙江文艺出版社2003年版，第98页。
③ 巴金：《憩园》，浙江文艺出版社2003年版，第152—153页。

最终黯然离开憩园，完成了知识分子“出走—归乡—离乡”的路径，逃离败落的故园。小说《憩园》中的繁复端绪分散了读者的注意力，但昭华作为旧式伦理中的理想女性仍令人印象深刻。

夏衍的剧本删去了小说中的黎先生，亦即减掉了新式知识分子的相关枝节，使得剧情更加紧密地集中于姚杨两家。但黎先生的探秘者与见证者功能就无处着落，夏衍在谈电影改编时曾特别提及：“《憩园》中女主角写得很可爱，但动作不多，第一人称的‘我’则是个善良、同情心很强的人，‘我’的某些行动似乎可以让那位女主角去担负。”①黎先生和昭华合而为一，黎先生对杨家的关注和帮助由昭华完成，但昭华身边却再没有关注她的温情的眼睛，她失去了倾听者，无从向读者/观众剖白，只能更孤独无助地在自己的困境中了。除却寂寞，她遭遇的棘手问题实际只有一个：即儿子小虎的堕落以及对她的无视。赵家的势力与丈夫的纵容都阻碍着小虎对昭华的认同，她空有母爱孤悬——尤其是见证了败家子杨老三的遭遇后，她对小虎的教育问题更为焦灼，但她始终无法完成小虎对母子关系的确认，也就难以完成自己母亲的责任。作为个人德行几乎完美的女性，昭华的伦理困境在于她是一个不能正名从而无能为力的母亲——夏衍改编的剧本强化与突出了这一点。

夏梦是电影剧本《憩园》的促成者之一，也是剧本改编前就早早确定的主角人选——或者不妨说，剧本中的昭华这个角色是为她度身挑选和打造的，夏衍说：“夏梦很喜欢巴金的作品，我也认为她演万昭华这个角色是适合的。”②夏梦是当时香港进步电影界首屈一指的女演员，她主演的影片《绝代佳人》（1953）、《孽海花》（1953）、《新寡》（1956）、《新婚第一夜》（1956）和《王老虎抢亲》（1960）等都曾被引进内地，广受好评，她更凭借《新寡》在1957年获选全国最受欢迎的十大明星之一。她面貌姣好、身材高挑，正大仙容中又不失娇媚，兼有新旧女性之美，的确是饰演昭华的不二人选。夏梦的明星效应更加重了昭华在影片中的份量，将那种“美丽中的哀愁”诠释得尤为动人。昭华的伦理困境阴影般笼罩了观众的心。

① 夏衍：《对改编问题答客问》，《夏衍全集6》，第598页。
② 夏衍：《〈憩园〉后记》，《憩园》，四川人民出版社1983年版，第66页。

无论小说还是电影剧本中，这一困境都是长期无解的。昭华的怀孕未曾将之缓解，反而让她更添忧虑。这其中的人情世故是非常中国式的：在小说中，仆人向黎先生转述了昭华的慨叹：“幸好她自己没有添小少爷，不然，她做后娘更难做了。”[①]夏衍笔下的昭华更为含蓄，面对仆人的祝贺，只是说：“不要说这些……”[②]小虎的意外死亡似乎从表面上摆脱了这个困境，但实际上，这个极具偶然性的解决方案却是以姚家的感情重创为代价，昭华从中受到的情感挫折与冲击并不亚于丈夫。巴金的小说中以黎先生的归乡和离乡为始终，夏衍的剧本却将观众留在这个事实上未解的困境中，剧本的最后一个场景是姚国栋的借酒浇愁与昭华的悲痛万分，他写道：昭华拦住拿着酒瓶的丈夫，“突然，感慨万端，不禁哽咽地哭出声来。（全剧终）”[③]。昭华的忧郁再一次被强化和传达。而在朱石麟的电影呈现中，新生儿的到来终究给这个家庭带来了安慰和希望。影片的最后一幕是昭华告诉悔恨的丈夫：“过去的就过去吧，只要记着就是了”，然后夫妻二人紧紧相拥。

在这三种讲法的比照中，只有夏衍让观众无限低徊在昭华的伦理困境中：小虎的死亡不是一个关于金钱害人、或者家族没落、或者教育失败的隐喻，也不是一种新生活的开始，而是一个实实在在的再也无法解决的家庭伦理难题，夏衍没有给出解决方案，他只是将观众都召唤到这个中国式的问题之中。

四、寒儿与情感维系

不同于小说中以“我”的归乡开篇，在街道和旅馆兜转盘桓多时，遇见故人姚国栋又少不了一番寒暄与感怀，蒙他盛情相邀，“我”这才在第三章中走到了憩园的门口。电影剧本《憩园》的开篇场景就是由成都远景到街道、再到大宅“憩园”的渐次切近的镜头，“大门开着，白色的照壁上也有土红色的篆体字‘长宜子孙’镶嵌在蓝色的圆框子里”[④]，这浓重的伦理氛围为全片定下了基调。朱石麟的电影基本循此拍摄，画面上传统的中国大家族

---

① 巴金：《憩园》，浙江文艺出版社 2003 年版，第 40 页。
② 夏衍：《憩园》，《夏衍全集 5》，浙江文艺出版社 2005 年版，第 295 页。
③ 夏衍：《憩园》，《夏衍全集 5》，浙江文艺出版社 2005 年版，第 305 页。
④ 夏衍：《憩园》，《夏衍全集 5》，浙江文艺出版社 2005 年版，第 272 页。

的院落，尤其是“长宜子孙”照壁引人注目。

夏衍的剧本没有小说中解密式的倒叙，他话说从头，从杨家把憩园卖与姚家说起。杨家人中不愿卖房的只有落魄的杨老三与她的女儿寒儿，夏衍只用“样子很像他父亲”来做介绍。父女俩无力改变憩园的命运，和小说中寒儿的回忆一样，剧本中直接呈现的憩园买卖交易是由杨老三的长子和生签字的，“我是三房长子，三房的事由我做主。我不怕哪个反对”[①]。小说中的寒儿是幼子尚无能力反对，剧本中的寒儿作为女儿却几乎是没有资格反对了。在中国传统的伦理关系中，女儿不处在严格意义上的子孙行列，女儿与家庭的关系，更是一种情感维系。夏衍通过人物性别设置的改变，将维护父亲的孩子放逐在“子孙”的边缘。

巴金曾谈到寒儿在小说结构中的功能：“我创造他，只是为了帮助杨老三。这句话的意思不过是：有了这样一个小孩，我容易把杨梦痴的性格写得明显”，杨梦痴的悔恨和软弱的确在寒儿的推动下得到了充分展现，但寒儿的真实性也不断遭到读者的质疑，以致巴金又说：“儿子爱父亲也是人之常情。可是像‘寒儿’那样依恋父亲、原谅父亲、痴心盼望父亲回心转意、苦苦地四处寻找父亲、一心一意要改变父亲的命运，这就不是‘常情’了……我喜欢这个小孩的‘死心眼’。不过我不喜欢他对父亲那样宽容。”[②]男性寒儿追述了父亲对家庭一次次的背弃与失信，自己却仍对父亲抱有热烈而执着的爱，这只源于“我总是他的儿子”[③]——这是令人同情的爱，却不完全是正面积极的爱，他在抽象的爱与宽容中忽视了具体的责任，尽管寒儿的孩童设置减轻了问题的严重性，却在另一面增加了读者对于长子和生“硬心肠”的谅解。作者自己也说：“所以我不曾严厉地谴责他哥哥赶走父亲的行为”，这固然是封建伦理中的大罪，但时代已经变更，“封建势力在当时已经成了纸老虎，它不可能强迫多数年轻人在愚忠愚孝的招牌下牺牲自己所宝贵的一切了”[④]。小说人物设置上的不尽合理，使得文本意识的传达略显混乱。

---

① 夏衍：《憩园》，《夏衍全集5》，浙江文艺出版社2005年版，第275页。

② 巴金：《谈〈憩园〉》，《憩园》，浙江文艺出版社，2003年版，第233页。

③ 巴金：《憩园》，浙江文艺出版社2003年版，第147页。

④ 巴金：《憩园》，浙江文艺出版社2003年版，第234页。

无论如何，在一般中国观众的理解中，寒儿的女性身份使得她获得了更为情感化的理由。父亲在，完整的家才在——相较男孩寒儿一昧的执着，敏感的少女寒儿对父亲的挽留，更让人信服。同时夏衍设置多个场景呈现父女之间的温情互动，少女寒儿关爱父亲，败家子父亲面对女儿也释放出他慈爱、善良和书卷气的一面，而他的一再避开寒儿也传达出他对家人的忏悔。长子和生作为三房长子，面对父亲的挥霍、荒唐与不负责，他自谋生路并照顾母亲和妹妹，在某种意义上体现了新胜于旧。他对父亲的拒绝有其合理性，但在妹妹的映照下却不可避免地显出了冷酷。杨老三父子的不同与冲突可被视作新旧两代人的矛盾，但新旧之间的决然切割似乎也不是夏衍赞同的态度：它并未真正解决问题，甚至伤害了母亲和妹妹的感情，并对传统伦理造成了冲击。在电影剧本中，哥哥和生对落魄父亲理性的拒绝多少会让中国观众不适，而妹妹寒儿所执着的情感维系无疑得到了广大的同情。那么，在被长子逐出家门的杨老三那里，当最主要的伦理关系被切断，女儿的情感力量能否拯救和改变他，还是只能抚慰？又或者，抚慰本身就自有意义。

除了少女寒儿，昭华也是给予杨老三同情与帮助的理想人物。在夏衍的安排下，这两个美丽善良的女性走在了一起，昭华对寒儿说：“小妹妹，当我是大姊姊，常到我这儿来！”[①]她们同是那个“长宜子孙”的世界中的边缘人，有各自的痛苦，却成为《憩园》故事中最美好的两个人物，她们之间—— 尤其当最后寒儿邀请昭华来参加哥哥的婚礼，也逐渐建立起一种情感关系。夏衍在她们身上寄托和抒发了最多的同情与爱，正如他自己所说：“我不想讳言我喜欢这部小说，我同情这部小说中那几个平凡而又善良的人物，我同意原作者在小说后记中所说的话，我也希望这部电影能‘给人间添一点温暖，揩干每只流泪的眼睛，让每个人欢笑’。”[②]

五、香港左派电影脉络中的《憩园》

夏衍通过对昭华和寒儿的“技术性修改”，斫减了原著故事的其它主

① 夏衍：《憩园》，《夏衍全集 5》，浙江文艺出版社 2005 年版，第 275 页。
② 夏衍：《〈憩园〉后记》，《憩园》，四川人民出版社 1983 年版，第 67 页。

题，牵引着观众聚焦和徘徊于在伦理和情感问题之中，以暗渡陈仓的方式修改了小说《憩园》的叙事。在他构建的“憩园”里，有着浓厚的伦理氛围，有中国人心照不宣的世故人情，而周嫂趁人不注意将利是塞进了自己口袋的细节，瞬间就使影片与市民世界互相理解。这是个亦新亦旧的世界，有的旧家败落了、有的威力犹在，而新一代则错落不同，各有问题，他们少有为自我的解放，也没有为大众的革命，在自己的小圈子里上演着喜怒哀乐——这样的生态不正对应着香港绝大部分的现实么？

二十世纪五六十年代的香港，处于东西冷战阵营和海峡两岸的政治角力之间，英殖民政府采取消极管辖政策，新中国政府、美国政府和台湾当局等都在香港展开活动。其中中共领导的左派文化，从报界到电影界，已经在香港构筑了一个较为完善的运作机制。由于香港并未形成政治体制上的“左”/“右”意识形态运作，各种文化混杂丛生，左派文化或绿背文化的发展都不能构成排他性的力量，香港的意识形态斗争渐渐形成了各有据点的格局。另一方面，面对复杂的生存现实和意识形态状况，普通民众试图通过个人奋斗与互助扶持安身立命，中国传统伦理中尤为注重的“家庭”成为他们的精神依托所在。不过，随着现代社会的发展，新观念和新情况又不断冲击着传统的家庭伦理关系，构成挑战或促成调整。

香港左派电影早早发现了“家庭”这一平和恰当却大有天地的切入点。除社会写实外，家庭伦理题材历来是其侧重与擅长，代表作品如《一家春》（1952）、《败家仔》（1952）、《寸草心》（1953）、《儿女经》（1953）、《家家户户》（1954）、《一年之计》（1955）、《新寡》（1956）、《新婚第一夜》（1956）、《未出嫁的妈妈》（1958）和《慈母顽儿》（1958）和《笑笑笑》（1960）等。在这些影片中，无论是代际冲突还是夫妻矛盾，解决途径无外乎亲情感召与新胜于旧，也即伦理叙事的背后是道德教育与启蒙叙事：如《一家春》中的夏梦起初也是个一筹莫展的后母，丈夫平凡（该片的夫妻扮演者恰与《故园春梦》相同）的两个女儿对她充满敌视，后母以无私关爱与谆谆教导最终赢得了她们的认可，间或展开相对温和的现实批判与阶级叙事：如对《慈母顽儿》中压迫人、诱人堕落的社会层层渲染，又在《新寡》添加一个自立自强的女仆关心和鼓励着女主角。

这样的题材选择和故事讲述方式是香港左派电影界逐渐摸索的结果，它符合香港社会的现实状况与需要，也应和着作为党的文艺界领导夏衍的期待。夏衍与香港电影渊源甚深，自抗战时期起就一直是香港进步电影的领导者和参与者。新中国成立前，他奉命离港回到内地。1955年，他担任文化部副部长，正是分管电影的领导。他关心香港左派电影的发展，常在北京或上海会见来内地的“长凤新”左派电影人，向他们阐述和传达香港左派电影“立足香港、背靠祖国、面向海外”的方针。尤其值得注意的是，夏衍与廖承志、陈毅等党的领导一样，强调香港（左派）电影承担着与内地电影不同的历史使命，不能脱离香港实际，要团结海外观众以及一切可以团结的人。据香港左派电影人廖一原回忆，1958年他曾赴京参加过专门为香港左派/爱国文化界召开的纠偏会议，夏衍做了专题报告。[①]夏衍对于香港左派电影创作状况和要求自然是十分了解的，这也解释了为什么《憩园》在他建国后的五个改编剧本中从原著选择、改编手法到主旨呈现都另成一格。

不过，即使从夏衍的个人创作经历来看，他也从不缺少对家庭伦理和情感问题的关注：从剧作《上海屋檐下》到《芳草天涯》，家庭伦理问题成为矛盾冲突的焦点。1959年，夏衍改编陶承《我的一家》为电影剧本《革命家庭》，剧本的开篇与结尾他都增设了奶奶为子孙讲革命故事的情节，革命者是一个大家庭的隐喻更是贯穿全片，家庭伦理与革命伦理高度统一，革命叙事与伦理叙事互相促进。《憩园》的特殊之处在于，无论放在夏衍个人创作的序列中还是香港左派电影脉络里，这个家庭伦理与情感的主题都被处理得更为纯粹，昭华的美丽与哀愁、寒儿的纯真与执着更为整个故事增添了浓厚的抒情氛围。剧中伦理困境的难以摆脱与对情感力量的将信将疑将整个故事的结局打开，而不是简单地用亲情感召、道德教化以及新旧交替来合上故事——当然，导演朱石麟在摄制中还是用细微的改动给予了温和乐观的结尾，合上了“故园春梦”。这样的处理方式显然更具通俗性，导演和观众一

① 廖一原：《记夏公对香港爱国电影工作的指导与帮助》，中国电影家协会编：《夏衍论》，中国电影出版社2000年版，第463—464页。

起祝愿着昭华和寒儿：告别了过往、汲取了教训的人们会迎来新的生活。

结语

的确，仅仅以新旧之争、以启蒙话语或革命话语都不能讲述和完成香港故事，必须加入对伦理和情感的关注。而夏衍索性给出一个少有附着而相对纯粹的伦理与情感故事，丰富和冲击了香港电影的银幕呈现，这种“纯粹”召唤着观众进入到昭华和寒儿的世界里、进入到“憩园”的问题中。夏衍用既不同于国内社会主义电影、也不完全同于香港左派电影传统的《憩园》打开了香港特殊性背后的丰富性，也以探索的姿态留有了开放性。

除此之外，面对香港左派电影的海外观众群，他的改编或者说他对伦理和情感的关注更蕴藏了“民族化”的要求，用“中国特色”来召唤和团结他们。直到80年代，他仍感叹《憩园》在这方面的成功：“现在不少人在谈中国电影民族化的问题，我认为‘民族化’不应该但从形式上去花工夫，最主要的还是要写出有中国特色的人物、有中国特色的人与人之间的关系——包括伦理、道德，而《憩园》这部小说中的每一个人物，都具有中国民族的特色，在资本主义国家，不可能有万韶华，不可能有寒儿，也不可能有姚国栋这样的人物的。这就是民族性。这就是《憩园》动人心弦的力量”①。

（王宇平：上海交通大学人文学院讲师）

① 夏衍：《〈憩园〉后记》，《憩园》，四川人民出版社1983年版，第68页。

中国左翼电影运动对日本电影战的因应

吴海勇

据有限的阅读，“电影战”一词似迻译自日本语汇，初见于全面抗战后，日本侵略者在沦陷区放映大量所谓的“国策电影”，以配合其军事入侵。这在上海全面沦陷时期表现得尤为明显，太平洋战争爆发后，英美影片在上海各大影院销声匿迹，取而代之的是美化军国主义、宣扬“大东亚共荣”的日本影片。此之所谓“电影战”，实为日本侵华战争中实施的“文化战”、“宣传战”对中国电影领域的扩张。① 事实上，日本早于九一八事变前后，就对中国发起了旨在美化侵华战争、诋毁中华民族的电影宣传战。所幸中国电影界即时发现了日本帝国主义的这一动向，并作出有针对性的回应。关于这一段历史，目前学界鲜有论及。② 特别是缺少对中国电影界应激反应的关注，而这一因应实际上伴随了中国左翼电影运动的整个过程，对这场电影文化运动产生了深刻的影响，实有必要加以钩稽揭示。

一、从关注辱华到聚焦抗日，反帝激发左翼电影运动的蓄势展开

反帝反封建，是左翼文化运动的本质内涵。需要强调的是，对于左翼电影运动而言，反帝还是激发这场新兴电影运动的催化剂。这场勃兴于1932年的电影文化运动，其源头可追溯到1930年初。在那年的1月16日，鲁迅译出日本左翼电影评论家岩崎·昶所著《电影和资本主义》一书的“作为宣传、煽

① 吴晓波：《抗战时期沦陷区话剧研究》，山东大学2011届硕士学位论文，第14页。

② 汤孟颖的学位论文略及侵华战争时期日本当局对日本电影的管控，对本文有所帮助，相关征引随文注出。汤孟颖：《1937年卢沟桥事变前后日本大众传媒对中日战争及民众反战的应对》，上海社会科学院2013届硕士学位论文。

动手段的电影”部分，另取题名为《现代电影与有产阶级》，所作《译者附记》更将毛锥刺破“欧美帝国主义者”利用电影进行文化侵略的实质。无意中正与鲁迅那篇译文形成积极呼应的是，2月22日在上海大光明大戏院发生了《不怕死》事件。以洪深为主掀起的这场“不怕死”风暴，使反对外片辱华深入人心，然而，真正刺激中国电影界群思奋起的，还是一年半后发生的九一八事变。

九一八事变震动全国，面对民国肇建以来前所未有的丧土失地，中国民情骚动。电影作为近代科技催生的第八艺术，其对社会民众具有强大的宣传教育功能，电影从业者负有不可推卸的职责，这在1920年代末中国社会已成共识。为此，九一八事变消息传到上海后，摄制抗日影片的呼声很快成为中国电影界的时代最强音。《影戏生活》杂志一时间收到600多封读者来信，一致要求各影片公司摄制抗日影片，堪为典型例证。①该刊同期还高频率地刊登了一些号召电影革命化，实施艺术救国的文章，比如，署名“沙”的文章《电影艺术救国的武器之一！电影界联合起来！！负起抗日！！！反帝！！！的宣传责任》，抗日主旨在口号式标题中已显豁无遗。②

无论是出于道义担当还是“生意眼”的考量，抑或是二者兼而有之，当时上海电影界确乎开始积极筹划拍摄宣传抗日的影片。据传，“联华和锡藩等公司已在着手摄制此项影片”。③当时报导，任锡藩将摄抗日影片《想尽想绝》。④最后音信全无，无疾而终。稍可宽慰的是，1931年底，明星影片公司摄制完成了宣传抗日的动画片《同胞速醒》。

如此作为，同日本电影战的差距真不可以道里计。在军国主义的影响下，日本早就开始摄制辱华影片。九一八事变后，日本不断向中国派遣记者

① 程季华、李少白、邢祖文编著：《中国电影发展史（初稿）》第一卷，中国电影出版社1963年版，第180页。

② 沙：《电影艺术救国的武器之一！电影界联合起来！！负起抗日！！！反帝！！！的宣传责任》，《影戏生活》1931年第1卷第41期。

③ 沙：《电影艺术救国的武器之一！电影界联合起来！！负起抗日！！！反帝！！！的宣传责任》，《影戏生活》1931年第1卷第41期。

④ 《影戏生活》第1卷第38期（1931年出版），上海图书馆编：《民国时期电影杂志汇编》第39册，国家图书馆出版社2013年版，第134页。

和摄影师，拍摄纪录片，第一时间将最新战报和片子用飞机送回日本。于是，齐齐哈尔攻略战、辽锦攻略战，以及占领齐齐哈尔和辽宁锦州后的“辉煌战果”等纪录片，在日本接连不断地上映，大阪每日新闻社还摄制了一部带有故事性情节的电影，名为《守卫满蒙》。凡此形象地强化了满洲是日本国防第一线的思想灌输，大涨了日本国民的好战气焰。①

随后发生的一二八淞沪抗战，使上海电影业遭受沉重打击，同时刺激中国电影人危境奋起，前所未有地投身到抗战影片的拍摄中去。当年上海的电影公司几乎都派出摄制组拍摄淞沪抗战的新闻纪录片。明星公司的《战地历险记》、《抗日血战》、《十九路军血战抗日》、《上海之战》，联华公司的《十九路军抗日战史》、《暴日祸沪记》、《淞沪抗日阵亡将士追悼会》，天一公司有《上海浩劫记》。除此三大影片公司，中小公司的新闻纪录片有：《十九路军光荣史》（惠民影片公司）、《上海抗敌血战史》（亚细亚影片公司）、《淞沪血》（暨南影片公司）、《上海抗日血战史》（慧冲影片公司）、《中国铁血军战史》（锡藩影片公司）等。除了新闻纪录片，联华、明星公司分别推出了鼓动抗战的动画片《血钱》、《民族痛史》。此外，联华公司还赶制了抗日故事片《共赴国难》，同年8月公映，实现了相关影片零的突破。

以上成绩来之不易，但是无法匹敌日本电影界的变本加厉。庆幸的是，日本对华实施电影战的动向为中国有识之士及时察觉。②诞生于1932年12月17日的《电影与文艺》，在创刊号上刊文揭露道：“日影界排华，全国总动员，摄反宣传影片，两年共计七千余种，迷惑世界众听”，并梳理了日本侵略东北及上海的影片消息，重点介绍了：（1）《空闲少佐》，根据被中国军队击落的日本空军小队长事迹摄制的影片；（2）《肉弹三勇士》，根据一二八淞沪抗战时期日军三工兵怀抱爆破筒，为日军开路阵亡的战事创作，

① 汤孟颖：《1937年卢沟桥事变前后日本大众传媒对中日战争及民众反战的应对》，上海社会科学院2013届硕士学位论文，第17页。

② 此可追溯到九一八事变的前夕。周无涯：《日本人的野心，侮辱中国的影片》，《影戏生活》第1卷第11期（1931年3月27日出版），上海图书馆编：《民国时期电影杂志汇编》第36册，国家图书馆出版社2013年版，第12页。

由于题材抢眼，引起日本各电影制片厂竞摄，据说截至3月12日，该题材已摄制157部之多；（3）《护祖国》，该片的摄制动用了日本海、陆、空三军，出场人员多达两万余人。此文在该刊第二期连载，又罗陈了铁道省赞助拍摄的《辽西之一扫》、《义勇军之末路》、《破邪行》、《皇军之威容》等镇压东北义勇军的电影，文部省赞助拍摄的《北满之落花》、《大和樱花遍满洲》等宣扬侵华影片，还有陆军省在满洲筹建大规模有声片公司的消息等。①

此文在该刊第三期作最后的连载，在继续枚举相关影片后，作者辛茹出示了他的相关统计，“日本内务省上周发表满洲，上海事变关系之影片数如次”：1931年1月至9月20日止，影片种数为1378种，1931年9月21日至1932年8月31日止，影片种数为6221种。②两数据相加，果真是超过7000之数。③

正如时人许美埙所指出的那样，这是日本电影走向法西斯化的鲜明例证，更为重要的是，日本自九一八后推出以满洲问题为主题的大量美化侵华的影片，“与辱华片不能等量齐观”④，可谓一针见血。欧美辱华片更多地源自鸦战以来西方列强对华赢得的全方位优势特别是心理文化优势，民国政治未能根本扭转国家贫弱的颓势，西方影片放大中华陋习、征服华裔（特别是华裔女性）的镜头，旨在满足西方世界关于荒蛮东方的想象，以此保持其文化自大狂的好感。而日本的相关摄制不啻为其侵华战争作美化宣传，对内具有鼓动侵略的功用，对外则分明是混淆视听，有意误导国际舆论。如果说前者最多与文化侵凌相挂钩，那么，后者则直接为侵略战争服务，对于中华民族更具实质性的危害。有鉴于此，不难理解反击日本侵华宣传之于左翼电影运动的发动具有多么重要的作用。

---

① 《全国总动员摄反宣传影片（一）》、《全国总动员摄反宣传影片（二）》，上海图书馆编：《民国时期电影杂志汇编》第17册，国家图书馆出版社2013年版，第295、305页。

② 《全国总动员摄反宣传影片（三）》，上海图书馆编：《民国时期电影杂志汇编》第17册，国家图书馆出版社2013年版，第319页。

③ 据1933年3月20日上海《申报》的统计，其中8家日本电影公司摄制的美化侵华就有161部之多。许美埙：《德·意·日电影的倾向：电影的法西斯化》，《现代电影》第1卷第6期12月号（1933年12月1日），上海图书馆编：《民国时期电影杂志汇编》第75册，国家图书馆出版社2013年版，第255页。

④ 许美埙：《德·意·日电影的倾向：电影的法西斯化》，《现代电影》第1卷第6期12月号（1933年12月1日），上海图书馆编：《民国时期电影杂志汇编》第75册，国家图书馆出版社2013年版，第255页。

二、左翼电影运动第一波、第二波浪潮中的抗战影像

国民党较早关注到电影在宣传工作的重要作用，至迟到1928年上海国民党宣传部就提出了“电影宣传”的主张，[①]此后国民党中执委宣传部有进一步的擘划。一二八淞沪战争爆发后，电影检查委员会曾专门函请中宣部“代为设法摄制影片，以志惨痛而资感奋”。[②]然而，囿于南京政府的对日政策，国民党中宣部6月间发布了禁止拍摄抗日影片的“通告”，[③]连战争与革命题材亦在禁摄之内。国民党当局在电影宣传领域竟作如此大的退让，甚是不得民心，这也正构成进步电影人摄制反日影像的艰难语境。

在1935年底“国防电影”的口号兴起之前，左翼电影运动的发展涌现过两个波峰，以捣毁艺华事件为二者的分水岭。检阅这阶段出品的左翼电影，不难发现尽管阻力重重，左翼电影人还是将反日主张付诸影像表达，如下表所示：

表

影片名	出品公司	首映时间	抗战影像情节
三个摩登女性	联华	1932.12.29	穿插：男女主人公投身淞沪抗战，有了第一次相遇；周淑贞要张榆接触社会底层，带他走过战争瓦砾
挣扎	天一	1933.10.7	结局：冯根发出狱，适逢一二八淞沪抗战，遂参加义勇军，他谨记“杀敌人的枪，不应该拿来报复私仇”，放过了自己的仇人，最后战斗而死
春蚕	明星	1933.10.8	结局：蚕茧丰收，却因上海战事（实即一二八淞沪抗战）只能到无锡贱卖

① 《各部工作概况：宣传部：电影宣传》，《上海党声》，1928年第11期。

② 《本会大事记》，《教育内政部电影检查委员会工作总报告》，1934年9月19日，出版者不详，第17—18页。

③ 程季华、李少白、邢祖文编著：《中国电影发展史（初稿）》第一卷，中国电影出版社1963年版，第292页。

小玩意	联华	1933.10.8	穿插+结局：珠儿在一二八淞沪抗战期间参加救护工作牺牲，叶大嫂受不了丧女之痛而精神失常；翌年1月28日，新年爆竹让叶大嫂旧病复发，误以为战争又起
晨曦	义记	1933.11.5	主场戏：边陲村民自卫反击敌人的进攻
民族生存	艺华	1933.	主场戏+结局：一群九一八东北难民在上海的凄惨遭遇；好不容易找到住处，当夜一二八淞沪战争爆发，他们不再逃避，奔赴前线
中国海的怒潮	艺华	1934.2.28	主场戏+结局：演绎江浙渔民抵抗日本的海洋入侵；渔民全部壮烈牺牲
烈焰	艺华	1934.3.28	结局：一二八之夜，闸北熊熊燃烧，在阿桂的号召下，人们随着救火车冲向前线
华山艳史	明星	1934.4.15	结局：陈北峰看到“沈阳失陷”的新闻，义无反顾参加义勇军，壮烈牺牲
同仇	明星	1934.4.27	结局：平津危急，李志超毅然率部队出征，抱子持刀前往复仇的小芬也禁不住举手送别
大路	联华	1935.1.1	主场戏+结局：金哥等热血青年加紧修筑军用公路，以抵御帝国主义的侵略；公路修好，金哥等在敌机轰炸中不幸牺牲
肉搏	艺华	1935.1.22	主场戏+结局：史震球、冯飞鹏受老师牺牲在东北的消息感召，尽释前嫌，参加学生义勇军；冯飞鹏壮烈牺牲，临死叮嘱史震球要抗战到底
逃亡	艺华	1935.3.23	主场戏+结局：敌人入侵塞北，边民逃亡；难民不再逃亡，他们参加义勇军，回转前线
生之哀歌	艺华	1935.4.20	穿插：林梦鸥在医院遇见了在一二八抗战中伤了右腕的乔杰
风云儿女	电通	1935.5.24	穿插+结局：阿凤与母系东北难民，上海产业又毁于一二八点火；质夫因受铁血团朋友谋炸奸商案的牵连被捕入狱；质夫出狱后参加古北口抗战英勇牺牲，遗札促使白华幡然猛醒；白华走上抗敌的最前线，与阿凤相遇；主题歌《义勇军进行曲》、插曲《铁蹄下的歌女》

热血忠魂	明星	1935.6.6	主场戏+结局：杭州某校学生纷起奔赴抗战前线，不惧艰险努力募捐；学生追悼为民族牺牲的英雄，决心继续民族英雄的忠魂热血
人之初	艺华	1935.6.6	结局：一二八淞沪抗战爆发，黄家父子为保家产努力游说抗日军队退出上海，张荣根父子参加义勇军（遭删剪）
乡愁	明星	1935.6.19	主场戏+结局：在帝国主义的侵略下，中国边陲某地女教师杨瑛携母逃难上海，生活艰难；杨瑛出狱，敌人又在上海燃起战火，难民不再逃避，投入了救亡的战斗
自由神	电通	1935.8.24	结局：一二八战争期间，陈行素在逃难中与儿子失散，她忍痛投入到抚育战争孤儿
桃花扇	新华	1935.9.12	结局：帝国主义出兵济南，北伐受阻，方与民策马奔赴前线
时势英雄	艺华	1935.12.12	结局：赵德雄孤注一掷派人携款北上采购，因强敌入侵，顿陷绝境
劫后桃花	明星	1936.1.22	主场戏+结局：日本在青岛战胜德国，祝公馆被查封，成为日本军人俱乐部；青岛主权回归中国，祝公馆摘下日本军人俱乐部的牌子

上述22部左翼影片，采用以敌人指称日寇，以边境遭侵、沪上战争等含混方式指代九一八事变、一·二八淞沪抗战，应付“电检”机关，虽遭部分删剪，但均得以面世。大银幕展示的抗战影像，除了九一八事变、一·二八淞沪抗战之外，还涉及长城抗战、济南惨案、日本强占青岛等历史以至海洋冲突、铁血团谋炸奸商，等等，除了一些穿插，不乏主场戏的演绎（9部），以结局主人公参加抗战、奔赴前线来振起全片，更是常见的艺术手法。如此内容虽加隐晦，当时观众自能心领神会，其影响意义不容低估。

三、努力摄制国防电影，狙击日本的电影外交战

1935年7、8月间召开的共产国际七大，作出了建立反法西斯统一战线的重大战略调整。在会议期间，中共驻共产国际代表团拟定《为抗日救国告全体同胞书》（后以定稿时间简称《八一宣言》），发表后很快在中国社会各

界引起巨大反响。为了促进文艺界抗日民族统一战线的建立，左翼文化团体于1935、1936年之交纷纷解散，“文委”转而倡导“国防文学”，左翼电影力量随即转向国防电影运动。这是左翼电影运动在历史新阶段的延续，尽管“电检”制度依旧，较之以往，抗战影像还是得到明显增强。

表

影片名	出品公司	首映时间	抗战影像情节
迷途的羔羊	联华	1936.8.15	穿插：儿戏“长城之战”
狼山喋血记	联华	1936.11.20	主场戏：象征手法，狼村打狼故事
壮志凌云	新华	1936.12.31	主场戏：边省太平村抗敌故事
联华交响曲	联华	1937.1.8	
（2）春闺梦断			主场戏：象征手法，二女反抗战争狂人
（3）陌生人			主场戏：村民因窝藏日本间谍以致家破人亡
（5）月夜小景			穿插：强盗从老人口中得知家已毁于一二八战火，母亲也死在炮火中
（7）疯人狂想曲			主场戏：经历战争的农夫神经失常，在疯人院高呼“打回去”
（8）小五义			主场戏：象征手法，五个小孩反抗恶邻
压岁钱	明星	1937.2.11	穿插：儿童齐唱《救亡之歌》，引得路人踯躅街头
夜半歌声	新华	1937.2.20	穿插：《黄河之恋》“不愿做亡国奴！”“掀翻鬼子的船，不让他们渡黄河”；《热血》“谁愿意做奴隶，谁愿意做马牛？”“敌人的毒焰”等歌词
十字街头	明星	1937.4.15	穿插：刘大哥在抗战前线战斗的消息；插曲《思故乡》“我不忘记最可爱的故乡，我不忘记我故乡三千万的奴隶”，“我要用武器打倒仇敌，我要回去，回到我可爱的故乡”等词曲及东三省地图等相关镜头（均遭删剪）

青年进行曲	新华	1937.7.16	主场戏：华北某大学生沈元中在监视奸商秘密囤积粮食时，遭枪击身亡，临死前勉励王伯麟等同学继续救国除奸；“匪军”大举进攻华北要塞，伯麟正欲效死疆场，却发现父亲正命妾弟宝生卖粮与敌，遂击毙宝生，投奔义勇军；主题歌《青年进行曲》犹如时代战歌：“前进，中国的青年！挺战！中国的青年！”“我们要一以当十，百以当千；我们没有退后，只有向前”
马路天使	明星	1937.7.24	穿插：小云、小红姐妹因东北沦陷流落上海；陈少平书写结拜盟誓记不起“难”字怎么写，从而引出了“半个天津”、“半个上海”、“半个汉口”的提示，最后从报纸“国难当头”的报道查出“难”字；插曲《天涯歌女》“家乡呀北望，泪呀泪沾襟”暗藏家国之痛。
摇钱树	华安（联华）	1937.7.29	穿插：吴一清为抗战失去一腿，家居苦闷
王老五	华安（联华）	1938.4.3	主场戏：一二八战争爆发，王老五拒不为汉奸工头焚烧棚户区、投掷炸弹，并追击工贼，被工贼开枪打伤，含冤而死（遭删剪）
夜奔	明星	1938.4.27	主场戏：华北事变，冀东沦为日伪势力范围，冯德成等与卖国奸商斗智斗勇，冯最终为国牺牲

上述12部进步影片竟有5部之多是以抗战故事为主场戏，比例明显高出前阶段（至于12部之数低于前阶段同类产出的21部，主要是由于这阶段不过一年有半，随即因为全面抗战爆发而终止，这阶段左翼影片数量为20部，仅占总量的27%），这5部之数还不包括集锦式电影《联华交响曲》的多个构成。该影片组成的 8 部小影片竟有 5 部含有抗战影像，且有 4 部以此为主场戏结构全片，从一个侧面也反映了国防电影运动对抗战内容的加强。

以敌匪指称日寇的隐晦手法仍在国防影片中加以沿用，较前阶段更多了以象征手法结构全片的影片，如《狼山喋血记》、《联华交响曲》之《春闺梦断》、《小五义》，用歌曲来宣扬抗战也较前为多见。更值得称道的是，《壮志凌云》、《青年进行曲》、《夜奔》此类专题反映边疆抗战、华北危机的文艺片，在写实呈现与传达抗日的紧迫性方面，有了新的进展；在叙事方面，情感线与主场戏有的仍交织演进，但像前阶段《中国海的怒潮》一类影片中的阶级矛盾展示，在此基本上消隐了，似有意彰显抗战主题。唯其如此，结局振起的手法在国防影片中并不普遍。《王老五》后小半部反映一二八淞沪抗战中的反汉奸斗争，与前半部没有必然的逻辑联系，似将结局振起法加以扩展使用，不幸遭到“电检”当局的大幅删剪，以致面目全非。

除了摄制国防影片，中国电影人还同日本输入中国的电影外交战影片打起了舆论交手战，进而对租界当局“电检”制度形成前所未有的冲击。一二八淞沪战争后，日本继续它的电影国策。综览当时电影刊物，时人对日方的以下动向尤为关注：一是加强了对所谓“满洲国”的电影进口审查。在侵略者的操控下，东北盛行日本片，[①]对于中国影片的输入则加强“电检”，《联华交响曲》在东北开映时《小五义》完全被剪去，《壮志凌云》被改换片名，内容也遭删改。[②]其最终目的是要东北排斥华片。[③]二是着手建设东北电影业，摄制宣扬满洲国的影片。侵略者开始注重挖掘“满洲国”的演艺人才，[④]甚至企图拉拢尚未沦陷地区的中国演员为其所用。后又成立满洲电影会社，摄制影片强迫观看，并征求反共剧本。[⑤]其三，便是厉行电影外交，继续摄制美化侵华的宣传影片，见缝插针地在世界制造影响。时人所见甚明：“日政府厉行电影外交。实践电影政治化、电影宣传化、电影军事化”。日

① 《伪国日本片盛行》，《电声》电影周刊第3卷第26期（1934年7月14日），上海图书馆编：《民国时期电影杂志汇编》第48册，国家图书馆出版社2013年版，第187页。

② 《〈联华交响曲〉在东北开映〈小五义〉一段完全剪去》，《电声》电影图画周刊第6年第21期（1937年5月28日），上海图书馆编：《民国时期电影杂志汇编》第61册，国家图书馆出版社2013年版，第85页。

③ 《日人在东北排斥华片》，《电声》电影图画周刊第5年第42期（1936年10月23日），上海图书馆编：《民国时期电影杂志汇编》第57册，国家图书馆出版社2013年版，第187页。

④ 《满洲小姐赴日摄片》，《电声》电影周刊第3卷第32期（1934年8月24日），上海图书馆编：《民国时期电影杂志汇编》第49册，国家图书馆出版社2013年版，第8页。

⑤ 《伪满制定电影国策，成立满洲电影会社，摄制影片强迫观看，近又大登广告征求反共剧本》，《电声》电影图画周刊第6年第9期（1937年3月5日），上海图书馆编：《民国时期电影杂志汇编》第59册，国家图书馆出版社2013年版，第246页。

本影院放映的多一半是“关系东北的影片，片中所示，无非大和魂的精神，武士道的勇毅，中国的腐败和华军的庸溃”。“据日本文部小所昭示，现在专摄此项影片之公司，占日本影片公司总数十之七八。”①日本实施的电影战上升至国家外交的高度。美国出品的《九一八满洲之夜》得到日本帮助，外景到东三省摄取，有辱华情节穿插其间，在世界各国放映，影响恶劣，该片日译为《我们光荣的收获》。②日德合作摄制《新土》，则可称是日本电影外交战的上乘之作。

1937年3月5日出版的《电声》，报导了德日亲善，合作完成影片《新土》摄制的消息。③不想未出3月，该片即在沪试映。④中国电影人早已风闻其为美化侵略的影片，但因日本凭其强力所摄影片向来不接受南京政府的“电检”，只要租界“电检”放行即可，所以抗议之声不仅指向南京政府，也指向租界当局。公共租界工部局甘冒天下之大不韪，竟予准许，该片于6月3日晚在上海乍浦路东和剧场正式公映，一时间上海舆论哗然。迫于压力，公共租界工部局警务处电检委员会要求放映方对敏感镜头进行删剪，无奈放映方阳奉阴违，敷衍了事。⑤ 9日，上海电影戏剧界欧阳予倩、应云卫等370余人联名发表抗议书，由此激发了新一轮抨击租界影剧检查制度的抗议运动。该抗争不仅惊动南京政府外交部“训令”上海市政府向租界当局提出交涉，⑥而且迫使租界电检委禁映了另一部原拟在近期上映的美化侵略东北的纪录片《国防全线八千粁》。上海的文艺界并不止足于此，继续要求向日德抗议、

---

① 张三：《日政府厉行电影外交。实践电影政治化·电影宣传化·电影军事化》，《电声》电影图画周刊第5年第27期（1936年7月10日），上海图书馆编：《民国时期电影杂志汇编》第56册，国家图书馆出版社2013年版，第53页。

② 《辱华影片在各国放映，片名〈九一八满洲之夜〉美国出品》，《电声》电影图画周刊第4卷第41期（1935年10月11日），上海图书馆编：《民国时期电影杂志汇编》第53册，国家图书馆出版社2013年版，第67页。

③ 《德日同盟不过三月，德日亲善影片业经完成，〈新土〉摄制经年在日公映，电影界有先见之明乎？》，《电声》电影图画周刊第6年第9期（1937年3月5日），上海图书馆编：《民国时期电影杂志汇编》第59册，国家图书馆出版社2013年版，第251页。

④ 《日宣传侵略影片〈新地〉在沪试映》，《电声》电影图画周刊第六年第22期（1937年5月28日），上海图书馆编：《民国时期电影杂志汇编》第61册，国家图书馆出版社2013年版，第130页。

⑤ 上海市委宣传部党史资料征集委员会合编：《上海革命文化大事记（1919—1937）》，上海书店出版社1995年版，第574页。

⑥ 鲁思：《艺社忆旧》，《电影艺术》1960年第4期，第80页。程季华、李少白、邢祖文编著：《中国电影发展史（初稿）》第一卷，中国电影出版社1963年版，第505—509页。

撤销租界电检会。[①]此已是七七事变的前夜，也可说是国防电影运动的最后澎湃。

四、历史小结与启示

从电影战的视角回顾左翼电影运动的发展历程，未能周延涵盖全面抗战爆发前中国电影界在三十年代抗击日本电影宣传的积极作为。事实上，中国当时出产的内含抗日宣传思想的影片还要多些，比如名声赫赫的《恶邻》就未计在内。1936年11月中旬出版的《联华画报》曾检阅过九一八事变以来宣传抗日的国产片，列举了17部影片，除了前文提到的并非归入左翼影片的《共赴国难》，以及本文已经列举的左翼影片9部，尚有《战地历险记》、《战地二孤女》、《奋斗》、《女人》、《铁鸟》、《美人心》、《暴风雨》7部。[②]至于相关影像穿插的影片自然是更多了。尽管如此，本文的切入还是能够抓住主流、足以览其大概，并极有利于增进对于左翼电影运动的历史理解，从中或可提取有益于当代的若干启示。

第一，回顾这段历史，可以深化对左翼电影反帝内涵的认识。左翼电影运动原本有意张扬普罗电影，后与国情结合，提出反帝反封反资的“三反”口号。国民党当局力图遏制调和乡村、城市存在的阶级矛盾，坚决反对劳资对立，虽然倡导反封建实只支持反对迷信陋俗。至于反帝，由于国民党当局对西方采取缓进废约的政策，不甚支持左翼电影抨揞西方列强的做法，再加之上海租界当局的“电检”，这在相当程度上限制了左翼电影表现反帝题材。在这种情况下，变相地表达民众的反日主张成为左翼电影运动不可轻弃的重要突破口。根据前文对两个阶段影片的梳理，合计有34部左翼影片涉及此类内容，占74部左翼电影的45.95%。宣扬抗日之于左翼电影运动反帝主题的重要性，在此可得到大体的认识。

---

① 赵伟清：《上海公共租界电影审查（1927 ~ 1937）》，上海交通大学出版社2012年版，第217—220页。

② 《敌人的血腥之旗已飞扬在中华国土之上五年！》，《联华画报》第8卷第2期（1936年11月20日），上海图书馆编：《民国时期电影杂志汇编》第81册，国家图书馆出版社2013年版，第134—135页。

第二，回应日本电影战，前所未有地激发中国电影的战斗力。日本发动的侵华战争及其实施的电影战在很大程度上改变了中国电影新兴的时代背景，赋予进步电影人向左转的源动力。外族入侵自然激起的民族主义情绪，同共产党反帝拥苏的政治主张深度对接，宣传抗日由此成为左翼电影运动的鲜明组成。鉴于日寇侵华战争的空前残酷性与电影战的极端紧迫性，左翼电影迸发出空前的战斗力。这突出地体现在相关影片直接演绎武装抗日，如《中国海的怒潮》、《肉搏》、《热血忠魂》、《壮志凌云》；在影片结尾，以镜头语言号召群众拿起武器、奔赴前线的更是为数不少，如《民族生存》、《烈焰》、《逃亡》、《风云儿女》、《青年进行曲》，等等。相比之下，反封建题材的左翼电影仅《铁板红泪录》结尾涉及武装斗争，反资题材最多略及罢工情节，其他反帝题材影片不过是敲碎玻璃一类的暴力宣泄，左翼电影的战斗力在宣传抗日的影片中得到充分的张扬。

第三，这是一场不对称的战争，中国电影界的回应相对有限。日本对华实施电影战，启动时间早、举国一致、内外联动、变本加厉，可谓是以侵略立国者之“银幕国策”的自然延展。岛国根性的危机抱团意识，复加以军国主义统治的强烈刺激，日本电影从业者表现出近乎病态的亢奋，由此炮制出大量美化侵华战争，宣扬殖民统治的辱华影片。中国电影界有识之士对此高度警觉，及时予以了揭露，但在应对方面，只是民营电影公司随机产生一些影片，且受到国民党当局的牵制。为此，这场电影战是场不对称的战争，不必作过高的评估。

第四，民企电影对抗日本的电影统制，也有其有利的方面。日本电影无所遁逃地被笼罩于军国主义文化统制之下，诚如时人所见：“日本影片是帝制下的产物，所以它的戏剧也多带有帝国主义的深厚色彩。”“九一八后，日本影片做了对人民对国际间鼓吹，煽动，宣传的工具”，“日本的影片在构造的艺术上，还不能称为健全，但是人民对于本国影片却有一种爱护心，所谓‘提倡国货’。这种势力极大。”[①]在这种情况下日本电影业的举国一

① 王晓天：《日本的影片》，《联华画报》第1卷第25期（1933年6月18），上海图书馆编：《民国时期电影杂志汇编》第76册，国家图书馆出版社2013年版，第98页。

致，其实正是军国主义疯魔的表征，绝非文化创造力的福音。相比之下，国民党当局尚未形成对中国电影业的统制，民营影片公司在双重“电检”下依然与电影市场翩然共舞。这注定中国电影对日本电影战的回应出于自发，会根据市场需求而加以调适，不易形成一边倒的情形。也正因为此，三十年代中国电影呈现出多样化的勃勃生机。据一位留日华侨观察对比中日电影，认为日本影片“宣扬武士道精神，低级兴味非常浓厚”，并引日本女作家林芙美子称赞《迷途的羔羊》之语，进而认为“日片技术进步，但不若华片青春勃发。”[①]长此以往，中日电影对外的宣传功效势必逆转。

（吴海勇：中共上海市委党史研究室副处长）

① 《一个留日华侨眼光中的中日电影比较观》，《电声》电影图画周刊第6年第7期（1937年2月12日），上海图书馆编：《民国时期电影杂志汇编》第59册，国家图书馆出版社2013年版，第170页。

抗战年代的中国电影广告身影与文化表达

（1931—1945）

涂文明

内容提要

本文从电影广告入手，分析了1931—1945年中国电影广告在特定时间内的表现与职责担当，梳理了中国电影广告在此阶段内，在故事片和纪录片等影片的广告文案和影片内容传播中的国族意识唤起，也简要呈现了沦陷时期中国电影广告呈现的文化之痛。本文认为，1931—1945年的中国电影广告在特定历史时期的文化表述和职责担当，需要我们今日予以充分重视和深入研究。

关键词

电影广告　抗战

一、中国电影广告对中国电影和社会发展的多重介入与社会职能担当

在整个中国电影发展过程中，电影广告和中国电影结下了不解之缘。从19世纪末电影进入中国，到如今，百余年来，中国电影广告对中国电影发展和社会进步进行了多重介入，完成了重要的社会职能担当。

首先，中国影片广告的系统化常态化发展，为中国影业留下了影片“生

命史”的丰富信息。电影进入中国之后不久，便与广告结下了不解之缘。随着中国电影及电影广告文化的日益浓厚，在报刊等媒体发布影片广告已经成为影片市场运作的常态。从20年代到40年代，几乎每一部中国故事片都曾在报纸等媒体刊登过广告，大量的影片广告，为我们留存了影片制作、放映时的历史状态与诸多相关信息。不少影片从前期策划到最终公映完成，均在电影广告中留存信息，更有许多影片多次“复映”，一些影片在中国各地反复放映①，其身影出现于各地不同时期的电影广告中，它们在各地电影广告中的显身和跨地旅行，共同勾勒出影片从诞生到走向市场的整个“生命史”流程。

其次，蔚为大观的电影广告，从整体上展示整个中国电影业发展变化的轨迹。自20年代到40年代，大量电影广告的创意、文案、设计、发布，从多层面折射出中国电影制作、生存、发展变化的轨迹。例如，在电影广告关注的电影本体元素中，20年代无声片时代的中国电影广告普遍重视字幕、光线、穿插等电影本体元素，到30、40年代有声片时代，中国电影广告的诉求重点则转向强调电影录音技术设备、电影歌曲、对白等新的有声元素，中国电影广告从无声片时代的文案诉求到有声片时代诉求的转变，生动地呈现中国有声电影发展所带来的电影创作、消费的变迁。

从空间层面看，电影广告见证了中国城市及区域电影放映的发展过程，电影广告中蕴含丰富的电影放映史细节，影院建设理念、建筑方式与布局、电影放映机构产权归属变迁、影片放映方式和特色、电影票价与促销方式、影人参与区域和城市电影放映活动过程、城市和区域电影观众观影喜好……种种反映在电影广告中的信息，为早期中国城市和区域电影放映史、电影消费史、电影文化发展史的写作提供了素材和可能。事实上，如今中国许多省份和城市的电影志编纂与相关电影史研究，都将电影广告作为非常重要的资源和线索。

从电影广告对社会议题的呈现和参与看，中国电影广告表现出对各时期

---

① 以明星影片公司出品的《火烧红莲寺》为例，该系列影片曾在1928—1931年间，多次出现于中国各地乃在南洋等地的报纸广告中，在孤岛时期，《火烧红莲寺》被政府解禁后，曾于上海金城大戏院等戏院公映，其广告也随着影片放映刊登于《新闻报》等报纸上。《火烧红莲寺》在各地的电影广告为我们留下了该片在中国各地传播的宝贵历史资料，也呈现了该片自诞生以来的“生命”运行轨迹。

社会热点议题的浓厚兴趣和强烈关注。对于早期中国影业来说，电影不仅是一门艺术形式、一种休闲和娱乐方式，同时也是社会文化议题的重要书写者和参与者。电影广告依托于影业发展，同时也对身处的时代、社会和文化思潮有所映射。在它身上留存了浓厚的时代印记。民主科学、女性解放、婚姻自主、都市时尚、乡村生活、左翼运动、民族危机、战争风云、战后社会等具有时代气息的元素，以及中国人耳熟能详的古代历史、文学经典、民间传说、儒家文化、至圣先师等内容，伴随着中国影业发展和影片传播，出现于20—40年代中国电影广告之中。电影广告用文字、图画，向广告阅读者描画勾勒出一幅幅古今中国社会的文化图景。

以左翼电影的广告宣传为例，不少左翼影片的广告着力凸显影片中的阶级矛盾、民族生存等社会问题，引导观众思考和关注当下中国社会现实。如影片《盐潮》的广告称："这是纨绔子与穷姑娘的一段恋爱史，也是农民和地主们的一页斗争史"①，南京首都大戏院为左翼电影《上海廿四小时》发布的广告称：你要赏鉴吗？这里展览着：神秘光怪的上海，纸醉金迷的上海，辉煌绮丽的上海，荒唐淫乱的上海。你要知道吗？这里解剖着：血肉模糊的上海，阴戚惨淡的上海，污污腥臭的上海，狗苟蝇营的上海。②广告措辞具有强烈的社会批判性和斗争锋芒，引导观众去审视、反思不合理的社会制度。南京首都大戏院放映《小玩意》的广告称："暴露帝国主义经济武力的侵略！抨击军阀余孽祸国殃民的罪恶！发扬中华民族艰苦卓绝的精神！负起改良手艺提倡工业的使命！为大众福利该怎样牺牲？为民族生存该怎样奋斗？对工业落后该怎样挽救？为身体康健该怎样修养？"③上述广告措辞，将《小玩意》蕴含的社会批判意识和多重社会文化意涵向读者做了清晰的传达，引导观众思考。电影广告由此成为激励观众参与电影与社会议题互动的中介平台。

此外，电影广告作为市民观影的指南和参考，深刻融入普通市民日常生

① 新光大戏院：《盐潮》广告，《申报》1934年1月8日。
② 首都大戏院：《上海廿四小时》广告，《中央日报》1934年2月3日。
③ 首都大戏院：《小玩意》广告，《中央日报》1933年10月10日。

活。20世纪20年代以后，伴随着电影在中国的日益普及，观看电影成为市民阶层重要的娱乐和生活方式。电影广告除通过日常性的影片推介帮助观众选择影片外，还在思想观念上向国人普及观影休闲的生活方式与理念。如20世纪20年代，宁波甬江大戏院在广告中直陈电影的功效与魅力："人生娱乐，却病延年。社会哀乐，尽现此间。"[①]1921年上海大戏院发布广告，强调了夏季观影的舒适体验：何处最风凉。虹口北四川路虬江路口上海大戏院，座位宽畅，空气充足，电风扇又装得多，所以最风凉，再加影片又新又好，电光又足又明，可称得独一无二，请爱看影戏诸君，快到上海大戏院去看[②]。1923年7月12日，北京中天电影台假借中天电影花园放映电影，该园在《顺天时报》刊登广告称："时值伏暑，炎热逼人，工余之暇结伴良朋，乘凉消夏，然无赏心娱目之事，难使人忘却暑热欺人，故电影场诚为消夏之最高尚之娱乐场也。"[③]30年代，上海金城大戏院等一批高档次中国影院建立，推动了中国影业发展和市民娱乐生活的多样性发展。设备先进的金城大戏院在其电影广告中，明确将观影避暑作为吸引观众的重要内容："保持八十度常态。以适合华人体格。最经济最方便的避暑胜地。午后一时即可入院饱享清风徐来之乐。"[④]1941年，宁波民光大戏院发布的广告称："虽炎夏天气，场内凉爽如秋，既可观名贵电影，复得纳凉之所，一举二得，实是乐也。"[⑤]炎夏时分，通过广告选择在设施较好的影院观影避暑，成为中国都市里市民日常生活经验的重要组成部分。而在寒冷的冬季，选择在有暖水汀等供暖设备的影院观影，也成为人们躲避严寒侵袭的一种方式。1937年，南京首都大戏院的广告中称："科学水汀设备，全场温暖适体"[⑥]，1938年，上海新光大戏院广告也宣称："本院水汀开放，日夜温暖如春"[⑦]。无论炎夏与寒冬，电影广告既

---

① 甬江大戏院：广告，《时事公报》1927年8月28日。
② 上海大戏院：广告，《申报》1921年7月16日。
③ 田静清编著，杨海州校正：《北京电影业史迹》（1900—1949），北京出版社1990年版，第14页。
④ 金城大戏院：《渔光曲》广告，《申报》1934年6月28日。
⑤ 民光大戏院：广告，《时事公报》1941年7月3日。
⑥ 首都大戏院：广告，《中央日报》1937年1月19日。
⑦ 新光大戏院：广告，《新闻报》1938年12月24日。

提供给中国电影观众观影选择的指南，又成为市民季节化生活消费的向导。

电影改变了中国人的日常生活，也深刻影响了国人的节日消费模式。在电影融入中国普通百姓日常生活之前，观赏戏曲演出、参与民俗表演或居家娱乐等活动是国人主要的节日消费模式。20年代以来，随着电影逐渐受到国人欢迎，观看电影进入中国传统节日消费的版图，在元旦、春节、端午、中秋等中国传统节日，观看影片成为国人节日文化消费的常态。在中国电影观众逐渐接受假日观影消费模式的过程中，电影广告扮演了重要角色。它向人们传递、倡导了新的假日消费理念，使观看电影成为节日文化消费的必需与时尚。天津光明大戏院在其1929年春节发布的广告中称："春节良辰不可不游新光明。何处春光好？光明气象荣，冲霄楼阁起，铺地玉阶平。云淡疏星灿，园幽花气清。亭台灯掩映，淑气满春城。"①上海影戏公司出品影片《还金记》放映时期，恰逢中国传统中秋佳节，该片广告将观看《还金记》纳入中秋节日消费版图，称"今日三大乐事：吃月饼、看《还金记》、赏明月"②，传统的中国节日被吸纳入现代的电影消费版图，使电影更进一步深入中国百姓生活。中国传统佳节端午也成为电影放映和电影广告的宠儿。大中华百合影片公司的鸿篇巨制《美人计》特地选择1927年端午节当天首映，希望利用人们在端午假日的休闲时光，为影片的营销助力。自20世纪20年代中期以来，每逢端午、中秋、春节、元旦，中国许多影院（或影片公司）多会利用此时机，用广告引导观众观影消费，如是，中国电影广告便潜移默化地参与并影响了中国人的假日生活与消费模式建构。

作为新兴大众媒介和文化传播载体，电影在进入中国后，便成为国人了解世界多元文化的窗口。法国电影、德国电影、苏联电影、日本电影、意大利电影等外国电影与中国电影一起，向中国人展示丰富多彩的世界多元文化之魅、呈现国际国内波谲云诡的时事风云、展示充满异域气息和流行魅力的社会风尚、传播富于时代气息引人思考的社会文化变革观念。电影打开了世界窗，提供了社会镜，呈现了奇幻梦，展示了心灵史，多元文化在此汇聚，

① 光明大戏院：广告，《益世报》1929年2月9日。

② 上海影戏公司：《还金记》广告，《申报》1926年9月21日。

碰撞、争锋、并融，它们一同影响着19世纪末以来中国人的生活和价值选择。电影广告在电影融入中国社会生活的过程中，起到了重要的中介与桥梁作用，它建立起连接影片和观众的通路。电影广告以其丰富的信息，积极的影片推介，为广告阅读者展现世界风云与多元文化的风采，打开了国人的视野[①]，开阔了国人的眼界，吸引观众走进影院，去了解世界、认识世界。在某种程度上，电影广告对电影作品、相关文化背景、影片社会意义等内容的介绍，对中国社会的现代性发展、国家的文明进步与国民的思想文化启蒙，起到重要的导引与助推作用。

二、娱乐勿忘救国：抗战时期中国电影广告宣传中的国难与救国意识

自1931年九一八事变以来直至1945年抗战胜利，中国开始漫长的抵抗外敌侵略历程，在此阶段，中国电影广告和中国电影一起，积极倡导与宣扬救国意识，将娱乐和救国统一为一个有机整体。

1931年，日军侵略中国东北，东北义勇军进行了英勇抵抗。为挽救国难、支持东北义勇军，中国电影界发起和参与了多种形式的募捐活动。其中，友联影片公司在1931年10月组织了募捐义映活动，该活动广告称："暴日侵袭，大家奋起挽救国难，今天在中央大戏院映的《舞女泪》凡友联影片公司所分得者，悉数拨助救国义勇军经费。暴日凌我，惨无人道，血质未冷，宁甘屈服，本公司誓于即日起，永远不用仇货作原料，并赶制爱国军事影片冀乎先总理大无畏精神，藉以策励同胞谋图民族生存外，特将本片在中央影戏院三天所分得券资尽行补助'上海市各团体抗日救国委员会救国义勇

① 以苏联影片在中国放映为例，在30—40年代，若干苏联影片引进中国，为当时的中国电影观众打开了解苏联国家和文化的窗口。多部苏联影片的广告向中国观众展现了充满生机和活力的国家形象。如1933年11月5日，天津光明大戏院为苏联影片《生路》所做的广告称："这里不是'个人'，是'群众'。这里不是空想的罗曼斯，是实际的建设。这里没有漂亮的女人，只有劳苦的大众。这里没有恋爱的场面，只有奋斗的光荣。这里不掩饰他们自己的病态，也不夸张他们自己的伟大，但，它告诉你这样一个过程，这样一件真实的社会建设的工作。这里有光，有热，有力——在这《生路》之上"。该则刊载于当日天津《大公报》上的广告，以有力的修辞呈现苏联国家形象和社会生活的本质，展现了一种新的社会制度和生活方式，为中国电影观众了解苏联和苏联文化提供了指南。1938年9月25日，四川成都的《华西日版》刊登智育、中央戏院为苏联影片《列宁》的广告，该广告称："我们谨以此苏联最有价值之影片向成都七十万民众推荐！！！"（见《成都电影志》第1页）

军’经费，明知为数浅浅，无□实益，然亦聊尽国民一份子之天职耳。”①

1931年11月21日，天一影片公司和新光大戏院举行了联合放映有声片《歌场春色》活动，在影片放映活动广告中明确表达了“娱乐不忘救国”的理念。其广告称“暴日入寇，占我东北，辽吉两省，首告沦胥，马将军独明大义，力涤无抵抗之奇耻，为民族争最后之生存，孤军抗日，之死匪他，苦战兼旬，屡锉强敌，卒以力寡军单，弹尽援绝，挥泪离省，退守克山，再图反攻，灭此朝食，忠肝义胆，直落云天！惟是，疲惫之师，覆亡可虑，然调军奔救，责在政府，输款纾难，职在国民。本公司、本戏院仝人等怀国亡之无日，痛寇祸之已深，爰本匹夫之责，定今日上午十时在宁波路（即南京路新新公司后面）本大戏院内特映吾国第一部有声影片《歌场春色》一场，将所得券资，悉数拨充军饷，汇往战地，藉振军心，还我河山，歼彼顽寇！各界风雨同舟，生亡与共，当仁不让，义在吾先，幸本娱乐不忘救国之心，联袂以来，同奔国难，本公司本戏院仝人等谨扫阶以相迓，请大驾之早临，是所至盼！”②

奥迪安电影有限公司在该日也发布类似通告：“此次马占山将军挥军抗日，效死勿去，兼旬苦战，屡挫敌锋，争吾民族之生存，涤无抵抗之奇耻，勋劳彪炳，日月同辉！惟是孤军远悬，饷械两绌，疲惫苦困，覆亡可虞！固知调军驰援，责在政府，而输款纾难，职在吾人，同人等报国有心，捐躯无计，爰本娱乐不忘救国之念，作集腋成裘之举，除所设立之新光大戏院已另有通告外，兹再于今日上午十时在奥迪安及百老汇两院内加映影戏一场，所有两院售得券资，悉充马占山将军之军饷，藉振军心，歼彼仇寇！各界热心救国，当不后人。”③

1933年，上海电影院界再次为东北义军举行募捐放映，并发布了题为《电影救国总动员》的广告，广告热切呼吁上海市民参与电影救国活动。广告称：

① 友联公司：《舞女泪》广告，《申报》1931年10月8日。
② 天一影片公司、新光大戏院：《歌场春色》广告，《申报》1931年11月22日。
③ 奥迪安大戏院：广告，《申报》1931年11月22日。

“事急矣！热河前线已接触。前线的将士须要你们接济啊！今天来参加电影救国总动员的人们，就是爱护前线将士的爱国同胞。凡是不愿听东北沦亡于强寇之手！不愿自己及其子孙做亡国奴者！请大家一致来参加这个总动员！…… 多购一张门票即使东北义军多增一分抵抗能力。

国难不是一个人的难，是全国人民的难。所以有‘同赴国难’的口号。同赴的意思，不是叫全国人民同去受难，是要叫全国的人民，不分贵贱，不分老少，一致起来，齐力同心，来救这个难。现在这个国难，已经到了千钧一发万分危险的时期了，我们安居在南方的同胞，虽然听不到关外的炮声，敌机轰炸民房的爆裂声，更看不见许多女同胞被敌人奸杀的惨状。但是闭目想一想去年一月廿八那天上海闸北被敌人蹂躏的惨状，就应当知道关外同胞的苦楚。亡国的危险，以及奋勇抗敌百折不回的义勇军的劳苦功高，我们安居在上海的同胞，不亲自到前线去杀敌，为中华民族争生存，已经是万分惭愧了，若是袖手旁观，再不去接济前线的忠勇将士，那真是没有人气，算不得万物之灵了。

上列各电影院的股东职员，对于苦战的东北义勇军，已经都量力捐助过了。同时举行一个总动员，还没有做过。所以就在今天举行，至于各院所映的影片，都是由各制片公司捐助，报纸广告电力房租房捐职员薪俸等等，都是由各戏院担任，所以门票所得，不除任何开销，尽数拨助东北义勇军，希望全沪的观众，今天都来参加这个电影救国的总动员，多买一张门票，使我忠勇抗敌的义勇军多得一些救济。”①

在电影制片领域，中国电影人拍摄了一批直接反映抗日的影片。1932年1月28日，日军进攻上海，发起“一・二八”事变后，联华影业公司迅速拍摄了影片《共赴国难》，号召国人奋起抗敌。在《共赴国难》的全国各地的广告宣传中，团结抗敌成为广告宣传的主旋律。南京首都大戏院为《共赴国难》发布的广告称：“国难当头，务在团结，每个份子，各竭其力，男女老幼，各尽其职，以此保国，以此杀敌，欲求报国，须择所宜。民众速起，同

① 《电影救国总动员》，《申报》1933年2月8日。

观斯剧。”[1] 天津光明大戏院放映《共赴国难》广告称：“沪战背景，实地写真，摄影人员，抱大牺牲，躬冒矢石，九死一生。诸君坐视，宛若亲临，伤心惨目，莫此为甚。观此片后，同胞速醒，共赴国难，万众一心。”[2]南京国民大戏院为《战地二孤女》发布的广告，将爱情和救国联系在一起，广告称：“外侮日亟，国难临头，恋爱，恋爱，尽沉迷在而儿女柔情之中，这不是时候了，本片主旨，是要给青年男女一服兴奋剂，提高嗓子，大叫一声：‘恋爱不忘救国！’”[3]

1931—1945年期间，中国电影人拍摄了一批反映抗战的纪录电影，如“九一八”和“一·二八”事变后，上海电影人拍摄了反映东北义勇军的《东北义勇军血战史》与十九路军奋勇抗日的《十九路军光荣史》等影片。这批抗日纪录片在中国主要城市公映，其广告宣传突出影片的纪录性、实地拍摄的特点，强调影片表达的中国人民反抗侵略的不屈精神，和中国正在经历的抗敌战争形成强烈呼应。

天津新新影院在放映纪录片《东北义勇军血战史》的广告中称：中外电影专家亲赴火线实地摄制。抵抗的人们，应看此抵抗的事实！兴奋的人们，须备此兴奋的材料！看此片不啻置身关外，与吾忠勇之民族英雄共同杀敌。[4]北京光陆电影院放映《东北义勇军血战史》的广告称：“暨南公司、深入战线、冒险牺牲、亲临战雨、实地摄制、关外义军，实弹冲锋，浴血肉搏，炮火连天，血肉横飞，奋斗杀敌，民族光荣，永垂青史，空前不朽，爱国战片。《东北义勇军血战史》为民族争光的光荣战争，是强心提神的奋斗药剂，系东北沦陷后的惨痛状，乃炮火猛烈下的大写真。莫不表现义勇军之牺牲精神，处处。可见义勇军之艰辛卓绝。”[5]

反映十九路军抵抗日军侵略的纪录片，其广告宣传也强调保家卫国的不

① 首都大戏院：《共赴国难》广告，《中央日报》1932年6月21日。
② 光明大戏院：《共赴国难》广告，《益世报》1932年10月9日。
③ 南京大戏院：《战地二孤女》广告，《中央日报》1932年8月27日。
④ 新新影院：《东北义勇军血战史》广告，《益世报》1933年2月13日。
⑤ 田静清编著，杨海州校正：《北京电影业史迹》（1900—1949），北京出版社1990年版，第70页。

屈精神。天津明星大戏院放映《十九路军光荣史》的广告称："掷头颅洒热血为国争光，御外侮扬国威革命精神。偷渡蕴藻滨围攻庙行镇，抄袭曹家桥炮轰孟家宅。炮弹与火花相应，血肉与尘土齐飞。既不是零星片段的新闻所凑成，更不是半真半假的事实所编制。乃是九位敢勇摄影师亲临火线，以性命换来的十九路军在蕴藻滨庙行镇等处前线上设防冲锋围攻肉搏时，整个的攻守战略与实地摄影。"① 南京新光影戏院放映《十九路军光荣史》的广告称："倭奴休矣。十九军血战暴日，大刀队冲锋肉搏。机关枪扫如骤雨，高射炮击落飞机。请看本片中大批俘虏倭奴。"②

南京大戏院放映《上海抗日血战史》的广告强调影片的纪录性和现实警示意义："心胆皆裂为国争光，空前绝后，光荣巨片。蔡廷锴（楷）将军特许冒险摄取真景。张慧冲君生命换来的伟大巨制。气吞日月，声震寰宇。日贼逞凶，忽忽数月，东北沦亡，沪案未了，而朝阳又告危急，烈士血渍未干，国耻迄今未雪，凡我同胞皆宜一观此十九路军之忠勇卫国之血战史。"③

济南真光电影院放映《上海血战史》的广告称："各界诸君：你是中国人吗？上海惨状，吾人当永志不忘。亲爱的同胞们，暴日武力据我东三省，复扰我津沪，推其用意，非达到亡我族不止，我欲挽此危局，必须唤起全国民众，共同奋斗，以济时艰，敝院抱定国家兴亡匹夫有责之义，不惜重资，特运此片来济，凡稍有热血者，务请快来观看。"④

上述广告均针对纪录片本身的纪实特色，强调了影片的真实性和纪录性，表达了鲜明的抗日主题。广告向观众详细描述了影片本身的抗敌爱国内容，在电影广告中对纪录电影工作者的爱国敬业精神表达了某种敬意，同时，热切呼吁观众观看影片，唤醒与激励国人的卫国热血，起到了积极的社会效果。

在抗战年代，中国电影广告制作紧密联系时代风云，动员国人保家卫国。联华影业公司出品，王次龙导演的影片《自由魂》虽然讲述的是清末的

① 明星大戏院：《十九路军光荣史》广告，《益世报》1932年9月4日。
② 新光影戏院：《十九路军光荣史》广告，《中央日报》1932年11月28日。
③ 南京大戏院：《上海抗日血战史》广告，《中央日报》1932年8月2日。
④ 真光电影院：《上海血战史》广告，《民国日报》1932年5月12日。

革命故事，但其广告明确呼应了30年代中国抗战的时代风云，从中华民族反抗压迫的角度出发，传递了明确的爱国情怀，该片广告称："兽性的日本帝国主义，张着爪牙杀向中国来了！……日本帝国主义的铁蹄，将踏碎了我锦绣山河！日本帝国主义的钢刀将杀尽四万万的同胞！同胞们！我们就此引颈受戮么？不，不，不！中华民族有了大无畏的精神！中华同胞有了大牺牲的决心！……《自由魂》乃系中华民族破天荒的革命巨片，深愿上海的民众们！全国的同胞们！本《自由魂》的精神，打倒日帝国主义的压迫！恢复中华民族的大光荣！"①

1933年10月10日，同样由王次龙导演的影片《还我河山》在上海的北京大戏院、光华大戏院首映。该片在《申报》刊登的广告称，"发扬民族精神，提倡武力抵抗"②，"头可断，身可杀，志不可夺，国土更不可失。看片中一般热诚爱国的民主，为着保持国土，抱着破釜沉舟的决心，冒着枪林弹雨，男女老幼，肩并肩沉毅地站在最前线上，与暴敌拼命，这种激昂慷慨悲壮热烈的情形，实足以惊天地泣鬼神"。③广告修辞非常明确地传达了保家卫国的意识，歌颂了片中人物动人的爱国情怀。

1937—1941年上海沦为"孤岛"， 在此特殊环境下，留守上海的电影人用古装片等方式，借古喻今。在整个抗战时期，孤岛电影作为特殊时期的一种独特历史存在，展现了中国电影人的社会责任意识与民族使命感。柯灵在谈及孤岛电影时，曾指出："在回顾"孤岛"电影的时候，请不要忘记一个严峻的历史事实：那是在抗日战争初期，上海已经沦陷，三百万上海人民，失去了祖国的荫庇，犹如遗落道旁的孤儿，面对的是残暴无比的民族敌人。因为上海还有英、法租界，界内居民，还有一点最低限度的活动余地。但租界这把保护伞是非常脆弱的，他们本身就受着日本强大武装的包围和威胁，形势岌岌可危；租界要保卫的，首先是自己的利益，而不是中国的利益。用一句话概括：电影艺术家的处境极端险恶和艰难。古装片盛极一时，可以说

① 联华影业公司：《自由魂》广告，《申报》1931年10月8日。
② 北京大戏院、光华大戏院：《还我河山》广告，《申报》1933年10月10日。
③ 北京大戏院、光华大戏院：《还我河山》广告，《申报》1933年10月10日。

是必然现象。借古喻今，指桑骂槐，皮里阳秋，影射讽刺，从来都是艺术家在强大政治压力下的斗争手段，也是供群众在窒息中聊以开窍通气的一法。”①

孤岛时期上海拍摄的《董小宛》、《葛嫩娘》、《香妃》、《赛金花》、《林冲雪夜歼仇记》等影片，借用一系列处于历史转折或艰难考验的历史人物，宣传了保持民族气节、发扬爱国情怀、惩恶扬善等主题。此类影片的广告，着力突出影片所具有的正能量，如《林冲雪夜歼仇记》的广告所言“此时此刻，影片不能无旨趣，为公为私，观众不能无选择”、“激发人心，锻炼意志，为国片辟新生之路”②，《董小宛》、《葛嫩娘》、《香妃》、《赛金花》等古装片广告，借强化片中人物不屈气节、舍身取义的爱国情怀，在某种程度上试图达到号召民众，提高民气的作用。如沪光大戏院放映《葛嫩娘》的广告称：“侠妓殉国，嚼舌以死，一代文士，慷慨救义，……忠义历史爱国战事古装巨片。”③朱石麟导演影片《香妃》的广告，用诗意的方式表达了对香妃爱国气节的敬仰：“坚贞卓绝，彪炳千秋！惨烈牺牲，永垂万世。古国山河，何处是？家国翘望父老可安康？英雄流血不流泪，莫作楚囚对泣彷徨！”④金星影业公司古装片《李香君》的广告赞叹李香君“当筵骂贼，气节凛然，金殿拒唱、大义磅礴。”⑤新光大戏院为《赛金花》发布的广告突出赛金花“以一介弱女挽全城浩劫，凭两片樱唇，救百万生灵。近百年来一页痛史，女性群中一代奇人。”⑥

直至1941年12月上海沦陷，在艰苦的环境下，一批有气节的电影人并没有背弃自己的爱国情怀。费穆在1941年导演了影片《孔夫子》，借孔夫子周游列国，于困苦中矢志不渝的故事，提醒并号召国人坚守气节，影片1942年在上海等地公映，该片广告宣传，除强调孔夫子不朽的情怀外，还明确号

① 柯灵：《往事随想》，四川人民出版社2000年版，第122—123页。
② 新光大戏院：《林冲雪夜歼仇记》广告，《新闻报》1939年5月23日。
③ 沪光大戏院：《葛嫩娘》广告，《申报》1940年1月8日。
④《香妃》广告，《申报》1940年4月1日。
⑤ 金星影业公司：《李香君》广告，《申报》1940年11月5日。
⑥ 新光大戏院：《赛金花》广告，《申报》1940年12月4日。

召中国读书人不忘至圣先师的教诲与做人的道理。沪光大戏院为该片发布的广告称："话剧泰斗唐槐秋主演。一幕一景一尺一寸都是心血凝成。动员全体知识分子观看。不看此片算不得中国读书人。圣人周游列国，统一中华国魂，奠定民族基础，观此一片便知做人大道理。"[①]这则广告显然带有相当强的引领性，对影片主题、观看影片的意义和价值均作了明晰、有力的阐释。

战时，武汉、香港及以重庆为中心的大后方，成为抗战电影制作和放映主阵地。此时，中国电影制片厂等电影制作机构，制作了《热血忠魂》等宣传抗日的影片。大后方等地制作和放映的影片，发挥了鼓舞抗日、团结民众的作用。电影广告在推介影片、动员民众、宣传反战等方面扮演了重要角色。宣传爱国精神、鼓舞抗日热情及反战成为此时大后方电影广告宣传的核心内容。

1938年，中国电影制片厂出品影片《保卫我们的土地》，其广告充满激情："枪在跳跃，马在嘶叫，苍天在旋转，大地在狂啸，千万人在怒吼，千万人在咆哮，看呵——我们古往今来的战士，有史以来全民的力量，一齐冲上——这旷古绝今战场！以铁血的洪流，争取民族独立解放！粉碎了敌人的梦想！"[②]

鼓舞抗日的《孤岛天堂》昂扬着浓烈的爱国激情，海报宣传该片为"两年来中国电影第一部冠军巨片"，电影海报中出现的中国地图、向飘扬国旗敬礼的军人、青年男女乐观的笑脸等视觉形象，传递了强烈的爱国情怀和坚定的抗战意志。1940年，上海孤岛制作的进步影片《木兰从军》在重庆公映，发生拷贝被焚事件。经过说明、磋商和调解，《木兰从军》重新在重庆公映。在此次公映中，影片广告着重突出该片的爱国情怀和进步意义："发扬民族精神，裨益抗战建国，尽孝尽忠，又合固有道德"，"允文允武既适时代精神"、"是爱国女儿的模范"、"女扮男装代父从军!……意义伟大，刺激深刻，是中华儿女的榜样"，引导观众注意影片的爱国主义思想。报纸广告中，还附有各地报刊对《木兰从军》的评论文章。在刊发的总计69条长

① 沪光大戏院：《孔夫子》广告，《新闻报》1942年6月12日。
② 上海大戏院：《保卫我们的土地》广告，《新华日报》1938年3月19日。

行广告中，有27条刊有影评，……这些不同角度的评论文章，不仅充分宣传了影片的主题和进步意义，而且突出了“爱国”、“抗战”的诉求重点，符合当时观众的观影心理需求，达到了很好的宣传效果。①

何非光导演的反战影片《东亚之光》，由日本战俘现身说法担纲主演。该片在重庆公映时，广告着力突出反战主题。《大公报》1941年2月28日登出的广告中，收录了“二十九位日本反战弟兄演出《东亚之光》的誓言”全文：“余等幸蒙中国军队之营救，已恍悟中日战争之‘真意’而免作日本军阀之牺牲品。今誓以至诚，自愿演出中国电影制片厂制作之《东亚之光》电影，向全世界人类作正义之呼唤”，后面还有29位宣誓战俘的姓名。广告称该片为“亘古未有之光荣巨片，抗战以来的珍贵实录”，并称“看万部毒素影片，不如看一部抗战电影。看千部抗战电影，不如看一部《东亚之光》。”②《东亚之光》的问世和广告宣传，有力地向公众传递了反战思想，反映了人们对和平的呼声。

三、沦陷之痛：抗战沦陷区的电影广告宣传与伤痛记忆

如果说抗战时期大后方及国统区，宣传抗战的中国电影在顽强地展示着中国的民族魂，那么，在沦陷区则呈现出别一番景象。抗日战争时期，随着战争的进行，中国许多区域和城市不幸沦陷，在沦陷区，中国影院和银幕也遭受沦陷的国殇之痛。沦陷区的影院被日伪接管，中国失去了对影院及影片放映的独立控制权。1941年太平洋战争爆发后，上海沦陷。中国电影在孤岛时期短暂的繁荣景象，很快被浓重的战争阴云所覆盖。1942年，为加强对上海电影的管制，由日本参与控股的中华电影股份有限公司应运而生。1942年6月，中华电影股份有限公司在《新闻报》等媒体发布《中华电影股份有限公司为中外影片独占发行通告各影片公司及各电影院启事》，该启事称：“本公司现依据国民政府所赋與中国影片及外国影片独占发行之特权，爰自七月

① 严彦、熊学莉、张馨艺等著:《陪都电影专史研究》中国传媒大学出版社2009年版,第96—98页。

② 严彦、熊学莉、张馨艺等著：《陪都电影专史研究》中国传媒大学出版社2009年版，第100—101页。

一日起，凡各影片公司现存有不论系有声或无声影片之底片声底片拷贝部数，均请即日前来本公司登记，以便办理发行手续，事关权益，幸毋观望，坐受损失也。嗣后本外埠各电影院游艺场所放映之影片，亦均请前来本公司接洽排映，祈勿擅自放映非由本公司发行之影片，否则当予停止供给。”①

这则启事的话语表述虽有“请”、“祈勿”等温和有礼的措辞，实则态度粗暴强硬，以所谓国民政府赋予的特权为合法外衣，以权益损失、停止供片等惩罚性措施为威胁手段，充盈着赤裸裸的强权意识，胁迫各电影公司屈服，暴露了华影控制上海电影放映市场的野心和粗暴本质。这种由华影大一统控制整个上海电影放映的运作和管理模式，实际上干涉了电影制作和放映的多样化发展，使电影成为奴化统治和强权话语的“一言堂”，也是抗战时期，沦陷区中国文化发展独立主权遭到粗暴干涉，国家的文化发展遭受创伤的写照。

上海沦陷后，上海电影市场被华影掌控，大光明等电影院皆成为华影旗下的放映机构，此时，除放映华影出品影片外，上海还放映了日本及伪满映出品的影片。在日本及满映出品影片的广告中，不乏为日本军国主义张目的内容与文字。②

抗战期间，上海之外的其他沦陷城市也遭遇了类似际遇。如在浙江宁波，1941年4月宁波沦陷，宁波当地最大的影院民光大戏院被日本陆军报道部占用，改作军人娱乐场所，专供日伪军娱乐，并由伪中华电影股份有限公司经营和供片③，随着宁波沦陷，在从1941年宁波沦陷到1945年抗战胜利的近4年时间内，作为日本侵略“战果”的日本电影多次出现在宁波影院中。号称

---

① 中华电影股份有限公司：《中华电影股份有限公司为中外影片独占发行通告各影片公司及各电影院启事》，《新闻报》1942年6月29日。

② 如1942年6月26日《新闻报》刊载大光明大戏院放映影片《击灭英美大海战》的广告称：炮火连天实地战事巨片，太平洋风云，跃然银幕。看此一片，百年来所受英美帝国主义的冤屈，可以一口气出尽！《新闻报》1942年7月3日刊载南京大戏院放映《击灭英美大海战》的广告称：自罗斯福丘吉尔阴谋包围东亚，日本挺身作战起，至新嘉坡陷落，日军扫荡南洋英美残敌，攻入缅甸，展开印度洋血战为止，洋洋大观，现代最高贵史料。《新闻报》1942年11月9日刊载大光明放映《马来战记》的广告称：扫荡英帝国侵略势力，根绝大东亚战乱祸源。上述广告都带有强烈为日本侵略合法性宣传的意识形态色彩。

③ 徐建发主编：《宁波电影纪事》，宁波出版社2005年版第12页。

日本“伟大战事片”的《大东亚战记》及《潜水艇》、《我们的巡洋舰》、《阿波之踊子》、《黑潮躍太平洋》、《后援海军省》、《夏威夷马来二中海战》、《东洋之凯歌》与反映日本社会生活的《结婚之理想》、《牛若丸》等日本影片广告，纷纷刊载于宁波出版的报纸，向公众彰显着日本对宁波的文化占领。除日本影片外，华影、满映出品的影片也登录宁波。在电影广告和影片放映宣传活动中，日本影片占据了明显的优势地位。在电影广告中，日本影片的宣传位置排在满映、华影影片之前，且同日如放映日本电影和华影、满映出品的影片，一定是日本影片占据当日最好的放映时段。下表节录了1944年时，宁波民光大戏院电影广告的若干信息，从中，我们可以明显看到日本电影的强势地位。①

表

民光今天放映日本映画七时起《才市の方》中国影片九时起《大富之家》	1944-08-02
民光今日日本映画七时起《才市の方》中国影片九时起《大富之家》	1944-08-03
民光今天放映日本映画七时起《空の胜利》中国影片九时起《龙潭虎穴》	1944-08-19
民光今日日本映画七时起《罪存ま町》、《空の胜利》中国影片九时起《龙潭虎穴》	1944-08-20
民光第一场七时起放映日本映画《歌行灯》第二场九时起《霍元甲》	1944-08-24
民光今日日本映画七时起《歌行灯》中国电影九时起《霍元甲》	1944-08-25
民光今日日本映画七时起《久远の笑颜》中国电影七时起《大饭店》	1944-09-04
民光大戏院今日放映日本映画六时起《续南の风勤皇村记》中国映画八时起《天从人愿》	1944-12-27
民光大戏院今日放映日本映画六时起《续南の风勤皇村记》中国映画八时起《天从人愿》	1944-12-28

日本影片除占据优势地位外，在电影广告中，还出现了较明显的特权意识。如1942年7月25日，宁波民光大戏院放映日本东宝映画社出品、日本大本营海军报道部企划的战争题材影片《后援海军省》、《夏威夷马来二中海战》的广告中，特别注明华人恕不招待。

① 本表曾出现于本人拙著：《现代转型与民国时期宁波市民的文化娱乐》，宁波出版社2010年版。对沦陷时期宁波电影的具体描述，可参看该书的相关章节。

沦陷区中国电影的尴尬历史处境，显示了电影发展与国家自强的密切关系。在国家遭受苦难之际，电影在某种程度上也随同国家一同经历苦难，遭受创伤。中国电影广告的这段灰暗的历史也告诉我们，国家的强大与电影的命运之间具有的密不可分关系，只有在国家强盛与独立的时候，中国电影才能获得真正的发展和应有的尊重。

回顾中国电影广告发展史，在1931—1945年这一特定历史时段，中国电影广告伴随着中国电影，一起向公众传递了抗日爱国、保家卫国等思想，成为展现中国社会人的精神气质和国家民族命运的窗口。中国电影广告和电影创作，在特定时期的际遇和文化呈现，也为我们今日认识早期中国电影及中国电影发展，提供了值得重视和珍视的文化记忆，值得我们认真思索。1931—1945年的中国电影广告的文化诉求和话语表达，也提醒我们，抗战时期中国电影在传递爱国情怀，积极推动抗战方面，参与的方式和元素是多样性的，不光有影片的制作，同样还有诸如电影广告这样的载体，从多方位推进中国电影的抗战表达。

（徐文明：上海大学影视学院副教授）

1930年代左翼电影核心价值观与它的文化领导权

杨菊

内容摘要

阶级意识、革命意识、民族意识，这三种意识是1930年代左翼电影表达的核心价值观。其所以取得它的文化领导权，原因有：把阶级意识与观众习惯的道德判断相结合；中国当时的社会现状为革命意识和民族意识的传播提供了现实基础。

关键词

左翼电影　核心价值观　文化领导权

葛兰西强调："一个社会集团的霸权地位表现在以下两个方面，即'统治'和'知识与道德的领导权'。一个社会集团统治着它往往会'清除'或者甚至以武力来制服的敌对集团，它领导着同类的和结盟的集团。一个社会集团能够也必须在赢得政权之前开始行使'领导权'（这就是赢得政权的首要条件之一），当它行使政权的时候就最终成了统治者，但它即使是牢牢地掌握住了政权，也必须继续以往的'领导'。"[①]在葛兰西看来，文化领导权

① [意]安东尼奥·葛兰西，曹雷雨等译：《狱中札记》，中国社会科学出版社，2000年版，第38页。

是在文化和道德上获得的领导权，这种文化领导权不同于诸如监狱、法庭、军队等专政机构通过暴力方式行使强制职能，也不是对某种政治文化的被迫忠于，而是大众普遍同意授权认可的结果。

1930年代的左翼电影的核心价值观是中共为左翼电影所制定的基本思想原则，它指的是"彻底反帝国主义，反豪绅地主资产阶级的国民党，反黄色与右倾的欺骗，拥护苏联及中国苏维埃红军。"①这项基本思想原则具体表现在左翼电影中就是影片要承担起向观众传播左翼思想，主要包括阶级意识、革命意识、民族意识，这些核心价值观因为与社会文化心理、中国当时现状的相契合获得了大众的支持，左翼电影取得了它的文化领导权。毛泽东说："其中最奇怪的，是共产党在国民党统治区域内的一切文化机关中处于毫无抵抗力的地位，为什么文化'围剿'也一败涂地了？这还不可以深长思之吗？"②

一、阶级意识与左翼电影的文化领导权

1920年代末至1930年代初，马克思主义的无产阶级理论在中国已经得到比较广泛的传播，表现在文艺领域，马克思主义文艺理论中的阶级观念也被广泛接受。夏衍（黄子布）说："一切艺术是否能够超脱社会而独立，一切电影是否都在服务于它所从属的阶级，这可以说已经是一个现代人的常识"。③当代有学者认为："政治思想领域的阶级分析全面确立（这从发生于20年代末30年代初的中国社会性质论战可见一斑），阶级意识亦成为标衡一切事物性质的尺度；并且同时产生了阶级对抗的理论，非此即彼的思维方式否定了一切中间色调。在文坛上，中国现代作家亦从阶级分析、阶级意识和阶级对抗的理论之中汲取基本的创作营养。"④

左翼电影一个重要的政治任务就是对都市大众进行阶级意识的规训，使都市大众认识到无产阶级与资产阶级之间不可调和的矛盾冲突，无产阶级必

---

① 《中国左翼戏剧家联盟最近行动纲领》，《文学导报》第1卷第6、7合刊，1931年10月23日。
② 毛泽东：《毛泽东论文艺》，人民文学出版社，1983年版，第16页。
③ 黄子布：《<秋>观》，《晨报》"每日电影"，1933年9月22日。
④ 刘锋杰：《蜕变与回归——中国现代文学中的文化对抗》，国际文化出版公司1989年版，第60页。

定能战胜资产阶级取得政治和文化上的领导权，以及在无产阶级和资产阶级中间的小资产阶级最终要没落的历史命运。那么左翼电影是如何让大众了解并接受这种阶级理论呢？把阶级意识与观众习惯的道德判断相结合，即展示资产阶级人物的道德堕落和无产阶级人物的道德拯救，从而揭示资产阶级必然灭亡和无产阶级取得胜利的历史规律。

出现在左翼电影中的资产阶级人物形象一般都是贪婪好色、冷酷无情，他们积累财富的途径全部建立在无情剥削和无耻占有农民、工人的劳动成果上。《母性之光》是一部直接表现阶级冲突的电影，影片中的南洋资本家黄书麟被描写成让矿工在烈日炎炎和工头的鞭子下不停开矿的冷酷贪婪的人，影片中当工头用鞭子死命地抽打那个昏倒又爬起来的工人时，他恶狠狠地喊道："打死这些狗。"黄书麟在和小梅结婚后马上又喜欢上了南洋歌女，怀孕中的小梅惨遭抛弃，生下的女儿因感染了父亲的梅毒，小生命早早地夭折了。黄书麟这个人物形象身上集聚了人性中几乎所有的罪恶：好色、荒淫、无耻、冷酷、残忍，表明了资产阶级只有恶的本质，与善绝缘。《都市的早晨》中的资本家少爷黄梦华也是对丫头始乱终弃，也是冷酷地遗弃了自己的私生子。

左翼电影中的无产阶级人物形象则展现了另一番情况。在家庭生活中，都勤劳、善良；在事关道义的事情面前，都几乎本能地表现出了愤怒、反抗的民族气节。《狂流》为我们展示了众乡民是怎样齐心协力同大水灾搏斗的。《都会的早晨》中被资产阶级父亲抛弃的奇龄勤劳、孝顺，而他同父异母的哥哥惠龄则骄奢淫逸，生长在不同家庭里的两兄弟品行有天壤之别。柯灵高度评价了《都会的早晨》人物形象的塑造，他指出："一方因为处在资本主义的有闲者的环境下，必然地养成了不求上进，度着淫奢生活的惠龄和他的没落，他方被抛弃在被压迫层的奇龄——影射着新兴势力的抬头，必然地成了一个具有奋斗精神的真实的人物来。"[①]《大路》把抗日的热情和勇气献给了一群贫穷靠出卖自己力气谋生的筑路工人。《狼山喋血记》和《壮志

① 柯灵、伊文：《〈都会的早晨〉评一》，《晨报》"每日电影"1933年3月22日。

凌云》等抗日影片则赋予农民以抗日主体的地位。

马克思在《共产党宣言》中认为：资产阶级的灭亡是建立在资本家对雇佣劳动的剥削的基础之上，是因为“社会所拥有的生产力已经不能再促进资产阶级文明和资产阶级所有制关系的发展；相反，生产力已经强大到这种关系所不能适应的地步，它已经受到这种关系的阻碍”，“于是，随着大工业的发展，资产阶级赖以生产和占有产品的基础本身也就从它的脚下被挖掉了。”[①]可见，马克思和恩格斯正是依据生产力决定生产关系这一历史唯物主义的基本原理，在对资本主义生产关系进行分析的基础上，揭示它的产生、发展和必然灭亡的客观规律的。但马克思与恩格斯并没有同时将资本主义的必然灭亡与资产阶级的道德本质完全对应起来，所以，在这些经典作家那里，并没有认为资产阶级完全是非道德的。可是，由于左翼电影人对马克思主义的阶级理论还缺乏理论上的充分准备，依据他们当时的认识，在左翼电影中阶级理论被演绎成了穷人（无产阶级）和富人（资产阶级）之间的矛盾对抗，并且一般来说穷人都善良热情，互相帮助，而富人则贪婪、冷漠、势利、荒淫无耻，互相勾心斗角，穷人物质上的贫困和道德上的高尚和富人物质上的富足而品德上的低劣形成鲜明对比。影片以此来体现无产阶级的阶级优越性和资产阶级的阶级局限性，并且在穷人和富人的对抗性冲突中凸显无产阶级的力量和他们推翻资产阶级的历史使命。

左翼电影把道德判断引入阶级意识的创作结构，迅速有效地传播了阶级意识，在观众中普及了原来可能比较艰深难以理解的阶级理论。因为中国传统政治文化一个非常显著的特色便是家国同构，家国同构的基础是把“国”看作“家”的延伸，用家庭伦理关系推演君主与臣民、国家与个人、集体与个体的关系，这样一来，伦理道德成为传统政治文化的核心价值观，并起着至关重要的作用。将政治判断和道德判断纠结在一起，不是减弱了政治判断的力量，相反，加强了政治判断的力量。所以，一种判断，只要在伦理上占了上风，最终也就在政治判断上占了上风，在社会活动中占了上风。左翼电

① 马克思、恩格斯《共产党宣言》，人民出版社1972年版，第29—30页。

影在讨论、表现与传播阶级意识时，首先就是自觉或不自觉地把经济的阶级的划分，转化为人与人之间的道德划分，将阶级的冲突转化为道德的冲突，这样，无产阶级所宣传的道德力量就能介入并产生巨大作用。接着完成道德判断，一个人在阶级上若属于剥削阶级，还不能确定这个人是坏人，可一旦他在道德上出了问题，他才是真正的坏人，这样，左翼电影中塑造的一系列地主、买办、资本家形象才变成了真正意义上的坏人。汪晖在分析谢晋电影作品时指出，谢晋导演作品中人物的信念体系“是社会主义政治意识形态与中国社会的传统道德情怀的一种富于人情的结合”。①前者是政治判断，后者是道德判断，将二者结合起来，尤其是将政治判断转化为道德判断，更利于群众接受。由此可见，左翼电影这种叙事结构，有其深刻的传统政治文化背景，也对中国主流电影产生了深远影响。其实不仅在中国，好莱坞电影也谙熟此道，1939年美国导演约翰·福特拍摄的《少年林肯》，这部影片也是竭力渲染美国总统林肯道德上的完美，而淡化他辉煌的政治功绩，以此来邀宠美国民众的欢心。

这种将阶级的对抗演化为道德的对立，在激起民愤方面，未必减弱了力量，但却可能产生一个弊病，那就是在经济剥削确实存在的情况下，由于经济剥削直接转化为道德评判，有时是不合乎事实的。当时就有左翼影评人诸如王尘无等强调影片要从经济的角度表现资产阶级和无产阶级之间不可调和的矛盾冲突和资产阶级必然灭亡的历史规律。他指出：“只有站在经济的观点上，才能够具体地看出来冲突的必然性”②；柯灵也指出：“假如能把这办法改变一下，牵连到贫富之间最容易发生的经济问题上去，我想也许会使这剧本更合理些吧？”③

二、革命意识与左翼电影的文化领导权

“暴力革命”是马克思主义一个非常重要的理论思想。由于资产阶级不

① 汪晖：《政治与道德及其置换的秘密——谢晋电影分析》，《电影艺术》1990年第2期。
② 尘无：《〈都会的早晨〉评二》，《晨报》“每日电影”1933年3月22日。
③ 柯灵、伊文：《〈都会的早晨〉评一》，《晨报》“每日电影”1933年3月22日。

愿自动退出历史舞台，并利用其手中掌握的政治、经济和军事力量对抗无产阶级的社会主义革命，因此，要实现这种社会的变革，一般地来讲，就必须走暴力革命的道路。马克思和恩格斯在《共产党宣言》中明确宣布："共产党人不屑于隐瞒自己的观点和意图。他们公开宣布：他们的目的只有用暴力推翻全部现存的社会制度才能达到。"[①]此后，在一定意义上，暴力革命的思想就成为无产阶级战胜资产阶级、社会主义代替资本主义的必然选择。正是在暴力革命原则的指引下，列宁领导俄国无产阶级和广大劳动人民成功地进行了建立无产阶级专政的实践。列宁在《国家与革命》中明确指出："资产阶级国家是不会'自行消亡'的，而要由无产阶级在革命中来'消灭'它"，"资产阶级国家由无产阶级国家(无产阶级专政)代替，不能通过'自行消亡'，根据一般规律，只能通过暴力革命"，"必须不断地教育群众这样来认识而且正是这样来认识暴力革命，这就是马克思和恩格斯全部学说的基础。"[②]

倡导暴力革命成为左翼电影一个重要的主旨，为了规训民众的暴力革命意识，左翼电影首先要证明暴力的合法性，也就是为什么要选择暴力来推动历史的进程？左翼电影通过暴露资产阶级的恶行以及由于资产阶级的恶对无产阶级造成的苦难来凸显暴力革命的合法性。《女性的呐喊》和《天明》为观众描绘了从炮火中逃到大都市上海的年青女工们，不仅要承受工厂主的经济盘剥，还要提防和躲避来自资产阶级少爷及其爪牙们的性侵害。《香草美人》、《上海二十四小时》为我们揭示了上海工厂资本家怎样苛刻地对待工人，一旦工厂主遇到外国资本的倾轧，马上就把损失转嫁到工人身上，工人在非人的环境中工作，工资却又极其低廉，基本的生活都无法维持。

绝望无助弥漫在下层人民的生活中，生活中所有的希望都可能是转瞬即逝的肥皂泡，最后只剩下饥饿的没有尊严的身体和黑暗的未来。谁来关心这些被侮辱被损害的人？谁愿意替他们说话？谁去改善或者改变他们的生存处境？左翼电影密集地展示无产阶级所遭遇的残酷剥削，为无产阶级的革命意识提供了现实基础，也就是为无产阶级的暴力革命提供了合法性。哪里有压

① 马克思、恩格斯：《共产党宣言》，人民出版社1972年版，第58页。
② 列宁：《国家与革命》，人民出版社2001年版，第19页。

迫，哪里就有反抗。这反抗源自压迫，这反抗当然是合法的。

左翼批评家们在积极表达和宣传暴力革命的主旨的同时，反对改良思想。阳翰笙在《文艺思潮的社会背景》一文中指出："最有益于资产阶级的是什么呢？那便是改良主义的温情政策了。因为只有这种社会政策才能遮蔽劳动阶级的远大的目光，才能缓和劳动阶级的革命情绪，同时资本主义自身带来的矛盾也才能因之暂得协调，资产阶级的统治，才有稳定的希望。"[①]所以，选择暴力革命，才能对资产阶级不利，才符合无产阶级的最大阶级利益，达到改变这个社会的目的。

郑正秋导演了《姊妹花》，左翼批评家肯定了他对被压迫者反抗呼声的描写，但同时又希望他作更进一步的努力，克服最后的调和主义的态度。[②]费穆导演的《城市之夜》，左翼批评家也是首先赞美了影片对社会黑暗面的有力暴露，"一边是过着非分的享乐与迷醉中的生活，而一边是受着惨恻的欺凌与压迫下的待遇"，接着尖锐地指出"这片子的结末，犯了极大的改良主义的、空想的社会主义的错误。从富家子弟的转变起，一直到这善良的富家子弟跟着无家可归的人们到农村止，这一段是不必要的蛇足，也就是作者有意或无意地歪曲现实而加上去的幻想。稍稍注视一下现实社会，就可以知道在现在这种社会，被都市驱逐出来的穷人，决没有到乡村去'建设乐园'的可能；恰恰相反，经济破产的农村，正将大群的农民往着都市驱送，不替这大群的无家可归的人们寻觅一条正确的，可以永久地解决他们痛苦的道路，而空想地叫他们逃避到赤裸裸的乡村去建设乌托邦的社会，这是片子的致命的缺点。"[③]左翼批评家们坚定地认为改良的道路行不通，只有暴力反抗才是出路。

一般地来讲，实现社会的变革，主要有两种方式：一是和平的方式，一是暴力的方式。由于1930年代的社会特点和共产党对统治者反动性和顽固性的深刻认识，使他们毫不犹豫地选择了暴力的方式，走上了暴力革命的道

① 阳翰笙：《文艺思潮的社会背景》，载中国文学艺术界联合会编：《阳翰笙百年纪念文集》（第三卷），中国戏剧出版社2002年版，第26页。

② 亚夫：《〈姊妹花〉评一》，《晨报》"每日电影"1934年2月24日。

③ 黄子布、席耐芳、柯灵、苏凤：《〈城市之夜〉评》，《晨报》"每日电影"1933年3月9日。

路。既然统治者为了维护自己的既得利益和特权使用暴力，那么，代表广大农民和工人利益的共产党为了实现无产阶级的解放，也就必须使用暴力。再说鸦片战争后中国社会一系列改良运动的失败，也促使整个社会认同暴力革命的方式改变这个旧世界。当时的民意普遍认为无伤大雅的修修补补的改良主义不可能诞生新时代，只能用暴力革命摧毁旧世界才会有凤凰涅槃式的新生。早在1903年，邹容在他的《革命军》一书中就指出了“革命”乃是对上下古今、宗教、道德、政治、学术，以及日常事物存善去恶、存美去丑、存良善而除腐败的过程，故赞美曰：“巍巍哉！革命也。皇皇哉！革命也”。“这种旗帜鲜明的革命主张，代表了争取进步的革命者的声音，并深深打动了无数爱国者的心弦，成为激发广大爱国者斗志的‘教科书’。”[①]

左翼电影在宣扬革命意识时，他们还强调无产阶级的反抗必须是一种集团的反抗，不是个人英雄主义的反抗方式。以左翼批评家们批评《火山情血》为例，席耐芳和黄子布（夏衍）首先肯定了作品中主人公宋柯绝不姑息妥协，积极复仇的反军阀反封建的阶级意识，但是他们又指出影片中宋柯和群众关系的疏远，复仇只能沦为个人主义的复仇。鲁思更是毫不客气地认为编剧者不相信群众的力量和集团的力量。如果影片中宋柯所在的柳花村的村民们在目睹了宋柯一家的悲剧后，能和宋柯一起起来反抗社会的恶势力，那么影片就能表现出群众的力量和集团的力量，也就是无产阶级的力量，但是影片中的柳花村村民却对宋家的悲剧几乎是无动于衷的。[②]像《狂流》、《盐潮》、《中国海的怒潮》等左翼电影就因为写出了乡民大众和地主阶级搏斗的无产阶级集体的反抗力量而得到了评论家的积极肯定。

左翼电影一方面通过鼓动暴力革命来引导工农大众发现他们身上蕴藏着的巨大能量，当代有学者指出“要从根本上改变一个社会弱肉强食的现象，不能依靠道德、良心，不是幻想感动‘精英’、‘强者’，而是需要产生一种反抗‘强者’的思想，赋予‘弱者’以知识的武器，使‘弱者’认识到他们自己的力量。归根到底，必须使‘弱者’产生集体和认同，使他们组织团

---

① 邹容：《革命军》，华夏出版社2002年版，第7、81页。
② 席耐芳、黄子布：《〈火山情血〉评二》，《晨报》“每日电影”1932年9月16日。

结起来，形成政治力量。”[①]另一方面也许诺了革命后的美好生活。《生死同心》中政治犯李涛在狱中勉励狱友们：“难友们，你们不要悲伤！只要我们的革命军一到，这一切的压迫和这一切的痛苦，就会完全解除了。”在革命军的心目中，他们相信只要革命成功，所有需要被改造、被铲除的东西都会随着革命结束后新社会的到来而彻底消失。在暴力革命抑或改良的选择中，在革命后美好生活的许诺中，左翼电影吸引了大批朝气蓬勃的热血青年投身到革命队伍中，就此而言，为左翼电影赢得了民心，取得了文化的领导权。

三、民族意识与左翼电影的文化领导权

在左翼电影中，民族意识首先表现为反对国外资本主义经济对中国民族经济的剥削。根据茅盾《春蚕》拍摄的同名电影《春蚕》，用朴素的几乎纪实的镜头展现了1930年代中国农村蚕农破产的悲凉遭遇，并且提醒观众思考蚕农破产的原因。电影开头就向观众交代了中国蚕丝业的辉煌过去和如今的惨状，原先“我国江浙等省，产丝最丰，为我国输出品之大宗”，接着映出字幕交代现状：“可是，几十年来帝国主义的经济侵略，已经使这过去的光荣变成了无常的春梦”，随后的几个镜头聚焦于上海的黄浦江和码头，装满货物的外国商船、码头上堆积如山的国外人造丝、在码头搬运的中国苦力，镜头反复提示外国丝在中国销售的红火状况。与繁忙的黄浦江码头形成鲜明对照的是，中国的丝厂大都关门了，大批原来以养蚕为业的农民破产了，丝厂的工人也失业了。这些画面和字幕几乎确凿无疑地说明了一个道理，正是外国资本主义对中国的经济侵略造成了中国农村和城市工人的破产，外国资本主义对民族经济的剥削，是民族悲惨命运的罪魁祸首。洪深编剧的电影《香草美人》也直指帝国主义的经济侵略，影片中在大中华卷烟厂工作的王老二对他的哥哥就说：“老大，告诉你，你巴望外国人不抢中国人生意，做老板的不刻薄工人，那是办不到的，你别做梦。” 夏衍等编剧的《时代的儿女》中的织绸厂因为外国人造丝的倾销而濒临破产。孙瑜导演的《小玩意》

---

① 旷新年：《我们不是一个人类》，《读书》2007年第2期。

中叶大嫂的手工小玩意终究不是外国玩具的对手。

另一方面，左翼电影的民族意识则体现为对日本军事侵略的反抗。“九·一八”事变后，国民党打出了“攘外必先安内”的旗帜，以此作为其基本国策。国民党政府认定“革命军当前的责任，第一乃是‘剿匪’来安内，第二才是抗日来攘外”，“攘外必先安内，统一方能御侮，未有国不统一而能取胜于外者。”[①]可见这一政策的重点，当时不是首先放在攘外，放在抵抗日本帝国主义的侵略上，而是放在安内，放在用武力消灭共产党及其武装，由国民党统一全国这一点上。

在蒋介石的国民党政府严禁抗日宣传的形势下，左翼电影中抗日宣传都进行了一定的伪装。孙瑜导演的《野玫瑰》把爱国抗日的思想感情巧妙地体现在野玫瑰小凤和一群孩子天真的游戏中，“诸位同胞，你们都爱中国吗？爱中国的举手。”这个游戏，既有孩子式的天真浪漫，又恰当地表现着观众被压抑的爱国抗日情绪。影片快要结尾时，虽然直接转入对抗日斗争的描写，但是影片中只是用“敌人”来称呼日本侵略者，用积累式蒙太奇表现日本侵略者的暴行和给中国民众带来的伤害，当银幕上映出两个硕大的汉字“国难”时，跟着的画面是“号外”、“逃难的人群”、“战场上的搏杀”；当银幕上出现两个大字“救国”时，跟着的画面是一个将领在演讲、人潮涌动、巨幅的标语、“快醒吧！中华民国！敌人杀来了”的大声疾呼。影片结尾，江波跳出窗户加入了义勇军，和野玫瑰重逢。影片虽然以较多的篇幅描写野玫瑰和江波之间突破阶级障碍的真挚爱情，但是由于这段爱情是发生在日本侵略期间，两个年轻人的爱情就和抗日的民族大义纠结在一起，导演也借此呼吁民众的抗日激情。

还有些左翼电影以象征的手法来曲折地表现抗日情怀，比如费穆导演的《狼山喋血记》和任彭年导演的《恶邻》。《恶邻》开头以蚕食桑叶来象征日本对华侵略，以黄猷家“只有桑地三块，哪里够吃呢？”来象征国土狭小，想要侵略吞并中国领土的日本。又以黄猷之子诨名黄矮子更进一步指认

① 唐正芒等：《中国二十世纪全史·峥嵘岁月 1927—1937》（第4卷），中国青年出版社2001年版，第375页。

黄猷就是日本，以手捧孟子、挥金如土的黄华仁比作富贵又软弱的中国，白金济代表西方列强。影片以黄猷、黄华仁和白金济三家的关系，象征当时中国与日本及欧美的关系及在这种关系中的地位。影片还表现了黄矮子用鞭子鞭打乡民的暴行，也表现了乡民们的奋起反抗。

在近代中国，由于恶劣的国际国内政治环境，中国共产党认为只有激起民众的民族意识，才能抗击日本侵略。正如柏林所说的："民族主义首先是受到伤害的社会作出的反应"，[①]也就是说民族意识是民族生存危机的即席反应。共产党站在民族道义的立场上要求抗日天经地义、义正词严。另一方面，也可借此打击国民党的不抵抗政策，因为民族意识是"进行民众动员的可靠情感话语资源，同时也是在国内获得文化领导权的最具号召力和点燃激情的口号。"[②]左翼电影人想方设法在电影中表达反抗帝国主义侵略的民族意识，为它赢得了崇高的政治声望。

综上，在左翼电影人看来如果民众认同左翼电影的核心价值观，那么困扰当时中国的现实问题或者说困扰百年中国的历史问题都可以迎刃而解，这是一种不乏理想色彩的政治想象。恰恰因为左翼电影提供了这样一种根本性的、总体性的、明确的解决中国问题的方案，最终取得了它的文化领导权。

（杨菊：南通大学文学院副教授）

① [德]柏林：《反潮流：观念史论文集》，冯克利译，译林出版社2002年版，第416页。

② 孟繁华：《传媒与文化领导权：当代中国的文化生产与文化认同》，山东教育出版社2003年版，第27页。

夏公与沈西苓、许幸之

臧杰

内容提要

本文通过梳理夏衍与沈西苓、许幸之的人事交往，还原了左翼文化运动最初的一些细节，解析了知识分子不同的性格命运与人生走向，对于从文化研究的角度探看历史真相，具有参考意义。

关键词

夏衍　沈西苓　许幸之　左翼戏剧　左翼美术运动　左翼电影

夏衍先生有关电影戏剧的实际操练是从上海艺术剧社开始的，最初倚重的两员“大将”，一位是沈学诚（笔名叶沉，1931年入天一影片公司时改名沈西苓），另一位是许幸之。

有关夏衍影剧工作的开展动机，则是因为他受命在中共上海闸北区第三街道支部开展联络文艺界的工作。夏衍曾在《懒寻旧梦录》里转引钱杏邨的回忆，述及让他接触文艺工作的原因，是因为他没有参与“革命文学”的论战，更容易争取鲁迅对左联筹备工作的支持。

1928年前后，上海戏剧活动已经渐趋活跃，爱美剧社、戏剧协社、辛酉剧社、复旦剧社等多有新剧上演，价值观各异，热闹也各异。通过组织剧社来推进戏剧运动，团结进步青年，营构无产阶级戏剧阵营，自然会成为夏衍应有的方向。

此间，当然还有潘汉年的强调与支持。[①]

一、有力的两翼

通常的说法是，上海艺术剧社成立时间是1929年秋，有材料和研究（方育德）证实是在1929年6月5日。[②]

据1929年6月10日《申报》增刊“剧场消息”载，艺术剧社成立日期是6月5日，社址在北四川路，男女社员约六十余人，推定郑伯奇为社长，沈端先、毛文麟等为文学部委员；陶晶孙、陈波儿等为音乐部委员；王一榴、沈学诚等为美术部委员；郑伯奇、王一榴、陶晶孙等为演员部导演部委员……

艺术剧社最初以上海艺术大学学生为班底，以郑伯奇所主持的北四川路永安坊中的文献书房为排练场，或并未完全发动。

郑伯奇关乎于此的说法是：“夏衍同志从筹备时期起一直是主要负责人之一。叶沉、许幸之二同志曾在日本筑地小剧场实习，担任导演和舞台美术等实际工作，我虽担任社长，很少过问业务。”[③]

直至秋天中华艺术大学开学，艺术剧社的戏剧活动才显得活跃起来。

这也与夏衍有关。《民国日报》是年9月5日《学校消息》中说：中华艺术大学现已聘定沈端先氏为文科主任。

担任文科主任的夏衍负责招募西画科教师时，致电给沈学诚，曾在京都高等工艺学校学图案的沈学诚，向夏衍推荐了就读于东京美术学校西洋画科的许幸之。后沈学诚也随之执教于中华艺大，主教课程是素描，并以叶沉为笔名著文作画，许幸之评价他“素描画得很好的”。

是年冬，由许幸之、沈学诚等人主持戏剧讲习班成为发动上海艺术剧社

---

① 夏衍：《懒寻旧梦录》（增补本），生活·读书·新知三联书店2006年8月版，107页。
② 方育德：《有关艺术剧社史实的几点辨正》，载《新文学史料》1991年第2期。
③ 郑伯奇：《回忆艺术剧社》，载《中国左翼戏剧家联盟史料集》，中国戏剧出版社1991年9月版，179页。

的动力。“普罗列塔利亚戏剧”呼告与排演实践全面展开。

夏衍上阵排演《炭坑夫》，叶沉排演《爱与死的角逐》，许幸之则担纲舞台美术设计，这也使得许幸之和沈叶沉在日本取得的戏剧经验，得以应用。

许幸之和沈叶沉有关戏剧的实践，源自青年艺术联盟的活动。

这个由许幸之和沈西苓、司徒慧敏、余炳文等人发起的组织，主要成员为在东京留学、热爱文学与艺术的中国学生。

青年艺术联盟常在日华学会组织演讲，剧作家村山知义先生就曾是他们邀请的嘉宾之一，他向大家介绍了日本戏剧界的情况。1929年春天，土方与志和丸山定夫等人从“筑地小剧场”分出来成立了“新筑地剧团”。村山知义与他们一起排演了描写中国港口码头工人斗争的话剧《怒吼吧，中国！》，许幸之被邀作服装和排练顾问，剧组希望他能对演员们在化妆与表演上把握中国人的特征给出建议。①

沈叶沉对此的回忆也曾写有《怒吼吧中国在日本》一文，文中道及他在彩排第一夜的感受，以及乘坐最后一班电车回寓所时的心情。②

1930年1月6日，上海艺术剧社第一次公演。尽管也经过了三个月的排演，但缺乏经验的演出，还是“紧张混乱，破绽毕露”③。也有诸多新颖的所在，比如经夏衍提议在《梁上君子》中，穿插了电影放映的片断，赢得了大家的注意。

夏衍对此曾有这样的回忆：“排戏的地点，记得是在北四川路余庆坊的一家楼下的客堂间。排得较认真的是叶沉的《爱与死的角逐》，他在我们这里是唯一的专家……我呢，不仅是有生以来第一次当导演，甚至中国人自己演的话剧也看得很少，当时年少气盛，胆大妄为，于此也可以看出来的。”④

---

① 许幸之：《在东京画的一张画》（原文为日文，载《わが青春の日本》日本东方书店1982年版。

② 沈西苓：《怒吼吧中国在日本》，《为戏剧协社公演怒吼吧中国特辑》1933年第1期，载《戏》。

③ 凌鹤：《回忆50年前的上海艺术剧社》，载《中国左翼戏剧家联盟史料集》，中国戏剧出版社1991年9月版，第186页。

④ 夏衍：《难忘的1930年——艺术剧社与“剧联”成立前后》，载《中国左翼戏剧家联盟史料集》，中国戏剧出版社1991年9月版，第168页。

在戏剧活动的同时，许幸之与沈叶沉开始在美术领域高扬普罗艺术，他们推动美术活动的核心，则是围拢团结在现代派和学院派周围的艺术青年。

“在第一学期终了的寒假期间，西洋画科就借用四川路青年会旧址，开了一个师生成绩展览会……引起了前来参观的各美术学校青年们的兴趣，经过彼此之间自我介绍，因而我们便结识了杭州一八艺社的胡以撰、姚馥、顾洪干等，上海美专的张谔、蔡若虹等，新华艺专的陈铁耕等，上海艺大的刘露、施春瘦等，白鹅画会的周熙……从此，便和这些进步青年建立了经常的联系，成为以后组织时代美术社的基础。”①

1930年2月，时代美术社在北四川路底一家名叫光明咖啡店的楼上举行，由许幸之、沈叶沉、王一榴、刘露、汤琳（后改名为汤晓丹）作为发起人。同年9月，又邀请鲁迅先生来中华艺大举办讲座；还以时代美术社的名义发起了苏联革命美术图片展览会，在会上，散发了由许幸之执笔的《时代美术社对全国青年美术家宣言》。在这篇宣言中，明确了艺术作为阶级斗争武器的说法。

为建立理论阵地，这段时间，夏衍先后主编了《艺术》和《沙仑》两本月刊，其最重要的作者，也是许幸之与沈叶沉。

在1930年3月15日印行的《艺术》上，许幸之的署名作品有《新兴美术运动的任务》，叶沉的文字则有《戏剧与时代》和《日本戏剧界的最近概观》（译作）。在6月18日印行的《沙仑》上，叶沉的文字有《戏剧运动的目前误谬及今后的道路》、《关于电影的几个意见》、《蜂起》（剧作），许幸之的文字有《中国美术运动的展望》和《南国剧社美术展评》。

《艺术》和《沙仑》上的这些文字，后来均成为左翼戏剧和美术运动的纲领性文字。

1930年7月，中国左翼美术家联盟在上海环龙路（即雁荡路）中国左翼作家联盟举办暑期文艺讲习班的楼上举行了“中国左翼美术家联盟”成立会。在这个会上，许幸之当选美联主席，沈叶沉当选副主席，由夏衍介绍入会的

① 许幸之：《对左翼美术家联盟的回忆》，载《美术研究》1959年第4期。

于海出任书记。代表左翼作家联盟出席会议的夏衍还在会上讲了话。

此后，夏衍又安排沈叶沉参与拓展左翼剧联的工作。由此，沈叶沉的左翼美术之路渐次迁延，更以“戏剧更深深地浸透到大众去”为使命。

美联成立前后，也正值中共中央执行立三路结的激越时期，对武装暴动、夺取政权满怀期待，飞行集会、散布传单、示威游行淹没了正常的美术活动。1931年，左翼美联在中华艺术大学召开一次扩大会议，会议尚未召开，武装警察即包围了中华艺术大学，并搜出学生会为纪念“五卅”而写的宣言，认为这是共产党窝藏的传单，遂逮捕了包括许幸之、沈叶沉在内的多名美联盟员，并将他们羁押于南市警察局达半月之久。许幸之碰到来探监的邻居，托他转告母亲才获得保释，随后他就跑到沈兹九家，要求营救沈叶沉。

中华艺大不久关闭，也使得许幸之和沈叶沉的教授道路告一段落。一度失业的沈叶沉，在大东书局布置橱窗，《十字街头》中阿唐的职业境遇，应该即与此相关，影片中描述的收入是月薪二十元。1931年，沈叶沉考入天一影片公司作布景师，与激进的左翼角色渐次偏离。

许幸之则雄心不灭地办过朝阳画室，企图假美术再有一番作为，但也因为无人敢来学习而远走苏州女子职业中学。在苏州，他还组织美术小组继续传播左翼思想。

从这些深切的交往中不难看出，夏衍与许幸之、沈叶沉之间在这一时期是有着衍繁相生的“联盟”关系的，他们既有共同的公共指向，又能分工协作，对左翼文化运动的传播与发展，起到了积极的作用。

二、交谊“分离”考

夏衍回忆，他与沈西苓的初识是在1923年。①

是年沈西苓（学诚）也到了日本，用的是姐姐沈兹九作为艺术生的官费。当时日本对华实施“协调外交”，鼓励中国学生赴日留学，官费留学生一般每月有80元生活费，节俭大约可够两人开销。

① 夏衍：《悼念西苓》，《戏剧春秋》1941年一卷三期。

从浙江省立甲等工业学校纺织科毕业后，沈学诚在专门工业学校学了一年机械，就被姐姐唤到了日本，入“京都高工”学习染织图案，在学习的过程中，他对油画发生了兴趣。

1925年秋，夏衍将女友蔡淑馨带往日本，同船东渡的也有沈学诚。蔡淑馨入读奈良女子大学后，夏衍从北九州到奈良看女友，通常是借居在京都沈学诚的寓所。①夏衍和沈学诚的友谊，就此日见浓厚。

许幸之则是1924年到日本留学的。他和沈学诚是在1925年投考东京美术学校时认识，发榜时又遇到，两人都被录取了，但沈学诚放弃了，原因是并未取得官费。

1926年夏，暑假探家后沈学诚返回日本，在船上又碰到了许幸之，两人相谈甚欢。沈学诚自京都高工毕业后，转到了东京，在早稻田大学选读了一年文科，在东京参加了筑地小剧场的活动。这段时间与许幸之交往甚多。

1927年，蔡淑馨从奈良转到东京学画，则投奔了浙江女师时期的同班同学沈兹九，两人也住在一处。

这一年，许幸之回国参加大革命。蒋介石在上海发动了“四·一二”政变，许幸之也和诸多革命党一起被捕，被关在上海漕河泾陆军模范监狱，囚禁了三个月。在监狱里，许幸之给东京美术学校西洋画科主任冈四郎写了一封信。冈四郎马上呈给学校，校方就以考古学家正木直彦校长的名义，写了一封保释信。因为这封信，许幸之被当局释放。

回到东京的许幸之获得了每月35元的官费，生活变得有保障了。在发起青年艺术家联盟时，他拉沈学诚来加入，沈学诚又拉上了沈兹九和蔡淑馨。

相较于许幸之的大革命经历，沈学诚也在留学中间回过一趟国。1928年，他曾任教于上海艺术大学，所以，在艺术剧社的早期成员名单中，有他的名字。1928年底，上海艺术大学因为学生激进而宣布关张，沈学诚又回到日本，到川端画会研修油画。1929年，他与许幸之共同赁屋居住，两人一人一间屋，常常一起画模特。这年春夏之交，当局曾发动两次大搜捕，不少左

① 陈坚、陈奇佳：《夏衍传》，中国戏剧出版社2015年6月版，第69页。

派作家被捕，夏衍也避祸到东京探望蔡淑馨，仍借住于沈学诚处，故也认识了许幸之。

这些机缘，均是后来促成夏衍与沈学诚、许幸之紧密的交谊关联的“前奏”。

1931年，叶沉以“沈西苓”的名字考入“天一”公司作置景师后，由此成为最早冲进“黑暗的电影圈”的左翼战士。此后，他为《歌场春色》和《有夫之妇》等“天一”娱乐片做过美工。

在“转身”成为导演后，沈西苓先后投拍的两部影片都源自夏衍的作品。导演处女作《女性的呐喊》改编自《包身工》，为了能够投拍这部影片，他辞去了“天一”的工作，转投了明星公司。没想到因为删剪甚多，影片变得支离破碎，以致公映后惨败。

柯灵说，《女性的呐喊》失败后，沈西苓面对了公开的讥讽，背后的嘲笑，甚至连公司的三四流演员，都没有一个愿意再受委屈，在他的导演之下演戏。沈西苓一度竟想：“想法子弄一笔钱，把这倒霉的片子买下来……”；及至拍《上海二十四小时》时，他只能援用了全部境遇和他相似的新人来演戏……①

而这部《上海二十四小时》的编剧也是夏衍。此片试映效果不错，甚至得到了郑正秋的赞许，但删剪后的公映结果也是面目全非、差强人意。

在《上海二十四小时》失败后，沈西苓给郑正秋的《姊妹花》做了副导演，其间拍摄了科教片《饮水卫生》。

和郑正秋的合作，对沈西苓改变甚多，除却对电影的理解外，在人物性格处置和电影思想吁求方式上也有所改变。但《姊妹花》的成功，却遭遇了左翼影评界的猛烈抨击，被指斥为“宣扬穷人哲学”，是“小市民的世界观”和“协调主义的说教”的反映，有论者甚至称之“较剑仙飞剑高级，而无聊性正相同”。

1935年7月16日，46岁的郑正秋辞世。7月18日，明星公司为之举大殡，

① 柯灵：《西苓纪念》，载《柯灵电影文存》，陈纬编，中国电影出版社1992年4月版，第39页。

沈西苓扶棺前行，此后他在《大晚报·剪影》和《明星》半月刊二卷二期发表了《悼郑正秋先生》一文，文中满怀知遇与感恩提携的深情。沈西苓的情意拳拳，并未为左翼电影的核心成员所理解。郑正秋的葬仪，除却田汉从南京送来挽联外，夏衍、阿英、郑伯奇等重要人物均未出席。

在辅助完成《姊妹花》之后，沈西苓拍摄了由他自己编剧的《乡愁》和《船家女》。

《乡愁》在技术上有了飞跃，剪辑、叙事气氛的营造，影片充溢着“纤细的情感和工笔的技巧”；《船家女》成了沈西苓的“翻身仗”，票房大为改观。

尽管《乡愁》和《船家女》也有了鲜明的家国意识和底层关怀，但小资产阶级的感伤的情感显露无遗。

凌鹤在《沈西苓论》中解析说，“小有产的知识分子，他们的思维的范围甚为广阔，他们的所见识的也甚为宽泛，他们的感触也甚为敏捷，再加上他们受了新的世界观的洗礼，于是他们觉得自己丰富起来；但是他们的本质是脆弱的，他们的情感是纤细的，假使他们的行动一时不能或者是被迫不准和劳苦大众的运动合流，或者是不幸的受了外来迫力的打击与摧残的时候，他们便会感到自己孤单、脆弱，于是有意或无意的复活了他们的天性，怯懦地伤感起来了。”①

1936年，沈西苓拍摄了名动一时的《十字街头》。这部依然隐含着阶级问题、家国梦和现实关注的作品，则是用一段爱情故事串联起来的。

沈西苓这种日益奔向善美的追寻，与求真、强调阶级对立和斗争的左翼精神已经渐趋两致。

这段时间，沈西苓的戏剧之梦在职业戏剧暗涌下复燃，既在上海业余实验话剧团拍摄了古装大戏《武则天》，又将爱尔兰剧作家西恩·奥凯西的《求诺和孔雀》改编为《醉生梦死》搬上了舞台，后者原译者也是夏衍，同时他还创作了“国防戏剧”作品——《撤退赵家庄》。

---

① 凌鹤：《沈西苓论》（世界名导演评传中国之部六），载《中华》1936年第47期。

“七七事变”后，上海剧作者协会“升级”为中国剧作者协会组织发起了《保卫卢沟桥》的公演，并于8月7日在南市蓬莱国货市场旁的蓬莱大戏院演出。17人的剧作者队伍，19人的导演团，场面宏大，但报道不多。这场演出后来也成了上海救亡演剧队西行的总动员。

沈西苓没有随演剧队西行。他去找了周剑云，又邀约许幸之商量拍一部《中国万岁》的纪录片。纪录片开拍不久，沈西苓和姐姐沈兹九等乘坐“康特罗素号”邮船离开了上海，在这艘船上，偶遇了孙瑜。

沈西苓经香港到武汉，参加了由上海业余剧人协会和上海影人剧团在武汉重组的新“上海业余剧人协会”。转而重庆，在重庆加入中央电影摄影场，与孙瑜、徐苏灵等成为“中摄”的核心导演，并投拍了《中华儿女》，于1939年9月完成。

初到“中摄”，沈西苓办了一件类似釜底抽薪的事，多年后还让新“上海业余剧人协会”的陈白尘耿耿于怀：“远在分裂之前约两个月，导演沈西苓便离开剧团去重庆中央电影摄影场当导演了，个别人的去留不曾引起什么波动，人各有志嘛。但是他在这两个月中，却暗中为中央电影摄影场频频拉拢业余剧人协会的主要演职员……”①

在1940年12月17日因病猝逝前，沈西苓还导演了话剧《民族万岁》、《塞上风云》，把夏衍的剧作《一年间》也搬上了舞台。四幕剧《一年间》于1939年4月12日至15日在国泰大戏院公演，由沈西苓作执行导演，应云卫作舞台监督。②该剧以留渝剧人为演出单位，演出名义则是为《救亡日报》募集基金，赵丹、白杨、英茵、吴茵等与沈西苓多有合作的演员担纲了主演。

这也是他和夏衍最后的“合作”。

美联蒙难后避走苏州的许幸之则是1934年才重回上海的，在沈西苓退出“天一”不久，他即进入“天一”担任布景师，还将吴印咸介绍进公司写预告片的美术字幕。

---

① 陈白尘：《对人生的告别》，生活·读书·新知三联书店1997年版，第517页。

② 石曼：《抗战时期重庆公演剧目一览》，载《重庆抗战剧坛》，重庆戏剧家协会1985年10月自印本，第138页。

1934年，许幸之和吴印咸在上海八仙桥青年会举行绘画摄影展。依旧激荡的普罗艺术情怀，使得他将工人、逃荒者、铺路者作为绘画的主题。这次展览，夏衍、徐懋庸、任白戈、石凌鹤等左翼人士纷纷来参观，“随后《大晚报》发表《画与诗的世界》和《从青年会出来》等评论，对他（许幸之）的埋头苦干、认真、踏实、力求进步表示赞赏。”[①]

许幸之在《忆聂耳》[②]一文中回忆，建议他和吴印咸转到电通影片公司去拍摄电影《风云儿女》的正是夏衍。而“电通”是中共电影小组企图打造电影制作阵地而深入参与的制片厂。

夏衍对许幸之说：“田汉和阳翰笙都被捕了，这部片子对当前的政治斗争有推动鼓舞作用，要尽快把它拍出来，和反动派作斗争，这是我们在外边的同志应尽的责任……最后，他严肃地对我说‘我和司徒慧敏、孙师毅商定，请你担负起导演的责任。’”

而这部影片分场剧本的创作者也是夏衍。其时，夏衍因为躲避当局的抓捕隐匿在徐家汇一个朋友的家里，田汉被抓前，将《风云儿女》的故事梗概交给了孙师毅，孙师毅又转给夏衍，夏衍在隐蔽期间写出了电影剧本。在《懒寻旧梦录》里，夏衍回忆道：“那里很安静，可以打电话和孙师毅联系，所以我利用这段时间把田汉留下的《风云儿女》故事改写成电影文学剧本，从电通公司得到一点稿费，让我妻子分送给林维中（田汉妻）和唐棣华（阳翰笙妻）作为她们暂时的生活费。”[③]

就这样，许幸之就成了“电通”的导演。《风云儿女》拍竣后，于1935年5月24日在金城大戏院首映。虽然许幸之在执导此片前并无导演经验，但这个与诗人命运相关的故事，对他来说并不陌生。他在1935年印行的第3期《电通》半月刊上做了这样的阐述：“《风云儿女》这故事的形成，正和它的名字一样，是风云变幻中的儿女常情。他们在现成的环境中相识，他们被感情所冲动而结合，他们为外界压迫而受难，他们为生活的鞭挞到处漂流，他们

① 姚辛：《左联史》，光明日报出版社2006年11月版，第707页。
② 许幸之：《忆聂耳》，《人民日报》，1982年12月15日。
③ 夏衍：《懒寻旧梦录》，三联书店2006年8月版，第186页。

一切的悲欢离合，和他们为了正义感的被激动而从戎抗敌，这一切都是仿佛从风云莫测的变幻中演成的人生戏剧，也应当用风云莫测变化无常的手法来完成它的姿态吧。"①

这种阐释，与他的诗作《牧歌》极其相近。不同的是，电影中的诗人没有耽于感伤中，而是踏上了义勇军的征程，跟自己浸泡在温柔乡里的过去"决裂"了。相反，那些披着长斗篷、留着长头发，生产浪漫的艺术家和诗人，在影片中，多以色眯眯的猥琐形象示人。

这样的刻画，无疑也隐含了许幸之对"波海米亚"式画家和诗人状态的自我否弃。

但导演和摄影师毕竟都是初次上阵。《风云儿女》公映后，在技术层面饱受诟病。姚苏凤在《每日电影》批评故事与剧本差的同时，就提到"摄影技术颇不高明（打光不对，画面上的人物地位缺少层次）。配音甚恶劣，收音也未见进步。"这些制作上的缺憾也着实影响了票房与公司营业，尽管片中的插曲《义勇军进行曲》传唱一时，由许幸之作词、聂耳作曲的《铁蹄下的歌女》也因王人美凄婉悲凉的演唱而令听者动容，但影片的轰动和收益均不及"电通"的开山作《桃李劫》。

拍完《风云儿女》，许幸之还计划在"电通"投拍《牧歌》。但此时，浪漫的许幸之与演员陆露明恋爱了。这迅速在"电通"掀起波浪。

1935年第四期《电声》杂志曾刊出《许幸之陆露明同居》一文，披露"公司有与许幸之不合的人在外面散布流言，存意给公司当局意见"。

据许幸之先生的儿子许国庆先生对笔者披露：他在征询父亲与夏衍关系时，许幸之先生告知，当年他在"电通"时，与陆露明恋爱，夏衍认为很不妥，曾建议他们分开。许幸之没有同意，并公开宣布同居，从此渐行渐远。

自电通公司关闭后，许幸之一直活跃于戏剧界。"八·一三"后，他也同样没随救亡演剧队"出走"，"家庭原因"使其滞留于上海。期间，他奔波于租界内的各种演出中，青鸟剧社、上海艺术剧院、上海剧艺社、中法戏

① 许幸之：《〈风云儿女〉的自我批评》，载《三十年代中国电影评论文选》，中国电影出版社1993年12月版，第524页。

剧学校、中法剧社、大钟剧社都有过他的身影，还执导了曹禺的《雷雨》、田鲁的《衣锦荣归》，重排过上海艺术剧社时期沈西苓执导过的罗曼·罗兰的《爱与死的角逐》等剧，在诸多执导的剧作中，影响较大的当数在中法剧社执导的《阿Q正传》。

在这个过程中，许幸之也导演过一部夏衍的作品——《花烛之夜》（即《一年间》），与沈西苓的选择有些不谋而合。

三、职业革命家与甘地主义、浪漫主义

1940年12月17日沈西苓在重庆病逝后，夏衍分别在《戏剧春秋》1941年一卷三期和1942年4月5日《神州日报》上刊发过《悼念西苓》一文，作为其缅怀之作，文中除多有同情怜惜之意，也提到“在荆棘的道路上，他是一个勇敢的斗士，但同时他更是一个彻底的弱者，为了达成一个目的，他可以忍受有洁癖的文化人所绝对不能忍受的羞辱，但是他可以毫无抵抗地接受足以使他整个计划陷入无法完成之让步。他常常苦笑，这苦笑表示他的顽强，但同时也正表示他的懦弱。他酷爱卓别林，而本质上却一个甘地主义的信徒。”

夏衍的这篇文字后来也成为关于沈西苓的盖棺定论之作。包括许幸之也在接受沈西苓女儿的采访时说：“你爸爸在当时受到歧视正像夏衍文章中指出的，性格也比较软弱，当片子成功之后，大家对他都表示尊敬的。”[①]

在《悼念西苓》的结尾，夏衍还这样写道：不单是为了友情，在戏剧电影界寥落的时候，一个真正酷爱电影的“熟练工”的逝去，总觉得是一件难以排遣的使人哀寂的事情。

可以说，夏衍夹杂着哀伤、审视和低调评价的文字，是耐人寻味的。

刊载《悼念西苓》的《戏剧春秋》，由田汉作为主编兼发行人，这期“追悼沈先生西苓”专辑，作者有夏衍、熊辉、欧阳予倩三人；而“中制”假中国电影出版社刊行的《中国电影》（王绍清编辑），也在1941年2月号刊

---

① 沈欣生：《爸爸的童年与少年——与姑妈沈兹九闲谈时知道的一些情况》，载《德清文史资料》第6辑：德清县政协文史资料委员会编，1997年印行，第167页。

发了“哀悼沈西苓先生”专题，刊出了孙瑜、郑用之、杨邨人、王绍清的四篇文章，阵营间的关系和不同的叙事况味一目了然。

除切阵营“两对”外，夏衍有否对沈西苓“拆台”上海业余剧人协会、“投靠”中央电影摄影制片厂心下不忿，恐也难以廓清。

职业革命家往往是难以容忍“背叛”的。

从人生路径上看，夏衍与沈西苓、许幸之有很不同的。浙江甲种工业学校染色科出身的夏衍，一直延续工科学业，自 1921年留学日本后，先后在明治专门学校电机科、九州帝国大学工学部治金科学习，并深受日本左翼运动影响，1927年回国后即加入中共，且迅速成为上海影剧界的联系人、革命活动组织者和领导者，无疑具有职业革命家特质和坚决性。

沈西苓也出自浙江甲种工业学校，学的是染织，后到日本学习工艺美术。在精神气质却更接近于艺术家，回到上海的自我扮相，也是一派波海米亚风格——总穿着沾着油彩的工装，留着蓬乱的长发，不善言辞，不善交际，见人总是微笑。①

在激进的“呐喊”与“二十四小时”受挫后，他又受了郑正秋的影响，在关怀现实的同时，有了更多的抒情性和脉脉之感。他在郑正秋知遇之下的温和转向，也使得他的“甘地主义”特征日趋明显。

赵丹忆及沈西苓的工作方法，也可从中窥见一斑：“他的工作方法，与其说是在做导演，还不如说是写诗作画更为恰当”；“了解演员，信赖演员，善于充分发挥演员的特点，这是沈西苓的长处。但与此俱来，是放纵演员，缺少克制，缺少选择。”②

这些人生遭际和性格特质，必然会影响到沈西苓的诸多选择。在“左”与“右”的夹缝中，更执念于艺术的他，其实更像一个飘零者。

作为夏衍的另一个早期盟友，从成长与性格上看，许幸之又有不同。他更像精力充沛、自信丰满的浪漫主义者。很轻易就考进东京美术学校的许幸之在艺术上有走得更远的资质，但那个时候，他闹革命了，似乎也没把艺术

① 参见徐怀沙：《沈西苓及其电影创作活动》，载《电影艺术》1958 年第 1 期。
② 参见赵丹：《银幕形象创造》，中国电影出版社 2005 年版，第 43—44 页。

很当回事；参加革命，先后两次入狱，他也没很当回事；许幸之拍《风云儿女》是第一次拍电影，但他也会说一句“我以为制作电影和制作其他的艺术并没有两样”。

许国庆在接受笔者访问曾说：父亲离开“电通”时，不觉得政治应该跟个人生活有什么关系。

许幸之和陆露明的恋爱，1935年的《电声》、《玲珑》、《影舞新闻》等小报都多有渲染，有以《诗人之家》之名刊出许幸之陆露明同居照片的，还附录了许幸之的一首诗——《夏夜之梦》。

诗中写道：“为了你，爱人！我整夜不能安枕，我想念着你的黑发，你的美颜，和你那汪着泪水的眼睛；待我睁开双眼看时，只见那儿你曾倚过的窗前，射着冷清的月影，/唉，我知道一切都是空虚……”

对彼时的许幸之而言，爱可以让一切空虚；对早逝的沈西苓来说，电影艺术的本位追求或可以让一切空虚；对执念于革命的书生夏衍而言，革命或可让一切空虚，这些不同的抉择，最终也就定格了他们各自的历史面相。

（臧杰：青岛文学馆馆长、青岛日报社主任编辑）

从《美丽人生》看西方战争影片的和平愿景

曾耀农

内容提要

战争题材影片往往展现的是对战争的回顾与反思，尤其是西方战争题材影片，往往展现了对战争的独特思考。在同样的背景下，借助不同的场景和表现技巧传达出别样的情感。西方战争题材影片多是集中在对“一战”和“二战”的反思上，往往寄予强烈的和平愿景。我们从影片《美丽人生》入手，从其对比手法、儿童形象在影片中的运用、叙事艺术等角度分析导演在影片中期望表达的和平愿景。

关键词

《美丽人生》　和平愿景　儿童形象

战争电影作为主要类型之一，自二十世纪早期出现以来就受到人们的关注。当下，战争题材影片充斥了电影市场的半壁江山，以其或是恢弘的战争场景或是深刻的教育意义，得到了诸多受众的欢迎，在发展过程中逐渐形成了模式化的特点。有学者以西方战争电影为研究对象，依据其结构模式和内涵特点将其分为“寻找模式”、“狼孩模式”、“英雄模式”和“事件中心模式”四种类型。随着时间的推移，西方战争题材影片不再拘泥于单纯的历史事件的展现，而是加强了情感表达的张力与和平主义的诉求。

一、战争题材影片概述

在越南战争之前，美国虽然产生过《西线无战事》这样杰出的反战影片，但从总体上讲，美国战争片的主流无疑是以弘扬爱国主义和英雄主义为主导的，宣传西方价值观，特别是硬汉形象更是美国战争题材电影歌颂的主人公，像20世纪40年代的《约克军曹》。然而，失败的越南战争彻底改变了美国战争片的面貌，对战争的反思和抨击逐渐成为战争片的主导潮流，换句话说，和平愿景成为了战争片的主题，如20世纪90年代的《拯救大兵雷恩》。

战争题材影片往往展现攻击原欲、英雄情结、悲剧意识、人道主义以及哲学升华这样五个特征。这五者不是单独的累计叠加，而是具有错综复杂的交互性，往往是你中有我，我中有你的融合。

有人认为战争题材影片之所以能够赢得大部分受众，正是由于战争题材影片的攻击原欲存在。从心理学角度解释攻击原欲：由于欲求不遂，在攻击动机的驱使下采取有害他人或他事的行为。在和平时期人们的攻击原欲无法得到释放和满足，往往会通过其他的途径去宣泄，如体育竞赛和文艺欣赏。电影作为一种视听结合的艺术，往往追求画面的逼真性，因此在很大程度上能够释放受众的攻击原欲，获得心理的满足。

战争题材的影片已经不再单独局限于事件本身的陈述，而是加注各种思想情感于其中。一部好的战争题材的影片或明确或含蓄的表达了一些令人震撼的情愫和期待。而悲剧意识则是战争题材影片一个避不开的子话题，有战争必定会有伤害，有伤害就会有泪水，有难过……于《美丽人生》来说，基多最后被枪杀的画面就是带有化不开的悲剧基调。无论是英雄人物的陨落或是平民百姓的无辜惨死都掺杂了悲剧意识于影片之中。

战争本身就具有反人道的特质，而战争题材影片将这种反人道通过具体的场景展现出来，以呼吁人道主义的回归和期待。塑造英雄则是战争题材影片中常用的手段，而战争则是塑造英雄最好的语境。最传统的英雄莫过于牺牲小我成就大我，很多影片希望通过英雄人物的塑造来赢得受众的认可和支持。随着思想观念的不断改变，非传统的英雄人物也开始占据人们的心房。如在《珍珠港》影片中，很多人会视击落日本飞机的厨子为英雄。在《美丽人生》中会将英雄的称号送予基多，因为他的乐观和爱。

在战争电影中，给人深刻思考的不是纯粹的战争现实，而是人类在战争中的表现，即人性的体现。西方战争题材的影片已经不再追求表面的壮观和恢弘，而是注重对人性的阐释。战争影片已超出了战争定义的范畴，杂糅了哲学、政治、文化等多种元素。既让人们看到人性的力量，又让人们看到人性在极端环境下的异化。战争题材电影中出现人性关怀的时候，我们的社会也在朝着和平的方向前进。因此，更多的人开始注意到战争中单个人的行为，开始为个体在战争中遭受的苦难感到惋惜和同情。当人们从战争中看到人性凸显时，人性就已经作为社会话题广泛受到人们的关注了。人性的优劣是编导和平思想的体现，关乎社会的发展趋势。通过电影这种超现实的手段，在现实生活中能给人们以启示，让观众能够对人性与和平问题进行深刻的反思。

二、影片《美丽人生》导读

战争是残酷而又血腥的，一般战争题材的影片中往往充斥着枪炮声和呐喊声，极尽悲剧渲染。而《美丽人生》却是一部风格另类的西方战争题材影片。《美丽人生》是意大利国宝级导演兼喜剧演员贝尼尼最成功的作品之一。他结合父亲讲述的那个年代的残酷故事，以独特的喜剧方式使这个悲剧的题材散发出泪中含笑，笑中带泪的独特悲喜剧色彩，从而在二战题材中独树一帜，并且获得奥斯卡多项大奖的殊荣。

故事以德国法西斯捕杀犹太人为背景，讲述了一个犹太家庭的命运。犹太青年基多与意大利姑娘多拉传奇相识，结婚并生子，一家人其乐融融。但幸福很快被法西斯的铁骑打破，流着犹太人血液的父亲和儿子被抓进了集中营，善良的母亲不愿抛下丈夫与儿子也毅然跟进了集中营。慈爱的父亲为了孩子幼小的心灵免受纳粹的摧残，谎称这痛苦的集中营旅行只是一场为了获得生日礼物的刺激游戏。在集中营中父亲用自己的智慧和勇敢为孩子编织美丽的童话之梦，最后为了一家人团聚而献出生命。

正如影片的开头有这样一句话：这是个简单的故事，但是不易述说。像寓言，有悲有喜；像寓言，叫人不可思议。跟许多以二战为题材的电影相比，《美丽人生》无疑是另类的，他无心渲染战争残酷的过程，血腥的场面，而是通过平凡的一家三口的生活来展现战争境遇下小人物的生存智慧和伟大的亲情，以及对和平的期待。

这部影片的故事，简单到只剩下爱情和亲情，简单到只剩下善意的谎言。寓言，自然会令人去深思。《美丽人生》这部影片，用不可思议的方式为观众讲述了那场战争和那个年代小人物的快乐和挣扎。最重要的，这是一则爱的寓言，令人动容地展现了一个父亲对于孩子伟大的爱，一个普通家庭对于战争的付出，亲情、爱情通过各种行动寓于其中。一个父亲纵使不能完整地陪伴孩子的童年，也要用孩子最爱的游戏方式把人生中最珍贵的乐观与坚持灌输给孩子，让孩子享用一生。作为一个妻子和母亲，既然无法改变丈夫和孩子被抓进集中营的事实，那么近距离地陪伴他们，主动要求进入集中营，也是刻骨铭心的大爱。但是这其中的深意我们却难以完全言说，像寓言一般，里面隐藏着太多的弦外之音与和平愿景。

三、对比手法折射和平主题

现当代和平学的研究，发轫于北欧的挪威、丹麦等国，而发展、完善于欧美等国，但有关和平学的研究重点都具有不同的特点。北欧特别反对军事力量的竞争，强调和平文化的建设以及和平教育的普及；欧美等国则注重于安全问题，关注战争给人类带来的灾难。.

西方著名的电影理论巨匠麦茨提出了“入片状态”的概念。所谓“入片状态”是指影片开始所设定的一系列场景会将观众带入某种情景之下。《美丽人生》影片的开始在一个温暖的地中海城市，有茂密的森林，明朗的天空，各处都呈现出一派安详和平的情景，给观众传达出了一幅优美安宁的美丽画面，主人公基多一上场的幽默与乐观，瞬间感染了观众，也为此后基多一家人所遭受的苦难提供了鲜明的对比，更能激发观众对此后他们一家的遭遇抱有深深的同情。这就是《美丽人生》影片的“入片状态”。

环境在不断地改变，但是我们的心境和追求是不变的。在阳关普照的地中海城市街道上，到处是衣着靓丽的行人。从影片一开始所展现的温暖的地中海城市到血腥的集中营对比，为我们交代了一个故事发展的环境背景的改变，同时也展示了人们对于和平自由生活的热爱和期待。我们的主人公基多和多拉上演了一部千金小姐爱上穷小子的爱情喜剧。白云、蓝天等温暖的场景运用使得整个小镇都沉浸在一片欢乐祥和的气氛中。在这样一个环境下，正常人是不会期待发生战争的，大部分的人性总是习惯的，人们会习惯安逸、习惯和平。这与后面纳粹统治下的集中营阴暗的色调形成鲜明的对比，集中营中的人们总是身穿着单调青灰色的衣服，给人一种冰冷的沉重感，令人窒息。在这种环境中的人们是会更加的期待和平的，他们会渴望战争尽早结束，人们尽早重返家园，重温那安逸而已和平的生活。无论环境如何改变，人们对于和平的期待是一直都存在的，并且为此而不惜牺牲生命。

四、儿童形象在战争题材影片中的运用

战争是影片中常见的题材，但是我们对于此类影片关注最多的却是战争影片中的人。因为人才是战争影片题材中应该被关注的重点。而儿童往往象征着纯洁、无辜、希望与和平。相比较于成人而言，将儿童置于战争题材影片中更容易触动人心，表达某些特定的含义。

英国影评家罗伊·阿米丝认为，电影可以利用一个孩子的形象而非党的教义作为真理的试金石。战争是一个社会发展存在的特殊形态，儿童是一个个体存在的特殊时期。存在主义认为，真理在“边缘情境”中更有可能被把握（战争为人们提供了这样的边缘情境）。在和平年代成人往往对儿童多加照顾，那么在战争时期，按照思维和习惯特性我们也能做出正确的选择，向着真理又迈进了一步。此外，我们都明白儿童的弱小和无辜，需要保护，战争的血腥和对个体的戕害。在这两者矛盾冲突下，我们往往会被其碰撞产生

的强烈情感带入人性、人情、人道主义等和平愿景中去。

20世纪先后爆发了两次世界大战，出现了战后的全球性冷战。在新的历史条件下，战争与和平问题关系到世界上所有国家和民族的生存与发展，关系到人类命运和文明的转折与延续，尤其与儿童的生存状态息息相关。在战争题材影片中运用儿童的形象往往体现这样几种作用：

（一）传达人道主义以及和平主义思想

在成人纷争过程中引发的战争，往往将无辜的儿童牵扯进去，成为战争最无辜的受害者。因为种族之争而被屠杀的孩童，因为领地侵占而被炮火攻击的小孩……等惨剧历史上不胜枚举。争取和平，反对战争是每个时代的期待。作为最无辜的儿童形象来说最容易展现反对战争的和平期待。

此外，战争给儿童带来的不仅仅是戕害，也还有成人的无限关心。许多战争题材的影片塑造了成人为了保护儿童而甘愿冒险甚至是牺牲生命的代价。他们愿意用自己有限的光阴换取孩童一个光明、幸福而又和平的未来。

《美丽人生》中的儿童形象是基多的儿子约叔华。基多所做的一切都是为了不让约叔华幼小的心灵受到创伤。如上面提到的约叔华对“犹太人与狗不准入内！”的疑惑，基多用自己的方式为孩子解释：“各有各喜恶，那边一家五金店，不欢迎西班牙人和马进入。”基多小心翼翼地用自己独特的方式保护着孩子幼小的心灵，用自己的方式告诉孩子这个世界并没有那么复杂，对于每个人来说，这个世界都是公平的！这一细节的讲述同时也为电影后半部的“集中营游戏”做好了铺垫！

基多一家失去家园，被带上列车驶向集中营。走向死亡的道路被基多说成是一场积分游戏。而当被粗暴的士兵推上火车，跌倒了，他拍拍屁股站起来竟嘻嘻哈哈地对儿子说：这是一次早有准备的生日旅行。一本正经地冒充懂得德语，把德国军人残酷的集中营规矩翻译成可笑的游戏规则。身边的犯人不断被处死，人数越来越少！基多却将其解释为他们被游戏淘汰出局了。在德军溃逃的前夜，即使是和儿子见最后的一面，他仍然做出夸张滑稽的动作来为自己的谎言画上一个完美的句号。一面是机枪和毒气室！一面却是欢笑和游戏！《美丽人生》总是向我们不断呈现两个世界：一个是残酷的真实世界，充满杀戮的战争，一个是父亲口中的世界，充满天真无邪的孩童欢乐！

此外还有诸多西方影片也展现了同样的主题，如美国电影《勇敢的护士》中，在盖世太保眼皮底下帮2500名犹太儿童偷渡出境的波兰护士和地下抵抗组织战士们。法国电影《再见，孩子们》中，将犹太儿童藏于修道院学生之中，因而自己被捕的约翰神父。在对他们伟大而无私的赞颂之中，编导反复歌颂着人道主义的崇高光辉，期待着世界和平，再无杀戮和战争，再无戕害和暴力……

（二）寻找看待战争的特殊视角

以儿童无害的形象，从最原始的体验出发展现战争的暴力、荒谬和愚蠢。相比于成人，儿童是无能为力的，甚至是无知的。对比于成人的强大，他们是弱小者；对于成人而言，他们是未来的主宰者；对于儿童而言，他们是无法掌控自己命运的初生者。儿童只能仰视成人世界，对于成人的作为，诸如战争等，儿童往往感到困惑不理解。此外对于尚未完成社会化的儿童来说，儿童的行为方式往往是无功利性的。只带着最原始的视角看待一切，体现在儿童身上都是人性的更接近本真的状态。因此在战争这种罔顾人道的极端环境中，儿童本真的天然秉性往往用来对比成人屈从于共同意志而遗忘初心的生存状态。如在《穿条纹睡衣的男孩》这一影片中，集中营只是德国小男孩布鲁诺眼中有趣的“农庄”，在这个8岁的小男孩眼中，那个穿条纹睡衣的犹太人男孩只是他的好朋友而已，他不明白他父亲和他的同事们所犯的罪行，也不明白那些焚化炉冒着的白烟代表什么，在布鲁诺眼中最重要的就是维护那一份纯真的友谊而已。

2006年的西班牙影片《潘神的迷宫》以奥菲莉亚向往的童话视角穿插法西斯的暴虐和战争的残酷，淋漓尽致的体现了现实的黑暗和绝望，最后奥菲莉亚选择了牺牲自己而拯救弟弟。在《美丽人生》影片中，约叔华在父亲基多的独特的解释下明白，“犹太人与狗不准入内！”就好比是个人喜好而已，我不喜欢蜘蛛，那么我也可以在我店铺上贴上“蜘蛛和野蛮人不准入内”，完全净化了孩童不曾领悟的种族歧视，同时也表现了孩子的纯真。

五、叙事艺术别具一格

我们从战争题材电影艺术的内部角度纵观其故事的构成问题，分析传统的叙事元素，即人物、情节、时间、空间和修辞等，以求对战争题材电影故事的产生和创作的范式进行系统的梳理分析。在解析带有人类集体无意识故事模式的同时，探求《美丽人生》的差异性与独特性，力求呈现一个相对独特而客观的西方战争题材电影叙述艺术全貌。

（一）传统主题的反常诠释

《美丽人生》是反映二战中犹太人遭遇的作品，而此类影片市场上早已屡见不鲜，从《苏菲的选择》到《辛德勒的名单》已有过众多的近乎全景的阐释。对于贝尼尼来说，面对这样一个传统的主题而要拍出新意是很具有挑战性的。而贝尼尼真的做到了，抛开传统的写实表现手法，结合自身的喜剧表演优势，运用喜剧的表现手段对这一传统的主题展开另类的阐释。

传统的写实手段所展现的往往是以纯客观的角度反应事件，从而将受众拉入事件，让受众获得心灵的震撼。而贝尼尼在《美丽人生》中一反常态，影片中所设置的幽默元素处处强烈的体现主体观念，这些强势的主体观念在故事的发展中形成了强烈的冲击和碰撞，使得影片呈现出一种荒诞化的趋势。而正是这种荒诞化比之写实化更能引发受众对传统主题新的深思，同时也更能加强对主题的诠释与深化。

（二）小人物的人性镜像

《美丽人生》之所以能够一举拿下第71届奥斯卡最佳外语片、最佳男主角、最佳配乐三项奖项，这与其独特的叙事角度分不开的。小人物的故事之所以能打动观众，是因为小人物主人公的遭遇让观众体会到的战争不是抽象的国家与国家、民族与民族之间或对立的势力之间的冲突与争斗，而是一个个有血有肉的个体之间的厮杀或是暖人心窝的钝痛。大部分的战争题材影片大多叙事宏大，注重对大人物、大事件、大场面的描写和刻画，突出表现英雄主义主题。这往往给观众一种不可企及的距离感，同时大场景的影片因为场景宏大，往往将有着鲜明特点的人物形象缩小，个体命运往往被忽略，可是个体命运最能具体展现战争的残酷和普通人对和平的期待，同时小人物的行为最能拉近电影与观众的距离，唤起深深的共鸣，它让人看到和平时期无法看到的人性的力量。

影片是真实生活的再现，让故事不再抽象遥远。战争中个体的渺小、脆弱与无助正是大多数普通人在和平时期生活的某种对照。尽管和平时期没有刀光剑影、血肉厮杀，但很多人也体会过生活的不受支配和内心的无助。战争将小人物的命运放大，战争中的小人物迸发出的人性光辉也是最真实的。

如二战代表作之一的《钢琴师》是一部关于纳粹统治下波兰犹太区犹太人生存境遇的电影，它对普通人的人性进行了白描式刻画。电影的主人公是一个本应在和平年代受到尊重的钢琴师，但是在战争年代，他也是千百万被裹挟进战争泥潭、身不由己的普通人之一。我们透过钢琴师的眼睛目睹着每时每刻发生的悲惨故事，见证着人类对同类的残暴和杀戮。作为普通人的钢琴师，他所能做的只是想办法活下去，活着，为自己活着。当那个也是身不由己参加战争的德国军官不仅给他食物还将他放走，给了他一条生路时，我们感受到的不是抽象的国家战争与种族争斗，而是一种具体可感的人性的升华，我们一直在不断的与自己的本心斗争而已。

《美丽人生》也如此，如在集中营中，大家一起帮助基多伪装约叔华成德国小孩，还有那个爱猜谜的在集中营服务的德国军医，也在激烈的思想斗争下，终于决定按照自己的初心办事，也积极帮助基多。这些均将小人物的形象有血有泪地、淋漓尽致地呈现在观众眼前。虽然小人物个人的力量是微不足道的，但是现实生活中处处都是小人物，他们代表了形形色色的生活，不论是战争生活还是正常生活。

罗伯特·贝尼尼用爱情和亲情作为主题，在《美丽人生》中让悲剧与喜剧交融，沉重与嬉笑穿插，展现了发生在那个特殊年代的故事，让观众在充满鲜血和死亡的集中营里找到了一种生活的希望和快乐，同时也对于纳粹的惨无人道做了犀利的谴责和鞭挞，表达了对和平的期待和对美好生活的追求。

生发于战争废墟的意大利新现实主义电影凸显真实反映、整体审美等创作特色，也强调对“人道主义”的传统关怀。贝尼尼作为意大利电影的中坚，并没有走新现实主义的传统表现路径，而是在对传统主题进行虚实结合演绎的基础上，运用别具一格的叙事艺术在虚虚实实中反映观察者对人道主义、对和平文化的呼唤与期盼，同时也造就了《美丽人生》在意大利电影史上的重要价值。

（三）给人捧腹大笑之外还夹杂着泪水

影片前半部分的爱情童话由众多的巧合和偶遇碰撞，形成怪诞的组合，这种看似不可能的爱情成功给我们展现了一个社会底层人对生活的不屈反抗与斗争。而用喜剧或是闹剧的方式展现出来，消除了无情的社会阶级差距。爱情与亲情是人类历史上最广为流传的主题。不难看出《美丽人生》的叙事结构由这两部分组成。影片的前半部分着重讲述犹太青年基多对于爱情的追求，后半部分讲述基多父子在集中营的亲情故事。两部分都是采用了童话式叙述方式，带给受众别样的体会。

影片后半部分，约叔华的幼小和天真与集中营的冰冷严酷对比极度鲜明。贝尼尼在影片中对集中营的冷酷没有用过多的笔墨，而是全力营造基多真实谎言的童话氛围。当镜头从冰冷的囚室、倦乏的人群、冷酷的管教等场面闪过时，又不时提醒观众童话氛围所依托的背景，更加衬托出童话的深层寓意。

（四）主人公在特殊时期对和平生活的渴望

影片一开始，基多对多拉的一见钟情使得影片成功的设置了第一个二律背反。同时，穷小子基多利用自身的幽默和乐观，突破了横亘在自己和多拉爱情面前的鸿沟，最后赢得了出身高贵、家庭富裕的多拉公主的爱情，走向了融合。这一类似童话故事中才会出现的场景，消除了厚重、古老、守旧的意大利社会图景中的沉重。

在影片的后半部分，基多与儿子进入集中营，残酷的现实与基多为儿子约苏华编织的童话世界，构成第二个二律背反。故事是围绕着游戏童话主体叙述展开的，但镜头又在不断提示着观众现实的可怕。而在这对立的情景之中，基多用父爱的博大和机智化解着对立，最后走向融合。

此外，《美丽人生》还有一个二律背反运用，在影片的叙事主题与叙事策略中体现。用喜剧化的叙事方式讲述历史而又严肃的主题，表面上看来矛盾、荒诞且不可调和，但是依托贝尼尼的精彩表演、精心的情节设置、流畅的叙事手法，最终使得这一二律背反在约叔华和多拉的重聚中得到确立，进一步深化了影片的主题。

与《美丽人生》相比，中国当代二战题材电影则表现手法比较单一，大都从正面讲述征战过程，过分强调英雄业绩，缺乏和平愿景，更没有体现出普世价值。

（曾耀农：湖南商学院文学与新闻传播学院教授）

中条山抗战的转折意义与影视书写

——何为历史真实，何为影视真实？[①]

张祖群

内容提要

影视界、学术界应该重新认识中条山抗战，并给予其高度的评价，还历史以真实。八百壮士只是全面抗战期间伤亡的3500万军民的一个缩影，他们是抗战血肉长城的丰碑，他们是现代版本的“马踏匈奴”图像，他们是中国人民付出高昂代价滞后才换取的抗战惨胜。从日军进攻中国路线与步骤中，我们需要重新认识中条山抗战的重要转折意义。文章最后针对抗日雷剧层出不穷这一现象进行严肃的批评。抗战题材的历史叙述非但不能减敛弱化，更应以更强劲态势向深层拓展和开掘，拒绝历史浅薄与平庸。对脱离基本的历史真实的抗日雷剧应该紧急叫停，那些剧目名义上是对历史的缅怀，实则是对历史逝者灵魂的亵渎。抗日题材的影视作品可以进行一定的艺术加工和影视真实再现，但是不能脱离基本的历史真实。

① 基金项目：国家社会科学基金青年项目（12CJY088）；北京市哲学社会科学规划重大项目（13ZDA07）；北京市高等教育学会“十二五”高等教育科学研究规划课题(BG125YB012)；北京对外文化交流与世界文化研究基地“文化多样性：逻辑关系、案例与政策研究”（BWSK201304）。

关键词

历史真实　影视真实　八百壮士　陕西抗日

一、研究背景

（一）两个版本的“八百壮士”的故事

关于“八百壮士”的故事有两个版本：（1）1937年8月13日上海抗战，为牵制日军，掩护中国军队后撤，中国88师524团团长谢晋元率领八百壮士，固守四行仓库，达三个月之久。（2）1939年6月6日，侵华日军3万余众，沿芮城县20里岭陌南镇东及平陆县张店至茅津渡西，分9路进犯由杨虎城将军旧部第38军、96军和川军第47军组成的国民革命军第四集团军中条山防地。177师学兵队与工兵营、1057、531团及47旅、38军46旅部分官兵数千人浴血奋战而未能突围。他们胸怀以宁为玉碎而不为瓦全之志，仰天绝声高呼：“宁跳黄河死，不做亡国奴”，以惨烈方式相继纵身或跳崖或跃入黄河，无一苟且降敌者。

第一个版本的“八百壮士”的故事在诸多的文学作品中都有口述史转述，例如谢继民的《我的父亲谢晋元将军——八百壮士浴血奋战记》（北京：团结出版社，2010年7月第1版），王文川的《不尽哀思滚滚来 耄耋老人忆“四行”》[①]等。后来根据“八·一三”上海抗战中的一个真实事迹改编、拍摄成的电影《八百壮士》（丁善玺导演），引起海内外强烈反响，该片先后获得亚太电影节最佳电影、最佳女主角，第13届台湾电影金马奖(1976)等奖项，丁善玺也获得最佳发扬民族精神特别奖。上海固守四行仓库的“八百壮

① 林儒生：《永不褪色的记忆》，华夏出版社2014年版，第435—44页。

士”故事，成为全民族抗战英雄的代名词，知名度很高。相比而言，第二个版本即山西南部中条山抗战的“八百壮士”故事则知者甚少，这个版本伴随着徐剑鸣等创作的《立马中条》长篇纪实作品、陈忠实先生的文学作品《一段几乎湮没的史实：中条山八百壮士血祭黄河》（多次收入他的不同文集）以及他的其他作品集得以一定程度上传播。他在读《立马中条》说过一句冷飕飕的铁骨箴言：关中娃，岂止一个“冷”字！2012年回顾中条山抗战的电影《咆哮无声》（王海平编写、萧锋导演）激发了国人的爱国情怀，再现了历史真实，但是却迅速归于沉寂。2013年张祖群在《电影评介》发表《八百壮士——何为历史真实，何为影视真实？》[①]，当即收到不少这次战役幸存者、战役亲临者后裔、热心读者的邮件与电话。2015年在中国人民大学文学院举办的“纪念夏衍逝世二十周年暨30年代反法西斯电影研讨会”上，笔者在《反法西斯电影专题》分会场对陕西中条山抗战的基本史实进行梳理，并以民间的歌谣、将领的诗词、记者的报道和影视的改编等等文学元素做补充，淋漓尽致地展现了抗日战争的残酷与和平的来之不易。该演讲博得影视界同仁一致好评。

近年来，一些地方文史工作者开始搜寻中条山抗战的“八百壮士”幸存者的回忆录、口述史，一些地方史志、档案杂志也开始零星刊登中条山抗战的“八百壮士”故事，诸如全国政协文史和学习委员会编的《晋绥抗战亲历记》（《文史资料百部经典文库》，2015年）、陈长捷的《晋绥抗战》（《正面战场：原国民党将领抗日战争亲历记》，2015年）、陈子平的《孙蔚如率部赴中条山抗日》[②]、魏瑾的《中条山抗战纪念馆背后的故事——记抗战红色收藏迷杨金玉》[③]、何立波的《誓与中条山共存亡的唐淮源军长》[④]、陈萧军的《血浴中条山》[⑤]、张仰亮、李常宝的《1938—1941年中条山抗日根

① 张祖群：《八百壮士——何为历史真实，何为影视真实？》，《电影评介》2013年，第1—5页。
② 陈子平：《孙蔚如率部赴中条山抗日》，陕西档案，2015年，第14—17页。
③ 魏瑾：《中条山抗战纪念馆背后的故事——记抗战红色收藏迷杨金玉》，《山西老年》，2015年，第4—5页。
④ 何立波：《誓与中条山共存亡的唐淮源军长》，云南档案，2015年，第33—37页。
⑤ 陈萧军：《血浴中条山》，《中国社会保障》，2015年，第66—67页。

据地民众运动考察》[①]。陕西省子洲县陕北文化研究会主办的地方刊物《陕北文化》（2015年夏之卷）刊登了董万寄的文章《陕西人的抗战丰碑（二）》（第35—43页），该文列举了参加中条山抗战的陕西将领孙蔚如、赵寿山、孔从洲、马继武、王竣、梁希贤等实录。关中的一部县志中，满满十多页烈士名录，全部牺牲于中条山抗战。学术界开始对守卫中条山的第三军十二师师长寸性奇[②]、第三十八军赵寿山[③]进行正面描述，对中共与中条山会战的关系[④]等进行学术探讨。

央视网于2015年6月24日发布了一则新闻《中条山三千勇士跳黄河——一段鲜为人知的抗战往事》。中国国家话剧院在2015年9月3日抗战胜利纪念日之际演出抗战新戏《中华士兵》，专门以戏剧形式刻画国民革命军第四集团军"誓死保卫中条山、保卫黄河、保卫祖国"的壮烈故事。《光明日报》第一次对中条山抗战给予刊登回应。[⑤]这不仅是重塑抗战英雄的重要举措，同时也是两个世纪的中国人为迎接"胜利日"的一次相互寻觅和认同，更是几代中国人缅怀民族精神的融汇。

（二）中国抗战题材影视历程

王利丽对于当前中国抗战题材电影的创作提出了"如何走出好莱坞渲染暴力和色情的模式"的问题，她认为中国影视界需要积极借鉴以往创作的艺术经验，创作出将民族文化、导演个性与时代特色有机融合的中国反法西斯的战争影片。[⑥]艾容将中国抗战题材电影主题的历史变迁分为救亡图存阶段（1932—1949）、歌颂抗战英雄（1950—1978）、多方面表现民族灾难与

① 张仰亮、李常宝：《1938—1941 年中条山抗日根据地民众运动考察》，山西档案，2015 年，第 40—44 页。

② 史光荣：《国民革命军陆军第三军十二师师长寸性奇》，《文史月刊》，2015 年，第 3 期，第 19—36 页。

③ 张仰亮：《试析赵寿山第三十八军与中条山抗战——基于对日军、中国共产党、国民党三者关系的考察》，《信阳师范学院学报（哲学社会科学版）》，2014 年，第 5 期，第 137—140 页。

④ 卢毅：《中共与中条山会战》，《晋阳学刊》，2015 年，第 4 期，第 57—64 页。

⑤ 艾莉：《抗战戏剧的一大突破》，《光明日报》，2015 年 8 月 17 日 15 版。

⑥ 王利丽：《民族记忆与影像抒写——中国抗战题材电影的历史文化变迁》，《文艺理论与批评》，2005 年，第 4 期，第 21—27 页。

伤痛（1979—2015）三个阶段，概括了中国抗战题材电影中存在的问题，最后对民族记忆进行反思。[①]该文立意还是比较深远的，但是该文摘要中讲到以“九一八”事变作为抗战之开始，直到1949年中国共产党解放大陆，合计长达18年的抗战。不知为何以“九一八”事变第二年（即1932年）作为第一个阶段的开始，并且将1945—1949年解放战争时期纳入抗日救亡图存阶段（即1949年第一阶段结束）。笔者认为，抗战题材电影的时间变迁还是应该以基本历史事实为划分依据为佳，这样反省这场战争对中华民族带来沉重的伤痛与我们祈祝和平才更有意义。纵观中国百年影视历程，从战时（1931—1945）的镜像式反映，到新中国成立17年（1949—1965）的敌我“二元”结构和“文革”期间（1965—1975）的“红色英雄”情结，再到改革开放初期（1978—1985）的史实探颐和真相索求，再到新世纪（2000年之后）的人文关照和人性发掘，这种发展演进历程呈现出从有选择、有限度、镜像式的文学书写发展到多元化、立体化、全景式、人性化的文学表现，这体现了由局促到开敞、由单极到多维、由平面到立体的文学创新之旅。因此，抗战题材的历史叙述非但不能减敛弱化，更应以更强劲态势向深层拓展和开掘，拒绝历史浅薄与平庸，这不仅是对千万个抗战历史英烈的最好祭奠，也是对蓄意篡改历史的强盗的最有力回击。[②]

（三）思考切入点

这个时代的我们需要什么样的抗战影视作品？结合“抗战神剧”中存在的问题及其产生原因，学术界、影视界应如何引导、催生出更好的抗战影视作品？历史叙述的本质在于真实，要形成真实的历史记忆，塑造正确的历史观，弘扬抗战精神。王德威教授曾经在多个场合演讲中说：文学作品弥补历史叙事，最大的挑战在于超越自己理解历史的方式。而我的理解是：影视作品作为广义文学的一种延伸，具有铭刻历史记忆的作用。要以“理解之同情”还原历史事件的时空（历史真实），再来塑造艺术真实。历史真实是艺

① 艾容：《中国抗战题材电影的历史文化变迁》，《电影文学》，2015年，第11期，第10—12页。
② 刘金祥：《新世纪抗战小说的艺术功效》，《光明日报》，2015年8月3日13版。

术真实的基础。结合今日诸多抗日题材影视作品，笔者认为：影视作品可以进行一定的艺术加工从而实现真实场景还原，但是有一个基本前提，请不要忘了，那就是：人物、时间、地点和情节的历史真实。历史就是历史，历史不等于小说和影视艺术；同样，小说和影视也不等于历史。历史真实是艺术真实的基础！

二、日军进攻中国路线与中条山抗战的转折点

中条山抗战在中国人民的整个抵抗法西斯战争中具有重要的转折意义。近年来笔者一直坚持关注陈忠实先生的作品，虽然读的是文学作品，却有一种读史的感觉。于是在认真读完他书写的评论陕人抗日的小文片段后，我做了一个简单的读书札记，原名《八百壮士——缅怀陕西抗日》。[①]其中主要涉及以下三个问题，而这三个问题又围绕一个中心：何为历史的真实，何为影视真实？我想通过此读书札记，结合现在的抗日影视作品缅怀陕西抗日的八百壮士。

（一）日军进攻中国路线与步骤

笔者首先简要梳理日军进攻中国路线与步骤：（1）1931年，侵华日军发动“九一八”事变后，完全侵占中国东北，并成立伪满洲国（1932年3月1日—1945年8月18日），中国东北成为日本“大陆政策”的跳板与基地。（2）1937年7月7日，日军在北平附近挑起“卢沟桥事变”，中日战争全面爆发。中国政府为避免日军侵占北平之后自北向南，灭亡中国，在东南沿海引发“八一三”淞沪抗战，而后又发生了上海“八百壮士”坚守抗日、上海撤退、南京大屠杀等一系列事件。（3）日军侵华采取北下（太原会战、忻口战役、娘子关战役、中条山抗战）、西进（淞沪抗战、南京保卫战、武汉会战、宜昌石牌抗战）同时并举的策略。（4）1937年11月12日，中国军队撤离上海，上海部分沦陷，上海租界成为著名的“孤岛”，成为进步文化人士坚

① 张祖群：《旅游与文化地理学随笔》，民族出版社2011年版，第13—17页。

持抗战的根据地。1941年12月8日珍珠港事变爆发，日军侵占上海租界，上海彻底沦陷。（5）1941年12月7日日本发动太平洋战争后，美国对日宣战，中日之间互相正式宣战，中国战场成为二战的主战场之一。

日本人非常崇拜战神忽必烈，忽必烈当年四路大军包抄灭南宋的策略一直被日本人奉为经典。这四路大军分别是东路：两淮主战场，夺取东南赋税之地；中路：从黄河中游直下襄阳、鄂州，突破汉水、长江天堑；西路：攻占巴蜀，顺江而下；西南路：迂回大理，截其后路。日军侵华期间运用一种模仿忽必烈包抄南宋的策略。首先1937—1938年日军自北而南进攻中国，中国军队在山西、河北节节败退，在山西南部进行了最后的抵抗。日军一路往西推进，占据了鄂尔多斯高原的包头等几个据点，一路孤军之后甚至占据了兰州。日军欲速攻克中条山，南下洛阳、豫西，西进潼关，在中国西北采取合围态势，攻取关中，翻越秦岭，直取重庆！

后来侵华日军因为在中条山遭遇最为顽强的抵抗，僵持到1941年前后，日军不得不重新改换策略：在东南占领香港，彻底切断东南沿海的供给线；从东南亚半岛登录，切断滇缅公路（抗战时期唯一的一条国际“输血”大通道）；占据滇西，遂从广西入境、北上贵阳，仍然是合围包抄重庆。

（二）日本人到底为什么没有打进潼关？

“卢沟桥事变”之后，日军闪电般的攻城掠地，河北、内蒙、山西、河南等地相继沦陷。晋南中条山抵挡日寇过黄河，打到陕西，成为进攻秦岭的最后一道防线。我泱泱中华即将亡国灭种乎？中条山不能失！1938年7月，一群刚刚放下牛鞭和犁铧的“陕西愣娃”夜渡黄河，奔赴黄河北岸的中条山，用血肉之躯抵挡日寇的进攻。① “西安事变”之后，十七路军经过缩编成为38军，原十七路军总指挥杨虎城将军和西北名将孙蔚如将军领导着这支拥有三万多名将士的队伍，率领38军，赵寿山17师、李兴中177师，陕西警备一、

① 徐剑铭：《北方勇士手擒多少胡儿——陕军中条山抗战纪实》，《金秋》，2005 年版，第 37—40 页。

二、三旅[1]，坚持着牺牲一个“陕西愣娃”便去补充一个原则。当然，地方杂牌军川军、滇军、桂军也都表现不俗。滇军北上抗日，国民革命军第六十军（卢汉统率）奔赴台儿庄战场，国民革命军第三军（唐淮源统率）奔赴中条山。两支劲旅在北方大地书写了气吞山河、壮怀激烈的抗日传奇。[2]他们作为陕西地方军队主力，在民族大义面前，摒弃前嫌，服从国民政府军事委员会蒋介石的统一调遣。[3]

1938年，日本全面侵华，为了阻挡日军南下的铁蹄，蒋介石扒开花园口黄河大堤。国民党政府以整个山东东南部、河南东南部、安徽西北部、江苏北部变成一片泽国、牺牲几十万民众为惨重代价，使日军的进攻仅仅延缓了三个月。笔者觉得，应该真实地还原当初这段历史。日军沿陇海线西进，然后顺平汉线南下中原、湖湘，国民政府的整个武汉会战、长沙会战根本没有准备好。蒋介石原意是想用滔滔黄河水来延迟日军的“南进”，其本意与抗战之心还是值得肯定的，只是战术与方法上欠妥。因为扒开花园口黄河大堤后，阻滞日军的计划并没有全部实现，却致使几十万的河南灾民沿着陇海铁路西逃至陕西、甘肃乃至新疆等地。在咸阳市北的淳化县有这样一首名叫《蒋介石扒开花园口》歌谣：“蒋介石扒开花园口，一担两筐往外走。人吃人，狗吃狗，老鼠饿得啃砖头。”[4]大量的河南人都是肩上一根扁担，两个箩筐，往往一个箩筐是小孩，一个箩筐是简单的被褥行李等，爬上陇海铁路的火车或者步行至中国西部——抗战大后方。他们遇地生根，有合适的地方就停留下来。至今在西安北大明宫、汉长安城、咸阳火车站、宝鸡火车站一带还有大量的河南村棚户区居民。至今，陕西宝鸡人都称呼河南人叫“河南担（蛋）”。在陕西省咸阳市的武功县甚至还流传着一首名叫《日本难到陕西来》的民谣：“荠荠菜，拌拌汤，日本死在河岸上。抬的抬，埋的埋，日本

① 石八民：《日寇侵华战场的“盲肠”——记原杨虎城部中条山抗战》，《文博》，2005年版，第94—96页。

② 陆安：《抗战中血洒中条山的滇军将领》，《文史春秋》，2013年版，第34—36页。

③ 陈文峰：《试论国民党军第4集团军在中条山的抗战》，《军事历史》，2012年版，第46—51页。

④ 咸阳市文化局，咸阳市艺术科学规划领导小组，梁澄清主编：《咸阳歌谣集成（卷一）》，1988年，（陕出批）字第00713号（1—1500），第56页。搜集者：刘晓义。

难到陕西来。”①

日军早有觊觎我西北领土的狼子野心。事实上花园口的决堤在一定程度上阻止了日军的西进，致使其在华北平原与中国军队呈现短暂的“胶着”状态。在日军自山西北向南，占领大部分山西领土后，1938年3月，日军牛岛、川岸师团即兵临山西运城风陵渡，想西进潼关占领关中，打开西北门户，企图切断我国西北通苏联的国际援助线。日军在进攻晋西南的同时，另外从晋西北取河套进攻兰州，一度攻占兰州。两路日军企图东西夹击，在我国西北会师，南下重庆，牢固占领并控制我国西北广大疆域。这种企图迂回包抄的狼子野心实在是险恶，而当时我两千万老陕岂能坐以待毙，坐等日军杀来?

（三）陕西人如何进行保卫家园的坚决抗战?

笔者翻阅咸阳市渭城区地方志编纂委员会编的《渭城区志》，刚好查到一则《抗日谣》：“银子过万，重庆逃难；银子过千，乡下胡钻。锅里没米，抗战到底；家里没面，彻底抗战。”②这一则抗日谣比较鲜活地刻画了当时陕西各界人民面对日本的铁蹄的反映。富裕的大阶层都逃到陪都去了，穿越秦岭与巴山蜷缩在山城重庆，或许还可以消磨好些日子。一般富户都迁往乡下，特别是往黄土高原北部的沟峁之中躲避。而锅里没米、家里没面的最底层的贫农、雇农、城市无产者、社会流浪者等，则坚持了最有道义、最顽强的抵抗。

中共发动百团大战（相当一部分是陕西子弟兵）且有打破日本进攻西北过秦岭包抄重庆的军事计划，实则影响了全国战局，击敌和友，最大程度上化解国共摩擦，有力地加强了国共合作。百团大战中，国民党晋南部队配合八路军的军事进攻，以友军辅之。中条山战役中，中共军队则有力配合了国

① 咸阳市文化局，咸阳市艺术科学规划领导小组，梁澄清主编：《咸阳歌谣集成（卷一）》，1988年，（陕出批）字第00713号（1—1500），第52页。一九八八年四月采录于游风乡。传唱者：牛玉琴，女，五十二岁，农民，文盲。搜集者：段志恒。

② 参见咸阳市渭城区地方志编纂委员会编：《渭城区志》，陕西人民出版社，1996年7月第1版，第732页。同时收入咸阳市文化局，咸阳市艺术科学规划领导小组，梁澄清主编：《咸阳歌谣集成（卷一）》，1988年，（陕出批）字第00713号（1—1500），第55页。一九八二年采录于咸阳市区，搜集者：渭塍。

民党请求，在敌后主动出击，以友军辅之。国共两党在两个战场（分别是正面战场与敌后战场）相互依存，相互配合，真正体现出“兄弟阋于墙，外御其侮”的兄弟情怀。[①]二十一世纪之后的今天，海峡两岸争论当年谁是赢得那场战争的主导力量没有太多的必要。要知道，面对日寇的枪炮与屠刀，正义必胜，和平必胜，人民必胜！真正赢得那场战争的是全体中国人民！

当时孙蔚如将军向蒋介石请战，并向国民政府和陕西民众盟誓：“余将以血肉之躯报效国家，舍身家性命以拒日寇，誓与日寇血战到底！但闻黄河水长啸，不求马革裹尸还。”当年7月（即1938年7月），一支由三万多名“陕西楞娃”组成的队伍，丢下老小，丢下镢头，拿起枪杆，速速夜渡黄河，开进了黄河北岸的中条山。他们要死死守住位于黄河北岸的这条自东北向西南走向的最后天然防线。正如陈忠实先生感叹的那样“我确信一种千古不灭、人神共敬的精神——民族大义。这些关中将士无论性格性情具备什么样的地域性特征，在民族存亡的血战中体现出来的凛然不可侵侮的大义，正是中华民族辉煌千古存立不灭的主体精神。”[②]这支有着国民党番号的农民军队在中条山坚持抗战近三年，先后粉碎了日军的十一次大扫荡，日军始终未能越过黄河，进入关中、进入我西北腹地。在对日军的十一次反扫荡中，以“血战永济”、“六六战役”、“望原会战”最为惨烈悲壮，“陕西楞娃”有2.1万人牺牲在中条山下、黄河岸边，抗战胜利后完身、完尸回关中者寥寥无几，惨烈程度不可不“大书特书”。

在咸阳的礼泉县流传着《打日寇》的民谣：

沙沙沙（笔者按：应该为杀杀杀），斗斗斗，中国人民打日寇。

日寇不敢往前冲，害怕前面的中国兵；

日寇不敢往后退，害怕后面的游击队；

日寇不敢地上爬，害怕地上有“青蛙”；

---

① 刘贵福：《抗战中期的国共配合作战问题——以百团大战、中条山战役为中心的讨论》，抗日战争研究2007年版，第196—207页。

② 陈忠实著：《我的关中我的原》，学林出版社2007年版，第245页。

日寇不敢往上看，害怕天上扔炸弹。[①]

而在咸阳市北的淳化县则流传着几乎相同的《撵鬼子》：

左手拿着刀，右手拿着剑，杀杀杀，撵撵撵，撵得鬼子没处钻，一跤摔了个面朝天。先扎头，后扎脚，扎得鬼子瞪眼窝。[②]

陈忠实先生在写关中子弟抗日纪实文学的评论时，用了一种几乎绝伦的对比手法："后世的人们多是以艺术的眼光和角度，以惊叹的口吻欣赏两千年前的艺术家完成了精美绝伦的构图与雕刻，包括刀法的简洁都呈现着一个时代一个民族的大气和壮气。两千年后一个中国关中籍的士兵，吼着秦腔，用手中仅有的一柄旗杆刺穿日本侵略军一个士兵的胸膛，再把他压到黄河水底，作为祭旗的一个基座，让代表一个民族尊严的旗帜飘扬在黄河母亲的浪涛之中，正和着那座'马踏匈奴'石雕的现代版注释。"[③]对于这些鲜为人知的抗日传奇故事，我重读多次。当第二次品读陈先生的书以及评论时，尤为感动于那些倔强真朴的陕西娃，他们今天是农民，明天就是捍卫自己民族的战士，御敌杀贼的将军。最后一名跳河的士兵颇具血性，他沉入河底，用脊梁撑起手中那杆大旗。滚滚黄河，怒吼秦腔，好男儿为国家何惧死与生！正是因为有这些农民娃东出潼关，抵抗日本人打进陕西的东大门，才使西安千年古都免遭曾是学生辈的日本的铁蹄炮火。这些关中楞娃憨厚，强健，实心眼，敢作敢为，是顶天立地的男子汉，挺起了陕西的脊梁也是中国的脊梁！他们用自己耕地放牛的农民之躯，演绎了现代版本的"马踏匈奴"。

① 咸阳市文化局，咸阳市艺术科学规划领导小组，梁澄清主编：《咸阳歌谣集成（卷一）》，1988年，（陕出批）字第00713号（1—1500），第53页。搜集者：戴牧，男，四十岁，常李村人，教师，高中学历。

② 咸阳市文化局，咸阳市艺术科学规划领导小组，梁澄清主编：《咸阳歌谣集成（卷一）》，1988年，（陕出批）字第00713号（1—1500），第54页。一九八七年四月采录于官庄，传唱者：张世兴，男，五十六岁，农民，初中学历。搜集者：刘文科，男，二十一岁，农民，初中学历。

③ 陈忠实著：《我的关中我的原》，学林出版社2007年版，第248页。

在2005年《新西部》策划的“抗日战争胜利60周年”的活动中，记者沿着当年十七路军在中条山的零星抗日遗迹，寻访那场战争的亲历者，挽救性地挖掘出十多个感人的故事，遂写出了感人肺腑的《再走中条山》和《中条山记忆》文学报道。[①]为了纪念抗日战争胜利60周年，由孙蔚如将军之孙孙宏、孙新民总策划，徐剑铭、郭义民和张君祥等编写的《立马中条》[②]一经出版，便引起了学术界的强烈关注。[③]2007年以中条山抗战为题材的电视剧《关中男人》在国民心目中掀起一股缅怀秦晋抗日子弟兵的风潮！历史不应该忘记他们！

中条山战役是抗战史上败得最惨的一场，敌我伤亡比达1:26，至今放牛娃在永济市山间还能看到零落的“陕西楞娃”骨骸。虽是肉体的完败，却是精神的完胜。中条山洒满了三秦将士鲜血，也洒满了三秦子弟的精神。于是我想起了1949年去台的于右任老人（陕西三原人）的《越调天净沙·赠孙蔚如总司令》：“中条雪压云垂，黄河浪卷冰澌，血染将军战史。北方豪士，手擒多少胡儿！”国难当头，唯有如同杨虎城、孙蔚如等陕军抗日官兵的意志和信念的人才令人敬重之至，他们是真正的爱国者！

对于这次中条山抗战，中共在山西省芮城县陌南镇圣天湖畔立碑纪念；而台湾当局则发行“纪念抗战胜利70周年暨陆军军官学校建校91周年”的邮折特刊，共刊登16张抗战历史照片，其中一张名为“八百壮士跳黄河”。这是海峡两岸的中国人对这场战役的共同记忆。

（四）如何从文学作品中评价“西安事变”和陕军抗日？

对于“西安事变”，国共两党的史书中都将它定位为抗日战争史的转折点，其实它也是中国近代史、中华民国史的一个转折点。这其中起关键作用的则是张学良和杨虎城，国共两党的史书都对他们做了褒贬不一的评价。这

① 张义学、王根华：《寻访民族忠魂——“陕西赴山西考察17路军中条山抗战史迹”活动侧记》，新西部2007年版，第72—73页。

② 徐剑铭、郭义民：《张君祥. 立马中条》，太白文艺出版社2010版。

③ 杨圣清：《中条山的悲壮史诗——评〈立马中条〉兼论第4集团军在中条山抗战中的贡献》，北京党史2005年版，第53—54页。

使我想起了陕西岐山那所破旧的明代周公庙（不是现在炒得很火热的周公庙遗址，但是相隔不远）里有一副对联“成也此公，衰也此公，还赖此公；誉满三秦，怨满三秦，风烈三秦”。将此联借用于此，正好表达了对张学良和杨虎城的客观评价。

面对西安事变之后的中国西北危亡格局，最惨烈的而又最容易被人忘记的事件，实则是“陕西楞娃”的中条山苦战。可叹的是在中日全面战争初期，日军野心勃勃，倾十余万兵力，苦战三年，日军步兵竟未能越过中条山踏进关中一步。而坚守中条山的，竟是西安事变之后武器装备低劣、受蒋介石排挤的杂牌西北农民军和滇军。也难怪抗日战争胜利，孙蔚如将军在奉命接受日本第六方面军司令官冈部直三郎大将率二十一万人签降后（今湖北省武汉市中山公园内至今还有一座记载这段历史的受降碑），其麾下的关中子弟兵悉数被国民党改组。不愿卷入内战的孙蔚如自此消沉，而后隐居上海。1949年解放后，孙蔚如留在大陆，几经磨难，于1979年以84岁高龄病逝于西安。他是没落在红尘之中的无名英雄！

三、学术讨论：何为历史真实，何为影视真实？

（一）抗战之惨胜

世界近现代史上没有任何一个国家像中国这样经历那么多战争创伤，特别是经历了“二战”如此残酷的日本法西斯侵略。中国的抗日战争时期由6年的东北局部抗战（1931—1937年）和8年的全国抗战（1937—1945年）组成。在14年的抗日战争过程中，共发生21次大的会战，1117次大规模战斗。[①]中国人民付出了3500万以上伤亡人数（其中2000万人死亡，950万伤者，550万人失踪），超过1000亿美元直接经济损失，超过5000亿美元间接经济损失的惨重代价。[②]在这场惨无人道的日本侵略战争中，1.2万同胞被日军细菌部队

① 叶增宽、宋书云:《从西安事变到中条山抗战看中华民族的抗战精神》,《陕西社会主义学院学报》2006年版，第1期，第76—82页。

② 柴野：《从纽伦堡到东京重温世纪大审判》，《光明日报》，2015年8月22日。

作为“活体实验”，20万以上的中国妇女被迫充当日军的慰安妇（军中性奴隶），还有诸多的日本军国主义历史罪恶罄竹难书。中国自洋务运动以来追赶西方现代化的历程被日本侵华无情地打断了，中国的整体崛起被活生生地延后了100年。

从来不会有人怀疑抗战史是一部坚苦卓绝的胜利史，但只有在我们这个民族实现伟大复兴，在我们这个国家回归大国、崛起复兴之时，我们才可能最终深刻理解六七十年前全民抗战的完整涵义。强化历史记忆、弘扬抗战精神，是为了缅怀过去，不让历史的悲剧重演！我们需要根植历史，面向未来。感谢陈忠实先生的文学作品的启迪，他让我们重拾起不曾被人记忆的陕西抗日志士图像。今天，我们还有什么理由不把满腔爱国之情化为百般珍惜现有时光发愤学习和在平凡岗位努力工作的强大动力！因为，有一句千古名言：从来，落后就要挨打！如果没有中国人民用自己的血肉之躯筑起抗战长城，如果没有那些牺牲在抗战中的无名英雄（他们原本是丈夫、哥哥、弟弟或者父亲），那么，何以有后来人的今天？下次若遇国难，我会毅然放下笔，拿起枪，跟敌人拼。虽是弱小，但是直面强大也是一种力量啊。什么是英雄？英雄就是遗落在中条山的累累尸骨，英雄就是英勇跳崖还撑起抗日大旗的民族脊梁，英雄就是黄土高原遍地都有的一块石子，英雄就是渭河里的一条游鱼，英雄就是天空的一片云彩。八百壮士的真实故事演绎了农耕民族“太阳英雄”和游牧民族“骑马英雄”的双重特征，将历史的原型在近现代的家国之难中精彩呈现。

（二）抗日雷剧、神剧的搅局

现今抗日题材的影视作品愈来愈多，仅百度视频提供免费在线观看约有抗日电视剧共有 298 部，2345影视网有抗日电视剧共130部，抗日网（http://www.kangri5.com）共收录影片18876部；平均每天更新38部，97影视网（http://www.970097.com/）搜集抗日电视剧共1573部，全国各大电视台播放的抗日雷剧可以专门构成一个抗日频道了。日本友人告诉我，日本电视台也转播一些中国的“抗日剧”，把它们归结到科幻和动画片频道。

试以几部典型的作为节点分析：《吕梁英雄传》（电视剧，2004）哪里有压迫，哪里就有反抗，面对凶残的鬼子，中国人遍地英雄。《太行山上》（电影，2005）表现的仍然是主旋律，正面歌颂了我党领导的武装力量是民族抗日的中流砥柱，塑造了朱德等老一辈革命家的光辉形象。《亮剑》（电视剧，2005年）宣传的是狭路相逢勇者匪侠合一的真实英雄图谱。《历史的天空》（电视剧，2005）情节与《亮剑》相似，也是发生在战前战后，见证中国军队的成长历程。《杀虎口》（电视剧，2009）实际是向全世界第一次郑重宣传共产党也好，国民党也罢，只要面对侵略者能挺直脊梁的，都是好男人。《桥隆飙》（电视剧，2010）显现出好汉不问出身，草莽也成英雄，让你见证草根抗日英雄的传奇。《金陵十三钗》（电影，2011）刻画秦淮风尘女子也能使鬼子放下屠刀回头是岸，用人类之善向人类之恶宣战。到现在，抗日剧越走越远，甚至是剑走偏锋，不堪入目了。有网友盘点了抗日雷剧中种种情节：抗日英雄刀枪不入，徒手撕鬼子；女弓箭手被轮奸后奋起开弓杀群敌；抗日英雄穿过枪林弹雨飞刀杀群敌；飞针刺鬼子如同东方不败；子弹拐弯，巡航导弹早就有；二十一世纪蝙蝠侠装束移植于抗日英雄；抗日都是帅哥、美女，个个动作比酷，堪比舞林大赛；朝天扔手榴弹、开手枪、打弹弓，甚至徒手扔石头就能打下飞机；尼姑构成营连，杀伤力惊人；一个男人和一群女人争醋，或一个女人和一群男人争艳，抗日剧如同情场多角恋。甚至让网友发起相关投票调侃：“您感觉近年来哪部剧最雷？”

当前的抗日题材影视作品出现了泛滥化、重复化、浅薄化和过度娱乐化等倾向，带来了浪费资源、混淆历史、误导观众和消解历史等非常消极的影响，需要加强引导、提高创作者的素养、鼓励创新和提倡多样化等措施改进其创作。①如火如荼的抗日剧，因其盲目跟风，粗制滥造，缺乏基本的文化常识和历史责任感，现已陷入了学术界的口诛笔伐之中。对“抗日神剧”出现的上述随心所欲、胡乱混搭，甚至恶意消解的创作现象，一批有良知的学者

① 王勇、李杨、李琰：《抗日题材电视剧扎堆生产的弊端及解决对策》，民族艺术研究2014年版，第77—83页。

（如张祖群，2013；王树增，2014；中国传媒大学周建新、胡智锋，2015[①]；中国电视艺术委员会陈芳，2015[②]等）都对此给予了严肃批评。为何会出现这类在一般人看来“拉低智商”的“抗日神剧”？它们何以能大行其道，充斥荧屏？一种低俗的影视现象的出现不是一朝一夕蹴就的，而是诸多因素综合作用的结果。笔者认为：影视作品的发行、监管应该坚持正确的历史观、价值观与舆论导向，不应该以娱乐价值、低智商戏谑、经济利益等作为价值取向。

反观“抗日雷剧”，一个民族仅仅靠意淫来生活，那么它真的无救了。再怎么深入，意淫就是意淫，绝不是真实。抗日雷剧应该叫停了，脱离基本的历史真实的抗日雷剧，观众一眼就看出这是民族主义情绪渲染下嫁接在历史上极度放大、夸张、丑化、恶化的人和事，实则是对历史逝者灵魂的亵渎，也是对侵略者掩盖历史的反衬。如果连敌人的后代阅读这段“历史”都觉得可笑和娱乐，而不是感到畏惧和深思，我想作为这段“历史”的受害者和被侵略者的后代，是应该认真反思抗日雷剧了。抗战剧在经历了“神剧”+“雷剧”的搅局之后，学术界应该认真总结创作的经验和反思诸多教训。令人欣慰的是，新一轮抗战剧逐渐回归理性、回归历史、回归事实。历史的残酷和惨烈远远超出和平年代人们的想象，每一个影视工作者都应该反思：只有认真创作出尊重历史事件、尊重历史人物的影视精品，真实的展现我们这个伟大的国度在近现代史上遭受的深重苦难[③]，才能够把握正义和维护和平，展望过去、继往开来。笔者非常赞同陈芳的观点：只有“在尊重历史与坚持美学追求的语境下建构抗战叙事”，直面惨烈历史，发掘人性之美，重塑御寇英雄，有效开拓抗战题材影视作品新的视角和空间，才会赢得更多历史尊重与社会关注。[④]现在只有推出优秀的抗战电影、电视剧对此前抗战“神剧”创作偏差进行强有力的纠偏，以正视历史的严肃态度塑造那段血与火的光辉岁月，让观众触摸那个时代抗日英雄的脉搏，从而接受崇高的精神

① 周建新，胡智锋：《刹住影视创作的不正之风》，《光明日报》，2015年7月27日。
② 陈芳：《抗战剧回暖引发的思考》，《光明日报》，2015年7月20日。
③ 杨金戈：《浅析抗日剧中艺术真实的呈现与走向》，电影文学，2015年，第21—23页。
④ 牛梦笛：《铭记苦难历史塑造英雄群像》，《光明日报》，2015年7月8日。

洗礼。伴随2015年纪念抗战胜利70周年高潮的到来，摒弃抗战“神剧”，要力推抗战题材的精品力作。[①]

（三）历史影视剧应是基于历史真实基础上的艺术真实

当前历史影视剧创作呈现出“历史正剧”与“历史戏说剧”相合流的倾向，这是当下文化现实中“三元”将“历史戏说剧”的核心文本——“民间文本”当作“共谋”载体被张扬的结果，“民间文本”彻底将官方—精英文本对历史的常规书写进行改写。如果只是站在主导意识形态的立场上，单一的批评“戏说”之弊端，未免有失偏颇。[②]历史剧的生命力在于体现并超越真实。对历史剧来说，有历史现场的真实、历史文献的真实和剧本的艺术真实三种。著名文艺学家童庆炳先生把这三种真实，简称为“历史1”、“历史2”和“历史3”。在他看来，“历史1”作为历史现场的真实，不应该夹带主观成分，是不可复原的，要在历史剧中还原历史的本来面貌，是完全不可能的。“历史2”是根据历史文献所书写的历史，是历史学所呈现的历史，或多或少会夹带历史学家的主观看法，世界上不存在纯粹客观的历史学的本真。“历史3”的真实才是剧本创作者笔下的艺术真实，因为历史学家对原本的历史已经有了一定的加工和文学合理虚构、适度想象。剧本作者作为艺术家，对于“历史2”又进行了再一次的加工，是加工基础上的二次加工，是艺术的再次提炼、概括、升华和提高，很难回到原初的历史真实，也不可能完全重复历史学家所提供的历史。历史学家对于其后的剧作家而言，他总是给写历史剧的人提供大致的历史线索、历史框架和时空断限等。[③]影视作品可以进行一定的艺术加工和影视真实再现，但是有一个基本前提，请不要忘了，那就是：人物、时间、地点和情节的历史真实。历史就是历史，历史不等于小说和影视艺术；同样，小说和影视也不等于历史。历史真实是艺术真实的基

---

① 戴清：《国产抗战电视剧纵览》，《光明日报》，2015年8月31日。

② 丁莉丽：《从“民间文本”看历史正剧/戏说剧的创作合流——对当前历史影视剧创作、批评的观照和阐释》，《浙江社会科学》，2004年版，第197—202页。

③ 童庆炳：《两种声音 一个结论——兼谈历史真实与艺术真实的区别》，《中国社会科学报》，2015年版，第781页。

础。[①]正如影视文学与文化产业的两种范式，如何架起沟通历史真实与艺术真实的桥梁……当我们漠视同一个对象，只是局限于单一学科视角时候，你永远只能捡起一块碎玻璃，而且可能扎手，流血。只有综合视角聚焦某一个对象，根植于问题意识，展开讨论，形成立体的学术图景与辐射力，我们才能在物欲横流、浮躁至今的今天，紧紧抓住我们民族文化的根。

（2008年12月初稿，2015年9月14日二稿）

（张祖群：首都经济贸易大学工商管理学院副教授）

① 张祖群：《武则天秘史》影评：从历史真实到影视真实》，青岛科技大学学报（社会科学版）2012年版，第108—114页。

人文学术馆已出书目

《文化精神与电影诗意》

作者：陈阳
定价：30.00 元

本书内容是作者近些年对中国电影思考的一个小结。面对并不算很漫长的中国电影发展历史，可以清晰地感受到它与中国社会发展互动、回应的脉搏。

《底层再现——中国当代电影中的城市游民》

作者：陈涛
定价：30.00 元

本书梳理了城市游民这一类艺术形象的当代谱系，并详细探讨了20世纪90年代以来中国电影对城市游民的再现。通过对电影在思想内容、艺术技巧和制片方式等方面的考察，本书探究了“城市代”导演如何在市场、政府和西方三种力量作用下对同一类底边人群进行了不同方式的艺术再现，并从摇滚文化、城市拆迁、身体书写、底层旅行等角度思考了中国当代城市化发展的文化症候。

《夏衍传》

作者：陈坚　陈奇佳
定价：68.00 元

夏衍是具有传奇色彩的一代文化名人，一生交游广阔，涉猎方面极多，在戏剧、电影、文学、新闻、翻译、统战、外交、出版、收藏乃至隐蔽战线等领域都有很大成就。他的工作尤其对中国现代话剧及电影这两个行业产生了深刻的结构性的影响。本书较为全面地展现了夏衍一生所取得的重大成就，彰显了传主的精神风骨与个性气质。本书并由此展现了近现代中国文艺和思想文化的某些基本面相。

《寻找多数：社会文化语境中的戏剧批评》

作者：孙柏
定价：30.00 元

本书汇集了作者十年来的戏剧评论文章，展现一种从社会文化的批评视角展开的戏剧与剧场观察。这部戏剧评论集视野开阔、观点新颖、思想前沿，既把握了中国当代剧场艺术的动态结构，又具有对于中西方戏剧的整体认识和理论深度。特别是它紧密地结合着作者本人的剧场实践，希望为戏剧理论与批评的工作提供一种富于行动力的示范。